全国教育规划课题"课堂反思学习指导研究"成果（项目号：17YJA880095）

创新教育文库
主编／杨钋

张生虎 著

走向反思学习

课堂学习的现代建构

TOWARDS REFLECTIVE LEARNING: CONTEMPORARY CONSTRUCTION OF CLASS LEARNING

社会科学文献出版社
SOCIAL SCIENCES ACADEMIC PRESS (CHINA)

"创新教育文库"编委会

专业顾问 闵维方 文东茅 陈洪捷 郭建如 卢晓东
　　　　　 吴重涵 姜 华 李 伟 霍丽娟

主　　编 杨 钋

成　　员 井美莹 陈 洁 屈 静 吴华杰 张 俊
　　　　　 林心颖 张 华 王 琼 郭 峰 王玉霞

文库总序

为了教育的创新

> 周虽旧邦,其命维新。
>
> 《诗经·大雅·文王》

创新是高质量教育发展的立足点和目标。党的二十大报告提出,必须坚持科技是第一生产力、人才是第一资源、创新是第一动力,深入实施科教兴国战略、人才强国战略、创新驱动发展战略。创新是社会发展的驱动力,教育领域的创新是全社会创新的新动能来源。

教育创新的社会价值高,形式多元。在我国当前的语境中,教育创新是教育供给侧改革的驱动力,可以不断开辟发展新领域新赛道,不断塑造发展新动能新优势。根据开放式创新理论,网络共生创新包含内部合作、消费者合作、价值网络合作、开放式合作和生态合作等五个层次,可以支持丰富、复杂和多元化的教育创新。教育创新的核心在于价值的创造。它既可以采用持续创新的方式,以教育领域已经得到业界人口的方式来创新服务供给方式;又可以采用颠覆创新的方式,引入新的教育产品或服务以创造出新的教育需求。

当前社会缺乏普遍认可的教育创新。过去数十年来,国际组织、政府和非政府组织积极支持教育领域创新,拉美国家的"新学校运动"、我国农村地区的"一村一幼"等获得了多项国际大奖。然而,为何具有巨大社会和公共价值的教育创新并不多见?这可能与教育创新的理念、策略和支持方式有关,这三者分别对应颠覆式创新理论缔造者克里斯坦森提出的创新三要素——价值观、流程和资源。

首先，教育创新的价值观需要获得社会认可。国家公共教育体系的目标是满足社会的基本教育公共服务需求。20世纪以来，学校教育承载了越来越多的社会职能，从提供公共教育，到提高地区和国家的竞争力，再到消除贫困、促进社会公平和实现可持续发展。能够帮助学校和其他教育组织有效地承担新社会职能的创新，才有机会获得社会层面的认知合法性。

其次，教育创新需要符合公认的、具有规制合法性的教育流程。与其他组织不同，公共教育体系内部存在行业垄断，新的供给和消费模式很难在较高的行业壁垒下出现。在教育领域中，创新可以在产业链的各个环节以及在学校、教育系统和社会等层面出现。但多数创新出现在公共教育供给尚未全面覆盖的群体、地区和服务领域之中。

再次，教育创新需要资源的支持。创新需要新的观点、新的客户、新的供给者和新资源的支持。除了采用新的观点来思考公共教育服务需要解决的问题，教育创新还需要获得用于解决问题的资源，包括教师、设备设施、经费等有形资源，也包括课程、信息、声誉等无形资源。成功的创新能够充分动员政府与社会资源。

更多教育创新的出现需要学术研究的支持。近年来，创新理论被广泛应用于指导教育领域的创新以及对教育创新的研究。教育经济学、教育管理学、教育学原理、教育技术等领域的博士研究生，已经对我国丰富的教育创新实践进行了大量研究。《创新教育文库》所收录的优秀博士论文，敏锐地识别出教育领域的创新性组织、创新性学习方式和教育组织的创新性功能，并综合应用组织学、管理学、经济学和教育学等多学科理论，对教育创新的价值观、流程和资源进行了分析。这些研究虽然来自教育研究领域，它们不约而同地与开放式创新理论进行了对话，凸显了通过实践共同体进行创新的重要性和巨大潜力，打开了教育创新研究的新方向。

教育创新研究的推进离不开学术共同体的发展，具有集合影响力的文库可以有效促进学术共同体的形成。我国不同历史时期出版了不少具有创新性的教育文库，如民国时期的《新中学文库》和《国民教育文库》。这些文库激发了社会对教育历史和实践中创新的关注，形成了有价值的系列研究成果。《创新教育文库》旨在继承和发扬文库在知识创新和知识共享方面的优势，以发掘和推荐对教育领域的创新性组织、创新性学习方式和教育组织的创新性功能的研究为己任，致力于支持我国的教育创新研究和教育事业的高质量创新发展。

编委会倾力谋划，经学界同人擘画，终以此文库呈现于读者面前。文库草创，难免有不成熟之处，诚盼专家学者和广大读者共襄助之。

北京大学教育学院教育经济与管理系主任

杨 钋

2023年6月于燕园

序

　　反思学习在 21 世纪被提出，是有其原因和流转过程的。第一，20 世纪 60 年代美国出现失业潮。有研究者指出大学生接受的专业知识不能满足解决社会问题的需要，即学院课程和教授的是"高地的"原理性知识，而生活问题是"低洼湿地"的具体情境中事件。所以，20 世纪 80 年代有学者提出，如何在具体的情境中开展反思性教学的问题，反思性教学便成为"显学"。但这时的重点是学院的"专业教学"，反思学习则特指"教师"等各专业者如何在工作中反思着学习。第二，20 世纪 80 年代提出深度学习问题。电子计算机和网络产生，改变了人类的生产、生活方式。在学习方面主要表现在知识生产、传播和接受的便利，造成学习的浅薄（只停留在记忆、储存层面），而缺乏知识如何搅动人的内在意识及其结构技能运作的功能。所以，如何探寻人学习的心理机能和基本算法，以资助学习的深度性，超越机械的理解，就是反思学习提出的第二个原因。第三，20 世纪 90 年代情商理论提出，统治 30 年之久的布卢姆认知分类学因一直被机械化地运用而遭到抛弃。教育界开始重视人的全面发展，欧盟最早开始研究"核心素养"，提出每个人发展的基础能力结构。随后，21 世纪各国和各类国际组织开始研究所属文化群体内的人的发展核心能力。以至 21 世纪第一个十年后，人们热衷于"正念"（意志力）研究。其实，这些研究隐含的观念意味着一种民主时代的来临（这被称为"历史的终结"），一种传统上把人的能力固着在认知能力的一维统治观念解体。而这种"核心素养"的核心层是思维力和反思力。所以，反思学习正式出场。这时的主体发生了变化，指的是"学生"如何反思学习。但是，仍然在大学学习的学生，如何在专业实践中开展反思学习值得研究。第四，21世纪第二个十年，人们开始思考在基础教育阶段学生如何开展反思学习问题。一方面，在传统权威等级制比较严重的民族国家，互联网、人工智能和多媒体塑造的教学情境，创造的民主环境等，让人们看到更多的外部世界，同一种对象有多样的呈现方式，应试教育和权威恩典式教学面临危机。另一方面，在发达国家或地区，互联网和大数据时代背景下，人们习惯了一种混迹于世的生活（被互联网信息、数据所控制）而无法实现个体独立性和主体性。所以，无论在哪一种生存境况中，如何反思学习都是个问题。它既富有民族启蒙的性质，又富有个体解放的性质。而这种反思能力作为人的基本能力，必须从基础教育阶段开始培养。因此，我国最近一次课程改革和课标制定特别强调教学的情境性和反思能力培育。反思能力需要在反思学习中培养。

反思学习是基于教育现代性问题而提出的时代课题。在新时代背景下，课程与教学都发生着变化。就课程而言，从工业革命开始，以培养社会劳动者为目的的学科知识传授课程转变为多样的形态，尤其关注生活、生存的课程内容多样化呈现（如《理解课程》《批判性课程》所述）。教学上发生的变化，随着课程内容的对应形式的多样化，基本走出了以个体心理学为核心的样式，即传输、授受的教育形式已经不再是主流，而探寻社会交往和情境化的教学形式实现了在实践中成就人性的目的，即教学走出了认识论的狭隘领域。

反思学习在新时代被提出，基本是针对自工业革命以来的教育教学中的几个问题：现代性教学追求客观性效率主义（经济学原则）而遗忘人本身（文化的、生物学的）如何发展、人的发展的文化—心理的特殊性；现代性的客观性知识对象简化世界本身，对应的教学使人降维为工具和劳动力产品;教育的核心是人的"成人"问题,而非经济原则和商品化。首先,现代性的根本是时间性问题。每一件具体的事件在时间里发生,遂构成历史(同时建构人性)。历史事件是个案的,但是诸多事件构成历史,便供人们考察历史之道。所以,历史事件与历史之道二者之间便构成了可以形成反思之"势"。这是反思学习的条件。至于这种道表现为客观存在的道体(being)还是融会于事件中的发展生成的过程性之道(becoming),这种分歧会形成反思学习的不同形式:对于一个客观外在对象的反思,还是在行动中反思。这是次一级问题。其次,人类总是有偶像崇拜的习性,所以,对于一个变化的、纷繁芜杂的外部世界一直追求其可以固定、简约和成形地呈现,这就是反思学习的本质特征:在模糊中寻求清晰。因此,知识问题或者知识化是反思学习不可避免的问题。课程知识的存在是"知识"还是"知之道"?二者构成其次一级问题。"知之道"是指知识仅仅在教学中协助认知的过程性条件(交际对象),而非学习对象,学习对象是最后形成的结果——每个学生获得的结果是不同的。就此,学习便是反思学习的行为和过程,而非直接认知、掌握知识对象。再次,反思学习的对象及其方式与个体发展的关系上呈现不断蜕变的发展性和历史性,尤其是其内在人性上的发展性。这就是二者互相推动和互相发展的过程性,是为境界。在这种内向超越的人性发展过程中,主要强调的是认知、情感和意志的互渗推动及一体化。

阅读本书,有几个关键概念需要注意。第一是"涵义"和"意义"。教学是科学的,又是艺术的。科学必须遵循概念,概念有严格的定义。定义某一对象的涵义是严谨的,清晰的。就如数学上的 h 就是高,物理上的 m 就是质量等。如果要反思学习知识,则必须遵循科学的逻辑,追求严谨性,涵义尤为重要。但如果反思学习人性,尤其是在社会交往中开展,那么产生歧义不可避免,在实践中的反思学习遵循的是人文特质，其中介不是概念而是意象。意象具有模糊性、歧义性，它需要阐释和说明。并且意义阐释是无穷的，趋向于审美。只有意义中教学才能让反思学习走向情感与意志，甚至形成和认知的一体化。意象的意义如何生成，其基本的过程逻辑依托于意义链。这是次一级问题。第二，"感知"与"识知"。从个体经验的角度说，认识的途径是首先依托感官感性而走向知性的，是先有感后有知的。但是，课堂教学往往将人类知识放到前面，遵循的是社会本体论：学习者从知识开始，然后将之还原到感觉中，是一种逆向的验证。这就是"识知"。感知是自然主义的感性行为，识知是有目的在先性的行为。识知突出的是一种知性行为过程。第三，"时间"与"时间性"。时间是外在的客观的范畴，可以用事件填充，然后构成历史。时间性是内在的体验性，用情感填充形成各种情绪、行为表现出来。教学中对于知识的理解如果用时间衡量，便会产生数字化效率计量；但是用时间性测度，就会产生对某一情境的不断地更新和矫正，而无法借用客观的计量——刹那即永恒的体验形态。爱因斯坦曾借用此表达相对论。所以在反思学习的过程中，超越时间跨度的顿悟很重要：刹那间完成对"道"的领悟，而不是通过概念推论或者知识积累实现。

　　本书对于传统反思性或者个体省思的反思形式进行"祛魅"，但同时又是对传统实践论反思学习的"返魅"。反思学习的指导是教学行为，要实现教学必须有迹可循。所以，书中对于反思学习及其指导的内在因素、外部条件，以及反思学习指导的内容、方式都进行了科学说明，提出反思对于反思性的模糊性的教学论优先性，即祛魅。但是，在实践中反思学习本身包含认知、情感和意志的整体性、复杂性，这不同于认知依托概念逻辑和符号线索的确定性，即情感、意志依托意义链仍然是具有模糊性的，这则是一种"返魅"。这也增加了本书的容量，在文本最后以一种模式展现如何开展课堂反思学习指导就显得分量有些轻。

至于如何开展课堂反思学习指导的问题，和作者的交流中得知：本书是理论的建构及其教学路径探索，它还有一部姊妹篇——专门开展课堂教学的论著。这无疑是值得欣慰的！

　　最后，我引用一段苏轼（曾经被爱因斯坦引用解释一般人对其相对论的看法）的文字以勉励致力于教学论研究的后学者，也期盼本书的姊妹篇尽早问世：

　　　　生而眇者不识日，问之有目者。或告之曰："日之狀如铜盘。"扣槃而得其声，他日闻钟以为日也。或告之曰"日之光如烛"。扪烛而得其形，他日揣籥以为日也。……道之难见也甚于日，而人之未达也无以异于眇。达者告之，虽有巧譬善导，亦无以过于槃与烛也。自槃而之钟，自烛而之籥。转而相之，岂有既乎。故世之言道者，或即其所见而名之，或莫之见而意之，皆求道之过也。

大道至简，择其要而言之。
是为序！

张立昌
于陕西师范大学寓所
2023 年 7 月 27 日

目 录

绪　论 ·· 001
　一　问题的提出 ·· 005
　二　研究意义 ··· 020
　三　核心概念 ··· 022
　四　研究现状 ··· 027
　五　研究思路和方法 ·· 061

第一章　课堂反思学习及其指导 ··· 072
　第一节　课堂反思学习：历史与现状 ··· 073
　第二节　课堂反思学习指导 ·· 115

第二章　反思学习的教育理论前提 ·· 130
　第一节　基于时间性的本质转换：教育现代性之本 ···················· 134
　第二节　课程知识的属性及其实现 ·· 152
　第三节　反思学习的境界论 ·· 184

第三章　课堂反思学习及其指导的主体：学习者和教师 ············· 212
　第一节　反思学习的主体因素分析 ·· 212
　第二节　课堂反思学习指导的主体因素分析 ······························ 226

第四章　课堂反思学习指导的条件：情境、学科和技术……… 290
　第一节　课堂反思学习指导的情境……………………………… 290
　第二节　课堂反思学习的学科差异及其问题…………………… 301
　第三节　课堂反思学习指导的现代技术支持…………………… 309

第五章　课堂反思学习指导的范畴……………………………… 314
　第一节　课堂反思学习形式的指导……………………………… 315
　第二节　课堂反思学习内容的指导……………………………… 327
　第三节　课堂反思学习领域的指导……………………………… 354

第六章　课堂反思学习指导的原则与模式……………………… 363
　第一节　实践中解析课堂反思学习指导原则…………………… 363
　第二节　课堂反思学习指导模式的探索………………………… 378

总　结……………………………………………………………… 423

参考文献…………………………………………………………… 436

附　录……………………………………………………………… 453

绪 论

学而不思则罔,思而不学则殆。

——孔 子

心存怀疑虽是种不愉快的体验,但至少不像深信不疑那样荒唐。

——伏尔泰

随着全球化发展和知识经济时代的来临,教育学、教学论发生了适应时代需求的转变。一是教育关注"学习";二是提倡"反思"①。其实,二者与"人文主义"时代潮流发展紧密相关。教育教学更关注人的可持续发展与人性的形成,与教育的宗旨——"人是目的"②

---

① 〔美〕约翰·D. 布兰思福特等:《人是如何学习的:大脑、心理、经验及学校》,程可拉等译,华东师范大学出版社,2013,第13~14页。
② "人是目的"作为教育的使命,不仅在西方文化中源远流长,而且在中国文化中一直薪火相传。孔子的"成人之教",以至新儒学和禅宗发展到宋明清时期追求"善",如《西游记》中以不同形象代表不同的人性,祛除"贪"(猪八戒)、"嗔"(孙悟空)、"痴"(沙悟净)之"恶",而实现其"佛性"(唐三藏),即善;《红楼梦》中以祛除"假"(宝玉)而实现"真"(石头),经社会磨砺后最后实现人性的"圆善"(出家)。在西方这个理念主要以理论语言概括出来:"在目的国度中,人就是目的本身。"(参见〔德〕康德《实践理性批判》,关文运译,商务印书馆,1960,第134页)。

这一 16、17 世纪启蒙运动时期的任务相吻合。不过，启蒙运动时期的任务是对深陷于神学迷信的人的理性启蒙，而当前阶段的任务则是对深陷于工具理性迷信的人的整体性启蒙。二者的目的都是希望通过教育追求具有"自由意志"的人性。

教育是以学习为基础的活动过程。随着 20 世纪六七十年代"终身教育"①"终身学习""学会认知"② 理念的提出，人们开始积极探索学习问题。而 20 世纪八九十年代教育学元理论③的研究热潮，推动产生了"学习学"④ 和"元学习"⑤ 的研究，其实质是"终身学习"的前提研究，即对"学会学习"问题的研究。中国 21 世纪课程改革的实质是对"教育主体是学生""终身学习""学会学习"等教

---

① 联合国教科文组织国际教育发展委员会：《学会生存：教育世界的今天和明天》，上海译文出版社，1979。
② 联合国教科文组织国际教育发展委员会：《教育：财富蕴藏其中》，教育科学出版社，1996。
③ 〔德〕沃尔夫冈·布列钦卡：《教育知识的哲学》，杨明全、宋时春译，华东师范大学出版社，2006。
④ 1987 年 6 月，在南京召开的"全国首届学习科学学术讨论会"是学习学理论研究诞生的标志。王泽普在 1993 年出版的《学习学概论》（西南师范大学出版社）应该是该领域最早的著作。后来的著作分别有：叶瑞祥的《学习学概论》（广东高等教育出版社，1997）；李辉、王钦平的《学习学导论》（浙江大学出版社，2000）；吴沁的《学习学概论》（东北师范大学出版社，2000）；蔡胜铁、郭震的《新学习学概论》（福建教育出版社，2001）；于云才、董业明的《学习学导论》（山东人民出版社，2004）；刘泽的《普通学习学》（中国矿业大学出版社，2006）；梁全进等的《中学学习学》（广西师范大学出版社，1996）；张庆守的《现代学习学导论：学与教的促进原理》（吉林人民出版社，2008）；等等。学习学的核心在于"让学生理解学习的过程"（赞科夫），"研究学习主体——学生是如何学的"（布鲁纳"发现学习"）。
⑤ "元学习"意指"对学习的学习"，即学会学习（参见李如密、孙龙存《元学习能力培养：促使学生学会学习的关键——基于现代教学论视角的思考》，《课程·教材·教法》2007 年第 6 期）。

育思潮的回应，所以提出教育"为了每位学生的发展"①的命题。课程教学目标也从过去的"双基"（基础知识、基本技能）转移到"三维"（知识和能力、过程和方法、情感态度价值观）。这是一种价值观的转变，即从"工具主义"应试教育观转向"人文主义"素质教育观②；而随后提出的"立德树人"教育目标③，则进一步对"核心素养"进行讨论④，从而实现教学论的转变——从授受到参与。知识如何实现"通过学习"培育"人性"是首要思考的问题。联合国教科文组织发布的《反思教育：向"全球共同利益"的理念转变》提出，教育是为了回应"可持续发展"这一"已经成为发展的核心关切问题"，需要"重新规划教育，为建设未来而学习"；也是为了警示"学习走向个体性私利"妨碍教育公益事业等的一系列思想和观念⑤。在全球学习新格局的构建中，学会获得何种知识、拥有何种能力、如何获得知识和能力以及获得这些知识和能力有何意义成为崭新的课题，需要对"学会学习"进行研究。

反思是人成为成熟主体必需的素质，"是超越自我的必要条件"⑥。让学生在"学会"的基础上"会学""愿学""有品质地学"不仅是学习也是教学的最高和最终追求的理想。这一点被叶圣陶表述

---

① 钟启泉、崔允漷、张华：《为了中华民族的复兴，为了每位学生的发展：基础教育课程改革纲要（试行）解读》，华东师范大学出版社，2001。
② 张华：《体现新时代的价值观》，《中国教育报》2001年9月19日，第4版。
③ 《教育部关于全面深化课程改革 落实立德树人根本任务的意见》，2014年3月发布，http：//www.moe.gov.cn/srcsite/A26/s7054/201404/t20140408_167226.html，2017年5月1日9时。
④ 核心素养研究课题组：《中国学生发展核心素养》，《中国教育学刊》2016年第10期。
⑤ 联合国教科文组织：《反思教育：向"全球共同利益"的理念转变》，教育科学出版社，2017，第6、13、80页。
⑥ 尤西林：《人文科学导论》，高等教育出版社，2002，第105页。

为"课堂里教……最终目的在达到'不需要教'"①,也是深合"终身学习"的要旨的。为适应 21 世纪学生发展核心素养培育的教学要求,学会学习、反思能力已经成为教学中核心素养培育的重要组成部分,也在各科课程及其教学标准中形成了诸多指标和内容②。

反思学习不仅在于培养反思能力,而且在于使学习有效——学习基于反思才是真实的学习,包括学会生存、学会认知、学会做事、学会共同生活③。首先,反思对于学习具有优先性,通常人们认为反思是学习的副产品,而杜威认为学习是反思的副产品,即只有反思行为发生,才是真实的学习。而将获取知识、技能本身当作教育的目的是错误的。唯有将知识、技能作为探究或"反思性思维"的副产品,才不会损害学生的智慧,"只有通过智慧获得的技能,才是由智慧自由支配的技能;唯有在思维过程中获得的信息,……才是能够付诸逻辑应用的信息"。"智慧行动是人类在一切领域内唯一最后的方法。"④其实,这与梅里尔所说的"学生是说服自己从教学中获取特殊知识和技能的人",而反思学习者是"从自己的经验中建构意义的人"⑤一样。其次,反思学习本身是一种活动,而不是先实践后认知,或先认知后行动的二分世界。这与我国传统文化的知行合一、行思不分是一致的,其实质是一种学习境界——"一个"过程和整体世界。

反思具有内隐的特点,人们通常称之为"反思性"。"反思性"具有

---

① 叶圣陶:《叶圣陶语文教育论集》,教育科学出版社,1980,第 492 页。
② 林崇德:《21 世纪学生发展核心素养研究》,北京师范大学出版社,2016,第 105、146、187、192~194、223 页。
③ 联合国教科文组织国际教育发展委员会:《教育:财富蕴藏其中》,教育科学出版社,1996,第 49 页。
④ Dewey J., *How We Think*, Lexington, Massachusetts, D.C.: Heath & Company, 1933, p. 64.
⑤ 〔美〕戴维·H. 乔纳森、苏珊·M. 兰德:《学习环境的理论基础》,徐世猛、李洁、周小勇译,华东师范大学出版社,2002,第 2 页。

一种模糊的感悟特征，所以使学习更倾向于个体性，这样就会使学习走向"个人私利"，从而阻碍教育的公共利益；同时，"反思性"在特定的学习空间（如课堂、小组、组织等）内无法指导和教学，仅停留于内心体验层面而缺乏目标指向和行动特征。而"反思学习"，首先具有外显的活动、行为特征，在教学中更易于指导；其次"反思学习"强调学习的功能性而非实体性，具有过程性和活动性特征；最后"反思学习"的过程蕴含着情感、认知、思维、行动和意志成分，具有整体性和复杂性特征。

一 问题的提出

为什么进行课堂反思学习指导研究？这不仅关系到人和社会的时代发展，也关系到课堂教学行为，更与人们的日常生活和工作密切相关。

（一）研究原因

1. 时代发展对学习的新诉求

在互联网和大数据时代，努力学习新事物与保持独立思考和判断是必需的能力[①]。信息化和碎片化学习时代的来临，使知识再生产加速运行，人类生存于海量的信息碎片中。第一，新事物层出不穷，新信息不断地构成潮流，导致人们的盲从与跟风，如果缺乏判断能力，就会造成无所适从，进而丧失自我，主体意识消亡。第二，在全球化的语境中，人类从万物之灵的优越地位堕落到无灵的生物存在境况中，尤其是信息传播的新形式主要依靠电子技术，使知识无人称化，从而失去了人文性。知识的无人称化为人文性复苏提供了场域，要求教育只有培养有思想和有判断力的人，才能够使知识世界与自我发生关联。第三，为了便捷生存，人类创造了技术，但当技术进入人们的生活并使人适应后，就会变成奴役人类的工具，人类缺乏反思其工具

---

① 张生虎：《学校教育中碎片化学习：合理性与教学应对》，《青海师范大学学报》（哲学社会科学版）2018年第2期。

性的能力，从而生活在无意义的荒诞之中，形成后蒙昧时代。教学如何塑造有灵的人性成为新的教育话语，其中使受教育者形成反思思维习惯与赋予其反思性人格品质成为优先考虑的教育价值追求。信息化时代的主体性建设越发迫切，而这种主体性需要在社会交往关系中培育，不再仅仅是传统的个体反省或沉思。

生存方式的全球化巨变和信息媒介的网络化，一方面使世界发展同步和同质化，另一方面使世界在不断分化和矛盾冲突中的复杂变化成为人类必须面对的问题。自20世纪60年代开始，全球兴起对教育的关注并在各国开展课程与教学的改革。特别是在20世纪80年代以后，社会希望教育能够培育适于时代发展的人才，对这种加速发展的社会做出准确反应，使社会发展实现可持续性[1]。

成人的目的，更贴近于教育价值。教育的根本目的是人的生成问题，教学以学生为中心。从古至今，人们在寻求区别于动物的人之本质——道德、理性、语言等观念，即这些区别于动物的属人性，必须在生活实践中得以体现。所以，反思也构成了人之为人的重要特征。教育不仅教会人们知识和生存技能，而且赋予人反思世界和提高生存能力的精神品格。

正如后现代哲学家们呼吁的一样，人类进入第三次浪潮时代，由于信息的同化作用，人类变得无思想、单向度、成为物的消费者……其根源在于人失去了反思和批判的能力[2]。所以，21世纪前后教育教学领域出现的反思性教学[3]、合理性思考[4]、批判理论等成为显性话

---

[1] 郑金洲、吕洪波：《教师不可不知的教育流派》，华东师范大学出版社，2012，第10~11页。

[2] 〔美〕亨利·吉鲁：《教育中的理论与抵制》，张斌等译，教育科学出版社，2016，第81~101页。

[3] 熊川武：《反思性教学》，华东师范大学出版社，1999，第1页。"尤其本（20）世纪80年代以来……反思性教学的蓬勃兴起便是证明。"

[4] 〔美〕拉瑞·劳丹：《进步及其问题》，刘新民译，华夏出版社，1999，第122页。"二十世纪最棘手的问题是合理性问题。"

语。教育应该承担拯救人类主体性的重任，努力实现人类文明史中启蒙①的未竟事业。

21世纪学生发展核心素养的要求。出于前述文化担忧和教育肩负的使命，全球兴起发展学生核心素养的教育教学研究②。核心素养的教育使命使课程与教学发生本质性变化，教学目的从知识传输转向人的发展，建构知识和人性成为核心。先验的文化知识和经验中建构知识互动共同推动人的进步，共同成为课程建设的"两翼"。建构需要反思学习参与其中。故终身教育与学会学习（学会认知、学会做事、学会共处、学会发展、学会改变）③是核心素养的重要内容，被

---

① 首先，启蒙在不同时期有不同的解释，但其核心是"人的解放"。人类第一次启蒙是理性启蒙，从神话统治中被解放出来。第二次启蒙则是实践智慧启蒙，从技术理性的统治中被解放出来。康德的启蒙理性是结构性的，而福柯的启蒙是意向性的。前者批判的是神的统治，后者批判的是工具对人的挟持。但主体性和自我都是二者的关切点（参见康德、门德尔松和福柯的同名文章《什么是启蒙》）。其次，欧洲18世纪启蒙运动时期的"启蒙"无关乎集体，只在乎思想上的个体觉醒，如卢梭、伏尔泰都具有"离弃社会隐居的倾向"；中国"五四运动"时期的启蒙，才特别赋予启蒙以"开启民智"的社会主义含义，转向群体启蒙。"很少具有思想创新的含义"。这与"平天下"的儒家文化传统有关（参见邓晓芒《新批判主义》，作家出版社，2019，"前言"第15页）。
② 欧盟每隔3年对15岁少年进行测试，美国EFF（始于1996年对成人）和PISA（2003年对青少年）进行测试，中国关于这种调查与测试方式，依托于教育部重大课题、重大项目如"我国基础教育阶段和高等教育阶段学生核心素养模型研究""中小学核心素养的发展与评价"等在全国开展。中国也开展关于核心素养的（学习者问卷调查、专家访谈、以往课程标准的统计）测试，法国、日本、新加坡等国家都在用相同的社会性形式建构核心素养的知识结构。2016年6月，世界教育创新峰会（WISE）发布《面向未来：21世纪核心素养教育的全球经验》，归纳形成3大类10项动力因素（参见张生虎、张立昌《核心素养的价值、问题与实践向度》，《中国教育科学》2017年第4期）。
③ 联合国教科文组织国际教育发展委员会：《学会生存：教育世界的今天和明天》，职工教育出版社，1989，第185~198页；联合国教科文组织国际教育发展委员会：《教育：财富蕴藏其中》，教育科学出版社，1996，第72~102页。

置入义务教育阶段和高中教育阶段各科课程标准当中,并形成各指标体系及其目标,以实现对教学的指导,从而实现受教育者反思其意识、技能、知识、习惯、品质及人格等要求①。反思学习培养学生反思力成为教育教学的目标要求。

2. 职业生活中的感悟

笔者曾从事基础教育教学工作9年,高等教育教学、研究工作15年。在这24年教学历程中深刻感受到如下问题。

（1）学习从众

教学受到外来诸多因素的影响而不能保持自身的教育性特征,常常处于被异化的境况。无论教师还是学生的观念,都在长期异化情境的濡染和教育意识形态塑造下形成了对于教学目的及手段的误识。对二者来说,考试升学或得到学分是最切近的目的,而对于人格、品质（包括思维品质）等社会性交往伦理需求的人性培育无暇顾及。所以,无论在课堂生活还是在社会生活中,大多数学生形成了习惯从众、缺乏独立思考或走适合于公众的路的思维。根据加德纳多元智能理论的阐释,每个人的智能差异或优长应该规定自身发展的适切性。但在这种缺乏自我反思的教育情境中,学生无法反思发现自我,就只能跟从他人、潮流行事。用一个简单的例证说明:入学体检时,笔者亲历医生问一位入学前硕士研究生所报考的专业方向,并询问该专业（可能专业名称生僻）的基本内容和功用,学生回答:"我也不知道,就是为了以后好找工作!"

这种现象产生的原因可能来自外部社会各方面的强大压力,也有来自教育内部的压力。其中一个原因是教师和教材的权威依然坚固:教师的意志成为所有学生的指向,导致学生即使有思想也无法

---

① 林崇德:《21世纪学生发展核心素养研究》,北京师范大学出版社,2016,第183~273页。

实现；教材的权威知识成为学生学习的对象，致使学生习惯于将学习等同于记忆术。长此以往，学生便迷失自我，使学习走向反思学习的反面。首先，学生缺乏自我认知能力，不知道自己适合学习什么，如何学习适宜自己的认知特点，学习不知未来走向何方，最终只能跟着别人走他人的路。教学中如何让学生学会反思学习，形成自我意识，最终发现自我的特殊性，实现主体性作为关切未来社会发展的重要教育使命，便成为教育迫切需要解决的问题。其次，学生在接受权威知识的学习环境中，形成了接受外来信息的静态学习习惯，影响了创造性人格品质的形成，实质上降格了人性，降低了生存的幸福感。

（2）生活盲从

除学校、课堂教学中学生学习的盲从和操作性学习之外，在生活世界里甚至在研究领域人们都处在自失的环境中。最具有反思性的研究工作，虽说是反思形态的最高阶段，但往往被证伪。不论发表的论文，还是课题研究立项选题，每年大多数项目都是追逐潮流、热点，尤其是依据国外研究思潮而确定国内研究主题。一种被西方话语统治的现象依然没有改变。而这种现状的改变，可能有多方面的原因。但不可否认的是，在寻求改变此危机的基本措施中，教育发挥着基础功能。在课堂教学中开展反思学习，学生可以发现自我、学会学习，为未来形成反思品质、臻达人性信仰打好基础。

3. 当代教学论的要求

超越目前适应功利需求的操作性学习，而实现学会学习、自主学习是当代教学论的要求。知识的商品化使目前国内基础教育囿于考试升学的功利需求，重点在于操作性教学，即如何让学生掌握教材知识信息，以获取考试高分——其实质是记忆知识。同时，国内高等教育为满足学生就业的功利需求，而履行操作性教学，即教学为了实际运用而剔除原理、意义的探究，以便提升学生就业率。第一，这种操作性教学是基于知识的技术化应用（会用就行），而忘却了知识形成之前的建构过程，实质上背离了教育为人的目的，反而使人成为传输、记忆知识的工具和手段。只知道运用知识的技术化教学以丧失人性为代价，导致的恶果便是走向"学会学习"的反面。第二，操作性教学的形式是经验式训练，产生目标与学习活动的分离，从学习者的动机、兴趣等情感层面首先阻滞了其主动性，无益于学习者的心灵成长。第三，操作性教学影响学习效率。操作性教学从目标、内容、实施到评价全程都履行统一的标准，无法适用于富有差异性的学习主体，势必导致课堂学生的分化——差生与优生或先进与后进。第四，超越操作性学习，形成反思批判思维习惯。反思学习属于自主学习的高级阶段①，可以克服操作性教学的上述弊端。如何使受教育者成为理解自己需要的学习者和有理性的思考者，以抵制无意义再生产？反思学习可能是一条实现该目标的有效途径。

开展反思性思维品质教学，满足创造性精神培育的需求。有别于发现的发明是社会进步的阶梯，发明依赖于创造性文化背景与个体心理结构、思维品质。所以，创造性精神培育成为课程改革的重要目标之一。因此，本课题研究回应了中华民族伟大复兴的"中国梦"理想主题②。社会、民族的创造性精神有赖于主体性的构建，主体性的根基在于社会、民族成员的思维品质。一种批判性反思思维的形成，除了生存方式、文化环境的影响习得外，主要是学校学习，而课堂学习则是其基点。

---

① 庞维国：《自主学习：学与教的原理和策略》，华东师范大学出版社，2003，第82页。

② 钟启泉、崔允漷、张华：《为了中华民族的复兴，为了每位学生的发展：基础教育课程改革纲要（试行）解读》，华东师范大学出版社，2001。

深化课程改革"自主、合作、探究"教学理念的要求。21世纪课程改革以来,"自主、合作、探究"的教学理念虽被提出,但对于如何开展课堂自主学习,还停留在整体的研究阶段,未能深化到具体的教与学的专题研究中①。可以说,自主学习还是一种理念,有待深入、具体地研究其得以实现的方法和策略。反思学习是实现这种教学理念的手段之一,是实现自主学习的高级阶段形式,有助于深化学生探究学习的有效实现。课堂教学如何指导学习者反思学习,借助于哪些教学因素指导学习者反思学习,课堂教学指导学习者如何反思学习,课堂教学指导学习者反思学习什么,都是该题中应有之义。

4. 课堂学习的特殊要求

现代生存方式和文化、价值观的改变,推动了教育内部的变化。第一,从以往教学原理知识回归生活。启蒙时期,蒙田就已经指出教育的第一目标:"一个构造得宜的头脑胜过一个充满知识的头脑。"②"构造得宜的头脑"指的就是学习要善于组织和运用知识,而不是记忆和无效堆积知识。20世纪70年代的经济危机导致"布雷顿森林体系"瓦解,给社会就业带来严重危机,使人们对于教育传授知识原理产生了反思:教育如何转向专业化,专业化教育为什么不能解决社会危机?20世纪80年代舍恩的"反映实践者理论"就是针对专业者无能和20世纪60年代兴起的反专业运动提出的理论。这一支脉被麦

---

① 自主学习是可教可学的。所以,第一,课堂教学环境中如何围绕基本主题,如学习动机、课堂管理、教师教学和教师期待,探讨教学实践。第二,如何将自主学习贯彻到各科或各学习领域的具体要素中,如目标商定、学习经验设计、学习经验的组织、学习反馈及评价。这些都是需要研究的课题〔参阅黄显华、霍秉坤、徐慧璇:《现代学习与教学论:性质、关系和研究》(第一卷),人民教育出版社,2014,第327~336页〕。

② 〔法〕埃德加·莫兰:《复杂性理论与教育问题》,陈一壮译,北京大学出版社,2004,第109页。

兹偌（Mezirow）、鲍德（Boud）、盖耶（Ghaye T.）等人继续发展，反思学习从专业（大学和职业）教学领域走向了所有学习（包括基础教育）领域，至21世纪成为反思教育的宏大声音[①]。21世纪中国课程改革中，"钟王之争"是基于工具理性追求传统知识论的控制学习与基于建构主义的反映理论的争论。其实，教学是艺术，它不是工具理性的传输、生产和控制的稳定态；恰恰相反，它是不稳定的。专业者、专家只会知识，而不会整体性地及时反映、改变和创造新情境是不可以的，即莫兰所谓的"发展把知识背景化和整体化的能力变成对教育的绝对要求"[②]。第二，教育追求一个保持清醒意识的"人"的目标要求。保持清醒意识是启蒙运动的核心。要保持清醒意识，就必须展开自我批评。教育必须使学习者学习自我批评，其中包含了思维培育的内容。思维是"针对那些并不存在于即时环境中的事物所创造出的心理表征"[③]。它是对知觉经验的扩展。如看到一个圆形的茶杯不是思维，而设想"如果这只茶杯是方形的则会是什么情形？"此设想与推理便是思维。第三，由于上述的思维特征，教育、教学、反思学习对于科学有一定的叛离，尤其是在方法上。科学是经验的，反思学习不仅是经验反思，而且要超越经验世界中的"我"，还原出自我。在此，个体反思学习便基于"我是谁""我擅长什么""我是如何成为现在的样子的"等经验认知，走向"我会成为怎样的人""在怎样的情境中我会发展为怎样的人"等思维对象。学习者对于所学习的对象也会从经验的知识原理走向在具体情境中对实践运用的理

[①] 联合国教科文组织：《反思教育：向"全球共同利益"的理念转变》，教育科学出版社，2017。

[②] 〔法〕埃德加·莫兰：《复杂性理论与教育问题》，陈一壮译，北京大学出版社，2004，第112页。

[③] 〔美〕雷德·海斯蒂、罗宾·道斯：《不确定世界的理性选择：判断与决策心理学》，谢晓非、李纾译，人民邮电出版社，2013，第3页。

解和情境化诠释，即从知识的公共性走向他性和自性的转译①。第四，21世纪反思教育主要包含哪些内容呢？《反思教育：向"全球共同利益"的理念转变》指出，教育从私利走向公益和可持续性，这是对教育本质的反思；核心是知识问题，课程知识如何成为创造的、实践运用的；学习如何走向社会化公益而非私人的和竞争的生存手段。这些时代变迁中的教育理论要求课堂学习要适应时代的变化。

（1）改变传统的授受式学习

由于传统认识论和知识观，以及目前考试升学的外在压力等影响，目前课堂教学大多仍然停留在知识的传输和训练中。在2016年9月至2019年6月期间，研究者对全国7地（成都、上海、南京、北京、西安、银川、西宁）10门课程（语文、数学、英语、政治、生物、物理、化学、地理、美术、体育）47堂课进行了观摩分析，得出结论：一是教师传输知识，学生获得知识为主要教学形式，教师在课堂上独自表述时间平均占课堂总时间的23%。尤其是在农村初中教师整堂课都在演示，只是在演示结束后象征性地有学生实践练习的环节（将认知与实践分离），但该环节缺乏教师指导。注重认知（认知概念知识）与学习结果仍然是教育教学中的重点。二是学习时间内平均超过78%的学习行为属于非反思学习行为。当然，这种现象主要存在于南京、上海、成都等地的课堂教学中。在北方，尤其是农村地区的课堂教学依然处在教师演示而学生静观的状态中。三是按照学科分类，在不同学科课程的课堂教学中，学生反思学习的行为比例也不同，如体育、美术、语文等课程在实践中反思学习的机会较多；数学、物理、化学等课程，逻辑性强，而学生练习和理性反思学习的时间就比较充足；

---

① 张生虎、张立昌：《论课程知识属性及其实现》，《中国教育科学》2019年第4期。

英语等学科课程相对而言反思学习时间不够，模仿学习和操作性学习较多。

根据心理学研究结论，不同的学习行为方式与学习的效果有密切的关系（见表0-1）①。反思学习作为实践中的行动②或经验学习中的行为③，是行动中的学习。而教师演示、学生静观，或只是看、说、听等行为缺乏内在体验和验证，所以制约了学生的智慧发展，也影响着教学效果。

表0-1　学习方式与记忆时间长度/效果统计（Whitmore，1996：P.18.）

	告知	告知并演示	告知、演示并实际操作
三周后回忆	70%	72%	85%
三个月后回忆	10%	32%	65%

资料来源：Anne B., *Facilitating Reflective Learning Through Mentoring and Coaching*, London: Kogan Page, 2006, p.94。

20世纪60年代美国的"学习巩固率"调查也明确指出，学习形式的差异导致了学习巩固率相差悬殊：借助讲解式的听获取的学习内容半年后巩固率是5%；阅读形式的学习内容半年后巩固率是10%；视听教学形式的学习内容半年后的巩固率是20%；器材示范形式的学习内容半年后的巩固率是30%；小组讨论形式的学习内容半年后的巩固率是50%；操作体验形式的学习内容半年后的巩固率是75%；

---

① Anne B., *Facilitating Reflective Learning through Mentoring and Coaching*, London: Kogan Page, 2006, pp.93-94.
② 舍恩将行动中反思学习和行动后反思学习加以区分，为in action与on action。他提倡行动中反思学习，区别于对行动的反思学习（参见Paul McIntosh, *Action Research and Reflective Practice*, Routledge, 2010, p.57）。
③ 库伯的经验学习圈包括四个步骤循环，其中反思作为具体经验上升为概念的必经环节，必须形成目的，所以是行动中完成的（参见〔美〕库伯《体验学习：让体验成为学习和发展的源泉》，王灿明、朱水萍等译，华东师范大学出版社，2008，第34~51页）。

教会他人形式学习内容半年后的巩固率是 90%（见图 0-1）①。在此，"操作体验"作为"做中学"，与"教会他人"一样，其中包含了描述和理解学习内容，它构成了反思学习的核心与基础。"教会他人"还包含了复现和呈示的表达过程，不仅是符号化转换，还有如何呈示的思维组织问题，更加讲求策略和艺术性。在此意义上"记忆是思考的结果"② 才是成立的。

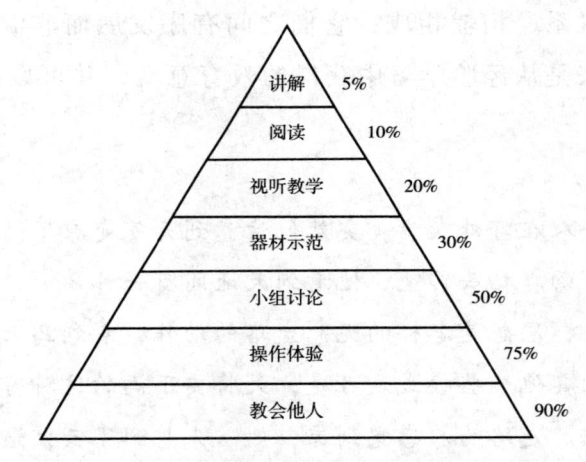

讲解 5%
阅读 10%
视听教学 20%
器材示范 30%
小组讨论 50%
操作体验 75%
教会他人 90%

图 0-1 不同学习方式半年后"学习巩固率"对比

　　可见，中国传统提倡"知行合一""行思结合"的学习论与杜威将学习和反思的顺序翻转过来的理论，是可以得到验证的：只有先实践和获得经验，才能推动认知及反思学习发生。因此，杜威也将学习推演到社会实践领域。但是，这样简单地将课堂学习内容生活化、实践化便会出现问题：课程知识的社会性如何区分儿童兴趣与成人经验；儿童生活经验如何达到人类文化传统理性建构的知识

---

① 转引自钟启泉《课堂革命》，江苏人民出版社，2017，第 14 页。
② 〔美〕詹姆斯·M. 朗：《如何设计教学细节：好课堂是设计出来的》，黄程雅淑译，中国青年出版社，2018，第 35 页。

阶段，即浪漫主义的核心关切——有限（生命）与无限（知识）的矛盾问题；课程知识在生活经验中如何处理即时性与延时性问题；等等①。所以，目标指向和课堂教学是必要的。课堂学习作为学生走向社会学习的桥梁，它集中、有指导地培养学生学会学习，但也不与实践性要求相矛盾。对此杜威也承认："反省思维不同于那种仅仅是偶然发生的不规则事件的连续。……反省思维各个连续的部分互相联系，相辅相成；它们之间有序发展而非混杂不清。"②反思在他看来是从经验学习中获得的教育意义，并可以推动未来学习的发展③。

> 一个人在野外散步，突然他注意到天气变凉了。于是他想到可能要下雨。抬头仰望，他看到天地间有一片乌云，便加快了脚步。这时，思想是怎样的呢？走路的动作，看到乌云和感觉到冷是身体的其他一些模式。可是，天将要下雨的这种可能性，却是某种猜想。走路的人感觉到凉，他首先想到了云，继而，他看到和观察到云。最后，他想到某种看不到的东西：暴风雨。这种"猜想某种可能性"是一种观念，这就是思想了。如果他相信这种猜想具有真正的可能性，那么这种思想就属于知识的范围，并且要求反映思考。④

---

① 张生虎、张立昌：《论课程知识属性及其实现》，《中国教育科学》2019年第4期。
② 〔美〕约翰·杜威：《天才儿童的思维训练》，张万新译，京华出版社，2001，第4~5页。
③ Velzen V. & Joke H., "Are Students Intentionally Using Self-reflection to Improve How They Learn? Conceptualising Self-induced Self-reflective Thinking", *Reflective Practice*, 2015 (16).
④ Dewey J., *How We Think*, Lexington, Massachusetts, D.C.: Heath & Company, 1933, pp. 9-10.

课堂反思学习就是把这些弥散在经验中的体验组织成明确的思想，指导学生意义的生成，即"根据支持它的理由和它所趋向的进一步有待确证的结论，对任何确信或假定的知识形式进行积极、持续和仔细的考虑"①。形成思维的习惯，用确凿的证据支持其信念，以便指向未来发展性。

但是，如前述的课堂观察所得之结论：恰恰目前在许多课堂教学中，不论什么原因，这种思维的修炼和指向未来发展的教学是缺少的，大多数教学是在训练、熟练、传输和掌握客观知识。所以，需要课堂反思学习指导的开发和研究。

（2）深度学习的现代使命

学习如何走向"深度学习"是20世纪七八十年代提出的学习理念②。但深度学习有两个略微区别的含义：一是根据学习目标分类和学习结果分类，学习从最基础的信息知识学习，走向理解和评价；从对语言信息和概念学习，走向对规则以及高级规则的学习，进而对非结构化情境知识与认知策略、问题解决策略，甚至对内在的态度、情意因素的学习。二是深度学习作为一项基于人工神经网络发展而来的技术，有两个方面区别于传统获得知识的学习形式：深度学习模型包括更多网络层；强调特征学习的重要性——通过逐层特征转换，得到更具有代表性的特征。Alpha Go 于 2015 年战胜欧洲围棋冠军樊麾，2016 年战胜世界围棋冠军李世石，2017 年战胜围棋天才柯洁和击败 5 名顶尖棋手组成的联队。之后引起对于人工智能的研究：2017 年 10 月，AlphaGo Zero 新版 AI 程序面世，但没有跟任何人下棋（缺乏实践经验）。将围棋所有知识从 Alpha Go 中剥离出去，与 AlphaGo

---

① Dewey J., *How We Think*, Lexington, Massachusetts, D.C.：Heath & Company, 1933, p. 9.

② McIntosh P., *Action Research and Reflective Practice：Creative and Visual Methods to Facilitate Reflection and Learning*, London：Routledge, 2010.

Zero 对弈。结果 AlphaGo Zero 更快、更果断地落败。① 这说明，深度学习是多层神经网络的组合，是复杂的、整体的和动态的学习方式。同时，学习对智能的影响主要通过实践而转化或内化为能力。深度学习指向的是"学会学习"和"终身学习"目的，它需要更重要的"学习能力"，这便与反思学习的主旨在于主体性建设一致，因此"学会学习"是其题中应有之义。

（3）对课程与教学理论的回应

首先，课程论从开发模式走向理解模式。课程开发模式下，反思学习及指导发生在课堂教学的最后阶段；课程理解模式下，提出过程性评价和表现性评价，课堂反思学习及其指导贯穿课堂学习的全过程。但是，过多的反思会使学生疲惫不堪，进而厌烦反思学习。所以，寻找课堂反思学习的基本节点，实现基本视点上的课堂反思学习指导就具有必要性，它们会进一步形成一个课堂反思学习指导的框架或模式。

其次，教学目标从科学知识的传授转向培育人性，使学习的获得模式走向参与模式。参与是社会化交互形式，形成了特殊的课堂实践活动。实践需要反思学习，社会交互则要求教学是指导行为。所以，课堂反思学习的指导是必然的。

（二）研究问题

不论是为了人性形成、社会发展及其文化传承，还是为了生活、工作，反思学习已经成为现代教学刻不容缓的研究课题。在走进现代学校教育的课堂学习中，反思学习产生并需要研究的是：课堂需要怎样的反思学习及其指导，课堂反思学习指导有哪些制约条件，课堂反思学习指导什么，课堂反思学习如何指导等问题。

---

① 〔美〕特伦斯·谢诺夫斯基：《深度学习》，姜悦兵译，中信出版集团，2019，第 25 页。

课堂需要怎样的反思学习？课堂学习实践不同于生活实践，它是对日常经验和实践的简化；基础教育阶段的课堂教学也不同于专业教学，而是对学科基本知识技能的学习。所以，课堂反思学习的类型、形态必须辨明。反思学习的指导者无法进入学生精神世界，但可以根据中介发现其精神，并合理设计学习"境脉"及"脚手架"而指导其反思学习。

课堂反思学习中思维、情感、行为和其他情境因素如何保障指导行为的有效？即反思学习指导的条件如何。反思学习关涉多个领域，包括感知、认知、直观、体悟和推理、联想等智力与非智力因素，它具有整体性特征。课堂反思学习指导除了学习者和指导者个体的内在因素，还有学习外在条件——如何在学习共同体中形成情境及其境脉？必须分析这些因素和条件。

课堂反思学习具备怎样的基本运行模式？即反思学习指导的内在机制问题。反思学习具有可持续性和复杂性特征：在一系列复杂的运转中产生预期与非预期的结果，具有内隐因素与外显表征、内化与外化的运行机制。

课堂反思学习指导什么？学习对象应该是知识与知识他者二者的综合体。知识包括概念、原理、规则及其表征符号；知识他者包括情感、意志和价值观念等构成的文化成分，还有如何交往互动、构成反思学习的形式，以及反思学习的领域（包括各种学习、生活的个体有效性方法，最终审视自我的态度、方法、实践知识及其形成的综合性品格）等。

课堂情境下教师如何指导开展反思学习？即指导课堂反思学习需要形成合理的境脉及其对应的策略。

课堂反思学习指导，借助现代技术如何实现翻转变革？以个体为中心的经验对象学习的局限性，导致自我中心和生存功利欲求的产生，使反思学习停留在过去的经验层面。社会性经验共享，使个体超越自我性体验的阈限,走向更广阔的"外部世界",培育同情同理的心向,进一步发生、发展人格①品质,实现转换学习。课堂反思学习指导翻转的是在传统课堂获得知识后才开始反思学习的形式,它要求反思学习行为贯穿课堂的全过程(但也不是缺乏规范的随时反思,它应该具有基本的反思学习节点);同时,反思学习不仅是知识一维和认知的线性积累,而是知识他者及其多维度的构建。

二 研究意义

课堂反思学习指导的基点是课堂教学形式的改变,所以对于教学方法、教学论和学习论具有直接的影响。它又间接推动了教育理论的变革。因此,其意义表现在两个层面:理论意义和实践意义。

(一)理论意义

第一,适应反思学习的教育理论重构。反思学习基于实践,实践的情境性、复杂性、非科学性、主体性和社会性等赋予教育理论不同于以往的知识教学形式,尤其是在互联网和知识经济时代,先学后教、以学定教等成为翻转旧教学模式的新形式。所以,反思学习指导研究迫使研究者从教育、课程知识、学习等方面重构教育理论,作为开展反思学习指导的理论前提转换。

---

① 叔本华《幸福的三个来源》的解释:人格,包括健康、力量、美、气质、道德品格、理智以及教养。人类学历史本体论提出"内在自然的人化"即人性。人性是区别于动物性和纯粹机器的个体文化心理结构,其主要特征在于人类历史情境中的生成(发展)性和被塑造(建构)性。落实到个体上,就是情理结构。文化心理结构包括三个领域:认知领域、伦理领域和情感领域。文化心理结构(人性)的形成,最初都是从生活中获得,而后才逐渐转化、变形为静观的知识论对象,即人性形成是须通过从活动到静观的一个转化过程(参见李泽厚《人类学历史本体论》,青岛出版社,2016,第7、475页)。所以,对于个体而言,尤其是处在基础教育阶段的儿童要注重在活动中开展教育。这点与皮亚杰、杜威的论述是一致的。

第二，课程与教学关系的建设。反思学习基于实践学习和经验学习。与此不同，以往普遍的课程是先验的，决定教学行为的是自上而下的演绎形式。反思学习在实践中开展，必须遵循实践中学习的事实，开展自下而上的发展：实现教学论的变革，影响教学的活动，教学活动又推动课程发展。这种课程与教学的自上而下与自下而上的形式如何达成均衡运转，实现双螺旋互动关系，只有在反思学习指导实践中才得以开展。

第三，教学指导中如何确定反思学习的范畴。反思学习的内容向来被诟病，没有定论，甚至有些研究者认为这是个空洞的问题。反思学习研究无法回避这个问题，反思学习通过指导的内容，表现为三个方面：首先，指导反思学习的形式，包括描述性反思学习、比较性反思学习和批判性反思学习；其次，指导反思学习的内容，包括情感、认知、行动和社会等；最后，在历时性（回顾、当下、前瞻）和共时性（内容、情绪、社会、方法）二维结构中，课堂反思学习指导确定反思学习的基本领域。

第四，探索教学走向人性培育的深度学习形式。反思学习是深度学习的次生形式，反思学习对深度学习、学会学习和终身学习负责，最终对教育教学中形成人性的目的负责。人类教学从计算机式的程序操作的行为主义走向由外在文化塑造的人文主义转变，最终没有解决人性培育是从内在生成的根本问题。所以，反思学习立足于人类内在的心理结构和情感动机，探索如何自内而外地生成人性，即基于情本体，走向认知、道德、信仰等人的文化心理结构的完善，实现人性的完整性。

（二）实践意义

第一，指导课堂教学，实现教学的有效性。课堂反思学习指导研究和焦点个案的课堂实践研究最终在于发掘其内在运行的机制、形成一个有效的模式及应对策略。

第二，推动学习者个体人格发展和成熟。实践中、社会交往中即时性反思学习方法、习惯的养成，有助于学生形成反思性人格品质。

第三，指导、激发学生的学习动机，提高学习热情和学业成绩。有利于学生学会学习、终身学习和自我发展。

三 核心概念

课堂反思学习指导这一主题的研究，需要明确反思学习、课堂反思学习、指导、意义和行动这些概念。第一，反思学习包含了多种次生形式，其内涵是不同的，从而影响课堂开展反思学习的特殊形式。第二，课堂反思学习不同于知识逻辑的反思学习（舍恩等人的专业知识的实践反思学习），也不同于生活经验中的反思学习（杜威的反思学习），它处于二者之间，是在课堂情境中的实践反思学习形式，即在行动中反思学习。处于知识与生活实践之间的行动中反思学习，不是传统个体理性的反思学习形式，而是主体间的社会化反思学习，所以需要指导和参与。第三，指导区别于教的控制规训与没有指向的自然疏导，是根据学生实际学情而设计目标、合理的"脚手架"或学习"境脉"，引领与帮带学生在反思中学习。这样，学习就不再是掌握和获得，而是在参与中建构意义。第四，意义被现代人混同于涵义①（包括布鲁纳），它指向的是人的内在体验和理解，而非客观先验的外显对象，直接与反思和实践建构相关。第五，行动区别于无目的的生活实践（制作和操作）与缺乏自我的奴役控制活动（劳动），而处于二者之间——既自由又不失目的，所以是反思学习指导的更适切的诠释。

---

① "涵义"和"含义"二者不同：1. "含义"是大概念，涉及宽泛的领域，包括概念、特征、类型、表现形式等；"涵义"比较狭窄，仅指某对象的概念。2. "涵义"是确定的科学所指。对应的是"意义"人文所指。所以，本书中所有"涵义"指向的是科学（确定性）所指，而"意义"指向的是人文（模糊性和多样性，无限性审美特征）所指（参见尤西林《有别于涵义（meaning）的意义（significance）》，《学术月刊》1996 年第 10 期）。

(一)反思学习

反思学习基于经验,并对经验进行反观和检讨(包括观察、描述、概括、抽象、对比、批判),使学习者发生转换(包括认知、情感、价值观、行为、方法和实践等)学习并指向未来发展。它是动态的、过程性的和复杂的,知行合一、行思不分的学习。反思学习区别于反思性学习的地方在于,反思学习是对反思性学习之"祛魅"——从模糊和不可明确的内隐性走向可以认知、表达的科学性和可操作性,即在教学中能够明确表征,且通过"指导"有助于学生发展。

反思学习基本有两个维度、四个层面:第一个维度是围绕知识化逻辑的冷反思,落脚点在"自我意识"层面的研究。表现在两个方面:一是培养学习者对于一个学习对象的逻辑追寻和探索;二是学习者对于知识逻辑的前提批判,即对为什么有这样的知识逻辑的前提进行反思。第二个维度是针对前一个维度的叛离,主要立足于实践而非认知的反思学习形态,其落脚点是"生活世界"层面的研究,包括认知、情感动机和意志行为的热反思。表现在两个方面:一是对于自身学习经验的镜像式反映,反映必然通过某种符号中介呈现,其呈现过程是一种集感受、思维、认知和操作行为(意志)本身于一体的反思学习;二是在行动中的反映,首先以一个目的为前提,同时隐含着一种受制于反思学习者个体思维(受限于经验、情境、文化制约等因素,具有个体差异)的探索意识,它不同于传统的被主题化的知识或科学的(同一性)逻辑,而是共同体在参与中建构的。

从发展逻辑关系来说,第一个维度是对作为认知结果的知识进行的反思学习,在这个维度中,反思学习应该是后来者;第二个维度是知识前提或知识形成过程的反思学习,而在这个维度中,反思学习是首先发生的。但在传统学习中往往相反:二者在顺序上是颠倒的;甚至只注重认知结果,不关心知识前提或知识形成过程。

（二）课堂反思学习

课堂反思学习是学生在一种特定情境中的反思学习形式。它既不同于生活实践中的反思学习，又不同于纯粹认知理性的反思学习，而是处于二者之间。生活实践中的反思学习缺乏逻辑指向性和反思目的性，过于散漫，缺乏教学性；纯粹认知理性的反思学习是只遵循科学知识逻辑的一元论或独断论，有损于学生的悟性、智慧和创造性，对于人性形成也有不完满处。

课堂反思学习是既在实践的又在合理的（隐在的）知识逻辑可能性的指引下开展的行动中的反思形式。不能只是知识授受或缺乏合理指导的自由反思。

课堂与课室的不同。前者是开展教学的具体情境，包括教师、学生、教学媒介（内容、形式）和教学情境（动态性和社会性）；后者指具体的处所或空间。

（三）指导

指导是教师或同侪中优异者对学习者的学习行为进行的合理设计，包括引领、点拨或质疑等形式下的情境设计和学习形式设计，促使学习者探索和确定合于自身的学习目的、发现方向以及采用合理方式学习及评价。具体表现为引（引起、指引、引导、引领）、带（带领、领导）、教（教练、教导）等内容。课堂反思学习指导的核心是监控与调整学习行为，通过设置合理的"脚手架"（问题、任务、反馈或基本框架）形成学生反思学习的境脉，帮助学习者自主学习和发展。

指导在教育中区别于疏导和控制。具体表现在两个方面：第一，指导是学习者集中于自我目的的"主动趋势"，是空间的和非自然发生的心理态度问题。第二，指导是学习者进一步行动的"连续的道路"，是时间和有序性平衡的问题。疏导是放任学生的自学，是散漫和无目的的；控制是一种外在权力侵入的操控，其实阻碍了学习和反思学习。

（四）意义

普遍的原理或客观知识的涵义（meaning），在问题情境中或在个体经验中被"具体化"地理解和诠释便是意义（significance）。这一概念，在教育界最早由施瓦布提出，以区别于客观知识的涵义，从而突出实践情境中主体生成的意义。在反思学习研究领域，舍恩提出了专业知识在原理层面具有"严谨性"，但在具体情境中缺乏解决问题的"适切性"问题，所以进一步提出原理知识（"坚实高地"）如何在具体问题情境中被理解和诠释（"沼泽低地"）以解决问题的论述①。其实质便是涵义如何产生个体或情境意义的问题。原理、知识在具体情境中会被个体诠释和理解。所以，区别于涵义的意义具有人文主义的特色。在人文科学视野下，意义具有以下特征：①意义指称的不是实在对象，而是精神境界，即意境，具有无限性指趋。②意义表达的是人超越动物性而实现人性的升华需求，不是人的自然生存需要或者基于此的其他特定目的。③意义是对终极价值目的的追求，与自我意识密切关联。④意义是涵义的人性化体现，是对自我中心生存状态的超越。⑤意义具有整体性审美直观特性，超出了逻辑概念②。

意义是在实践和具体情境中加以协商的③。学习的意义性改变了学习的基本范式，即从传统认知论（心理学）的知识获得转向建构主义（人类学）的实践参与。不仅知识是在社会活动中建构的，而且个体的人性也是在社会实践中建构的。通过意义可以反思发现超越论的本我。

（五）行动

行动指有目的、有积极体验性的自由实践。与马克思的实践概念

---

① 〔美〕唐纳德·A.舍恩：《培养反映的实践者：专业领域中关于教与学的一项全新设计》，郝彩虹等译，教育科学出版社，2008，第3~4页。
② 尤西林：《有别于涵义（meaning）的意义（significance）》，《学术月刊》1996年第10期。
③ 〔美〕戴维·H.乔纳森、苏珊·M.兰德：《学习环境的理论基础》（第二版），徐世猛、李洁、周小勇译，华东师范大学出版社，2015，第30页。

相合。运用"行动"概念而不用"实践"概念，是为了区别于亚里士多德的实践、行动概念的歧义性。亚氏的实践包含三个内涵：以身体的不自由为代表的劳动、以手为媒介的制作、以脑为基础的精神性自由行动。阿伦特援用亚氏的概念批判马克思的实践概念纳入了以身体为基础的劳动，是不合理的：其核心问题是缺乏历史辩证法和发展的视野——在奴隶制、封建制时代，劳动固然是不自由的，但在资本主义时代，劳动是出于个体目的的自由形式。学习是身心一体的行动，不仅是身体的劳动，也是精神的行动，都是自由的实践活动。

体验作为内在经验，与外在经验不同。迈克尔·奥克肖特（Michael Oakeshott）将经验分为三种：科学经验、历史经验和实践经验。实践经验与其他两类经验模式截然不同，不能随意宣称一种经验世界拥有对整个经验领域的统治权；实践世界具有连贯性特征，实践作为现实向价值的努力的行动，但价值世界具有多样性、非同一性，所以实践涵盖的领域非常广泛①。根据哲学的研究（包括马克思的"本质力量的对象化活动"，布尔迪厄的"实践感"，葛兰西的分析，华康德对实践的反思等），实践到理论之途总是受到多样价值的规约，但这些价值观隐匿在实践之前的"习性"中，既无意识又无意识自发性地导引行动。行动者与世界的关系遂成为习惯与决定习惯的世界间的本体论契合。如此，产生出三种不同的情境：行动者所处的情境，行动者作为诠释者所理解的情境，非行动者的诠释者所理解的情境。② 第一种情境中的实践被称为"行动"，第二种情境中的实践被称为"制作"，第三种情境中的实践被称为"劳动"。③ 所以，实践的合理性既可以对人形成奴役，也可以使人获得自由，关键在于如

---

① 〔英〕迈克尔·奥克肖特：《经验及其模式》，吴玉军译，文津出版社，2005，第238页。
② 刘森林：《实践的逻辑》，社会科学文献出版社，2009，第3~21页。
③ 〔德〕汉娜·阿伦特：《人的境况》，王寅丽译，上海人民出版社，2009，第1页。

何解读。因此就有了不同的行动：明智的行动（informed action）；承诺的行动（committed action）；意图行动（intentional action）；可持续行动（sustainable action）；积极行动（positive action）等①。反思学习是行动的，其目的性源于学习者的内在主体性，而不能被外在指导者强加而异化为目标。因此，反思学习指导遵循协商/调节机制，指导学习者发现自己的目的和真实参与、体验是首位的。

四 研究现状

在互联网时代，社会化学习越易成为现代学习的主流形态，它使人类学习趋于无意识性和趋于肤浅，是人类必须面对和解决的危机。于此，人们提出深度学习②。尽管深度学习、翻转学习等学习形式要求学习要具有深刻性，但群体的学习形态的本性仍是无意识性和非理性控制③，所以如何凸显学习主体性（即使在群体学习中也要求突出个体学习主动、积极性的诉求④）才是成就理性与有意识学习的正道。

反思学习的根本追求在于超越适应现代社会生存的技能化和形式化学习，以及破除阻滞学习的无意识性和非理性，从而走向"个人

---

① Ghaye T., *Teaching and Learning through Reflective Practice: Positive Action*, New York: Routledge, 2011, p. 2.
② Marton F. & Säljö R., "Approaches to Learning", in Marton F., Hounsell D. & Entwistle N. (eds), *The Experience of Learning*, Edinburgh: Scottish Academic Press, 1984, pp. 36-55.
③ 〔法〕古斯塔夫·勒庞：《乌合之众》，冯克利译，中央编译出版社，2017，第10、39页。
④ Entwistle N., "A Model of the Teaching-learning Process", Richardson J.T.E., in Eysenck M.W. & Piper D.W. (eds.): *Students Learning: Research in Education and Cognitive Psychology*, Society for Research into Higher Education, 1987, pp. 181-204; Fink D.L., "The Tower of Course Design to Increase Students Engagement and Learning", *Peer Review*, 2007 Winter.

的启蒙和解放"（哈贝马斯、弗莱雷）①。因此，反思学习是后工业时代教学领域重点研究的课题之一。

（一）反思学习内涵的研究

1. 反思及反思学习类型

反思学习，其核心要义与其解读的分歧在于"反思"。再者，由于反思过程本身即学习，所以在反思学习的概念研究中，国外学者大多将"反思"直接等同于"反思学习"。反思对于教学的意义毋庸置疑，但不同学者对反思的内涵认识分歧较大。

（1）近代的反思意涵

黑格尔曾说："世界精神太忙碌于现实，太驰骛于外界，而不遑回到内心，转回自身，以徜徉自怡于自己原有的家园中。"② 所以，他很重视反思使人们返回精神世界，而恢复人类理性的功能。反思是人类很重要的积极活动，它使人捕捉到自己经验的对象并重新体察之，仔细研磨之，且对之进行评鉴和估价。

黑格尔继承西方的理性主义传统，认为理性是以自我为基础发展而来的"纯全"的，而经验是虚幻的。教育就是使人摆脱虚幻的、易变的经验，借助回忆使人回到理念世界的理性。所以，人的精神作为意识发展史，经历了意识—自我意识—理性—精神—绝对精神的发展过程。在此过程中，反思构成"理智的历史"（sensible history），它是个体自我的逐步递进的过程的理解，通过扩展它的意义，反过来又促进了评价和反思的复杂性③。

---

① Ghaye T., *Teaching and Learning through Reflective Practice: Positive Action*, New York: Routledge, 2011, p. 27.
② 〔德〕黑格尔：《小逻辑·黑格尔对听众的致辞》，贺麟译，商务印书馆，1980，第31页。
③ McIntosh P., *Action Research and Reflective Practice: Creative and Visual Methods to Facilitate Reflection and Learning*, London: Routledge, 2010, pp. 39-40.

反思的复杂性表现在其多义[①]：第一，作为"后思""冷思"（nachdenken），它有回忆或反省的意思，如孔子所谓的"吾日三省吾身"。第二，它有反映、反射（reflex）的意思，对于一种实践性行为的整体呈现，排斥抽象之工具性方式所产生的意义与方式。如舍恩所谓的"反映实践"即此意涵所指[②]。第三，它有返回（sich reflektiert）的意思。返回并非回忆（具有选择、抽象等特征），而强调复现、反射、反映性。第四，它有映现或表现（erscheinen）的意涵。真实的精神活动必须通过外显的符号形式才能被感知，如"努斯"（nous）势必转化成为"逻格斯"（loges）（精神活动的语言、符号化）才能被人认知和把握。但此中隐含了一种危险，即人们为了知觉的方便，却将本然的实践活动依托于精神好恶的选择性，遂产生了诸多"假象"（schein）。"假象"即反思的第五种用意。

（2）现代的反思意涵

在现代，主体性从个体发展到社会，自我意识受到质疑并走向实践领域。所以，杜威提出反思为一种经验反思，不再是形而上的主体自我意识反思。舍恩进一步发展，便实现了反思的分化：主客分离的认知性反思与行动中主客一体的反思〔更准确地说应该是"反映"（reflection-in-action）〕。

（3）反思的基本形态

由上述意涵可以概括出反思的两种基本形态。

---

① 〔德〕黑格尔：《小逻辑·新版序言》，贺麟译，商务印书馆，1980，第 xxi 页。
② "对历史性的存在与处境脉络复杂性的觉察不是竭思尽虑的智性思考可以激发的！因而，'反映思考'一词不能译为'反思'。……舍恩的'反映思考'与'行动中反映'所指涉的不只是'思考'，而是涵括了思想、情感与行为表现的（自己与自己以及自己与他人）对话活动。'反映实践'正是将实践者之实践行动与其介入到现象场中的作用和后果的建构过程，经由对话活动而推进实践者的探究。"（参见〔美〕唐纳德·A. 舍恩《反映的实践者·译者序》，夏林清译，教育科学出版社，2007，第6页）。

第一，传统意义的主客体二元分离的反思形式。学习主体将已经发生的事件或已经验的事件作为先在对象进行反观、反省，以达到更高级地抽象概括。抽象则会出现片面性和有限性。此反思受制于先在的世界观制约，被染上了强烈的工具性色彩，其反思对象被建构为"方法—目标"关系的知识，符合工具理性、实证主义之宗旨。

第二，实践反思形式。传统学习的"方法—目标"关系形式滋生的诸二元对立在实践学习中得以消弭，如规训与自由（教化）、理性与非理性（即实践理性）、行动与体验、自然主义（永恒主义）与历史主义（存在主义与诠释学）等。所以，继杜威提出实践反思之后，舍恩将之发展为实践中反思和对实践反思之区分。这种反思学习已经不是工具意义上的"帮助你获得"，也不能描述为手段；而是目的与手段的统一[①]。

学习实践是在特定的社会情境下开展的，实践反思学习遂分化为四种基本类型[②]：在实践中反思、对实践的反思、为实践的反思与实践并反思。

2. 反思的不同指向

如上的反思内涵与学习形式结合，便产生了不同意旨取向的概念解释。具体展现出五种：第一，目标取向的有意识行为[③]；第二，致力于知识和技能的发展（Steimaker and Bell, 1979; Benner, 1984）[④]；

---

① Ghaye T., *Teaching and Learning through Reflective Practice: Positive Action*, New York: Routledge, 2011, p. 23.
② Ghaye T., *Teaching and Learning through Reflective Practice: Positive Action*, New York: Routledge, 2011, p. 6.
③ Ghaye T., *Teaching and Learning through Reflective Practice: Positive Action*, New York: Routledge, 2011, p. 129.
④ Ghaye T., *Teaching and Learning through Reflective Practice: Positive Action*, New York: Routledge, 2011, p. 129.

第三，知识取向①；第四，教育情境中问题解决取向（Dewey，1933；Schön，1991；Woods；1994)②；第五，强调过程③。

3. 反思学习的概念

不同旨趣规定了概念的不同。反思学习以亚里士多德在《伦理学》中讨论的实践和道德行动理论为始端④。在近代，反思是为了实现自我的"善行"（合目的性）。但到了现代，反思则分化为多元形态，各有侧重。表现在如下几个方面。

杜威（1933）提倡反思中学习，有两个过程，第一个过程是尝试错误和经验，导致经验法则的决定性；第二个过程是积极反思卷入人际关系的感知觉与自我经验。个体经验与群体的互动形成学习循环形式，反馈与新的学习指向穿插其间。⑤

Boud 等认为，"学习情景中的反思"是指个体为寻求新的理解和欣赏而进行的智力活动和情感活动的总称。包括对经验的再体验和再思考，并且仔细考虑和实现意义提升。⑥

Boyd 和 Fales 认为，反思学习是内在审视和解释一个问题的过程，由一种经历引发，这种经历创造并澄清了自我的意义，并导致观

---

① Smyth J., *Teachers as Collaborative Learner*, Open University Press, 1991, pp. 113–116.
② Ghaye T., *Teaching and Learning through Reflective Practice: Positive Action*, New York: Routledge, 2011, p. 129.
③ Giroux H., "Education Reform and the Politics of Teacher Empowerment", *New Era*, 1987 (9), s1–2.
④ Grundy S., "Three Modes of Action Research", *Curriculum Perspective*, 1982 (3); David B., Keogh R. & Walker D., *Reflection: Turning Experience into Learning*, Kogan Page, 1985, p. 11.
⑤ Boud D., Keogh R. & Walker D. (ed.), *Reflection: Turning Experience into Learning*, New York, NY: Kogan Page, 1985, pp. 11–12.
⑥ Boud D., Keogh R. & Walker D. (ed.), *Reflection: Turning Experience into Learning*, New York, NY: Kogan Page, 1985, p. 19.

念视角的改变。①

Jarvis 认为，反思学习是一个深刻思考的过程，既是回顾被思考的情况的过程，也是展望未来的过程；既是回忆的过程，也是理性的过程。②

Brockbank 等人将反思学习定义为一个有意识的过程，在此过程中，社会环境和经验是被认可的。学习者是活跃的个体，完全参与其中，与他人互动，乐于接受挑战，其结果包括个人、组织的转变和改进。③

Moon 认为，反思作为一个过程，似乎存在于学习和思考的概念周围。我们通过反思来学习一些东西，或者我们通过反思来学习，所以作为一个团队，反思学习只是强调通过反思来学习的意图。④

Ghaye 认为，反思是一种熟练的实践，它使用经验、知识和探究过程来提高我们对成功、难以解决的问题、有争议的问题和意义问题进行干预、解释和积极行动的能力。⑤

舍恩运用二分法，将反思学习划分为"行动中反映"和"对行动的反思"。其用意明显趋向于前者。因为，后者是事后反观或在行动过程中暂停下来的"反思"⑥，而前者则是"在火线上"，无法停顿下来，如学习中对话如果停顿下来便不再是对话了，一个正在挥臂

---

① Boyd E. M. & Fales A. W., "Reflection Learning: Key to Learning from Experience", *Journal of Humanistic Psychology*, 1983 (2).
② Jarvis P., *Adult and Continuing Education: Theory and Practice*, Nichols, 1983, pp. 86-87.
③ Brockbank A., McGill. & Beech N., *Reflective Learning in Practice*, Gower Aldershot, 2002, p. 6.
④ Moon J. A., *A Handbook of Reflective and Experiential Learning: Theory and Practice*, New York: Routledge Falmer, 2004, p. 80.
⑤ Ghaye T., *Teaching and Learning through Reflective Practice: Positive Action*, New York: Routledge, 2011, p. 20.
⑥ reflective 本有如镜像反射之反映与反映中有选择、判断的反思双重意义，二者有区别。

击球的运动员是无法停下来思之的，只能即时反映。阿伦特认为反映在行动中是"妨碍秩序的"，即针对此种反映形式而言的①。后者是一种回溯行为，一直倒退到过去，如斯宾诺莎所谓的"观念的观念"。除此之外，反思既是对经验的回溯，又是对经验反思的反思，以至无穷。前者的用意在于跳出观念和知识的单一限定，它是在行动中建构未知的"因果关系"联结，涵括认知、情感、直觉和悟性的整体性识知，是动态的开创未来。后者是对既存事实的回忆、抽象、概括，是知识形态的，具有片面性和严谨性。而前者是发展中的探究活动，此动态、整体探究不能保证能否必然得出一种最终结论，它只对多种可能性提供承诺，所以其运行无法提供知识形态，只具有基本的框架，但具有具体情境的适切性。②

（二）反思学习的功能

第一，认知功能。一是主体学习中由经验发展到概念的必经环节③。二是反思不仅使个体能够从经验中学习，而且在更多的经验获得之前，可以帮助确定诸多特殊的学习需要，如从整体经验中提取具体知识（British Further Education Curriculum and Development Unit，FEU）④。第二，明确教学目标⑤功能。第三，创新功能。通过整体价值提升，产

---

① 阿伦特的批判是："任何不服务于知识而且不受实际需要与目标所导引的反思是……'妨碍秩序的'……它妨碍一切正常的活动，不管是什么。所有的思考都需要停下来去想……实际上，思考让我们瘫痪，就如同过度的意识可能使身体的自动化功能瘫痪一样。"（参见 Schön. D. A., *The Reflective Practitioner*：*How Professionals Think in Action*, Basic Books, 1983, p. 281）。

② Schön D. A., *The Reflective Practitioner*：*How Professionals Think in Action*, Basic Books, 1983, pp. 50-69.

③ Colb D. A., "Management and the Learning Process", *California Management Review*, 1976（3）.

④ Boud D., Keogh R. & Walker D. (ed.), *Reflection*：*Turning Experience into Learning*, New York, NY：Kogan Page, 1985, p. 14.

⑤ Grundy S., "Three Modes of Action Research", *Curriculum Perspective*, 1982（3）.

生新观念①。第四，桥梁功能。沟通隐性知识与行动、教育设置的实践世界与理论生成②；联结过去经验与新经验，形成经验及其内在各元素的内在联系（Schon，1987；Van Wright，1992；Yinger & Clark，1981）③。第五，提高行动力功能（Olsen，1992；Frerie，1972）④。第六，增加责任感功能（Diamond，1991）⑤。第七，挑战教育实践中技术理性竞争（边缘化和非合法化了实践者用来介入他们生活的教学经验、历史和实践智慧）的一种急需的批判话语功能⑥。第八，解放和使人自由的功能（Frerie，1987；Habermas，1974；Mezirow，1981）。

（三）反思学习模式研究

对于反思学习模式的研究趋向于两种类型。一种是趋向于理论的基本框架研究，靠近理论；另一种是趋向于实践的运行机制的研究，更靠近策略。后者又表现为两种基本类型：外在基本分层分阶段的技术化操作模式；联系反思主体认知心理、行为本身与认知的其他因素，或外在的学习阶段复合型的思考的模式，趋向于人文诠释，故可以称为"复杂性反思学习模式"。

1. 基于理论框架的模式研究

第一，杜威认为反思过程包括几个步骤：①由于一个人所处环境的经验而产生"困惑、质疑"；②定义和澄清所面临的问题的"猜想

---

① Boud D., Keogh R. & Walker D. (ed.), *Reflection: Turning Experience into Learning*, Yew York, NY: Kogan Page, 1985, pp. 20-39.
② Silcock P., "The Process of Reflective Teaching", *British Journal of Educational Studies*, 1994 (3).
③ 黄显华、霍秉坤、徐慧璇：《现代学习与教学论：性质、关系和研究》（第二卷），人民教育出版社，2014，第621页。
④ Olsen J., *Understanding Teaching*, Open University Press, 1992.
⑤ Ghaye T., *Teaching and Learning through Reflective Practice: Positive Action*, Routledge, 2011, p. 130.
⑥ Smyth J., *Teachers as Collaborative Learner*, Open University Press, 1991, p. 116.

的期待和试探性的解释";③"检查,检验探索,分析所有可实现的考虑因素",以至探索哪一个可以定义和澄清所面临的问题;④"阐述试探性假设的建议";⑤为预期结果决定"行动计划或做某事"①。

第二,舍恩在杜威的基本步骤基础上研究并得出"行动中反映的共同框架":①媒介、语言、数据库建设;②评鉴系统建立;③为了主题确立和发展诠释的通盘理论;④框定实践者角色②。

2. 探索实践的运行机制的模式研究

(1) 对认知的发展、进步式分层及其层级递进的反思学习模式

麦兹偌提出反思学习以六个层次呈现:最基础的反映、情感反思(affective reflectivity)、判别式反思(discriminant reflectivity)、审议反思(judgmental reflectivity)、概念反思(conceptual reflectivity)、精神反思(spiritual reflectivity)、理论反思(theory reflectivity)。并进一步提出了反思学习的基本原则:①不同类型或性质的反思确实可以被识别和描述;②后一种反思比前一种反思更为复杂;③反思这种复杂性在经验上是可以验证的;④通过爬"梯子"式的提升等级,反思的益处便会逐渐增加;⑤"精熟"一个层次是上升到高一个层次的先决条件;⑥学习是通过某种包容的过程发展起来的,在这个过程中,较晚的阶段包含了所有以前的阶段。③

这些原则之下产生了诸多循环式反思学习模式。

第一,Gibbs(1988)提出的"迭代式模型"④ 最具代表性。其反思学习的基本模式,包括反映性描述——发生了什么?感受——感

---

① Dewey J., *The Philosophy of Dewey*, G. P. Putnam & Sons, 1973, pp. 494-506.
② Schön D. A., *The Reflective Practitioner: How Professionals Think in Action*, Basic Books, 1983, pp. 50-69, 288-326, 268-275, 308-326.
③ Mezirow J., "A Critical Theory of Adult Learning and Education", *Adult Education*, 1981 (32).
④ Ghaye T., *Teaching and Learning through Reflective Practice: Positive Action*, New York: Routledge, 2011, pp. 15-16.

受到了什么？评价——它是积极的还是消极的？分析——能从这段经历中得到什么启发，它与我个人的发展有什么关系？总结——什么是我需要做的？预测——如果在同样的情境中，则我该怎么办等七个阶段。① 此模式被后来研究者发展，提出了一般的反思学习模式：描述—调整—评价—讨论（见表0-2）。

第二，针对此反思学习过程，儒家文化圈在课堂教学中进行了试验研究，并提出情境反思学习系统（Ubiquitous Situated Reflective Learning System，USRLS）的模式②。这一反思学习模式在中国台湾地区实验验证，包括五个基本步骤：接合（articulation）课堂学科知识，引导学生进行判断和分类，使学生思考更深入，从而促进知识的迁移。证实（authentication），包括从现实生活环境中获得知识和技能，在他们获得知识的同时，学生学习观察和记录他们的思维过程。评估（evaluation）获取的知识的准确性，有利于学生评价自己的认知思维的正确性。规划（planning），使用前面步骤中的评估和反映来考虑哪些现实场景匹配这些概念，并重新评估它们。调适（adaption），确认错误学习的原因，调整学习者的行为。

此反思学习模式是一个反思学习实践的环形结构，其中包含四个基本核心：对价值的反思，对实践本身的反思，对改进的反思，对情境的反思。

第三，大R模型。这一模型是Ghaye在"能使"模型的基础上发展而来的。它将四个核心与基本问题对应起来，构成一个大循环和

---

① Sarah Q., Teresa Smallbone, "Feeding Forward: Using Feedback to Promote Students Reflection and Learning–A Teaching Model", *Innovations in Education and Teaching International*, 2010 (1).

② Wu-Yuin Hwang, Hong-Ren Chen, Nian-Shing Chen, Li-Kai Lin & Jin-Wen Chen, "Learning Behavior Analysis of a Ubiquitous Situated Reflective Learning System with Application to Life Science and Technology Teaching", *Education Technology & Society*, 2018 (2).

表 0-2　不同学者反思学习活动、水平、阶段的比较

水平 Bradly(1995)	水平 Lejen, Valtna & Pedaste(2012)	阶段 Korthagen(1985, 1999) Korthagen, Kessels, Koster, Lagerwerf & Wubbels(2001)	思维活动 Dekker-Groen, Schaaf & Stokking(2010)	思维活动 Maria Isabel Runnel, Margus Pedaste & Äli Leijen(2013)
给所观察的行为或特征一个案例	描述	行动	描述	描述
从一个角度提供了令人信服的批判	辩护	检视或者回顾	分析	调整
	批判		组织	
			解释	
		基本方面的认识	评估	评估
从多个角度审视问题	讨论	创建替代解决方案或行动方法	总结	讨论
			归因	
		验证	系统阐述意图和规划	

一个小循环的双环结构。四个核心是，鉴别（appreciate）、想象（imagine）、设计（design）、行动（act）。与此四项对应的问题分别是：①目前你取得了什么成就？②需要做什么可以使未来更好？③如何做？④谁采取行动，后果如何？其中，鉴别、想象、行动构成外围（围绕 R）的大循环，设计则嵌于 R 内构成小循环（见图 0-2）。①

问题1：目前你取得了什么成就？（鉴别）

问题2：需要做什么可以使未来更好？（想象）

问题3：如何做？（设计）

问题4：谁采取行动，后果如何？（行动）

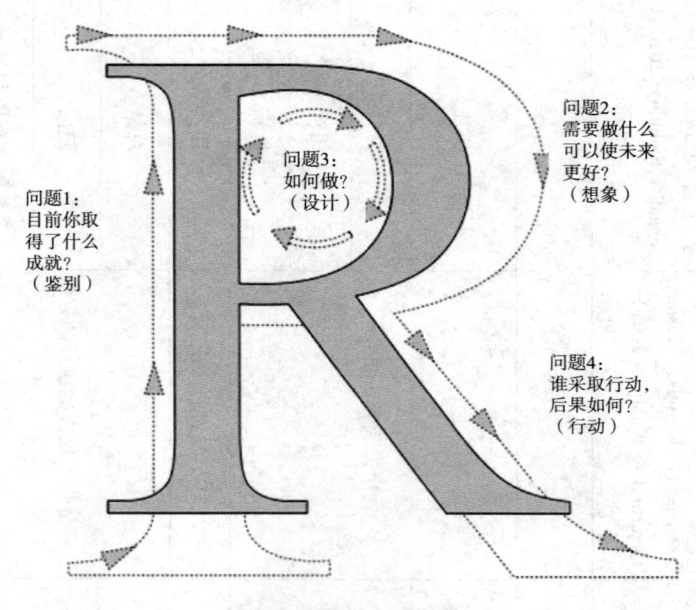

图 0-2 大 R 模式

第四，IPP（Ignatian Pedagogical Paradigm）模式。由耶稣会教育使徒国际委员会（The International Commission on the Apostolate of Jesuit Education, ICAJE）所研发并在许多学校运用且被证明是有效的反思学习模式。包括三个基本要素：经验、反思和行动。它通常构成教学的五个基本步骤：内容与情境、经验、反思、行动、评价。学

---

① Ghaye T., *Teaching and Learning through Reflective Practice: Positive Action*, New York: Routledge, 2011, pp. 17-20.

习内容要与具体的日常生活情境联系；经验和反思借助于在小组学习中与他者的描述和讨论形式而获得，这一阶段需要教师参与指导和提问以引导学生；行动是学生在学习经验的基础上所表现出来的态度和行为的成长；评价不仅依靠测试或考试形式而体现，而且指通过学生的反思日志记录和评论其经验中的学习状况。[1]

第五，Lipman（1988，2003）的P4C反思学习模式。这一反思学习模式基于哲学式反思情境中的思维学习形式[2]，包括四个基本阶段：激发学生产生疑问（stimulus），发展成具体问题呈现出来（question development/voting），小组讨论（discussion），反思认知（reflection）。

（2）人文诠释的复杂性模式

Ghaye和Lillyman对反思学习的基本模式从不同的视角进行归纳，指出如下四种视角：基于能力基础的视角、基于人格的视角、以经验为基点的视角、基于转换的视角。[3] 可以看到，与以往的反思学习认知和反思走进了较复杂的语境相比，其模式构建超越了层级式递进的积累模式。

第一，Cornu表述的基于内化和外化的反思学习过程模式[4]。在反思学习的过程中，①学习者接受表层知识；然后在知识内化（个体化）的同时展开批判反思，展开深层的认知活动；在具体的情境中实践并

---

[1] Rohana, "The Enhancement of Student's Teacher Mathematical Reasoning Ability through Reflective Learning", *Journal of Education and Practice*, 2015 (20).

[2] Fufy D., "Promoting Student Teachers' Reflective Thinking through a Philosophical Community of Enquiry Approach", *Australian Journal of Teacher Education*, 2015 (12).

[3] Ghaye T., *Teaching and Learning through Reflective Practice: Positive Action*, New York: Routledge, 2011, p.14.

[4] Cornu L. A., "Meaning, Internalization, and Externalization: Toward a Fuller Understanding of the Process of Reflection and Its Role in the Construction of the Self", *Adult Education Quarterly*, 2009 (4).

体会到内隐认知，展开鉴赏活动。②个体的这一活动，从初始的无法表达，只在内省、思索；到之后随着知识本体的个体化深入，个体尝试着用符号表达出来，这是个体进入社会性的交流与对话；最后，通过社会性的对话，个体更加清晰呈现出自我及自我认知，这时就可以用文字书写出来。③这一过程中，不仅知识本身（本体）在发生变化，而且个体也得到了发展。知识的发展途经两个阶段，从明确的公共性涵义，转化为深层的意义——包括可理解的他性意义与包括内隐认知在内的诠释的自性意义①。个人的发展经历了三重境界，从对客观外在知识涵义的接受或识记，到对这种知识的科学涵义的质疑批判检讨，再到对这种知识涵义的个人诠释与情境转化。

第二，Marshall 等人提出的解释性反思学习模式（见图 0-3）②。即预设、探究、解释和扩展，这四个程序在两个方面都有分配，即同时发生的评估和反思。所以形成两个同时发生的循环，又不断超越转换的内在圆环式结构。

第三，Davys 和 Beddoe 基于评价，提出结合实践情境及其解释性的复合反思学习模式③。认为推动学习的动力是反思，而反思无论在当前情境还是在经验之后，都关涉不同形式的知识、思想和情感参与。当前经验与事后描述，都渗透着评价与解释，而解释中既有默会的暗示性评价也有明显的效果反思。Zimmerman 提出自我调整学习理论。自我调整的过程包括三个阶段：事先考虑（fore thought）、表现与意志控制（performance or volitional control）、自我反思（self-reflection）。其中，自

---

① 张生虎、张立昌：《论课程知识属性及其实现》，《中国教育科学》2019 年第 4 期。
② Marshall J. C., Horton B. & Smart J., "4E×2 Instructional Model: Uniting Three Tearning Constructs to Improve Praxis in Science and Mathematics Classrooms", *Journal of Science Teacher Education*, 2009 (6).
③ Davys A. & Beddoe M. L., "The Reflective Learning Model: Supervision of Social Work Students", *Social Work Education*, 2009 (8).

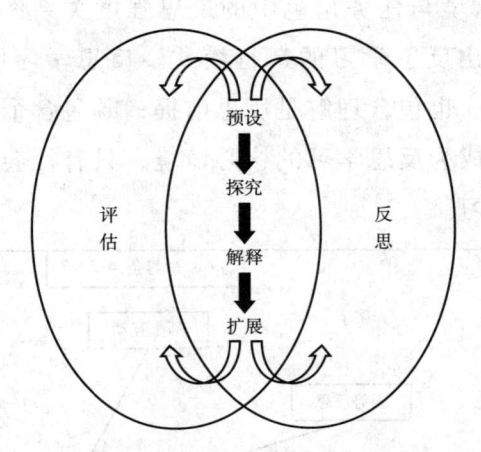

图 0-3　解释性反思学习模式

我反思包含自我评估（self-evaluation）、归因（attributions）、自我反应（self-reaction）和调整（adaptivity）四个连续循环过程。① Montgomery（1993）认为反思学习过程是，做（do）、看（look）、想（think）、评估（evaluate）和计划（plan）的循环②。他们的反思学习模式趋向于体现个体人格，并具有基于人格展开诠释的特征。

第四，学习情境分析与反思学习层次的混合研究。舍恩将反思学习规定为行动中反映，指出其实质是"与情境进行反映性对话"③。所以，后来的许多研究者对"对话"条件和反思层次关系矩

---

① Zimmerman B. J., "Models of Self-Regulated and Academic Achievement", in Charles J. Brainerd（Ed.）, *Adult Cognition: An Experimental Psychology of Human Aging*, Springer-Verlag, 1989, pp. 1–26.

② 孔崇旭、王郁翔、伍朝钦等：《反思学习策略之学习成效研究》，载《第十七届全球华人计算机教育应用大会（GCCCE2013）》，2013年5月27日（会议时间），5月28日（网络发布）。

③ 〔美〕唐纳德·A. 舍恩：《反映的实践者：专业工作者如何在行动中思考》，夏林清译，教育科学出版社，2007，第63页。

阵①,"对话"情境与任务角色中的反思强度关系②等进行混合研究（见图0-4），提出反思学习的运行模式。反思学习既包含个体的经验习惯行为基础，也包含理解是反思前提；既包含个体学习条件，又突出社会化反思成为反思学习的核心情境，只有社会化反思学习才能推动强势反思学习。

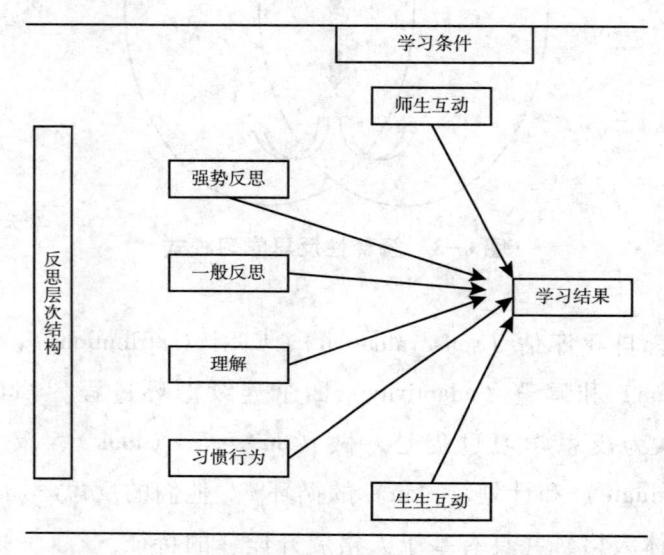

图 0-4 反思层次与情境分析混合的反思学习

通过对诸多反思学习模式的回顾，可以看到课堂反思学习基于不同视角会产生不同的模式。课堂反思学习是按照时间进程产生问题并不断解决问题的逻辑行动过程；课堂反思学习是在思维的内化与外化中推动学生整体（认知、情感、行动）发展的过程；课堂反思学习

---

① Peltier J. W., Hay A. & Drago W., "The Reflective Learning Continuum: Reflecting on Reflection", *Journal of Marketing Education*, 2005 (3).

② Regina H., "Mulder Full Professor in Educational Science. Reflection as a Facilitator of Teachers' Innovative Work Behaviour", *International Journal of Training & Development*, 2015 (2).

是学习过程中展开评价推动探究的过程；课堂反思学习是解释不同学习方式及其结果的过程；课堂反思学习是在学习情境中进行社会交际并不断推进反思能力提升的过程。

（四）反思学习指导策略研究

1. 反思学习情境创设研究

如果反思学习是一贯的行为和坚持不懈的习惯的话，那么创设具体的学习情境则是反思学习行为和习惯形成的前提，也是反思性实践活动的基本特征（Brookfield，1995；Freidhoff，2008；Larrivee，2000；Reid，2004）[①]。

第一，PMI结构。该结构对经验进行分类和加工，并形成文本。其加工、分辨的过程本身就是反思学习的过程。由加工点（plus points）、剔除点（minus points）和感兴趣的点（interesting points）三部分构成。加工点指在经验中，那些个体所看到的、听到的和/或做的事情是特别好的和有价值的；剔除点指那些个体觉得不太管用，可以作为进一步反思和改进的地方；感兴趣的点指那些特别使个体感兴趣、惊奇、好奇、迷惑的事情。

第二，PAP结构。该结构主要针对个体自己的经验活动，发掘自己的判断和内在动机。由积极的明确断言（positive）、行动（action）、潜力和可能性（possibilities）三部分构成。积极的明确断言指要明确在这个特殊的时刻，是什么让个体能够发挥自己的优势；行动是指如果它发生得更频繁，那么现在有什么事情会对个体的工作产生重大影响；潜力和可能性指什么事情需要改变，这样个体才能在未来更多地发挥个体的长处。

第三，"画房屋的任务"（draw a house task）。这一形式主要在

---

① Benade L.，"Teachers' Critical Reflective Practice in the Context of Twenty-first Century Learning"，*Open Review of Educational Research*，2015（2）.

于提升行动者对于他者关系的认知、感受的敏感性以及理解等目的。其步骤包括：①选择一个参与合作者；准备一支马克笔以便共同涂写；在一张空白纸上画一所房子并命名；在画和写的时候保持安静。②之后，回答问题并做出文字记录：在完成该任务时个体的感受如何；是什么感觉帮助或阻碍了个体完成这项任务；个体画这房子用了多大的气力。

第四，"人生饼图任务"（life pie task）。该任务在小组学习中的基本步骤如下：①在一张空白纸上画出一张饼图，让每一张切片代表自己人生中重要的组成部分。②完成后，将饼图面朝下放在桌子中间。③把饼图混合起来。选择一个（最好不是自己的），并向组中的其他人提供对它的解释。④说出你学到了什么。⑤找出自己的饼图，跟组员分享与他们的不同的内容。⑥在自己原来绘的饼图的反面，重新绘制它，让它反映出一种更好、更受欢迎的方式来安排你的人生。⑦继续与组员分享自己的饼图。⑧说出你觉得自己必须改变的最重要的事情是什么。

2. 反思学习文本化任务研究

反思学习以书写形式展示的有：日志（journal）、日记簿（diaries）、记录册（record books）、档案夹（portfolios）、逐字的分析（verbatims）、社会学日记（sociological diaries）、成长档案（dossiers）和博客（blogs）①。它们很早就以不同的名称被运用在各个领域，如辅导（Eldridge，1983）；心理学（Progoff，1975；Hettich，1976）；社会学（Miller & Sieden Miller，1976）；管理学（Leary，1981；Pedler, Burgoyne & Boydell，1978）；行政管理（Wolf，1980）；病理学（Bawden & McKinnon，1980）等。

---

① Boud D., Keogh R. & Walker D. (ed.), *Reflection: Turning Experience into Learning*, New York, NY: Kogan Page, 1985, p.52.

第一，反思日志（the reflective journal）。这是目前反思学习文本化研究最普遍的一种形式。反思日志可以使学习实践产生新的意义①，它可以通过收集轶事、对故事解释和结构化使复杂的学习情境有序化，帮助经验的逻辑清晰起来，从而建构新的意义②。反思日志可以用文字描述，也可用知识图谱、思维导图等形式展现。其目的在于体现一种实践的知识建构和智慧。在其中要处理好若干关系：书写自我（公平、真实和正确等）与保证安全（恐惧、丧失能力和责备等）；自我认知与"重要他者"的观点；隐私与知情权；结构化和自由书写；具体特殊性与一般普遍性；继续前进与希望破灭；等等③。

第二，撰写个人传记。古代有奥勒留的《沉思录》和帕斯卡尔的《思想录》。在近现代有荣格（Jung）的"梦的记录和内在辨识"，Milner 的"直观的写作和绘画的实用性"，Progoff 的"揭示内在的命运的流行手段（普遍方法）"，Anaïs Nin 的"通过倾听和重视一个人的感受来展示创造性的成就"（Rainer，1980）④ 等记录文字。

Powell 认为运用自己的历史经验事件，揭示自我学习⑤。其目的在于对无意识深层的经验和价值进行反思。其基本方法如两个人的合作学习：首先，其中一个人在解题，另一个人在观察，然后他们讨论解决这个问题的方法。如果这种传统的书写形式走向现代的情境化、

---

① Ghaye T., *Teaching and Learning through Reflective Practice: Positive Action*, New York: Routledge, 2011, p. 141.
② Ghaye T., *Teaching and Learning through Reflective Practice: Positive Action*, New York: Routledge, 2011, p. 142.
③ Ghaye T., *Teaching and Learning through Reflective Practice: Positive Action*, New York: Routledge, 2011, pp. 141-146.
④ Boud D., Keogh R. & Walker D. (ed.), *Reflection: Turning Experience into Learning*, New York, NY: Kogan Page, 1985, p. 52.
⑤ Boud D., Keogh R. & Walker D. (ed.), *Reflection: Turning Experience into Learning*, New York, NY: Kogan Page, 1985, pp. 41-51.

社会化实践反思学习，就会产生多向度和多内容的学习转变，如产生情感①、态度②、思维、方法、行为和交往③，甚至文化④等非传统认知学习的内容。

3. 反思学习行动研究

John Elliott 和 Alison Morton-Cooper 认为行动研究作为方法论，如果没有批判反思便很难取得实质性进展。John Elliott（1991）提出"行动研究"概念，含有学习者成为"实践者""研究者"的意义。行动研究本身即反思学习。⑤ 行动研究是态度，而不是一种特定的研究方法技术⑥。它可以提供概念、动态模式与通则以协助研究者理解实务工作的历程，并作为进一步设计方案的参考依据⑦。所以，行动是其重点，它重视的是批判反思思考能力的培养，以增进行动者的实践智慧：实做行动、介入参与、意图强烈、承诺投入、激发动机。无论是阿吉里斯和舍恩的行动理论，还是 Elliott、McNiff、Lomax 和

---

① Brookfield S., "Tales from the Dark Side: A Phenomenography of Adult Critical Reflection", *International Journal of Lifelong Education*, 2006 (13); Parry J., "Making Sense of Executive Sensemaking: A Phenomenological Case Study with Methodological Criticism", *Journal of Health Organisation and Management*, 2003 (4).
② Young R., *Critical Theory and Classroom Talk*, Clevedon: Multilingual Matters, 1992, p. 29.
③ Raelin J. A., "Public Reflection as the Basis of Learning", *Management Learning*, 2001 (1); Paul McIntosh, *Action Research and Reflective Practice: Creative and Visual Methods to Facilitate Reflection and Learning*, Routledge, 2010, p. 25.
④ Ghaye T., *Teaching and Learning through Reflective Practice: Positive Action*, New York: Routledge, 2011, pp. 179-180.
⑤ McIntosh P., *Action Research and Reflective Practice: Creative and Visual Methods to Facilitate Reflection and Learning*, London: Routledge, 2010, preface, p. 9.
⑥ 蔡清田：《教育行动研究》，南京师范大学出版社，2005，第4页。
⑦ Tyler R. W., "Resources, Model, and Theory in the Improvement of Research in Science Education", in Richardson J. S. & Howe R. W., *The Role of Centers for Science Education in The Production, Demonstation, and Research*, Ohio State University, 1966, pp. 31-40.

Whitehead（1996）的理论对此都有阐述①。行动研究可以作为一种学习策略②，可以实现行动中反思学习。

第一，档案袋记录。档案袋在20世纪80年代兴起，成为收集学生作品和证明其成长的反思学习工具③，是用作品讲述自己成长的故事，建构意义的实验室和学习工具④。这种反思学习方式依托学习者对自身成长的评价而实现，更深层地培养、提高了其反省思维⑤。同时，档案袋也是学生、家长和教师实现有效交流的工具，更是提高学生社会交流与自我管理能力的反思学习工具，它包括：情感、态度、动机和认知的复杂整体交流（Sarason，2004），还有对学生创作的作品进行的交流反思（Kilbane & Milman，2003）⑥。在进一步的研究中，研究者将实现相互交流和理解的档案袋记录称为"综合的档案袋"（comprehensive portfolios），以区别于"反思档案袋"⑦。这是一种明显的转向：从反思到理解、诠释。

第二，基于问题的反思学习。首先，教学中通过问题设置和教师回应促进学生的反思学习能力，这是一个公认的策略，许多学者（John J. Farrell，1999；Rechard S. Moog，1998；James N. Spence，

---

① 蔡清田：《教育行动研究》，南京师范大学出版社，2005，第5~7页。
② 夏林清：《行动研究方法导论——教师动手做研究》，远流出版社，1997，第415页；McNiff J., *Action Research: Principles and Practice*, London: Routledge, 1995, p. 1.
③ Barrett H., "Create Your Own Electronic Portfolio", *Learning & Leading with Technology*, 2000 (4).
④ Paulson F. L., Paulson P. R. & Meyer C. A., "What Makes a Portfolio a Portfolio?", *Educational Leadership*, 1991 (5).
⑤ Hung, Alan S. T., "A Washback Study on E-portfolio Assessment in an English as a Foreign Language Teacher Preparation Program", *Computer Assisted Language Learning*, 2012 (1).
⑥ Mcleod J. K., Vasinda S., "Electronic Portfolios: Perspectives of Students, Teachers and Parents", *Education & Information Technologies*, 2009 (1).
⑦ Driessen E., "Do Portfolios Have a Future?", *Advances in Health Sciences Education*, 2016 (1).

1999；David Hason 和 Troy Wolfskill，2000）对此都有过论述①。Hason 和 Wolfskill 对于问题类型及其如何抑制或限制有益的互动和促进有益反应的互动进行研究，并指出"促进有益反应"的问题类型能够使学习者"诉求反思、产生或检验观念、分析数据"②。Crawley 等人针对人文社会科学难以设置有序并能够激发学生激情的特征，以及在课堂教学中如何基于问题而实现反思学习进行了研究③。首先，他们提出基于"学生中心"的两个核心技巧，然后将课堂作为论坛，开展问题型讲授的案例描述，提出具体的问题与反思学习的目的，指出问题型讲授的反思学习的六大目的，最后提出通过书写个人传记和申明或宣言的形式进行评价。Ghaye 在此基础上对基于问题的反思学习进行了比较全面的研究，对不同问题形式是如何抑制或推动反思学习进行了研究，主张基于积极的问题推动反思学习，提出"有多种文体形式，每一问题服务于不同的目的"④。同时他的表达以提问的方式展现研究的逻辑，也是对自身理论的论证。其次，基于问题解决方式，他认为可以使学习者理解概念结构并构建内化情境的关键维度，以实现对未来的反思学习⑤，这是一种新的研究动

---

① Crawley S. L., Curry H., Dumois-Sands J., et al., "Full-Contact Pedagogy: Lecturing with Questions and Student-centered Assignments as Methods for Inciting Self-Reflexivity for Faculty and Students", *Feminist Teacher*, 2008 (1).

② Hanson D. & Troy W., "Process Workshops: A New Model for Instruction", *Journal of Chemical Education*, 2000 (1).

③ Crawley S. L., Curry H., Dumois-Sands J., et al., "Full-contact Pedagogy: Lecturing with Questions and Student-centered Assignments as Methods for Inciting Self-reflexivity for Faculty and Students", *Feminist Teacher*, 2008 (1).

④ Ghaye T., *Teaching and Learning through Reflective Practice: Positive Action*, New York: Routledge, 2011, pp. 9-11.

⑤ Swan K., Vahey P., Mark V. H., et al., "Problem-based Learning across the Curriculum: Exploring the Efficacy of a Cross-curricular Application of Preparation for Future Learning", *Interdisciplinary Journal of Problem-based Learning*, 2013 (1).

态。再次，网络和数据化时代，如何使问题可视化，并运用现代媒体和工具，真实实现专家指导学习者解决问题的行动中反思学习[1]也是新的研究方向。最后，基于问题的学习如何通过典型案例研究实现推理，最早在医学领域被运用（Barrows，1980），后来推广到教师教育（Glazewski et al.，2014；Hmelo-Silver et al.，2009）、商业教育（Tawfik & Jonassen，2013）、管理教育（Bédard et al.，2012；Mitchell & Smith，2008），以及中小学教育（Asghar et al.，2013；Kolodner et al.，2003）领域。这种研究虽然琐碎且进展缓慢，但对反思学习的效果提升明显，且具有针对性，尤其是对于中小学生发展其反思学习能力很适合。有人正致力于研究其普遍模式[2]。

第三，观察记录。优秀的反思实践者擅长观察。观察的目的在于推进观察的技能发展，因此反馈非常重要[3]。Gosling 将课堂观察区分为三种模式：评价模式、发展模式和同伴评审模式[4]。Cosh 进一步提出将同伴观察作为反思学习的一种方式[5]。同伴观察不仅使参与者重新评估实践，而且分析数据，有助于对未来的课堂实践做出评价，是批判反思的有力工具，具有深层的教育学意义[6]。它关涉观察方法、

---

[1] Wang M., Yuan B., Kirschner P. A., et al., "Reflective Learning with Complex Problems in a Visualization-based Learning Environment with Expert Support", *Computers in Human Behavior*, 2018 Febarary.

[2] Tawfik A. A. & Kolodner J. L., "Systematizing Scaffolding for Problem-based Learning: A View from Case-based Reasoning", *Interdisciplinary Journal of Problem-based Learning*, 2016（1）.

[3] Fullierton H., "Observation of Teaching: Guidelines for Observers", in Brown S., Jones G., *Observing Teaching*, SEDA Publication, 1993, p. 82.

[4] Gosling D., "Models of Peer Observation of Teaching", *LTSN Generic Centre*, 2002（8）.

[5] Cosh J., "Peer Observation in Higher Education: A Reflective Approach", *Innovations in Education & Training International*, 1998（2）.

[6] Engin M. & Priest B., "Observing Teaching: A Lens for Self-reflection", *Journal of Perspectives in Applied Academic Practice*, 2014（2）.

态度、热情等，还与深层的世界观和价值观转变关联。所以，观察记录提高反思学习的方法、能力研究通常与基于问题的学习、撰写日志和传记等一起被研究。①

（五）基本趋势

通过以上对反思学习研究的文献回顾，本研究发现当前反思学习研究有如下趋向。

第一，反思形式从沉思走向实践反思。沉思是指借助概念思维工具把个体经验割离成"一个独立的对象"，从而对之进行思维：审阅、对比和联想、重组、推理、实现结论。这种经验对象化的基础是主客二元的静态分析模式，无论是经验主义的归纳法，还是理性主义的演绎推理，西方传统的反思形式都如此。所以是一种理性审视经验对象的方式：反思在经验事件之后发生，但反思通过理性的分析和推论，并不排除对未来的预判和推测——未来反思。所以，沉思是理性的反思形式，以它为主的反思学习使学习者落脚于主体自我意识。

实践反思的核心是在当下行动中同时进行反思的情境性行为，它重点强调一个清醒的思维在审视自己的即时行动（包括目的、方式、过程、结果和对应的情感、态度，甚至思维本身：分心还是集中于自己所要做的事，目的是否简洁明了，情绪和情感因素是否影响当前行为，所选择的方式是否恰当，行为是否与假设或目标不对称，是否有偏好的价值或文化意义问题干预、左右行为，如果出现问题该如何及时应对或修正等），同时个体自身会发现问题并进行相应的调整，所以该过程是动态性和能动、整体性的。这种转变在裴斯泰洛齐、卢梭的启蒙时代已经有了，这种基于经验的反思学习

---

① Ghaye T., *Teaching and Learning through Reflective Practice: Positive Action*, New York: Routledge, 2011, pp. 9-11.

观念取向，在杜威的经验主义教育理论中凸显出来，并被舍恩、麦兹偌、盖耶等人进一步建设、发展，实践反思最终使反思学习者走向生活。

第二，反思学习研究从个体反思学习走向社会化合作反思学习。首先，现代社会的主要特征是启蒙，启蒙依托主体性。主体性具有二重性：一是既表现在个体内在的文化—心理结构（情本体），又表现在外在的工艺—社会的结构（工具本体）；二是它既包含人类群体（社会、民族、时代、阶级、阶层、集团等）性质，又具有个体身心性质。① 所以，启蒙可以与民族社会主义携手，也可以与自由主义联袂。前者是民族救亡的使命，后者是个体解放的启蒙。② 这就形成了一些民族国家兴起时的"救亡与（个体）启蒙"的双重变奏③。这种启蒙主体性的二重性对教育的意义在于不仅要从个体发展的角度思考（康德至皮亚杰），而且要重视社会文化环境的影响（马克思至维果茨基）。前者只是反思学习发生的出发点。后者是反思学习发生的动力源（艾里康宁）④，它制约或推动着个体反思学习，构成个体反思学习的基本背景因素和文化语境。

其次，"现代社会的生成基于两个因素：经济生活变动的实在性因素和社会知识变动的理念性因素。"⑤ 现代社会知识从传统的"必然自明"式的形而上学推理知识转变到用"自然知识的归纳和演绎法"研究道德、政治、宗教、社会等的科学实证知识。这种转变的实质是，从理性化的实验到经验性的实验的转变。承认生活世界的组

---

① 李泽厚：《李泽厚哲学美学文选·关于主体性的补充说明》，湖南人民出版社，1985，第164~165页。
② 刘小枫：《现代性与现代中国》，华东师范大学出版社，2018，第10页。
③ 李泽厚：《李泽厚十年集：1979~1989》（第三卷下），安徽文艺出版社，1994，第11~52页。
④ 钟启泉：《学校的变革》，华东师范大学出版社，2019，第225页。
⑤ 刘小枫：《现代性与现代中国》，华东师范大学出版社，2018，第10页。

织和支配法则的合理性，不需要超乎经验理性之外的神秘性参与。韦伯称此为"祛魅"（disenchantment），是现代性的品质。他进一步指出，"在现代世界的意义理解中，整体性的意义消失了，意义多元是现代性的品质之一"。① 这种多元意义如何实现？恰恰在社会化的合作反思学习中成为现实，被杜威称为"共同体"学习形式。

第三，反思学习研究从过去的"反思性"走向外显的、实证的"反思"。现代性祛魅追求实证分析。反思学习传统中的模糊性因素——反思性，本身包含内在无法言明的感悟、直觉等内隐的因素——逐渐被排除在研究之外。所以，反思学习越来越倾向于探究教学的可操作性，集中在其运行机制、教学模式、教学策略等研究上。

第四，反思学习研究从对抗、竞争式批判走向理解、诠释。当意义诠释超越了涵义说明时，教育教学开始走向对人的关怀，教育也回归到了自身。与研究学习密切关联的心理学实证分析的极端形式是行为主义实验心理学，它注重外在表现性行为分析，所以被胡塞尔自称的"描述心理学"（现象学）批判，他提出研究人类认知心理要超越经验的行为，而关注其精神现象，尤其是意识思维的运行方式。在狄尔泰的"生命反思"② 和"历史感"的世界观的共同推动下，伽达默尔提出情境的重要性。这正回应了韦伯所谓的"祛魅"和合理性的意义诠释。一种现代性世界观——意义诠释系统形成。这一取向的理论助推了格式塔心理学和"场"心理学的产生、发展，尤其是韦特海默、勒温和温格对反思学习的整体理解模式研究做出了突出

---

① 刘小枫：《现代性与现代中国》，华东师范大学出版社，2018，第28页。
② "任何世界观的最终根源都是生活本身……生活，个人独特的生活构成了个人自己的世界"（参见〔德〕狄尔泰《世界观的类型及其在形而上学体系内的展开》，载林方主编《人的潜能与价值》，华夏出版社，1987，第6~7页）。狄尔泰表明：第一，世界观源自生活与反思生活。第二，世界观是一套整体性的诠释系统，是对生活的内在统一的意义诠释。

的贡献①。

反思学习在杜威教育理论的推动下走向了生活，舍恩将之推进到专业实践反思学习领域，并提出如何在具体情境（低地沼泽）中开展反思学习。但反思学习在库伯的经验学习圈和麦兹偌的批判反思学习理论中仍处在对经验的批判反思学习状态，是一种对抗型的——具有西方传统哲学观念的外在超越性层次论特性。受到前述胡塞尔、狄尔泰、伽达默尔，甚至克尔凯郭尔、尼采的人文主义传统影响，特别是受建构主义理论影响，心理学研究发生了生活情境化的意义诠释转向。如诺贝尔经济学奖得主、心理学家丹尼尔·卡尼曼所说："当别人说到某件事时，不要去想它是不是真的，而是想它在什么情况下会成为真的。"这是对情境的观照。他其实指出，反思学习首先是一种理解和具体情境中的意义诠释。而诠释的第一步是学会倾听："听取别人说的每一句话，尽量不去推翻它，而是试着从中寻找意义。"②

第五，反思学习研究从线性的一维，即认知和思维，走向整体性，包括情感、态度、行为、价值观和认知、思维等。反思学习什么？传统研究关注认识对象内容和认知思维，包括概念、原理、规则等可以被直接客观呈现的对象及其关系成分。随着行为主义、认知心理学和格式塔心理学、场心理学、建构主义心理学的发展，反思学习的疆域得以拓展，行为、情感、态度、价值观和其他不可以直接呈现于人们面前的非智力感觉、意志力、想象力因素也被纳入反思学习的范围，构成整体的"学习能力结构"③。这被称为复杂性理论。

---

① Clarà M., "What is Reflection? Looking for Clarity in an Ambiguous Notion", *Journal of Teacher Education*, 2015（3）；〔美〕比格：《学习的基本理论与教学实践》，张敷荣译，文化教育出版社，1983，第237~241页。
② 〔美〕迈克尔·刘易斯：《思维的发现：关于决策与判断的科学》，钟莉婷译，中信出版集团，2018，第68页。
③ 〔美〕比格：《学习的基本理论与教学实践》，张敷荣译，文化教育出版社，1983，第66~99页。

复杂性理论的提倡者埃德加·莫兰说："缺乏反思的经验科学和纯粹的哲学思辨都是有缺陷的；没有科学的意识和没有意识的科学在根本上都是片面的和起片面化作用的。"① 所以，自觉的科学应该是以复杂思想为基础的。反思学习的科学性，不是如实证论者认为的反映（reflective）现实，而是把现实转译成可变动的、可理解的和可否定的对象。因为怀特海早就指出，"科学比神学更加多变"。因为神学建立在不可验证的超自然基础之上而具有很大的稳定性，而建立在自然界的科学总是面临被否定的可能性。反思学习的科学性就在于，它不是认识的积累或扩充，而在于变革、断裂，从一种价值观转移到另一个价值观，从一个理论到另一个理论，实现世界观之间的转换和移动。②

第六，反思学习研究从以往的经验反思学习走向转换的反思学习，即指向反思学习未来。在库伯的学习圈模式中，反思学习经验是为了达到概括抽象之效果。所以，后来研究者多基于经验的反思立场研究反思学习。阿吉里斯和舍恩提出组织学习理论后，反思学习的重点倾向于转换学习。这种转换主要发生在价值观学习层面，一是对信奉理论的考察，二是对其使用理论的考察。对信奉理论的考察比较明确，因为它是对象化存在的。但是，对使用理论的考察就比较复杂，它是在实践中实际运用的理论。需要通过收集各变量比较探寻，最后认定实际使用的理论是否与自己一直确认的使用理论相符；进而确认此使用理论是否与自己信奉的理论一致。其实，大部分使用理论不是纯粹的，总会在实践中发生扭曲；而使用理论与具有明确性的信奉理论往往也不是耦合无间的，会存在不对称的迹象。

---

① 〔法〕埃德加·莫兰：《复杂思想：自觉的科学》，陈一壮译，北京大学出版社，2001，前言第8页。

② 〔法〕埃德加·莫兰：《复杂思想：自觉的科学》，陈一壮译，北京大学出版社，2001，第9页。

转换学习的发生其实是在反思学习经验的基础上对未来的预测。它不仅依赖于组织学习,而且也是个体修炼。彼得·圣吉提出团队核心学习能力,包括三个核心学习能力、五项基本修炼:激发热望(自我超越、共同愿景);开展反思性交流(心智模式、深度会谈);理解复杂事务(系统思考)①。个体如何修炼、反思学习以实现转换学习,是奥托·夏莫的"U型变革理论"所研究的课题。U型变革关系到三个层面的修炼:思维(暂缓思维习惯)、心灵(同理他人,通过他人看待自己)和意志(放下过去,接纳新生)。整个过程都渗透反思学习:从经验反思学习的下载、积累开始;到暂悬阶段,运用全新视角开展批判;而后在场域中感知实现转向;放下经验自我,打开意志,探寻自我;接纳新的自我;使愿景结晶和产生具体的意图;通过思维、心灵和行为塑造、实施原型;最后,实现整体形态的行为运行。② 其实,这是要求反思学习如何开展向未来学习的一个典型模式。它源于未来学兴起后对于教育的担忧和突破,也是对于"学会学习"的担当。

1972年罗马俱乐部的《增长的极限》面世后引起了人们对于未来发展的思考。20世纪七八十年代,托夫勒连续发表《未来的冲击》《第三次浪潮》,对未来进行了诊断性预测。反思学习首先是一种时间观念的转换;其次,他提出建立超工业的教育制度和学校课程设置;再次,结合杜威和麦克唐纳的理论,他对于学习也提出了未来任务:如何学会学习。引用心理学家格乔伊的话说明"学会学习"的内涵:"新的教育必须教人怎样将信息分类和再分类,怎样评价其真

---

① 〔美〕彼得·圣吉:《第五项修炼》,张成林译,中信出版社,2009,修订版序言第 XIX 页。
② 〔美〕奥托·夏莫:《U 型理论:感知正在生成的未来》,邱昭良、王庆娟、陈秋佳译,浙江人民出版社,2013,第 18 页;〔美〕奥托·夏莫:《U 型变革:从自我到生态的系统革命》,陈秋佳译,浙江人民出版社,2014,第 23 页。

实性，必要时怎样改变范畴，如何从具体转为抽象，再从抽象转为具体，如何从新的角度看问题——如何教自己。明日的文盲不是不能阅读的人，而是没有学会怎样学习的人。"① 这种预言如今（40年后）已经被事实证明。

时至今日，对于未来的反思学习便成为主流。未来反思学习需要从认知和情感，走向反思学习意志。"情商之父"戈尔曼指出，"正念②，即只关注自己的意识，是一种正在迅速普及的新的锻炼形式"。③ 理查德·戴维森率先研究了专注和冥想练习及其对心智能力的影响，指出它们的好处是：提高人的专注能力和抗干扰能力。这种意志力的反思学习，是培养任何技能的前提。所以，反思学习的未来，已经走向了存在的也可以被理解和培养的意志力④。

当然，抗干扰和专注力的提高，还包括对内在的兴趣、动机和外在的执着、毅力等因素考察。

第七，反思学习研究从知识对象性走向数据化。马克思用以经济生产方式和交换方式为基础的资本理论证明了社会结构、社会意识形态的运行方式。它是科学实证的经验性知识原则支持的对象性知识典范。后来被"新马克思主义"和社会批判理论进一步发展为文化批判。布尔迪厄直接提出"文化资本"概念，麦克·扬、吉鲁和阿普尔、弗莱雷等人将之引入教育领域的社会文化批判。无论是对文化霸

---

① 〔美〕阿尔温·托夫勒：《未来的冲击》，秦麟征等译，贵州人民出版社，1985，第427~428页。
② 正念（mindfulness），是心理学名词。指对当下意识的一切方面的有目的的关注，却不做分析、判断和反应。它是对心理的疏通和专注力的培养。也可以说是对当下意志和知觉的反映，可以保持平和心境，以便心理休息。
③ 〔芬〕马库·维莱纽斯：《第六次浪潮》，刘怡、李飞译，清华大学出版社，2018，第202~203页。
④ 〔芬〕马库·维莱纽斯：《第六次浪潮》，刘怡、李飞译，清华大学出版社，2018，第202~205页。

权,还是文化再生产的批判,其实质都是对社会根基(结构和价值观)的批判。这两种研究方式的差异在于:前者遵循牛顿力学范式,基于历史事实;后者的启发来自艺术和文化研究,是情景思维。超越此二者的方式是建立在生命体系或生物体之上的"建构主义展望",未来不再是地平线上的远景,而是不断建构的结果——未来被塑造和创造。①

技术进步为社会突破开辟了新视野,伴随而来的是社会变革。它也在影响着人们的生存方式,且改变社会的上层建筑。传统的世界观是实体对象及其知识对象。《第六次浪潮》中的智能解决方案面临的对象是实体对象、数字通信和文化资本的结合,而这些是同步呈现的——如将内容(邮件、联系人、日历、书籍、音乐等)移入"云端",数据和文件同步到互联网电子终端——数据的复杂呈现和碎片化呈现,很难管理。所以,复杂性的无序会产生混乱、晦涩以及无人称,学习常陷于虚拟体验。复杂数据在学习中常处于运动状态,它需要学习者的不断反思学习,形成自组织结构。而这种自组织依赖人的现实需求和价值观指挥,从错误和纠错中学习便成为常态,即从错误中反思学习数据的匹配是实现可持续发展的保障。

第八,反思学习研究从突出个体性能力指向突出环境的重要性,尤其是体现在课堂、学校的教育情境功能研究中。学校、课堂作为更大的环境(如社会、政治、经济、文化、历史等)的一部分,它传递着时代的精神和特质。同时,学校、课堂本身还具有特殊小环境的精神品格和特质。

舍恩揭示行动中反思的实质在于"与情境对话"。首先,其优点在于不用"停下来去想"以防止反思阻碍行动,并造成认知的无

---

① 〔芬〕马库·维莱纽斯:《第六次浪潮》,刘怡、李飞译,清华大学出版社,2018,第12~13页。

穷倒退①。其次,"与情境对话"包孕了创造性机制。因为,一是它在活动中学习的实践知识②,无法用数理逻辑或工具理性表达的智慧生成并被习得;二是缄默认知(tacit knowing)的参与,将情感、意志与认知混合起来,学习更具有合理性③。

在全球信息化时代,生活情境发生了巨大变化:数据、信息的碎片化和即时性,迫切需要生活、工作中的人们做出判断和决策,但人们不能在收集到全部的信息、数据后(也是无法实现的)在概率分析基础上进行判断、决策。课堂学习将为如此的生存状态负责,即要"沿着关节"探寻,而不是全盘收集数据信息后才做出分析——后者是对历史事件的稳定性、可预测性的反思,但生活事实并非在知识性反思中做出判断,而是见微知著。这就要求课堂反思学习对错误有可预测性——其实是有系统性的,从而达到凭借关节探寻做出合理性判断。因此,课堂学习形式需要从接受知识信息或训练掌握的形式变革到反

---

① 〔美〕唐纳德·A. 舍恩:《反映的实践者:专业工作者如何在行动中思考》,夏林清译,教育科学出版社,2007,第222~225页。
② "实践知识存在着,却不能干净利落地套用到实证主义的知识类别中。我们不能将实践只视为对世界的描述性知识的一种形式;我们也不能将它简化成逻辑与数学的分析模型。"(参见〔美〕唐纳德·A. 舍恩:《反映的实践者:专业工作者如何在行动中思考》,夏林清译,教育科学出版社,2007,第29页)。
③ 无法明确表达的"缄默知识"(tacit knowledge)具有模糊性,但富有智慧。博兰尼提出"内隐认知"(tacit knowing),用两个生活案例证明:第一,在成千上万人中,瞬间通过面孔的直观辨认出某一人。它不同于侦查案件时,先由画师根据目击者的客观信息的描述——眼睛、鼻子和其他特征——绘出可以观察辨认的图样,然后按图索骥,辨识相类似的面孔的人。第二,当我们学习使用某个工具来感觉自身时,如盲人用棍子探寻路径一样,起初感受到的是工具与自身的关系——如手掌、指头等与棍子的感觉,继而(等工具熟练运用了之后)是用工具感受与外界的关系——如借助于棍子盲人感受外在的路面。简言之,认知者参与到从手所感受的刺激到工具所感受到的刺激,这整个影响是一个完整的过程。初始阶段的知觉和感受,内化成了内隐认知,这种缄默知识必须在实践中习得的,不可教(参见 Polanyi M., *The Tacit Dimension*, University of Chicago Press, 2009, pp.4-5, 12-13)。

思学习和探寻形式。

　　学校和课堂学习形式的如上变革诉求，一要适当地打破学校"围墙"，走向社会实践学习和社区生活学习；二要把社会生活、工作实践内容（非结构性知识、实践知识）尽量在保持原本形态的前提下，引入课堂，如芬兰从课堂形式布局到学习形态的变革一样；三是基础学科知识（教材文本形态）的学习必须活动化再加工（教学化转换），使知识不宜以原理形态展现出来，追求学生在学习的活动中既有"无目的性"（做的乐趣，如游戏般状态）又有"合目的"的艺术性（实践过程之后自然熟悉了文本知识，除此之外还有"暗中摸索"而得的实践知识）。

　　第九，反思学习研究要从观察走向任务参与，即实践反思学习。教育走向实践成为基本的理论趋势后，如何学习生存是其应然主题。在教学论层面便要求原理知识的生活化，文本知识的实践知识化。

　　反思学习起初从经验的反思学习，到如今追求如何超越经验反思学习。首先，成长心理学对此有所说明。行为主义、精神分析等心理学研究注意人们过去、现在的样子，甚至关注人们不健康状态中的人格。成长心理学关怀健康人格，即如何释放出被现实所遮蔽的天才、创造性、精力和动机的储备。"把实际存在的可能变成现实的种种道路。"[①] 反思学习是为了实现和完善现实中人的能力，具有发现"应当"人格的深刻意义——试图扩展、扩大和丰富现实人的人格。其次，具有吸引力的经验情境往往制约、束缚人们的后续思考，过往的经验塑造人们的未来视野和观念[②]。心理学家丹尼尔·卡尼曼和阿莫斯·特沃斯基对此有过论述：大脑用经验法则代替机会法则，经验法则是条件性"启发式"的。启发式包括代表性、相似性和锚定性。

---

①〔美〕舒尔兹：《成长心理学》，李文湉译，生活·读书·新知三联书店，1988，第 19 页。
② 李泽厚、刘再复：《告别革命》，天地图书有限公司，2004，第 13~23 页。

它们会导致系统性偏见的出现。① 所以，经验反思学习往往使人难以超越经验，使人付出对付生存的高昂代价。

避免经验（被代表性、相似性和锚定性制约）扭曲新生活的途径，便是在具体的实践中即时反思学习，发现经验事件的不健全，开拓可能的路径，保证健康的人格发展。在经验的对比中想象、规划崭新的路径。

第十，反思学习的指导研究从模式开发走向框架研究。反思学习研究从模式研究（models）向框架研究（frameworks）的转换，对此Ghaye 已有所论述②，但即使她所提出的、自认为是框架的大 R 模型依然是趋向于模式，而非严格意义上的框架。

首先，模式关系到反思学习的基本操作程序和其基本运行机制的表征，所以受程序性知识的影响。从知识社会学的角度分析，现代知识已经分化了传统形态，呈现出多元（多神）纷争。对此，马克斯·韦伯指出，知识已经成为个体性的"拥有"，非理性的感受和体验与理性化的认知将并驾齐驱③。所以，舍勒将知识区分为控制—实现型知识（实证的专业科学知识）、本质—文化型知识（哲学的基础学问）、拯救型知识（涉及生命和精神的个体价值）④。哈贝马斯据此并参照马克思的观点，指出不存在整体的唯一模式的知识，按照利益、旨趣导向知识有不同类型：劳动—控制—经验性知识、沟通—意义理解—历史性知识、支配—解放—判断性知识⑤。知识的多元化分

---

① 〔美〕迈克尔·刘易斯：《思维的发现：关于决策与判断的科学》，钟莉婷译，中信出版社集团，2018，第 182~277 页。
② Ghaye T., *Teaching and Learning through Reflective Practice*: *Positive Action*, New York: Routledge, 2011, pp.14-20.
③ 〔德〕马克斯·韦伯：《学术与政治》，冯克利译，生活·读书·新知三联书店，1998，第 47 页。
④ 〔美〕弗林斯：《舍勒思想评述》，王芃译，华夏出版社，2003，第 127~131 页。
⑤ 〔德〕哈贝马斯：《知识与人类兴趣：一个概观》，载黄瑞祺《批判理论与现代社会学》，巨流出版社，1985，第 253 页。

类预示了一种知识形态的统治已为陈迹。

其次,反思学习具有个体性特征。个体如何审视自我,包括表征形态、自我展示、寻找方式及自我发展和自我调节等都是反思学习的基础,但它们又是具有差异性的。此外,个体作为持续发展的存在,其同一性难以确定。① 这就给追求普适性模式的理想笼罩了阴影。所以,作为内隐认知和缄默知识参与性突出的反思学习,就要有比较宽泛的适用性,针对情境的实践反思学习更要有基本的框架,而不是仅有基于明确操作程序的模式(更靠近程序性知识②)。在此,杜威提出反思学习的五个基本环节,固然有先见之明,反思学习必须具有永无止境的探索性。

五 研究思路和方法

(一)研究思路

课堂反思学习的指导研究不是对于宏大主题的研究,也不是对科学方法的研究,它使用人文解释的方法研究发生在具体课堂情境中的学习现象。课堂反思学习的指导围绕以下主题展开。

课堂反思学习建构。反思学习的具体含义以及如何流变?反思学习的原始形态与分化的各种形式都根源于时代教育宗旨的变化,它是如何转化到课堂情境中的,即课堂需要怎样的反思学习形式?反思学习的内涵指向不同,制约反思学习的形式,包括反思学习主体、反思学习方式或策略、课堂情境中反思学习发生的条件及内容。

应该建设一个适应时代并符合课堂开展反思学习及指导的教育理

---

① 〔美〕乔纳森·布朗、玛格丽特·布朗:《自我》,王伟平、陈浩莺译,人民邮电出版社,2015,第61~69页。
② 程序与模式还是有不同的地方。程序是行动的序列,外部情境发生变化时就得停止。模式包含了权变性,渗透了策略因素,兼济行动方案的确定性与不确定性,即在外界发生变化时也会产生相应的调整。

论。它与传统农业、工业时代的价值观（牛顿力学为基的物理学、文化艺术学的追求地平线远景）不同。其基本根基是生物学的自组织、建构主义。这一理论的核心围绕如下方面：教育的本质和目的，课程知识的发展，课程与教学论本质或关系、学习论及反思学习的内外统一中的无限超越。

课堂反思学习作为反思学习诸形态之特殊形式，应该具备怎样的前提和条件？其合理性、必要性何在？新时代，传统课堂教学从形式到内容发生了革命性变化，尤其是以教育理念和教育目标为先导的转变最为明显。这就使学习本身从目标到形式、内容及其评价都发生了蜕变。那么，课堂反思学习如何发生，如何有效地指导课堂反思学习，技术手段如何转变为课堂反思学习指导的有效工具等问题都要被探讨。

课堂情境中反思学习什么？这些反思学习内容对于学生有怎样的意义？它们是否符合当前教育理想和教育目的？如何指导反思学习这些内容？要回答这一系列问题，必须探究课堂反思学习类型与学生发展心理因素及其与课堂情境和学习过程中反思学习的关系；进一步探究涉及反思学习的内在机制和基本运行模式，而这种运行模式必定不是单一的。

课堂反思学习能够良性运作，社会关系中主体间活动是必不可少的，即需要指导。如其中教师应该做好哪些准备，或课堂反思学习规定教师基本素养有哪些，教师如何定位自身的课堂角色，教师如何设计和规划课程与教学活动，教师如何参与教学及开展评价性指导，课堂关注点发生哪些转变，教师如何设计合理的"脚手架"或情境，如何指导学生循序展开反思学习等问题都需要考虑到。

通过课堂反思学习指导要培养学习者形成反思学习的习惯，追求保持清醒意识的头脑与良好的课堂社会关系。而这些目标不是在课堂时间内就可以实现的。所以，课堂作为教会学生在生活中运用反思学习的场景,具有方法论上的指导意义。因此,这需要一定的指导策略或模式,帮助学习者学会方法,以便将之联系到自己的社会生活情境中。因此,与反思学习的运行机制关联,指导策略和模式是怎样的、有哪些,如何操作运行及其原则是什么等问题也需要解决。

(二)研究方法

1. 方法论

课堂反思学习及其指导的研究方法受制于两个方面:第一,反思及其反思活动的精神性、内隐性,具有个体性特征;第二,反思学习不仅是个体精神、心理的活动,而且是社会参与和实践情境中的动态性交互活动,它是认知、情感、意志和行为共同参与的完整性活动。

反思学习首先是个体精神现象,关系到个体的内在精神活动——不可以直观。其次,精神活动现象只能通过对某些作为中介的精神表征的外显符号(语言、行为、神情等)的分析、解释才能被学习者理解。再次,这些外显符号借助于真实事件得以展现,在具体的教学中,它们整体呈现,所以它们很难被测量和数据化。

西方传统本体论与近代认识论主流是以主题化知识论认知的单一性或逻辑性为宗旨,它是对复杂世界的抽象演绎。但历史过程不能化约为一个简单的、统一的公式或原理,因为这会形成"科学的危机":世界是复杂多样的存在形式,科学依照"理性"形式,以主题化知识论的单一性、逻辑性对世界进行处理,即对生动的经验世界的概念化处理,而不是通过心理事件或活动形态而呈现。所以,有学者提出回到"生活世界"——前科学形态的先验世界和科学之外的世界。它不受先在观念的限制,呈现为非主题化或非知识形态的多元诠释可能性的世界,是一个整体(包括感知直观、联想和想象、批判或反省、体验和顿悟、认知等)的自然存在世界。

对"生活世界"的追求便是现代所谓的"精神科学""人文科学"的本质。东方传统文化,尤其是以儒学、佛学为代表的文化传统，一直注重人的"精神"体验和整体性地"悟"或"直观"解释世界。其实，这一思想在西方传统中也一直隐然存在：就本体论解释而言，一些西方学者认为世界的"流动"不居于本身即是事实。赫拉克利特之"流"的本体论，影响了苏格拉底的知识观和方法论，促使他提出认识论的"产婆术"。到启蒙运动时期，维科提出"人类历史是人类自己创造的"人文主义呼声，影响了后来马克思的历史唯物主义思想①。后来，尼采发现传统文化观念（"理性"作为人的本质）中的理性往往成为人类的监狱②，阻碍了人的眼界，缩小了"世界"的范围。所以，他提出认知他者（如情感、意志和偶然性因素）的各个范围。针对传统稳定的理性形式，陀思妥耶夫斯基和艾略特③也以文学的形式提出质疑，与尼采的酒神精神遥相呼应，提出人及其生活世界的复杂性、同一性问题。

真正提出"精神科学"和"人文科学"的是狄尔泰④。狄尔泰提出人文科学应该重视历史性和生命本身。历史性以时间性为核心，时间性关系到此在存在的意义，是意义境域；生命是意义关联的整体，不是外化的派生物，而是先于心理事物的意义世界⑤。生命和历

---

① 李醒尘：《西方美学史教程》，北京大学出版社，1994，第244页。
② 〔德〕尼采：《朝霞》，田立年译，华东师范大学出版社，2007，第160~161页。
③ 陀思妥耶夫斯基通过小说（如《卡拉马佐夫兄弟》等）提出对于人的本质是理性这一传统论断的怀疑和批判；艾略特通过诗歌《荒原》指出纯粹理性使世界变得荒芜，而要使之重获生机，必须重新寻找存在的人类本质（圣杯）的实践理性成分。
④ 狄尔泰早期（1883年）出版的《人文科学导论》一书，突出的是"精神科学（Geisteswissenschaften）"。所以，中国最早引介时将此书翻译为《精神科学引论》（童奇志译本），后来更名为《人文科学导论》（2004年赵稀方译本）。我国的《人文科学导论》（第一本由朱红文撰写和第二本由尤西林撰写）都是基于狄尔泰的理想而建设人文科学的。不过，有超越和完善狄尔泰的地方：如人文科学作为世界意义主题的论域，不是另立于自然科学与社会科学之外的，而是涵摄二者的领域；故是哲学形态的，不再是方法论意义上的。
⑤ 高桦：《狄尔泰的生命释义学》，上海人民出版社，2018，第200~213页。

史性作为整体的意义关联整体，无法用科学的方式说明，只能诠释，因为诠释即理解。

描述和个案研究是人文科学的方法①。

（1）描述

描述性与概括性是相对的，具体的非概念描述是人文科学的方法②。描述是现象学的方法，它不同于心理学的实证描述。胡塞尔的现象学主张回到事实本身，即回到生活事件，对于事件的描述应该拒绝概念而用具体的、直观的"看"——观察、描摹（叙事）。概念是"大钞票"，是整一抽象的类化，而具体描述是"小零钱"，是摹状的。课堂学习即生活（包括个体认知体验与社会化参与交互），这种生活需要描摹。

人文科学的"深描"比直观地"看"有更深层的理解和解释，它希求在个案中发现恒定性。胡塞尔强调在特殊性中发现恒定性的方法，突出了个案研究的重要性；柯瓦雷在胡塞尔的启示下指出，即使如伽利略要理解落体现象，也不是非得一再重复斜面实验不可。一个特殊的案例，只要构建得完整，就不再是特殊的了。③ 要表达这种特殊性中的恒定性，就得深刻地描述，即克利福德·格尔茨所谓的"深描"。赖尔对于孩子眨眼（生理的）、挤眼（给别人传递信号或信息）、假意挤眼（嘲笑）和模仿挤眼（演员演练）等同样形式的行为进行了分析④，指出同样形式的行为活动中蕴含的意义具有丰富性与深刻性。此深刻性与丰富性需要深度描述才能区分，在此基础上所谓

---

① 尤西林：《人文科学导论》，高等教育出版社，2002，第91~98页。
② 尤西林：《人文科学导论》，高等教育出版社，2002，第96~98页。
③ 〔法〕布尔迪厄、〔美〕华康德：《反思社会学导引》，李猛、李康译，商务印书馆，2015，第102页。
④ 〔美〕克利福德·格尔茨：《文化的解释》，韩莉译，译林出版社，1999，第7~8页。

的恒定性才可能被发现。课堂行为——如举手行为①的多义性分析，便需要仔细、深入地观察和描述性分析。

（2）个案研究

教育在21世纪要求人文主义研究范式②。人文主义将个体的人置于具体的情境中对待，尊重人的个性和偶然性，这样既展示了人的独立性，又追求区别于自然物的社会、精神世界的复杂性。所以，要特别注重个案研究的方式。个案研究是对某现象的例子（case）进行深度检验，个案研究的主要目的可能是描述性的，而对特定案例的深入研究也可以提供解释性的洞见③。

"个案可以简单，也可以复杂。它可以是一个儿童、一间儿童教室，或是一个事件，一次发生（happening）……它是许多个中间的一个……个案是一个'有界限的系统'（bounded system）。"④ 罗伯特·斯泰克认为个案是具有独立性的，与其他个案及其环境有区别，所以"有界限"；它内部又是由复杂的因素构成的"系统"。

罗伯特·K.殷将个案研究的基本程序分为设计、准备、收集、分析、分享等阶段⑤。设计个案研究包括三个阶段：对"案例"的界

---

① 王鉴：《实践教学论》，甘肃教育出版社，2002，第64~67页。
② 联合国教科文组织：《反思教育：向"全球共同利益"的理念转变》，教育科学出版社，2017，第27页。
③ 〔美〕艾尔·巴比：《社会研究方法》（第十版），邱泽奇译，华夏出版社，2005，第286~287页。
④ Robert E. Stake, "Qualitative Case Studies", 转引自卢晖临、李雪《如何走出个案：从个案研究到扩展个案研究》，《中国社会科学》2007年第1期。
⑤ 罗伯特·K.殷在《案例研究方法的应用》中，省略了"案例研究的准备""分享"阶段的应用说明；将最后的结论修订为"案例研究概括"，包括区分统计性概括（statistical generalizations）和分析性概括（analytic generalizations），指出后者更适用于案例研究（第21页）。重点强调"分析性概括需要特别注意解释性建构"，并且最终的概括并不像获得几何学一样的"证明"，"但提出的主张必须能够完整地展现，并经得起逻辑挑战"。

定，选择案例类型（整体的与嵌入的、个案与多案例两组类型搭配，在形成的 2×2 关系中选择），确定使用理论。准备阶段：技能技巧和价值观准备，特定个案研究的培训，制定草案，筛选研究个案，实验性研究预演。个案研究的数据收集阶段：首先，注重多途径的数据收集，如观察、访谈、档案记录、文件和实物证据等；其次，基于所收集的数据，建立资料库；再次，从多来源数据中推论证据、收集相关竞争性解释的数据，并修正草案。数据收集遵循的原则是运用多种数据来源，建立数据库（可以用文章、报告、著作、口述等形式呈现），形成系列证据链，谨慎使用电子资料（网络文件、访谈、聊天软件或其他支持交往关系的工具）。对于数据的分析，要注意分析的基本方式或策略，讲求技巧，尤其是对于计算机分析软件（静态的、某一认识点和侧面、某一时间点上的横断面数据分析，缺乏发展、整体性质，更趋向于量化）的运用要保持清醒的立场，一种人文的描述性、建构性诠释更加合理和完整，以突出变化和发展，确保高质量的分析。如模式匹配、诠释构建、时间序列分析、复现逻辑等基本技术。分享阶段：首先是形成表达内容和思路，然后借助于一些基本形式（研究报告、论文）合理表达外显为文本。其实，分享就是概括总结和转译成符号逻辑的过程。

2. 研究方法

（1）理论思辨法

思辨是逻辑推理和演绎形式。思辨法是本研究最主要的研究方法。具体表现在：首先，对一些概念的区别需要思辨的形式。如学生与学习者，涵义与意义，知识与识知，反思性与反思，实践与行动等。其次，作为反思学习和课堂反思学习的理论前提，教育理论的传统与现代范式的转换带来的学习变化，以及反思学习形态的不同和课堂反思学习发展与区别等，需要运用思辨形式推理。再次，反思学习在个体与社会中的基本运行机制，课堂反思学习指导的基本模式，课堂指导反思学习的内容等，都需要演绎推理。

（2）观察法

本研究的反思学习及其指导研究发生在课堂情境中，所以，课堂观察与在课外对学生、教师的个体访谈是基本的数据收集工具。课堂观察用视频录像和笔录的形式，并且对一些研究个案之外的全国不同地区的课堂教学视频，包括名校名师的课堂教学视频也有所收集，开展观察和分析。

对于课堂学习的视频采用观察表统计（见附录）与分析形式，以区分个体活动中的反思行为和社会对话交往中的反思学习两种形式。

本研究周期为两年半（2017年9月至2020年1月），在个案研究的G班级，课程实施干预并观察各科教学各一学期。涉及班级课堂观察和干预的课程包括：数学、阅读、作文。对于学校自然设置的课程，如英语、体育、社会、音乐、美术等课的课堂也有观察，但不做（反思学习指导）干预。对于一男一女儿童的个体性研究，课程涉及阅读、数学、作文、书法、围棋（舞蹈）中共同学习的内容，由研究者统一指导、观察及随课堂记录等以便收集数据。

（3）访谈法

个体反思学习具有内隐性，虽然通过行为、语言和神态可以观察个体，但也具有测度上的不确定性。所以，在课堂观察的基础上研究者要对学习者进行逐一访谈，以发现、印证对观察的解释是否真实。对学生访谈采用结构性访谈，目的在于发现其反思学习心理（见附录）。

对任课教师的访谈。除对学生的结构化访谈之外，为了确认学生在日常和在其他非考察对象的科目中的具体表现（反思学习迁移问题），以及教师教学中的措施与学生学习成效的相关性，特别是对所考察科目的任课教师相关的培训、实施课堂教学开展反思学习指导模式、策略等，研究者对教师进行了相关的非结构性访谈（见附录）。

(4) 案例研究法

案例研究是"在自然情境中对特定现象中的事例进行深入研究，它融合了研究者本人和研究参与者两个视角，并遵循一定的程序，对研究结论的效度和实用性进行检验"①。对于反思学习指导模式、策略的效果检验，本研究的基本案例选择有两种形式。第一，选定一所西部农村义务教育寄宿制学校（Z）及其七年级班级（G）为个案研究对象。Z地处浅山地区，处于生源不足，师资超编，教学质量较差的状态，所以，具有典型性。每年级仅有一个班，且班容量较少（小学班40多人，初中班30人左右）。G班包括25名来自周边的农村学生，其中一名男生中途转学。剩余24名学生男女生数相等（12人）。一学期后，又有一名外籍学生转入该班级，所以前后测、平行测取值为24人。此外，为了有利于比较研究，研究者也到另一农村半寄宿制学校的七年级 X 班（条件略优于前述研究个案：半寄宿制学校地处川水地区，寄宿人数比例不高，学校规模较大，班容量为43人，有同级平行班，学生平均成绩较好）进行同类型观察研究，但为保持其自然发展，研究者对课堂教学没有干预（包括课程增设和所提倡的课堂反思学习指导实践），以便后期与主要的个案研究对象进行平行测量和比较。辅助研究的还有一所乡镇义务教育寄宿制学校与城市初级中学，对之仅做观察和后期问卷调查、测量等工作，也没有干预。第二，两名小学生（一男一女），经历两年追踪研究，从二、四年级发展到四、六年级学生：男生二年级时8岁，四年级时10岁；女生四年级时10岁，六年级时12岁。这两名学生与研究者有亲属关系，生活在一起以便于观察和干预，同时也便于进入其课堂

---

① 〔美〕梅瑞迪斯·高尔、〔美〕乔伊斯·高尔、〔美〕沃尔特·博格：《教育研究方法》（第六版），徐文彬、侯定凯、范皑皑等译，北京大学出版社，2016，第315页。

观察。第三，选取其他镇中学、市中学班级各一个，是为了在观察和访谈中印证一些可重复性的结论，而扩大的个案。

研究者在 G 班进行了历时一年半的参与式观察，并通过对学生、任课教师采用调查问卷和访谈形式来收集数据，还有合理的笔试（如考察数学推理思维和反思性认知、行为等可视化表征）。测试内容包括数理思维、阅读、写作能力。其中，阅读、写作等的测试结果运用语言描述性分析并展示其测试结论，数理思维的测试结果运用 SPSS Statistics V 17.0 进行分析并展示其结论。数理思维的测试采用前后测和平行测方式：对 G 班学生的学习结果采用前后测；G 班与 X 班学生的学习结果采用平行测，并对前测、后测进行比较，以检验课堂反思学习指导模式的效果。

研究过程遵循实践与理论统一的原则，分为四个步骤：教学调研（现实教学中课堂教学形式及其基本问题），确定理论基础和建构基本理论；选择个案并收集、分析基本数据；展示概括策略和方法；运用并修正所建构的理论前提。

第一阶段，运用调查法和文献研究法。发现目前课堂学习与实现课程目标、发展核心素养及学会学习的教育目的的基本问题；寻求能够超越课堂教学中知识授受学习形式的新途径和新方法；理论论证反思学习在实现此超越性目的的合理性。

第二阶段，运用观察法和深度访谈法，进行文献研究与思辨推理。课堂观察教与学，深度访谈教师与学生，发掘其教—学心理。文献研究中重点从元认知、元经验理论的根深处解释存在的教—学心理，并借助建构主义理论和现象学理论试图突破传统经验—知识层面的操作学习、反思学习，将之上升至观念层次，这种转换的前提是在第一阶段的理论论证基础上，并对之修正与深化。

第三阶段，运用课堂观察与个案研究法，对已经确立的课堂反思学习指导形式及其假设与基本理论进行修正。通过对个案的评价并运用第二阶段的理论对个案进行干预。如果理论干预有效，即可开展理论建模；否则再次进入课堂重新建构理论，之后对理论重新评价、干预、再评价。

第四阶段，运用案例研究法，对课堂反思学习的指导模式在课堂教学中的应用进行观察与测评。课堂反思学习指导的基本结构模型确立后，要对反思学习形成的能力进行前后测。其中分析影响因素，建构课堂反思学习指导的途径、方法等理论。最后，形成文本。

第一章　课堂反思学习及其指导

渔网从海洋深处带回活蹦乱跳的鱼类和藻类。

——莫里斯·梅洛-庞蒂

课堂教学是迄今人类文明的最复杂、最具有挑战性、最精妙和令人胆怯的活动。

——李·舒尔曼

反思学习是多样态的，反思学习也不会干净利落地落实到课堂情境中，在反思学习过程中会附带"冗余"成分。课堂反思学习需要怎样的反思形态，这直接影响课堂反思学习指导形式，必须加以澄明。

课堂反思学习形式表现为两种：一是提供先验的（历史文化所提供的基本概念、原理等）知识，当学习者在学习中遇到特殊情境，便反思分析这种特殊，将特殊纳入先验知识中；二是先提供特殊的情境，学习者对特殊情境分析或结合经验与先在的知识而比较、意会、顿悟，建立基本标准，然后理解特殊，建构新知识。前者往往很普遍，是知识或理性的反思学习；后者是实践的反思学习。知识与情境的秩序是二者区分的关键。

目前课堂教学中大多遵从第一种形式。其实，如生活情境中的生命形态一样，人们首先遇到的是特殊情境，通过经验分析并反思后才有知识产生。这是反思学习的正道，也是人性生成之道。

因此，在后一种形式中学习真实发生，其中学习者的全体（不仅是认知，还有认知他者；不仅是概念、原理等知识，还有认知的多种层次；不仅是个体，还有群体）参与特征明显。前一种形式下的学习是获得模式，后一种形式下的学习是参与模式。

本研究所要表述的就是翻转这种秩序，探索适合生活秩序的实践反思学习：首先经验并反思，然后形成知识和人性。即对已然存在的知识存而不论（悬搁），我们所关心的是知识形成之前的建构过程；不仅关注建构知识的过程，而且关注建构整体人性的过程。因为只有这个过程存在，人性才能在发展中建构。

反思学习的指导指的是如何指导学生反思学习的结构化运行的参与过程，而非知识获得。

第一节　课堂反思学习：历史与现状

一　反思学习发展及其形态

（一）反思学习发展

反思学习，其核心要义及其解读分歧在于"反思"。再者，反思过程本身即学习，甚至于杜威说反思是学习的前提。所以反思学习的概念研究，国外学者大多直言反思。反思对于教学的意义毋庸置疑，但学者们对反思的内涵认识分歧较大。

1. 主体性反思、个体意识反思阶段

自近代先验理性主义兴起后，反思的提出其立意在于发现人的内在精神，借此发展人本身。所以，传统的反思学习是基于个体的主体性反思、意识内的精神反思，而不是行动反思和社会性反思。

培根批判了人们对于外在客观知识形态的偶像崇拜心理，卢梭、裴斯泰洛齐、夸美纽斯等自然主义教育家提倡通过情感教育唤醒隐藏在人内在的动力机制和反思品质，康德区分了（从经验知性走向理论理性的因果律为核心的）纯粹理性与（从自由实践走向审美和信仰的因果律失效的）实践理性领域，开启了认知论转向，将人类研究的客观本体论转换到研究人的心理结构，回归到对人的能力结构的确认。这是从反思学习客观知识走向反思学习人本身的开端。

但是，笛卡尔、康德、费希特等古典时期学者的反思形态最终指向了认知主体的抽象主体性或绝对的"自我意识"①。到黑格尔开始觉察到其不合理性②，并提出反思的其他领域。

黑格尔的"精神现象学"对人的精神进行梳理，发现了反思的多种形式。"后思""冷思"（nachdenken）；反映、反射（reflex）；返回（sich reflektiert）；映现或表现（erscheinen）；"假象"（schein）等。

虽然，黑格尔提出现代性话语及其反思哲学批判——对主体性哲学或意识哲学的批判，但他并没有打破主体性（内在心灵和外在现象的二分与客体化）的传统。到了其后辈才开始对反思主体性批判，尤其是在理性与理性他者、认知与认知他者的关系处理上——其实质是存在与本质的关系。如费尔巴哈突出感性的生存意义；马克思将主客体关系实践化，主客体反思关系走向劳动与生产关系。而伯格森提出生命哲学之后，海德格尔、巴塔耶、福柯等继承其路线直接从身体感官入手消解个体主体反思学习形态，显然走向了传统个体理性反思

---

① 〔德〕于尔根·哈贝马斯：《现代性的哲学话语》，曹卫东译，译林出版社，2004，第22、38页。
② 黑格尔发现现代社会的资本运行和市场使古典时期的理性统治及其实证性实质开始四分五裂。所以，提出"市民社会"和"和解理性"。认为"爱和生命"中表现出主体间性的一体化力量，即主客体的反思关系转变为主体间的交往关系。反思形态也从传统的主体关系走向主体间交往"伦理"关系，在此主体性暴力也就变成了自由和解放（参见〔德〕于尔根·哈贝马斯《现代性的哲学话语》，曹卫东译，译林出版社，2004，第27~51页）。

的对立面。

2. 个体理性反思的批判阶段

胡塞尔现象学对笛卡尔以来的主客体二分的科学研究方式进行了修正,其实质是对个体理性反思形式的补充。他提出了生活世界,并坚定地认为意向性作为现象学的核心:"意识是意识着某物。"所以,意识不再是形而上的空洞的研究,而是意识活动与意向对象的一体两面的统一体关系。意向性关系到人的心理。因此,胡塞尔的意向性研究经历了三个心理学研究阶段:自然心理学、现象学心理学和超越论现象学。首先,生活在世界中的人和人群处于自然心理阶段,这时的主体经验世界,不是现象学经验——反思的经验。因此,此时的主体——如海德格尔所说的,处于沉沦状态[1]当中。这时人(尤其指群体)是世界的一个部分,活在"世界的小末梢",世界对于他是超越的。其次,他批判经验心理学或实验心理学(继承布伦坦诺,与狄尔泰相同。为了区分,他的批判被称为"描述心理学")。因为经验心理学将人的心理物理化和生物化;使意识与意识对象割裂——意识成为块片的孤立存在。胡塞尔认为现象学心理学应该研究意识和心灵。人的意识是时间性的流(借助于伯格森的意识流,有前摄、原印象和滞留等绵延特性),无法切割;在知觉一个对象时意识与意识对象是交互性的。故不存在孤立的反思活动。意识体验具有伸展开去的动态性;同时,绵延的意识之流不是混乱的,其后有普遍的综合系

---

[1] 海德格尔的"沉沦"源于胡塞尔的思想。人的意识被习性浸润,习性控制人的意识回返到传统习惯,便产生惰性,把人向世界带过去,即过去阻碍了超越论自我。习性造成的沉沦使人缺乏反思和创造性,所以冲动和不遵循习惯传统的"浪荡子"往往具有创造性。而创造性就是源于情绪冲动和浪荡子与习性的冲突而反思批判的结果。杜威、本雅明、哈贝马斯都对此有过论述(参见〔美〕杜威《人性与行为》,罗跃军译,华东师范大学出版社,2020,第85、110页;〔德〕于尔根·哈贝马斯《现代性的哲学话语》,曹卫东译,译林出版社,2004,第48页)。

统（不是世俗认为的硬生生的串联，而是有机地绵延融合），它是生命的，其本质即"意向性"结构①。再次，呈现意向性结构阶段的便是超越论现象学。胡塞尔认为超越论现象学与现象学心理学是平行的关系。超越论自我是纯粹的自我意识（本我）。要达到纯粹自我意识必须运用还原的方法，即把客观世界、先在诸观念（各种信仰、规则、知识见解、科学观念和意识形态）等悬搁，还原到纯粹的朴素世界。在朴素世界中便会还原出自我意识（所能反思发现的都是属于自我的），此时的自我也是超越论自我，一个纯粹的我自身。

超越论现象学和现象学心理学被称为哲学的现象学。首先，超越论现象学属于后形而上学，包括自我学和交互主体现象学两部分。在此，超越论经验与世界生活是反思的，其反思属于纯粹我思活动与纯粹体验（悬搁了所有设定后的单纯存在，朴素性现象为我呈现）之流，有明见性（evidenz）②特征。如中国哲学中的"相"，它不必充实，本身就是追求的目标，具有以美引真的效果。这种反思中的我不再是自然状态中的自我，而是通过悬搁后纯粹的我（不受先在观念濡染或影响）。自然的我专注于世界的事物，纯粹的自我专注于经验

---

① 胡塞尔继承笛卡尔寻求一个可靠的出发点的哲学方法，同时也在循着康德"对象的同一性如何可能"的问题方式。所以他的最终旨趣在形而上学的第一哲学。笛卡尔把出发点置于"我思"，然后一切知识由此心灵实体被推导出来；康德回到主体去寻找其先验条件，先验的概念、范畴成为经验的模范以共同铸造成知识结果。不同的是，胡塞尔则关注心理的本质即意识的结构，便是"意向性"——意识总是在意识着对象，客观意识对象和主观经验无法分离，存在对应关系的活动。意识对象可以是充实的也可以是空虚的（如独角兽、圆的方）。所以，他提出意识的主体间性，便超越了近代哲学和科学的主客体二元论。进而使反思走向经验活动过程，不再囿于主体或者主体意识的孤立状态。这对同时代、后世影响较大，如狄尔泰、舒茨、海德格尔、梅洛-庞蒂、利科、哈贝马斯、怀特海、杜威，以至舍恩、麦兹偌和迈耶等。

② 明见性与真理有关。如数学、逻辑具有明见性，与空间有关或与感官有关的外感知经验便在本质上不具有明见性。

生命，通过经验生命构造起一个全新属我的世界。所以，自我比世界具有优先性，被胡塞尔称为"先行"。我思先行于世界，即超越论观照的自我构造着对象世界，或意识构造对象世界。但这种构造的过程（体验的过程）不是空洞的，而是与被还原、被悬搁了的先验性观念在世界的具体性中交互运行。如此，纯粹自我就是具体的本我，它是在世界中展开的，同时它在"旁观"（反思）。这样，超越论现象学（超越论自我）与现象学心理学（具体的自我）才能平行。其实，这是与观念论不同的关键处，观念论与世界脱离关系。其次，现象学心理学具有先天性、直观性、意向性、自然的独断态度（而非哲学的超越论态度）等特征。先天性指它不是具体的（如经验心理学的客观化和主题化），而是本质上的普遍性与必然性。直观性指其描述性，本质不能基于臆测。意向性指意识与意识对象的关系，心理现象是意识的现象。心理学不同于哲学的地方是，心理学不能从哲学的基础出发，必须有跟身体一起出现的知觉意识为基础的自然态度，并且不离开世界。[①] 所以，知觉经验和世界的连续性规定了反思也是无法断裂的，它是从经验反思走向纯粹自我反思的超越论境界。

　　世界中生活的自我发展到超越论自我，即从部分或某层次发展到整体，是自由的表现。正如萨特所说的，自由的存在须以超越论的大背景才使自己看到当下的真实；如果缺乏这种超越论自我背景，则在世界中生活的自我易于沉沦，而不是提升；自我因此是开放的，它朝着普遍性不断发展和提升，"本我具有一个完全确定地从属于他的普全结构，这个结构不断前行的对象编目是超越的"[②]。而要实现超越，

---

① 游淙祺：《胡塞尔与世间意识》，上海人民出版社，2019，第 16~17 页。
② 游淙祺：《胡塞尔与世间意识》，上海人民出版社，2019，第 47~48 页。其实无论萨特还是胡塞尔设定大背景对于自我超越的重要性，跟康德设定的实践理性为理论理性设定地平线远景，而引导自我不断超越的意义是一致的。

必须借助于反思，从对象的同一性视野回头看意识结构本身①。

3. 社会性反思阶段

舒茨将胡塞尔的生活世界理论引向社会世界，追问"社会行动的方法论和普遍理论"问题②。这是对胡塞尔"从屋顶开始"（海德格尔）的修正。他追随马克斯·韦伯所提出的"赋予行动以意义"的课题，并进一步厘清"有意义的行动"概念。首先，舒茨批判了韦伯在行动与意义关系上的基本认识：没能分清行动有两种形态，一是正在运行的行动，二是已经结束的行动；没有区分行动对于自我和对于他人的意义之不同，自我的经验历程与他人的经验历程之不同，自我理解和理解他人之不同；没有区分社会世界的邻人与同时代人的理解之不同；没有区分日常生活态度的理解和社会科学角度的理解之不同。其次，舒茨根据伯格森的生命时间流和胡塞尔的意识流的观念，认为意识属于无法间断的意识流程，体验就是意识的体验过程；意识的流动过程不仅仅是体验意识，而且有它的知识；这种认识性的时间经验，通过反思活动可以获得。再次，时间性体验流与分割或箱格化的个体体验有质的不同，它们关系到"意义"问题——经过反思重新体验的经验才是有意义的。

这点对我们的论述主题十分重要：既然有意义之体验的概念

---

① 在反思学习中发现自我，并完善和建构人性，首先是从习惯的世界中超越出来。从逻辑顺序上说，对象被意识构造，自我是先于世界的。其中对于对象世界（包括知识）的反思，发现的是自我意识或者心理结构。尼采说："人最后在事物中找到的东西，只不过是他自己塞入事物的东西：找出，就是科学；塞入，就叫艺术、宗教、爱情、骄傲。"康德同样说："我们在事物上先天地认识到的东西，只是我们自己放进事物的东西。"（转引自谢遐龄《康德的大刀》，生活·读书·新知三联书店，2019，第48页）。

② 〔奥〕阿尔弗雷德·舒茨：《社会世界的意义构成》，游淙祺译，商务印书馆，2012，译者导论第 X 页。

总是预设，被赋予意义的体验是一个明确区分的体验，所以摆在眼前的事实是，有意义性只能赋予一个过去的体验，该体验对于回顾性的目光而言是已完成而且消失的。

有回顾性的目光，才有个别鲜明的体验。只有已完成的体验才是富有意义的体验，正在被经历的体验则不然。因为意义无非就是意向性的成就，唯有在反省的目光下成就才是可见的。相对于经历中的体验而言，意义的明确化必定是琐碎的，因为在这个区域之中所谓的"意义"无非就是指"注意力的专注"，它只能用在已经经历的体验，而非正在经历中的体验之上。①

反思使某一经验凸显出来，成为意识流中的突出意识，便产生了意义。而一些淹没在意识中的经验，如眨眼睛、瞳孔放大、迈步等生理上的经验是无意识中的（舍勒称"绝对私己"的体验）——没有也无法反思的经验，所以就无法凸显出来，也就不会产生意义。另外，舒茨认为可以产生意义的反思体验有两个方面：一是"行为"，二是"行动"。行为指两方面，内在的"只是思考"与外在的"只是动作"。"只是"便意味着没有预设和计划，徒有操作。行动是有计划的，它指向对未来的预期，事先构想和统整是行动的特征；它包括仅是内在的行动与包含身体和外在世界相关的行动两个方面。尤其是后者，舒茨称之为"实质行动"，是其行动理论的核心。在实质行动中，行动者不仅知道自己为何行动，而且清楚自己将如何行动。实质行动具有两个面向：一是明白"以世界为背景采取某个具体行动"，二是了然"这个行动是他原先所构想的行动的具体实现，或是一种

---

① 〔奥〕阿尔弗雷德·舒茨：《社会世界的意义构成》，游淙祺译，商务印书馆，2012，第67页。

内在意向的外显化"①。最后，舒茨提出实现行动的意义，需要依赖意义脉络，意义脉络的最高阶是经验基模。意义脉络指"已然行动"与行动过程中被反思凸显的有意义的经验片段间的关系。如"我要写作业"，先要设想"我伏案作业"的情境，但实现这目的必须"走到课桌前""坐下来""拿出作业本和文具""书写"等，这些连续的行动片段在已然行动"我要写作业"背景下才被理解，也才有意义。每一已然行动均可整合到更高阶的意义脉络中，如"我要写作业"可以与"放学前交作业给老师"或"晚上和妈妈看电影没时间写作业"等已然行动构成新的意义脉络。所以，任何体验都有背景，从而构成体验流或意义链。这就显示出把新经验转化为可理解性的问题，是一种结构性存在的内在模式，被称为"经验基模"②："我们愿意把这个让每一次经验得以自我调整的秩序称为我们的经验基模，这个概念的定义如下：经验基模是我们过去各种体验的意义脉络，它固然包含了在过去体验中已经被构成的经验对象，但不包含它们构成过程的方式，在此之中经验的体验乃成为经验对象。"③ 所以，反思学习以情境为基础，缺少境脉的反思学习是知识化的因果逻辑，是一维的控制。

4. 实践反思和行动中反思阶段

基于此，梅洛-庞蒂通过知觉分析发展了行动反思。"知觉不是

---

① 〔奥〕阿尔弗雷德·舒茨：《社会世界的意义构成》，游淙祺译，商务印书馆，2012，译者导论第 XVI 页。
② 经验基模，其实源于胡塞尔的意识的时间流和绵延。区别只是意识时间流存在于个体精神界内现象，经验基模是外在行为和经验中可视听的现象。此概念设置的核心与背景和两个相互推动的影响关系构成了认识发展和知觉的意会特征，与博兰尼的意会结构紧密相关；此概念与场观念相似，也影响了生态、复杂性教育思想。
③ 〔奥〕阿尔弗雷德·舒茨：《社会世界的意义构成》，游淙祺译，商务印书馆，2012，第 108 页。

关于世界的科学，甚至不是一种行为，不是有意识采取的立场，知觉是一切行为得以展开的基础，是行为的前提"。① 身体是知觉的主体，知觉与其他感觉密不可分，人通过感官体验意识到自己的存在，感觉与整个身体处在互动关系中。所以，梅洛-庞蒂认为在知觉中（经验主义或追求客观性的意义上，问题不在于体验，而在于反思）的反思有两种②：理智主义反思（intellectualist reflection）和激进的反思（radical reflection）。理智主义反思采用主题化的方式，把对象和意识转化为概念——是典型的康德主义知识论形式。激进的反思则是在形成、表达某一（主观的和客观的）概念时重新控制自我反思，"它不仅仅是起作用的反思，而且是在起作用中意识到自己的反思"。这种反思是"纯粹的体验"，它不是在绝对的主体性意义上获得一个我的体验，而是得到"被时间过程解体和重组的我"。此反思基于感觉到知觉的过程，是建构后验（针对先验）的真理，包含了自体验③。在此，梅洛-庞蒂指出的关键：第一，反思不是传统知识论意义上点状分布的，而是建立在感觉、知觉之上，任何感觉性和知觉是建立在某种共存的场的基础上的，是整体空间性的，所以反思是连续和整体的。这与胡塞尔的"时晕"（Zeithof）结构相符合。第二，激进的反思基于体验，体验生活是感觉到知觉的综合过程发生的前提，在此之上的反思才是行动的。第三，基于体验的激进反思是重新改组自我知觉和自我本身的方式。

杜威提倡以经验为基础的教育，将反思置于整个经验过程和思维

---

① 〔法〕莫里斯·梅洛-庞蒂：《知觉现象学》，姜志辉译，商务印书馆，2001，前言第5页。
② 〔法〕莫里斯·梅洛-庞蒂：《知觉现象学》，姜志辉译，商务印书馆，2001，第279~280页。
③ Merleau-Ponty M., Translated by Colin Smith, *Phenomenology of Perception*, Routledge, 2002, pp. 253-258.

过程中。其经验具有两个标准：第一是连续性。经验的连续性不仅是对过去经验的"采纳"，同时对未来经验进行改变。"以经验为基础的教育，其中心问题是从各种现时经验中选择那种在后来的经验中能够丰满而具有创造性的生活的经验。"① 因此，经验的连续性必须具有推动力和方向（通过激发好奇心，增强创造力，树立超越性愿望和目标）两个要求，否则就处于低端发展，而不忠实于经验连续性发展的原则②。在此意义上，教育即生长（包括身体、智力、道德、人格）。第二是交互性。指主客观条件构成的经验情境，即客观经验（传统文化、人类与社会结构）与主观经验的交互作用；社会不同主体间的经验交互作用。在交互作用中，"只有当客观条件从属于具有这种经验的个人内心情境时，那种经验才是真正的经验"。③ 所以，教学的职责就是对这种经验交互的指导，"利用现有的自然的和社会的环境，并从中抽取一切有利于建立有价值的经验的东西"④，不能是强迫性灌输——社会暴力控制。

教育是属于经验、由于经验和为着经验的。经验是连续的过程和组织。学习者只有在连续性和组织起来的"一个世界"中，才能形成人格⑤。如何才能使经验连续和有组织？这就是经验中，基于经验和为着经验的反思问题。反思是一种思维过程，反思的结果则是思想。反思思维是信念的根据。"现在的事物暗示了别

---

① 〔美〕杜威：《我们怎样思维·经验与教育》，姜文闵译，人民教育出版社，2005，第 255 页。
② 〔美〕杜威：《我们怎样思维·经验与教育》，姜文闵译，人民教育出版社，2005，第 263 页。
③ 〔美〕杜威：《我们怎样思维·经验与教育》，姜文闵译，人民教育出版社，2005，第 265 页。
④ 〔美〕杜威：《我们怎样思维·经验与教育》，姜文闵译，人民教育出版社，2005，第 265 页。
⑤ 〔美〕杜威：《我们怎样思维·经验与教育》，姜文闵译，人民教育出版社，2005，第 268 页。

的事物（或真理），从而引导出信念，此信念以事物本身之间的实在关系为依据，即以暗示的事物和被暗示的事物之间的关系为依据。"① 包括"引起思维的怀疑、踌躇、困惑和心智上的困难等状态"，与"寻找、搜索和探究的活动，求得解决疑难、处理困惑的实际办法"。② 因此，第一，反思思维始于不确定性和探究材料的多样与变化。第二，反思过程受目的控制，在方向上要求转换中的统一，即反思思维仅有连续性是不够的，还需要从先前的经验引出一个结论，即反思学习基于过去的经验（包括直接的观察和回忆）情境，构成事实基础；同时反思学习要求借助推论超越事实，达到观念状态；观念需要通过检查和验证，包括反思过程中的即时观察情境验证，与反思观念形成后的行动核查，形成既观察、行动验证，又矫正、修改和完善的连续性、交互性过程。

基于以上的建构主义的理论阐释，杜威提出反思学习的基本框架，包括五个阶段（或方面）：暗示、理智化、假设、推论和检验③。暗示指在经验情境中遇到行动的阻碍与困难，便开始展开联想和想象，与过去的经验或知识联系起来，产生怎样继续行动的观念问题。此时，观念便代替了行动，而暗示是多样的可能性，相应的观念也是多种指向的。需要根据问题情境对观念进行理智化改造。理智化主要意指对问题的审度和对观念的过滤，去除各种情感因素，使情境问题和行动障碍更加突出明确。当观念在理智化后成为第一暗示，就会变成确定的推测，即问题导向性观念，这就是试探性的假设，不是确定

---

① 〔美〕杜威：《我们怎样思维·经验与教育》，姜文闵译，人民教育出版社，2005，第8~9页。
② 〔美〕杜威：《我们怎样思维·经验与教育》，姜文闵译，人民教育出版社，2005，第9页。
③ 〔美〕杜威：《我们怎样思维·经验与教育》，姜文闵译，人民教育出版社，2005，第88~93页。

性的。推论是一种心智能力，它建立在观察的经验事实基础的问题之上，然后对暗示进行思索，产生与初始的观念不同的结果，即超越经验状态和创造性地预设解决问题的观念。推论是各种观念的相互作用，是不需要凭感觉的观察。数学是最典型的推理。检验是最后对前面推测的观念的行动验证。验证可以是证实，也可以是证伪。前者产生确定的结果，而后者对于学习者更加有益，因为学习者在这种检验中进一步学习，即学会学习。所以，在问题中学习和错误中学习是反思学习的重要策略。

这五个阶段的顺序不是固定的，反思学习在任何一阶段都可以展开。反思学习将学习的过去与未来打通，形成学习的历史性和内在经验（存在）的时间性。

5. 主体间反思与语言中介论反思阶段

哈贝马斯对于反思的倚重，分别在与波普尔和伽达默尔的两次论辩的回顾中可被简要理解。第一，哈贝马斯与波普尔的论证采用了批判这一"利剑"。他和波普尔的一个论题集中在：波普尔认为自然世界和社会世界的真理没有差别，都要借助于实证论的证伪批判的认识一元论形式。哈贝马斯认为社会与自然的真理是不同的，应该采取二元论的方式：一是认识，二是理解。理解社会真理需要借助语言的交往关系。所以，首先社会维度是哈贝马斯的重要理论核心，任何文化批判都无法舍弃。其次，文化意识形态批判作为其工具，对语言的遮蔽性和欺骗性也要进行批判——因为"语言就是世界观"，而此批判必须（与马克思主张一致）在社会、政治、经济、制度等综合因素中开展。第二，哈贝马斯与伽达默尔的论辩，其方式是选用"钝剑"（比较温和）——补充和协商，其核心在于对待传统的态度。托马斯·麦卡锡一针见血地指出，其争论的焦点只有一个——对传统的理解。伽达默尔提出"历史效果"和"视界融合"概念，指的是动态的传统在理解中如何与主体发生关系的问题。传统是种权威形式，

"其本质就是保存","保存是一种理性活动"①。传统的先验性,如果离开人的后天努力,就无法维持和保存。即传统有待于后世人的诠释,实现创造性转化发展。哈贝马斯之所以反对,主要是认为伽氏把传统简单文本化为被解释的对象。这是一种笛卡尔式的实体化思维形式,如此,传统就成了与科学认知的对象一样的东西,构成了与人的主客体关系。区别仅在于自然科学中的实证主义变成了精神科学(伽达默尔自称)中的历史主义。传统与主体之间存在的关系如果不能是这种理性关系,那么应该是怎样的呢?哈贝马斯提出了中介说,即在传统与主体之间应该存在一个中介,以便于主体接近—阐发—继承—发展传统,使传统不是被直接地认知、阐释,而是与主体间间接地相互接近、相互渗透、相互作用。这个中介便是反思。没有反思的理解就是独断的、非话语性的。哈贝马斯把传统的理性反思置于语言背景中,反思就成为一种语言行为,既可以否决传统也可以证实传统,反思决定着历史及其效果。同时,哈氏的中介论源于马克思,只不过马克思是以物质为中介形成社会关系。这种中介论形成社会关系的本质是一样的,即实现了人的自由和解放。

哈贝马斯将反思分为三个阶段:先验的自我反思、社会语言学自我反思和历史反思②。其实,哈氏将社会性反思与个体反思,以及文化历史反思与语言(表征)反思统一在一起考虑。给反思学习提出了一个难题,即反思学习是综合的,如何在实践中整体反思学习,而不仅仅是单一维度的,如传统认知或个体反思。

反思的发展历史在19世纪和20世纪相交之际发生了重要的变化:历

---

① 〔德〕汉斯-格奥尔格·伽达默尔:《真理和方法》,洪汉鼎译,上海译文出版社,1999,第361页。
② 曹卫东:《批判与反思:哈贝马斯的方法论》,载尹树广、黄惠珍《生活世界理论:现象学、日常生活批判、实践哲学》,黑龙江人民出版社,2004,第356~395页。

史的意义构成对意义的积淀的挑战；结构的组织（整体性）对结构的因素分析的挑战。主要表现出反思学习对生命、生活和经验及其文化向度的眷顾。不论是黑格尔的历史辩证法视野，还是伯格森、狄尔泰的生命、历史哲学，或胡塞尔的生活世界现象学，杜威的经验主义，都突出反思的发展和历史性。后来海德格尔、伽达默尔、梅洛-庞蒂、利科继续发展现象学，回溯到基础的生活感知觉和经验，这就为反思基于实践生活找到了根据。哈贝马斯发展了反思的社会交往性和实践伦理。

此处有一点反思的内在区分需要说明，它直接影响两种反思形态[1]。首先，反思以自我为基础发生。一方面一些学者认为反思从自我意识走向纯粹的精神，如黑格尔、胡塞尔，其追求形而上的超越论和本质论之路。另一方面一些学者认为反思从自我意识走向生活中的"此在"，即一个常人或生活化的主体，如海德格尔、伽达默尔，其追求存在论和生存论。其次，反思基于自我，遮蔽了一个对于客观知性的思想悖论。一方面，有学者认为反思是结构主义的，如笛卡尔、康德、胡塞尔。另一方面，有学者认为反思是发生主义的，如黑格尔、狄尔泰、海德格尔[2]。

（二）课堂反思学习基本形态

由上述可以归纳出反思的两种基本形态：一是"理性反思"。理性反思是对已经存在的知识对象的反思，是知识化的冷思。首先，对学习对象（客观的知识、思维逻辑或活动、行为的发展逻辑性等）的逻

---

[1] 这一对悖论可以直接表述为：个体反思和社会反思；经验参与中反思与纯粹认知反思。不过，经验反思是结构化的，认知反思是单维度的；个体反思是内省和回顾性的，社会反思是当下温热的和外在可观察的。具体的课堂中这些反思形式应该是混合存在，不是泾渭分明的。一般是先有经验、实践反思，然后上升到理性、认知反思。但目前教学中恰恰相反，先认知或认知反思，再去实践或经验，甚至没有经验反思阶段。

[2] 倪梁康：《胡塞尔与海德格尔：佛莱堡的相遇与背离》，商务印书馆，2016，第193页。

辑推理式反观和省思，这种反思学习形态趋向于元认知形式，是线性的超越或哲学形态的。其次，反思学习主体基于个体的独立沉思——孤独之旅，是历时性的冷思，要求极强的主体性。故对于中小学生有难度。二是"实践反思"，是整体性的即时热思。对更广泛的对象，包括识知过程、他人的学习诸方面（情感、认知、行为、思维过程及方法等）的社会性知识、自我的知情意行方面的综合性反观和省思。反思对象不明确，而存在发展和正在发展的过程性、模糊性、不确定性等的活动，是劣构形式的。首先，其反思学习对象趋于广延性和非线性，不严格要求逻辑推理，而弥散为多向的点状分布。其次，反思学习主体不再是个体形式，而是群体性、社会性的对话、交互行为形式。在社会性交往或行动中实现的反思学习，是共时性的"热"思。

1. 理性反思学习

传统主客体二元分裂的形式，是主体对所发生的事件或经验等做反观和分析认知。表现在哲学式的个体独自对话中。西方从古代理性主义传统以来，一直遵循这种外向型超越反思。至笛卡尔发现反思的核心是一个坚实的"我思"，"不知道我是属于我的本质的……只知道我是一个思维的存在"和"对一切事物的存在只要有一点点怀疑，就假定它们都不存在，不过绝不能认为它自己不存在"①。传统反思转移到内在意识对于外在现象的反思研究，如莱布尼茨把动物称为处于"感觉灵魂"阶段，具有比较清晰的知觉和记忆；而人处于更高一级的单子，除了知觉和记忆之外，还有统觉。统觉（apperception）就是感知自身内在状态的意识或反思，即自我意识。"感知是单子表现外在事物的内在状态，统觉则是对这种状态的反思或意识"。有了统觉，人就有了"理性灵魂"，能够运用概念进行推理等思维活动，

---

① 〔法〕笛卡尔：《第一哲学沉思集》，庞景仁译，商务印书馆，1986，第7~16页。

并能对思维活动进行反思。① 自我意识概念的提出为开展反思开启了真正的历史。斯宾诺莎不同于理性主义者的地方在于其出发点是客观世界——"从世界本身来说明世界",而不是从主体自我去说明世界。他提倡世界与自我的统一,而不是笛卡尔的二元论。"心灵的观念和心灵相结合正如心灵自身和身体相结合一样"。心灵的观念就是"观念的观念","不是别的,正是观念的形式,不但只是就观念之被认为思想的一个分殊,且与其对象没有关系而言,正如一个人知道一件事,因而知道他知道这是一件事,且同时知道他知道他知道这一件事,如此递进以至无穷"。② 斯宾诺莎认为思维是物质的属性,不能把思维和物质视为两种独立的实体。其物活论思想——身体与心灵的统一,无疑对后世反思在活动参与中实现,尤其是对具身认知理论具有启发意义。这类反思是正如阿伦特所批判的"反思使我瘫痪"的无限倒退和"妨碍秩序"的反映形式③。

黑格尔用历史的观点考察人的精神活动,精神活动中的高级阶段总是比低级阶段意义丰富:知觉意义多于感觉意义,概念的意义又多于知觉意义,理性的意义又多于概念意义,……以至于群体经验性意义多于个体意识的意义。这种不断增大的意义基于主体反思功能及其结果,被黑格尔称为"理智的历史"(sensible history):指出同时存在一个独特的"我"与一个共性的"我",此构成反观和反思中意义生成的基础④。社会性反思开始萌芽。

上述哲学式的理性反思学习在休(Hugh)的《学习论》中被集

---

① 姜英杰:《元认知研究的历史源流与发展趋势》,《东北师范大学学报》(哲学社会科学版)2007年第2期。
② 〔荷〕斯宾诺莎:《伦理学》,贺麟译,商务印书馆,1958,第55~68页。
③ 〔美〕唐纳德·A. 舍恩:《反映的实践者:专业工作者如何在行动中思考》,夏林清译,教育科学出版社,2007,第223页。
④ McIntosh P., *Action Research and Reflective Practice Creative and Visual Methods to Facilitate Reflection and Learning*, London: Routledge, 2010, pp.39-40.

中表述为"默读"与"冥想"的形式,以"体悟和认知自然本性与自然秩序,认识自身的本性",达到修行、矫治的学习①。

现象学意义上的反思学习。胡塞尔的现象学意涵下的反思学习形式,也是理性形式的。首先,胡塞尔所谓的"现象",与日常的概念意涵不同,它指的是意识中呈现出来的关于外在世界的"显象"。其次,这种显象是整体的,它祛除了笛卡尔式的意识与外界现象的分裂形式并实现主体意识对客观外界的理解。显象即呈现在意识中的世界的知识整体。现象学意义上的反思学习是意识对于借助意识而形成的显象的反思关系,所以是意识内部的反思关系,脱离开外界客观世界。再次,这种关系反映出现象学反思学习是"热"思,而非传统理性关系中的意识与外界现象间的冷思②。最后,现象学反思学习囿于意识界内的意识与意识显象关系,其意义更突出影响了学习者的人格健全。

2. 实践反思学习

实践反思学习,在古代东西方都有其合理的存在方式。苏格拉底的对话形式和孔子的"用"(实践)中反思③以及《学记》中"以友辅仁""独学而无友,则孤陋而寡闻"(社会关系),都有体现。到了近现代,首先,杜威从教学理论和实践两方面展开建设,将过去个体式反思学习拓展到经验中和交往中的反思学习,强调反思学习的情境性交互关系。其次,维果茨基的内部语言与外部语言、科学概念与自发概念的区分,突出反思学习除了可以表达出来的概念化、原理性的可视对象之外,尚有潜在的用于思维的语言——无法表现;同时,学习者借助于公

---

① 〔日〕佐藤学:《学习的快乐:走向对话》,钟启泉译,教育科学出版社,2004,第5~8页。
② 姜勇:《教育现象学的迷误与出路》,《全球教育展望》2018年第2期。
③ Li L., Wegerif R., "What does It Mean to Teach Thinking in China? Challenging and Developing Notions of 'Confucian Education'", *Thinking Skill and Creativity*, 2014 (11).

共概念反思学习与生活经验中属于自我的生活概念反思学习，二者不同。后者更具有感受性，更能真实地反映学习者的理解。"很多规范的学术知识正是在详细解析日常生活中的非正式知识中浮现出来"①。所以，自发概念和内部语言更能够反映学习者的真实和体验性（"内隐认知"参与其中），即反思学习须在日常和实践情境的经验中展开。

阿吉里斯和舍恩明确提出组织学习中的实践反思学习，"将思维与行动结合起来"②。基本包含三个内容③：第一，行动理论包括两种，一是名义上的"信奉理论"，通过固定的信仰和价值观形式表现；二是实际使用的行动理论。名义或信奉理论与按照此理论进行的行动间存在重大差别。对此识别需要观察学习行动并以此推断（波普尔：推理活动是个体怎样分析现实的中心）其内蕴之意义。其根源在于行动理论，并被社会学习系统所强化。第二，单环学习和双环学习。单环学习指学习者当遇到学习发生（匹配，或改变行动来纠正不匹配）时，反观自己的学习行为或实际使用理论是否、在哪里出现了问题。适合于惯例、重复性的日常学习。单环学习的弊端在于，形成"熟练的无能"和习惯性防卫。往往使人无意中变成现状的奴仆。双环学习指在遇到学习障碍（改变行动来纠正不匹配）时，学习者首先反观的是自己的行为发生的前提（控制变量和主控程序）——价值观及其对应的信奉理论是否出现了问题以及与行为理论是否合理匹配，其次才是反观自己的学习行为及其使用理论。双环学习对于反思学习更重要，因为信奉理论决定使用理论，狭隘的生活

---

① 〔美〕克里斯·阿吉里斯、唐纳德·A.舍恩：《实践理论：提高专业效能》，邢清清、赵宁宁译，教育科学出版社，2008，第7页。
② 〔美〕克里斯·阿吉里斯、唐纳德·A.舍恩：《实践理论：提高专业效能》，邢清清、赵宁宁译，教育科学出版社，2008，第3页。
③ 〔美〕克里斯·阿吉里斯：《组织学习》，张莉、李萍译，中国人民大学出版社，2004，第72~92页。

观创造一个狭隘的世界。同时，使用理论往往在实践中变异，与信奉理论不统一。所以，对使用理论的反观也是必不可少的。归根结底，双环的反思学习是必要的。第三，双环学习中的行为是可以直接观察到的现象，学习者自身实现自传性也是可能的；对于行动的控制变量（价值观和主控程序）而言则相反，对价值观和主控程序的反思学习依靠学习者自身无法观察——无法实现自传性描述，须借助于组织或学习同伴实现自反性探索，即依托学习的社会性而探明。

学习实践是在特定的社会情境下开展的，实践反思学习遂分化为四种基本类型（见表1-1）①：在实践中反思、对实践的反思、为实践的反思与实践并反思。

表1-1　实践反思学习类型的普遍观念

反思类型	内　涵	突出性质
1. 在实践中反思	1. 在某一特殊情境中 2. 即兴表演式的热思考	适切性
2. 对实践的反思	1. 在事件之后 2. 针对某些重要的事项（有意义的事件）：有选择性	严谨性
3. 为实践的反思	1. 由于某原因和特定目的 2. 计划做某件事（计划性）	目的性
4. 实践并反思	1. 意识到未来的行动 2. 独自或与他人行动	动态性；转换性

在实践中反思（reflection in practice）和对实践的反思（reflection on practice）。在实践中反思即"行动中反思"（reflection in action），包含两层意思：一是指对特定情境或场域的反思。行动的情境，如教室、学校、工厂、办公室、家庭等。二是指人在发生行为的过程中同时反思正在发生着什么，包括外在事件和个体内在的认知、

---

① Ghaye T., *Teaching and Learning through Reflective Practice：Positive Action*, New York：Routledge, 2011, p.6.

思维、情感、心理、意志、德行、信仰等参与的精神因素。这种降低到具体情境的经验反思，具有适切性特点。对实践的反思包含两方面内容：一是指在事件发生之后的反思。其内涵是回顾与复现已经发生的事件。二是指对事件的意义的关注，即回顾是基于对经验中符合于我的意象的选择和重新组织。由于选择和事后冷静、延迟的理性思考，所以具有严谨性特点。

盖耶所谓的"为实践的反思"（reflection for action）[1]，被威尔逊（Wilson）称为"对未来的反思"（reflection on future）[2]。为实践的反思是基于某一原因或目的而开展的反思学习活动，包含两方面：一是由于某原因和特定目的而展开反思学习；二是计划做某件事，需对之进行预设时的反思学习。所以范梅南称之为"预期的反思"（anticipatory reflection）[3]。

麦兹偌提出"实践并反思"（reflection with action）[4]。实践并反思意在对再生产的改变，并且突出反思学习的主体性从个体性走向社会性。所以包含两方面：一是意识到未来预见中的行动和转换。二是反思学习的主体性不仅在个体行动，而且在社会化地与他人行动。其主要特点是动态性和转换性。

3. 结论

反思的两种基本形态：第一，认知反思——主客体二元分离的个体反思形式。学习主体把已经发生的事件或已经验的事件作为先在对

---

[1] Ghaye T., *Teaching and Learning through Reflective Practice: Positive Action*, New York: Routledge, 2011, p. 23.

[2] Sen B. & Ford N., "Developing Reflective Practice in LIS Education: The SEA-Change Model of Reflection", *Education for Information*, 2011 (4).

[3] Van Manen M., *The Tact of Teaching: The Meaning of Pedagogical Thoughtfulness*, SUNY Press, 1991.

[4] Raelin J. A., "Public Reflection as the Basis of Learning", *Management Learning*, 2001 (1).

象进行反观、反省，以达到更高阶的抽象概括之效。抽象即片面性和有限性。此种反思被染上了强烈的工具性色彩（受制于先在的世界观制约），其反思对象被建构为方法—目标关系的知识，符合工具理性、实证主义之旨。

第二，实践反思形式。传统学习的方法—目标关系形式滋生的诸二元对立在实践学习中得以消弭，如规训与自由（教化）、理性与非理性（实践理性）、行动与体验、自然主义（永恒主义）与历史主义（存在主义与诠释学）等。所以，继杜威提出实践反思之后，舍恩将其发展为在实践中反映和对实践的反思。这种反思学习已经不是工具意义上的"帮助你获得"，也不能描述为手段。而是目的与手段的统一。①

反思学习在基础教育阶段趋向于实践性反思学习形态；实践性反思学习要注重学习者间的合作与社会性交往；社会性交往中的反思学习将知识作为交际的对象，而不是学习对象——反思学习的对象更加广泛，包括学习的知识对象、理解和技能，学习的动机，学习的互动，学习的方式等；实践性反思学习在行动中合作，就需要教学者进行合理设计；反思学习设计要体现在某一目标的行动上，要取向于日常性和体验性，并考虑学习者的动机；此不可避免地牵涉隐性认知或默会知识及其有效应用；进一步要求设计者充分了解每位学习者的"最近发展区"，包括其背景、性格特征、动机状态、知识起点和合作组织中的角色等。

二 反思学习的内涵与功能

（一）反思学习的内涵

1. 反思学习的概念

通过对历史的考察，其概念可以概括为：反思学习是在包括智力

---

① Ghaye T., *Teaching and Learning through Reflective Practice: Positive Action*, New York: Routledge, 2011, p.23.

和情感共同参与的经验中开展反思的学习活动，通过学习者回顾和检视已然的（indicative）行动，在行动中确定学习目的和境脉，使其意识始终保持发现自我、知识逻辑和社会实践关系的结构化活动过程，并在过去和当前的超越中实现自我发展的一种"理""智""慧"的学习形式。

反思学习普遍有三个阶段：准备、积极参与（实地经验）、对经验的汇总和形成文本（明确所经验的，即反映）。这种反思学习是有明确目的的。

反思学习有三个要点：一是只有学习者自己才能实现对自己经验的反思；二是反思遵循目的导向；三是反思的过程是包含感情、认知、思维和行动的互动交汇的复合整体。

2. 反思学习的特征

如上的反思内涵与学习形式结合，便产生了不同意旨取向的解释维度。

（1）有意识的再思考活动。思考一个目标和心中已有目的的再思考。

（2）致力于知识和技能的发展。反思在哪些方面被认为可以发展并确定在特定的认知、情感和心理运动技能等方面的提高和如何提高。

（3）知识创造。实践者所获得的，认为有价值的、有效的、与特定教育情境相关的知识确认与更新。

（4）反思学习作为解决问题的情境和问题学习的前提。系统的反思学习使我们能够思考和解决我们认为由不确定性、无序性所表征的教育情境或课堂教学文化。

（5）强调学习过程。在这个过程中，反思学习帮助实践者用镜头来批判性地解读世界，从而为改善世界做准备。

这些不同取向，赋予反思学习以下基本特征。

第一，过程性。过程指反思学习是一个活动，包括对行为、情感、认知和思维等作为活动对象的回顾与检视。它不同于传统知识论语境下的静态化处理知识对象，被科学地分析成各种抽象的因素。这种横切片式的反思传统把握住的仅仅是孤立的可视元素，而遗忘了综合的场或格式塔，所以容易导致学习者将各元素简化为知识而识记或传递，无益于解决实际问题，产生教条主义。

第二，整体性。反思学习知识与知识他者的整体性。可以从两方面理解整体的含义，一是指从格式塔或组织的立场出发，反思学习不是仅以知识为对象，或仅反思认知，而是识知对象及其行为的总体，涵摄自我意识、情感和意志、社会关系与伦理，还有外在的客观世界及其如何被主观的世界理解和诠释的意义性，包括语言文化问题。二是反思学习反映经验过程的全部，即反映从感知觉到暗示、无序的观念生成及其比较，到有序的思想性结果和目标确定；最后对于经验的矛盾问题产生、转换经验形式和超越经验，创造性解决问题等过程的完整性。这两个方面是相互融渗的，同时发生。

第三，转换性或超越性。每个人的学习受到生活情境的制约，所以经验是有局限性的。反思学习摆脱孤独的沉思，要走进社会关系中学习。在与他者的交往经验中实现对自我认知、情感体验和理想目的等的修正和完善，即对经验的转换与超越。同时，在交往关系中形成诸公义和交往规范，如伦理规范、法治观念、社会正义及多种社会性生存法则。这也是超越个体性的超越维度。

第四，责任性。责任性是种伦理关系的体现。反思学习的责任性体现在两个方面，一是反思的伦理，二是学习的伦理。传统认知论反思只顾及后者，即自我意识如何在不断的反思中发展，包括对社会他者和自然他者的省思及在社会关系中的批判反思，发现各种责任。但对其反思本身的合理性没有反思，这就是反思的伦理。亦如科学对于科学缺乏反思的伦理责任一样。实践性反思学习首先对于正在进行的学习实践进行反映,继而反观和矫正,这当中包含了对行动本身不确定性的正当设定的批判,是责任性的。它不是把经验行动认为像知识一样确定不移,而是即时修正的。包括目标、方式、评价等都一样即时反映、反观和修正。

第五,实践性。实践产生于自由,自由基于内在目的的生成、确立。反思学习要充分实践,就须基于自我的意志自由。一个学习者的目标确立需要通过自我发现,但缺少不了教师的指导或引导,一旦目标是外在暴力强加的就会失去实践之意味。所以"意义"对于反思学习的实践性非常重要。意义要借助于教师的指导,也借助于问题学习、自主学习、合作学习、探究学习等形式而实现。

(二)反思学习的功能

1. 桥梁功能

反思学习的桥梁功能表现在:第一,监视经验与提升经验之间的桥梁。首先,联结经验到概念或原理等知识形态的上升途径,是学习中由经验发展到概念的必经环节。库伯将学习过程视作一个循环的环形结构,包括具体的经验、监视和反思、形成抽象概念和普遍化、新情境中检验概念内涵四个逐层抽象上升的过程和阶段①。可以看出学习中反思是必要的,但库伯没有就监视和反思的细节进行探讨,无益于对反思学习的进一步考察。其次,在学习过程反思模式中加工并提升经验价值②。①在学习过程中学习者的经验总体(包括行为、观念、感情)都参与其中。②返回并关注经验的反思学习:一是反射活动,即"返回到经验"。二是关注经验,有两种层次:运用积极性情感;移除障碍性情感。三是反思经验的收获,即"重新评价经

---

① Colb D. A., "Management and the Learning Process", *California Management Review*, 1976 (3).
② Boud D., Keogh R. & Walker D. (ed.), *Reflection*: *Turning Experience into Learning*, New York, NY: Kogan Page, 1985, pp. 20-39.

验"。③对经验的反思学习产生必然结果：对经验的价值提升，产生新观点；改变行为；产生新的应用程序；实现对未来的活动承诺（见图1-1）。再次，联结过去经验与新经验，促使形成经验及其内在各元素的内在联系（Schon，1987；Van Wright，1992；Yinger & Clark，1981）①。

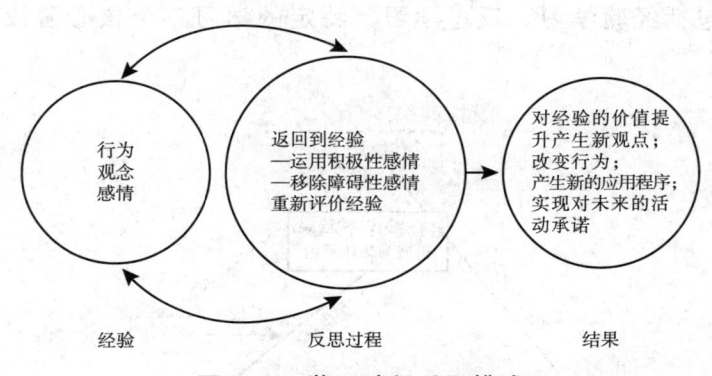

图 1-1 学习过程反思模式

第二，从基础能力，如读、写、算和信息处理能力等，发展到实践能力和行动力的桥梁。

第三，对上述二者的综合，从模糊的内隐性知觉走向清晰的目的性的桥梁。具体表现为两个方面：从隐性知识到深思熟虑的行动，从教育设置的实践世界到理论生成的过程②。

第四，从外部客观知识的静态分析到认知主体的人格，再到思维活动、精神世界等的动态过程，以及社会关系领域的互动过程的桥梁。

第五，从低层次的知识识记、联想等冲动性、好奇心等碎片化、点状思维基础发展到高阶的规则思维形式的桥梁。

---

① 黄显华、霍秉坤、徐慧璇：《现代学习与教学论：性质、关系和研究》（第二卷），人民教育出版社，2014，第621页。
② Silcock P., "The Process of Reflective Teaching", *British Journal of Educational Studies*, 1994 (3).

2. 目标功能

第一，确定学习需求。个体经验须跟从组织的反思，此反思不仅使个体能够从经验中学习，而且在更多的经验获得之前，可以帮助个体确定诸多特殊的学习需要。英国继续教育课程及发展组织（British Further Education Curriculum and Development Unit）的 FEU 学习模式包括经验学习、反思学习、特定的学习三个核心阶段（见图 1-2）。[1]

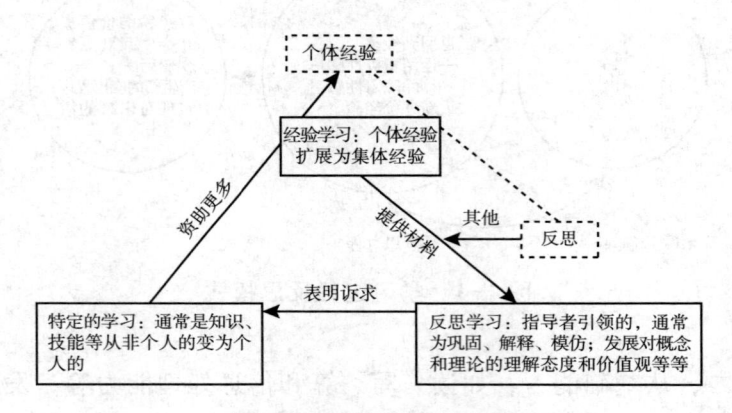

图 1-2　FEU 学习模式

第二，Grundy 认为[2]一个人的经验发生在一组自主学习者参与的学习情境中时，他和其他成员会具有共同的学习目标。学习者们有明确的目的来反思一段经历，这段经历可能是一个共同的事件或插曲。

有三种积极反思会发生：首先，每个人在与他人交往学习时，都带着自己未定形的实践判断，它们会受到所发生事件的影响。其次，以前的探究认识和价值观念会导致新的知识和观念产生。再次，在比

---

[1] Boud D., Keogh R. & Walker D. (ed.), *Reflection*: *Turning Experience into Learning*, New York, NY: Kogan Page, 1985, p.14.
[2] Grundy S., "Three Modes of Action Research", *Curriculum Perspective*, 1982 (3).

较远的阶段，反思会重新监测一些基本假设，并产生和发展一些更深刻的洞见。

自然反思的发生则依赖于：首先，社会化学习关系，批判性反思易发生在教师、学习同伴的关系中；批判性反思依赖于自我反思的发生。其次，自我反思的核心特征是学习者必须具有真实选择的自由。只有在此基础上，他和同伴（包括教师、辅导员、同学等）才是平等的对话关系。

第三，反思学习提高行动力（Olsen，1992；Ghaye T.，2011）。它可以使实践者谈论自己的实践（与自己和他者展开批判性反思对话），并且实践不同的事，包括理智的行动、承诺的行动、意图的行动、可持续的行动等①。缺乏实践的反思便仅仅是一种幻想（弗莱雷，1972）。

第四，增加责任感（Diamond，1991）。因为技术官僚效率的原则强调分层结构的、自上而下的问责模式，而专业问责制的负担加剧，取决于个体实践者②。

3. 批判功能

作为挑战教育实践中根深蒂固的、无处不在的技术理性竞争（边缘化和非合法化了实践者用来介入他们生活的教学经验、历史和实践智慧）的一种急需的批判话语③，反思学习中的批判，首先是认清过去和当下的状态，以及获得的知识、技能、能力发展和情感状态，都指向未来的发展，实现基本的规划。其次，在超越情境和实践所实现的对比和批判中，为实现转换学习、改进自我负责。

---

① Ghaye T., *Teaching and Learning through Reflective Practice: Positive Action*, New York: Routledge, 2011, p. 2.
② Ghaye T., *Teaching and Learning through Reflective Practice: Positive Action*, New York: Routledge, 2011, p. 130.
③ Smyth J., *Teachers as Collaborative Learner*, Open University Press, 1991, p. 116.

4. 解放功能

康德认为，当一个主体意识到自己，并与自己同一时，它便是自由的；而处于离散的自然状态，与自己非同一时则处于不自由状态①。这种自由状态的完成，需要一个反思学习机制：将外在的客观的文化规范内化为主体自身的德行，实现自我同一性是一个连续的阶段发展过程（埃里克森、皮亚杰和科尔伯格）。它主要体现在交往和社会学习中。

反思学习可以使人处在一种"从心所欲不逾矩"的状态中。其经验具有感觉、有控制力，对学习对象和学习活动充满了好奇和兴趣。这是一种快乐学习状态："当他们完全沉浸于某些事情时，他们完全忘记了时间，也感觉不到疲劳；除了所从事的活动本身之外，对其他任何东西都视而不见。"② 这就是 Csikszentmihalyi 所谓的"畅态"，是完全解放了外在控制和约束却能够自己具有控制感的自由、陶醉状态。

5. 监控功能

对学习实践中的目标、内容、方法、结果和存在问题等进行全方位、全过程的监控。监控的意义是为了调整、纠错并推动学习发展，发现和认知自我，实现自主发展。

监控功能的实现不仅通过自身学习行为、情感、认知而达到，而且通过学习同伴、教师和学习结果测验、书本材料等而实现。

6. 发现自我功能

自我首先是自我意识，其次是自我感觉、认知、思想观念，最易于感触的是行为、方式。这些自我形式在与其他人的同类（或世界）

---

① 〔德〕哈贝马斯：《交往与社会进化》，张博树译，重庆出版社，1989，第75页。
② 黄显华、霍秉坤、徐慧璇：《现代学习与教学论：性质、关系和研究》（第一卷），人民教育出版社，2014，第90页。

参照中才容易察觉、注意和比较发现，这一过程本身即反映性反思。最后才能综合形成一个完整的自我。所以，自我不是抽象的，而是直观的形象。

依据反思学习发现并推动自我发展，最终是为了个体道德完善。这一点亚里士多德最早提出并讨论过。而实现这种自我的目的在启蒙意义上才能被理解，即成为理性自足的人。在此学习促进发展的意义上，观念视角在转变、展望中塑造自己等区别于纯粹经验主义的循环论意义的转换学习才是正当的。

三 课堂反思学习：反思学习的现代建构

课堂学习符合学习的性质，但走向反思学习应该成为什么是一个必须思考的前提问题。学习本质上因反思而成为可能。

焦尔当认为学习是"个人或社会炼制知识和调用知识的动力学"[①] 机制，即一个过程和组织系统。学习既是意义炼制活动，包括一系列过程：自我发问—和现实对质—与他人对质—自我表达—辩论—建立网络；也是解构的过程：发现错误—产生认知冲突—穿越知识障碍—丰富经验。因此，学习是解构和建构的统一。

乔纳森基于建构主义和文化历史观，提出学习是"有意志的、有意图的、积极的、自觉的、建构的实践"，包括"意图—行动—反思活动"；学习是"由意图和反思引导的有意识活动"[②]。其中，行动与感知和自觉的思考整合在一起，形成复杂的意志、情感和行动的建构过程。这带给学习的观念三个基本转变：学习是建构的过程（不是传输）；学习具有社会本质（不仅仅是个体行为）；学习发生在共

---

① 〔法〕安德烈·焦尔当：《学习的本质》，杭零译，华东师范大学出版社，2015，第4~5页。
② 〔美〕戴维·H.乔纳森、苏珊·M.兰德：《学习环境的理论基础》（第二版），徐世猛、李洁、周小勇等译，华东师范大学出版社，2015，前言第6~7页。

同体（不独立在脑和心智）中。

伊列雷斯（Illeris）总结了学习的四种含义：第一，学习指发生在个体身上的学习过程的结果。第二，学习指发生在个体身上的心智过程，可以导向前一含义中所指的变化或结果。第三，学习指个体与学习材料以及社会环境之间的所有互动过程，此过程直接或间接地成为含义二所指的内在学习过程的前提条件。第四，学习，或多或少地被等同于教学这一名词。①

对于第四种含义（或多或少地被等同于教学），伊列雷斯认为不适合。所以，他定义学习为："发生于生命有机体中的任何导向持久性能力改变的过程，而且，这些过程的发生并不是单纯由于生理性成熟或衰老机制。"②"导向持久性能力改变"所指比较宽泛，也具有开放性。既然能力发展和改变作为学习的核心，那么，能力是什么，能力如何持久性改变？这是两个需要厘清的问题。

（一）能力及反思能力

1. 能力

能力与智力关系密切，但在认知上有分歧。一种观点（如苏联心理学家斯米尔诺夫、克鲁捷茨基等）认为智力属于能力，是一种特殊能力。另一种观点比较普遍，认为智力包含各种能力。有因素说和结构说两种观点。首先，因素说属于科学分析模式，是早期阶段对于能力的解读形式。如斯皮尔曼（C. Spearman）提出"二因素说"，一种是普遍因素（G），另一种是特殊因素（S）。后来发展为多因素说（凯勒的五因素说和瑟斯顿的七因素说）。其次，结构说是后来兴起的，是对科学因果律不满而进一步从整体论

---

① 〔丹〕克努兹·伊列雷斯：《我们如何学习：全视角学习理论》，孙玫璐译，教育科学出版社，2014，第3页。

② 〔丹〕克努兹·伊列雷斯：《我们如何学习：全视角学习理论》，孙玫璐译，教育科学出版社，2014，第3页。

上提出的认识能力理论。如吉尔福特的操作（结构方法：认知、记忆、发散思维、聚合思维、评价），内容（思维的对象：图形、符号、语义、行动），结果（操作应用于某内容的产物：单元、种类、关系、系统、转换、含义），构成三维立体结构；还有阜农（P. E. Vernon）的层次结构理论；施勒辛格（I. M. Schlesinger）和咖特曼（L. Guttman）的二维结构等。所以，智力发展便是能力发展的前提。

近期的心理学研究将学习与智力紧密地结合在一起。具体表现有①：

智力是学习的潜能（杜尔邦、考尔菲）；

智力是适应新环境的能力（宾特纳）；

智力是解决问题所需的各种能力（盖雷特）；

智力是从事艰难、复杂、抽象、敏捷和创造性活动以及集中精力保持情绪稳定的能力（斯达托）；

智力是有目的的行动、合理思维和有效处理环境的总能力（韦克斯勒）；

智力是个人的抽象思维能力、学习能力和解决问题能力的总称（盖志和柏林尔）。

斯滕伯格（1981）认为智力结构有三种主要因素：言语能力、解决问题能力和实践能力；后来发展为智力的三个子理论：情境、经验和成分子理论；按功能把智力分为元成分、知识获得成分和执行成分。1998年他提出"成功智力"，即个体为了某一目标，去适应环境、改变环境和选择环境的能力，主要包括分析思维、创造思维和实践思维能力。

---

① 林崇德：《学习与发展：中小学生心理能力发展与培养》，北京师范大学出版社，2017，第142~143页。

加德纳的多元智能理论提出九种个体智力：语言智力、数理逻辑智力、人际交往智力、反思（自知自省）智力、音乐智力、身体动觉智力、空间视觉智力、自然主义智力和存在主义（对自我、人类的本质思考和一些终极性问题的探讨思考）智力。

梅耶尔（J. D. Mayer）和戈尔曼（D. Goleman）提出了情绪智力，但二者有所不同（见表1-2）。戈尔曼认为情绪智力是能力和性格的混合物。梅耶尔反对把情绪智力认同为这种能力和性格的混合，认为它是传统能力的一种。

表1-2 梅耶尔和戈尔曼的情绪智力模型比较

理论	梅耶尔	戈尔曼
定义	情绪智力用以说明人们如何知觉和理解情绪，具体说，是知觉和表达情绪、在思维中同化情绪、理解和分析情绪、调控自己及他人情绪的能力	情绪智力包括自我控制、热情、坚持性和自我激励能力。这种情绪智力原来被称为性格
内容与说明	1. 情绪知觉和表达 辨认和表达身体状态、情感和思维中的情绪 辨认和表达他人、艺术品和语言中的情绪 2. 在思维中同化情绪 在思维中优先考虑情绪 情绪作为判断和记忆的辅助 3. 理解与分析情绪 情绪（包括复杂的情绪和同时发生的情感）的命名 理解情绪转换关系 4. 情绪的反思性监控 保持情绪的开放性 监控调节情绪并促进情绪和智力发展	1. 知道自己的情绪 识别正在发生的情绪随时监控情绪 2. 情绪管理 调整情绪使它们比较合适安慰自己 摆脱焦虑、抑郁与恼怒 3. 自我激励 引导情绪达成目标 延迟满足并抑制冲动 能够进入状态 4. 识别他人的情绪 同情意识 适应别人的情绪 5. 处理关系 管理他人的情绪 与他人和谐相处
类型	能力	能力和性格的混合

第一，智力或能力已经超出了传统范围，它不再囿于认知范畴，而是包含了情绪、感知、想象和操作行为等多重的复合领域。

第二，包括认知在内的全部领域中，反思和监控是一种特殊的能力，都被研究者重点关注。如斯滕伯格的元成分，加德纳的自知自省智力、存在主义智力，梅耶尔的情绪的反思性监控和戈尔曼的知道自己的情绪、情绪管理、识别他人情绪和管理他人情绪，都是反思能力的体现，需要在反思学习实践中培养。

21世纪全球核心素养研究中，将核心素养认定为复合存在的"运用知识技能，解决现实课题所必需的思考力、判断力、表达力及其人格品性"[①]，是结构化或实践性存在的，不再是以往追求的知识技能，或兴趣、动机、态度等单纯存在的因素。其中"反思能力"均被凸显出来。2006年经合组织（OECD）提出，核心素养是人赖以发展的"关键能力"，它由三项能力构成：使用工具进行沟通的能力、在异质集体交流的能力、自律地行动的能力。而三者的核心是"反思性思维"。

美国提出"21世纪型能力"，学生成就包括四种能力：核心学科（3Rs）和21世纪课题，学习与革新（4C）能力，信息、媒体、技术的能力，生活与生存的能力。其中"学习与革新能力"包含批判性思维（critical thinking）、沟通（communication）、协同（collaboration）和创造性（creativity）四种高阶能力。

日本国立教育研究所提出的"21世纪型能力"框架，以生存能力为出发点，要求凝练学科素养与能力。其中"思考力"为核心，支撑思考力的基础能力是语言、数理和信息能力及其运用知识技能的实践力（见图1-3）。

我国核心素养能力及其框架由四个同心圆构成：外层是支持系

---

① 钟启泉：《学校的变革》，华东师范大学出版社，2019，第3页。

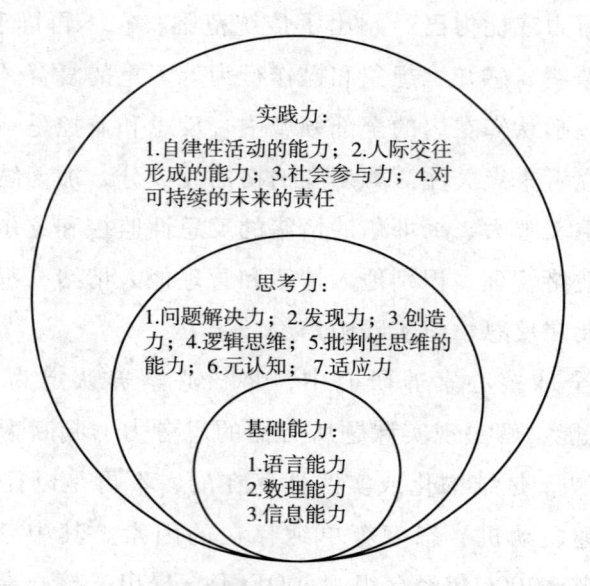

```
                    实践力：
              1.自律性活动的能力；2.人际交往
              形成的能力；3.社会参与力；4.对
                 可持续的未来的责任

                    思考力：
              1.问题解决力；2.发现力；3.创造
              力；4.逻辑思维；5.批判性思维的
                 能力；6.元认知；7.适应力

                    基础能力：
                    1.语言能力
                    2.数理能力
                    3.信息能力
```

图1-3 日本国立教育研究所"21世纪型能力"框架

统；中层是学习领域；核心层是价值形成；内层是关键能力。其中关键能力包括信息处理能力、反省思维能力、沟通协同能力、革新创造能力等。①

可以看出反思能力是核心素养（关键能力）的突出成分。反思能力是诸基础能力（计算、阅读、写作和信息处理能力的掌握、运用和发展）的推动力或牵引力，也是实践力形成和发展的基础。

2. 反思能力

反思能力促使学习走向反思学习。Perkins 提出"事实智力"（true intelligence），并进行监测，提出事实智力由三个类型构成，呈现出发展层次：神经智力（neural intelligence）、经验智力（experiential intelligence）和反思智力（reflective intelligence）。神经智力是基于人的遗传物质的脑神经系统的智力，它依赖于机体的自动性，所以不经

---

① 钟启泉：《学校的变革》，华东师范大学出版社，2019，第9页。

常使用，便会消失。经验智力是通过经验和知识积累而形成的适应环境和遇事反应的技能。反思智力是神经智力和经验智力的控制系统，具有元认知成分，实现对前两种智力的操控，所以是自我监控和自我管理的智力。其实，Perkins通过科学测量研究方式证实的智力事实上与胡塞尔哲学研究提出的自然心理学、现象学心理学和超越论现象学对应的思维发展是一致的。二者都从发展、动态的角度考察，并且将反思智力或思维视为最后、最高阶的学习结果。

反思能力作为一种高阶的智力因素，它和其他智力统一存在，同时是动态思维中呈现出来的。所以，必须通过实践反思学习培养。

第一，考察反思能力的存在基础。思维是智力和能力的核心，也是基础①。个体的任何活动（如观察感觉、知觉、记忆、想象、具体操作、语言等）都包含着思维。一是思维是结构化存在。思维和活动是不可分的，认知因素和非认知因素都混合存在。思维在所有活动中的表现形式不是单一的，逻辑的与非逻辑的形式同时存在。所以，思维结构发展包括直观行动思维与动作逻辑思维、具体形象思维与形象逻辑思维、抽象逻辑思维。二是思维结构是动态和静态的统一。林崇德认为，一个思维结构内容有目的、过程、结果和材料等；思维结构的整体动力机制源于自我意识的监控和调整，思维结构也会表现为不同思维品质；思维结构中智力、非智力因素交互作用；思维结构在实践活动中实现，既要依赖一定的客观条件（环境），也要依托于自我意识的内化和结构内在动力作用，从而获得发展（见图1-4）。

思维结构中存在一个监控体制，对思维活动起到控制、调整的功能。其实质在于个体对思维的自我意识，表现为定向、控制和调节。

---

① 林崇德：《学习与发展：中小学生心理能力发展与培养》，北京师范大学出版社，2017，第156页。

思维的监控（顶点）

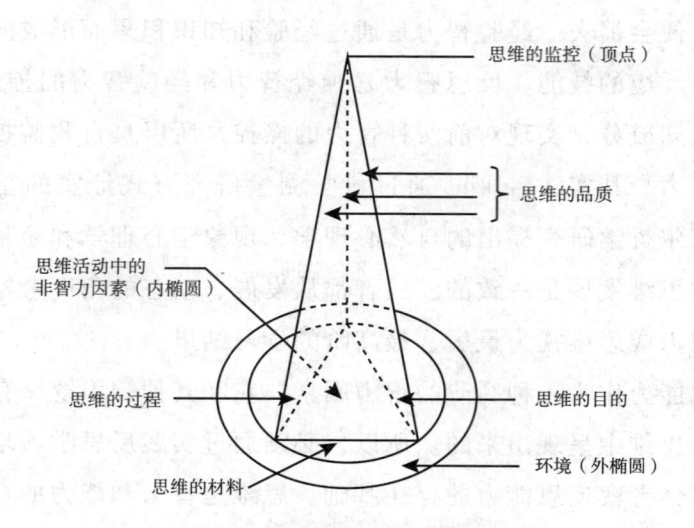

思维的品质

思维活动中的
非智力因素（内椭圆）

思维的过程

思维的目的

思维的材料

环境（外椭圆）

图 1-4　思维结构模型

定向是意识、注意，确定目的，提高思维的自觉性和正确性；控制是对个体内外信息量的控制，排除主题之外的干扰、暗示，删除多余和错误信息，提高思维活动的独立性、批判性；调节是对思维进程的监控和调整，包括目的、策略、方法，以提高思维活动的速度、效率和精确性。

第二，动态性是反思能力及其推动个体发展的特质，它源于经验。首先，情境中经验是个体性发展的起点。"学习，它的正确涵义不是学习事物，而是学习事物的意义"[①]。如何学习并掌握这些意义？得先有与意义有实际联系的情境的经验。皮亚杰的认知心理学认为，每一个体都有一特殊的认知图式（scheme），认知图式是由以往经验建构而成的；这一认知图式在经验中会持续地调整和改变；个体的学习就在平衡与不平衡间发生，其发生的动力源于内在的两种功能：同

---

① 〔美〕杜威：《我们怎样思维·经验与教育》，姜文闵译，人民教育出版社，2005，第 196 页。

化（assimilation）和顺应（accommodation）①；调整的诱因是外在环境与经验的刺激，调整和改变也是为了适应该刺激。其次，反思能力提高须产生思维动力，只有自然状态的经验是不够的。即某一种经验要显现出来被经验主体或学习者注意。好奇心、经验障碍（困难、问题解决）或认知冲突都会使某一经验成为主题对象，而其他经验成为背景（不是对象）。再次，对作为对象的经验的探究。"思维就是探究、调查、熟思、探索和钻研，以求发现新事物或对已知事物有新的理解。总之，思维就是疑问"。②

反思性监控系统在社会结构中也存在。在社会交往中，人们采取蓄意人为的方式表征其在场性，对行为的反思性监控主要通过实践意识和话语意识来实现，表现为身体的反思控制与互动过程的相互协调③。

（二）课堂反思学习成因及其特征

从科学的角度分析，课堂由四个主要因素构成：教师、教学材料（内容）、学生、课堂情境（文化）。但是课堂的性质和功能不是此实体组分就可以解释清楚的，前三者间的关系及其整体的动态性才是课堂性质、功能的根本。它们的关系构成课堂情境、场（莱夫、勒温和温格），遂产生各种课堂动态结构和课堂文化（见图1-5）。

---

① 同化指个体将新的经验纳入已经有的认知图式中实现诠释和理解，此时其认知图式不会发生改变。顺应指当个体遇到新的经验，发现无法运用自己的认知图式进行解释和理解，就对已有的认知图式进行调整，以便对新经验做出解释和理解，这时便使本有图式发生了改变，也产生了意义（参见〔瑞士〕J. 皮亚杰、B. 英海尔德《儿童心理学》，吴福元译，商务印书馆，1980，第2页；〔瑞士〕皮亚杰《发生认识论原理》，王宪钿等译，商务印书馆，1981）。

② 〔美〕杜威：《我们怎样思维·经验与教育》，姜文闵译，人民教育出版社，2005，第221页。

③ 〔英〕安东尼·吉登斯：《社会的构成》，李康、李猛译，生活·读书·新知三联书店，1998，第155~160页。

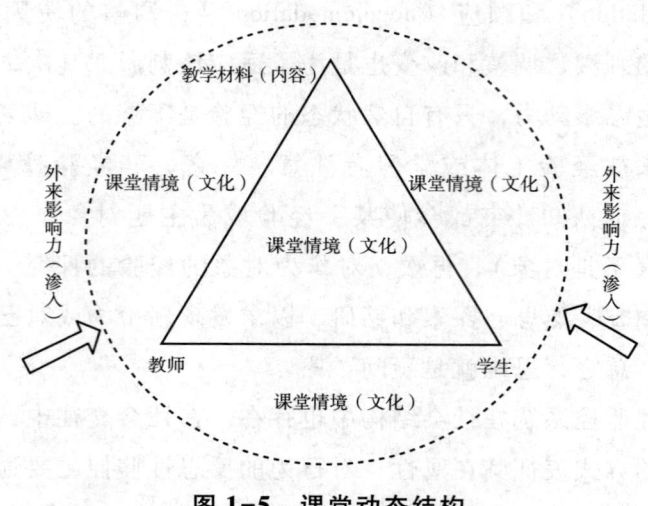

图 1-5　课堂动态结构

学生是课堂教学最活跃的因素。传统教学论将教学内容视为教材（如斯宾塞），忽视了作为课堂根本的学生及其"学"的问题。传统课堂中教师的教和教材成为主要的因素，导致课堂教学偏向于教师主宰的传输知识信息的活动，学生处在被动接受的位置。这种忽视学习活动的课堂教学"目中无人"而只有知识，其实质是科学主义，也是把教学视为客观规律追求的唯科学活动的结果。其实，教学不仅是科学的，而且是艺术和人文的。教学中最活跃的因素是学生，每一个学习者都是具有特征的独立个体，其生理机能和心理特征、认知和情意因素由于自身遗传、社会环境、经验及其教育过程等的不同，趋向于不同的学习爱好、兴趣、态度、动机、需求及其认知内容、方式等，需要与不同的教学内容和方法对应起来。尊重个性发展是人道主义和民主主义教育的要求；学生脱离被动接受和外部控制，转变为主动参与、探究和反思实践，发现意义的学习者是关键。当然，处在某一年龄、发展阶段的学生具有共同的一般的认知、情意等特征的，这也是无法否认的。

教学材料作为沟通教师和学生的媒介，在二者的课堂行为中充当不同的角色，看似不变的材料本身在教、学活动中需要变化。首先，在教师视野中，教学材料是用来调动学生积极参与课堂活动的刺激物。传统教学观认为教学材料即教材，是学生学习的对象，即教材是学生学习的知识对象。如此，教学者就习惯于展示一番，然后让学生通过练习、模仿等训练技巧实现其记忆存储。这种从教材文本到学生脑际的搬运构成的"教学"活动，其实无益于学生的全面发展（只是增加了信息量和发展了记忆力、专注力）。所以，要寻求对学生发展的途径，必须对文本形式存在的教学材料进行改造：一是使之从静态的文本形式变成动态的可以指导学生展开学习的活动形式——教学情境设计，是教材的教学化转换。二是继教学化转换后，教材还需要学习化转换，在学习的活动中知识被解构和重组，学生易于理解和阐释，产生意义。此意涵下，知识也就成为交际的对象，同时也是可能的学习对象。

其次，从学生的视野理解教学材料，教学材料如何引领学生学习经验、知识和帮助自身提高能力。文本化教学材料要转化为与学生的经验相关联，即学生所能够理解的。不然，学生只能囫囵吞枣，死记硬背，最终遗忘。对此，杜威曾有过批判，他认为传统的教材不是教学材料，因为它是以成年人、专家的研究终点——学科知识作为儿童的起点，脱离了学生的经验和可理解性，与人类的认知规律相反[①]。当然，杜威仅仅把教学材料局限于学生经验循序发展的自然主义是其不足之处：人的发展不应永远是自然主义的，它需要一定的疑难、问题等的牵引和导引，不然就无法显示教育的作用——教育具有超越性和预见性。再者，社会学习与自然主义学习也是不同的，学习是社会行为。不仅学习个体间的空间性互动交流可以推动个体发展，而且时

---

① 〔美〕杜威：《我们怎样思维·经验与教育》，姜文闵译，人民教育出版社，2005，第298页。

间性的相邻社会文化间的互动交流也可以推动现时代个体或集体发展。所以，应将教学材料转化为适合个体的、现时代的观念，使之构成教学化的另一翼。

教师是课堂教学成功与否的关键。"学校的改革核心环节是课堂改革，课堂改革的核心环节是教师专业发展"[①]。可以说，教师是活的课程或教材本身。在课堂教学活动中，教师基本发挥如下功能：首先，教师是组织和设计课堂情境的主要因素。其次，教师是教材转换的核心动力机制。教师要对教材进行再加工：使教材从教的材料转化为学的材料；教材从文本（生知识）形态转化为活动、练习、任务等（熟知识）学生易于理解和感兴趣的形态。再次，教师是指导者和协作者。教师在与学生的协作中指导学生选择与确定学习、发展目标；选择、有效组织适切的学习方法和路径，以便达成目标，这是一个整体的连续的过程；帮助学生做出判断和适合的评价——是否达成目标和达成度如何等，以便于学生对学习内容、方式进行调整。

由学生、教师和教学材料（教材、学材）共同互动形成的课堂环境，是一种学习场域。从而产生"课堂文化"。课堂文化包括三个因素的交互作用，在对话中产生知识迁移、知识建构与生成，更重要的是它会促使学生和教师形成属于自我的认知框架、认知规范和行为规范，进一步塑造、发展其人格。其实，这种课堂活动即"文化化"——处于某一文化场域中的人，习得该场域中的习俗、知识、技术、价值、信仰、行为方式、认知规范、伦理规范等的过程。

基础教育为"人"格的形成奠基。过去的课堂文化是以教师、教材为中心的知识传递式的"授受文化"，在 21 世纪"关键能力""核心素养"（世界各国及组织的核心能力研究，其框架核心是个人

---

① 钟启泉：《读懂课堂》，华东师范大学出版社，2015，第 219 页。

的反思性思维与行动能力①）的教育取向指引下，课堂教学应该转向学生的发展，形成真实的思考型学力，包括内在的学习动机，反思力、判断力、表达力为核心的能力以及基本知识技能。"今日的学校必须为明日的社会造就拥有'主体性觉悟'的'探究者'，而不是'记忆者'"。②

　　课堂环境不是孤立的和封闭的，而是开放的。因为它受到学校文化、社区文化甚至民族、传统文化的影响，这些外部文化影响力是渗入课堂的，不是直接参与课堂教学的。同时，课堂是由众多学生和教师共同构成的实践学习场，学生的相互交往、学习和对话本身构成一种特殊的文化情境。文化情境反过来影响学习。

　　由上面三个基本构成因素及其构成的整体的课堂情境（场或课堂文化）分析，可以确定课堂反思学习具有如下基本特征。

　　第一，目的性。处于某情境中的"学习是一种目标导向的行为"③，课堂反思学习具有明确的目的。首先是指向作为可感的确定性知识和技能，知识的理解和运用催生或唤醒人的动机、兴趣和意志。所以，反思学习中的知识和技能不是用来记忆的对象，而是交际的对象。其次，课堂反思学习指向社会交往能力，这已经是流动的不确定对象，如同伴间的语言、动作、神态等对话意义的领悟、理解，属于意义成分，即不是直接的符号涵义的接受，而是通过符号进入其深层的情意领会、会意。再次，课堂反思学习指向最深层的自我意识界和无法表征的"缄默知识"。这是一种流动或发展状态的、只有自己体验到的对象，但它构成一种智慧和敏感，在不断地思索和反思中隐喻地表达，内嵌在人格之中并催生人性形成、发展。它构成能力的

---

① 钟启泉：《课堂转型》，华东师范大学出版社，2018，第5页。
② 钟启泉：《课堂转型》，华东师范大学出版社，2018，第2页。
③ 〔美〕戴维·H. 乔纳森、苏珊·M. 兰德：《学习环境的理论基础》，徐世猛、李洁、周小勇译，华东师范大学出版社，2002，第5页。

内核。

第二，指导性。在不同年龄阶段、不同学科、不同的学习活动形式中，反思学习应该具有差异性。对于促进学生发展的教师应该具有指导学生反思学习的知识，包括学科知识和技能的专业知识、指导学生如何学习的方法和策略的知识、理解每一个学生学习状况的知识、教学设计的知识、评估教学及其结果的知识。所以，教师在课堂反思学习中指导学生发现问题，确立目标，找到合宜的方法和策略，鼓励发现开放多元的路径，及时评估反思学习，实现指导学生在学习中发展自我。指导包含规划，但不是固执和控制。

课堂反思学习的指导性，还来源于学习同伴或学习情境。教师作为个体，常常"难以意识到自己的课堂教学行为"（古德、布罗菲），"囿于自己的思维，难以跳出自己思维的定式"①，他只有跻身于课堂共同体的学习中，才能成为反思学习者。布隆克菲尔德（Brookfield S. D.）认为即使作为指导者的教师，其教学的反思性源于教师自传、学生的目光、同事的感受、理论文献等方面，也是社会情境性的。②

教师作为反思学习指导者，其主要的功能是设置合宜的"脚手架"，创设学习环境（乔纳森，2015），引导学生形成反思学习境脉，并自主行动和前行。

第三，间接性。课堂反思学习的间接性，首先表现在学习情境的有序和组织化。它不同于真实生活中的问题解决情境。其次，学习材料的间接性。教师通过对教材的教学化转换，使之成为学生学习的材料，即使是文本的活动化、问题化，也都是简化了的、具有较良构造的，服从于课程目标的对应物。再次，教师指导学生反思学习不是直

---

① 王鉴：《课堂研究概论》，人民教育出版社，2007，第129页。
② 〔美〕布隆克菲尔德：《批判反思型教师ABC》，张伟译，中国轻工业出版社，2002，前言第6页。

接"授予"学生知识形态的结果或方法，而是讲求策略地唤醒、激发、导引或讨论等。

第四，连续性。课堂反思学习必须服从学科逻辑和人的发展逻辑。首先，反思学习基于理解，理解依托于经验和前理解，所以是具有情意的认知，是连续的。其次，学生发展逻辑，其核心是思维，思维具有连续性。再次，学科的知识逻辑，表现在其概念法则和基本规则上，它是连续的。这与传统知识学习或为了考试的"授受型"学习不同。传统的考试教学是在学习知识点（把学科矮化为学科知识，将学科知识又简化为学科知识点），碎片化的知识学习不仅脱离经验，而且基于学科专家研究的结果，这种方式导致学生虽记忆了许多信息，但它们是散布的，缺少连贯性和意义。其结果之一是危害了学生的思维连续性。

第二节 课堂反思学习指导

格里诺等（Greeno et al., 1998）比较了三种学习理论："行为主义原则倾向于从技能的获得来看学习；认知的原则倾向于从概念的理解与思维和理解的一般策略的增长来看学习；情境原则倾向于从更有效地参与探究和对话的实践来看学习，这些实践包括概念意义的建构和技能的使用。"[1] 所以，遵循黑格尔的辩证思维，人们把行为主义的刺激反应视为正，符号加工理论便是反，情境理论则是合（Greeno & Moor, 1993）[2]。情境原则包含了行为主义的技能获得取向和认知主义的理解取向，构成参与和探究的反思取向。

---

[1] 〔美〕戴维·H. 乔纳森、苏珊·M. 兰德：《学习环境的理论基础》，徐世猛、李洁、周小勇译，华东师范大学出版社，2002，第70页。
[2] 〔美〕戴维·H. 乔纳森、苏珊·M. 兰德：《学习环境的理论基础》，徐世猛、李洁、周小勇译，华东师范大学出版社，2002，第69页。

第一，学生如何成为学习者？这是课堂反思学习指导的出发点。首先，从个体获得的立场来看，课堂学习的主体只是学生。学生所获得的技能、知识仅仅是为了储蓄（商品化），为了在未来生活中运用做准备。如果处于一种情境中，在实践、行动中理解并建构意义的主体则是学习者。所以，学习者关注实际情境中的问题解决，而不是记忆事实或实体化知识。其次，从学生获得、记忆的形式来看，学生是"忍耐"[1]、被动和不自由的；而学习者是自由、积极和有意义地建构学习。因此，佐藤学才否定前者的学习特质，并称之为"勉强"；只有后者才是学习——对话中的反思学习。

课堂反思学习指导的目的便在于通过学习情境的设计，让学生转变为学习者。从记忆、获得型学习转变为参与、理解和解决问题型学习。

第二，课堂反思学习指导的策略指向受制于反思学习所发生的处所——是个体脑际还是共同体学习场中。在此，隐含了两种理论分歧。一是相关学习理论中，偏向于个体认知主义还是文化历史主义的分歧；二是前述反思学习形态中，认知和回顾性的冷思还是行动中即时体验、认知、判断和预期（认知、情感和意志统一的知行合一）等整体的即时性热思的分歧。

因此，课堂反思学习指导追求的是通过课堂学习情境脉络的设计，推动学习者实现个体智力活动与社会化有效性参与的共时性发生，学习者最终达成身份认同与发展明确的未来身份——人格的形成。

当然，课堂反思学习的基本进程符合生活中经验感知，然后在实践中反思，最终走向抽象认知及反思学习，实现理性法则的建构生成

---

[1] 〔美〕戴维·H. 乔纳森、苏珊·M. 兰德：《学习环境的理论基础》，徐世猛、李洁、周小勇译，华东师范大学出版社，2002，序第2页。梅里尔（Merrill，1996）等宣称："学生是说服自己从教学中获取特殊知识和技能的人；学习者则是从自己的经验中建构自己的意义的人。我们大家都是学习者，但只有那些使自己能忍受精心策划的教学情境的人才是学生。"

的道路。而不是相反,从先验理性和知识为开端,生硬记忆然后付诸实践生活的路径。只不过,课堂中的经验中反思是借助于生活而设计和虚拟的情境。

一 当前课堂反思学习及其教学的基本问题

(一)研究概况

课堂观察。在 2016 年 9 月至 2019 年 6 月期间,研究者对全国 7 地 10 门课程(见表 1-3)47 堂课(见表 1-4)进行观察。

表 1-3 课堂观察地区分布与数量统计

单位:节

西宁	银川	西安	北京	南京	上海	成都
10	4	8	5	9	4	7

注:城市与农村比为 36∶11。

表 1-4 课堂观察学科课程与数量统计

单位:次

语文	数学	英语	政治	生物	物理	化学	地理	美术	体育
23	6	5	4	2	2	1	1	1	2

注:小学、初中、高中比例为 3∶30∶14。

教师和学生访谈。其中教师结构性访谈 25 人次(见附录Ⅰ),学生访谈结构性访谈 56 人次(见附录Ⅲ)。

学生问卷。学生问卷涉及 6 所学校 228 人次,男女比例相等。其中 24 人次进行反思学习模式干预前后对比性问卷测试,包括阅读[①]、

[①] 语文干预前后阅读两篇结构相近的说明文《岩石》和《故宫博物院》。分为三个步骤:首先,展示标题,让他们联想和做预见,完成基本的问题,包括联想到哪些物、词语和经验,并用自己的设想构思和图画表达结构;其次,发放阅读文本,进行阅读;最后,展示相关问题,促进其反思性阅读,并运用问题测量。

数学（见附录Ⅳ）；在测试完后逐个访谈核实其测试时的真实思考或精神活动。

课堂教学实录分析。其中23堂课[①]录像完整，并对之进行反复观察统计分析（见附录Ⅵ）。

（二）课堂反思学习指导存在的基本问题

从总体表现来说，课堂教学中师生共同交互、对话成为主流，学生的学习中心地位得到展现。首先，师生共同协商，在问答互动中解决问题，推进学习。其次，学生（学生之间）在课堂有作业、任务的时间保障。再次，教师指导行为增加，演讲、展示等脱离学生实际的独角戏或表演成分减少。最后，即时评价和回顾性评估中引导学习的成分增加。这里存在东部地区与西部地区、南方与北方、同一地区的城市与农村等差异性问题，兹不赘述。

当然，课堂反思学习及其指导方面存在的问题主要表现在以下几个方面。

从直观的课堂教学时间分配来看（见表1-5），师生互动和在会话交流活动中学习为主流形式。其中，以问答法推进知识学习进程为核心形式。但在教学形式上并未能改变传统认知（智力）能力是学习核心的观念。尤其是教材依然被认为是学习对象，并视之为知识本身或全体，或认为教材就是知识真理，并没有将之优化为学习活动展开的工具或只是将教材作为课程展现的一种形式。在此基础上的反思学习指导停留于传统认知反思、意识反思和主客体理性反思形式，而不是在行动中反思。

[①] 仪器故障导致音响或视频出现差错，无法完整显示课堂情境的情况比较多，因此无法分析；有些课堂观察因为是笔录，当时仅侧重某一角度观察，事后无法分析其他方面，属于不完全观察记录。所以，只有23堂课属于完整记录，仅供多次分析。

表1-5 课堂教学形式及时间

	总课时	教学活动形式			
		生—资料	生—生	师—生	师—资料
时间分配	44′32″	09′27″	06′58″	17′56″	10′11″
占比(%)	100	21	16	40	23

在体育、美术课程教学的课堂，在行动中指导学生反思学习的情况较多。如体育课的教学目标为使学生学会"耐久跑"的知识技能，首先由教师设计跑动五环（代表五大洲）让学生跑动；其次，发现学生跑动的问题，提出目标（耐久跑的知识技能）；再次，呈现学习跑步的"支架"和规则，让学生遵循技能练习跑步；最后，实践跑步并在跑动中熟练耐久跑的技能，从情感、意志、调节呼吸等方面整体反思学习。同时，也是分小组共同体反思学习，情境性强。其实，其他学科课程也可以在行动中实现指导下的反思学习。

缺乏宏情境的设计，只按照知识逻辑的小步子教学，以推动学生接受知识，看似学生参与其中，但他们掌握和理解的仅是符号涵义，结果是获得惰性知识，无法迁移。如在英语教学中，学生在跟读和集体朗读后仍无法单独读出单词、句子，甚至无法拼读，更不用说会话交流。但教师在学生没有练习和熟练的基础上，仍然要让学生拼读、对话和交流，学生只能静站在课桌前或躲到教室最后的角落里无声地站立。学生独自体验或学生与学生的交流学习机会不多，在时间上是最少的，仅占16%。

对于情感、习惯、表达、方法和社会规范等人格素养的反思学习缺乏指导。当认知和知识成为学习的重心时，问答、练习和任务完成等便成为教师关注点，其余不再关心。同时，教师在方法上重视涵义的授受性和操作性，学生体验及个性等意义成分不在场，尤其在数学和科学课程中这种现象更加突出。甚至在一些人文社会学科中，生存的经验趣味学习变成了知识传授学习。如在社会课上，教材上列举了四条网络的交流陷阱，教师便让学生默读、朗读教材，最后重复背诵、展示，没有增加任何额外的信息（其实，通过学生探讨和生活经验是可以产生出额外信息的）。这样，社会课就成了语文阅读课，甚至成了科学课。在这方面，美术课程就表现得较好：教师让学生先欣赏实物图片及其变形，后分析变形的基本类型和技法；然后教师绘图示例，展示如何夸张（丰富、变形）、组合（对称、照应）、分解（重组、创造）等；之后学生选择一种方式进行创作设计；完成后和同学交流与介绍经验，教师、同学指导；最后再修改完善，作为给特定的人的节日礼物。

教师对于反思学习及其指导的理解不够充分。访谈中教师认为反思学习是有用的，但92%的受访教师认为反思就是"回头看"；84%的受访教师认为反思学习对象就是课本知识；同时，76%的受访教师认为学生思维不具有成长性，提起某一学生便会贴一个标签（如差学生、懒学生或聪明学生）；68%的受访教师认为是考试制约了课堂反思学习指导的开展。其实，这些认知背后隐含的仍然是长期以来的传统教育教学观，即知识是教学唯一追求的目标，知识就是商品，用来交换、表现，可以搬运，也决定着学生未来社会的发展和阶层、身份；学习发生在个体的脑际，认为同一水平的学生交互学习是没有多大必要的。

当然，也有一些例外。如在访谈中有位教师认为学生必须在实践（自然、社会活动、家庭劳作）中才能够反思学习，认为目前知识化教学往往让学生丧失了一部分的发展，如智慧、创造性、反应的敏捷性以及同情心、爱心、好奇心等。观其课堂教学，他不仅注重学生学习的节奏，让学生在学习中"停下来，想想"等话语多次出现；而且，指导学生用"想"来理解概念（词语、读法）、句子等知识，"想"一些学习习惯，例如如何联想、如何记笔记等方法，如何率真地表达和有序地组织等。

就方法而言，大部分反思学习指导的方法是问答法、描述法、分析法，合作探究等形式较少，比较单一。如没有设计在情境中让学生合作讨论、参与任务探究等实践学习方式，更不用说借助技术设计情境以加强反思学习指导。

最突出的困难是教师在观念上虽然发生了转变（骨干教师较多），但不知道如何让教材的知识内容向情境化、教学化转换。如情境教学、抛锚教学、项目参与教学等他们虽有所听闻，但不知道如何将知识转换为学生可以实践的生活情境。笔者一直在研究生教育中采用此方法，相关研究的任务、情境、步骤和活动，尤其是专业性课题的情境是比较好设计的。但是在和实验校教师共同设计一些基础科目知识时确实困难，指导效果也差强人意。从而影响课堂干预效果。这需要在课程教材建设方面下功夫。

二 行动：课堂情境中特殊的实践

行动属于实践范畴。亚里士多德把实践规定为"目的在产品的"制作，"本身即目的"的政治、道德行动。他排除了依赖身体的不自由劳动。康德对实践进行了区分，认为生产是"遵循自然概念"的技术实践，真实的实践应该是"遵循自由概念"的、处于本体领域的自由的道德实践。这都是形而上学的取向理解。黑格尔试图突破这种将实践局限于形而上的局面，并视之为在事物和环境赋予自己内心生活印记、使之变成人类性的自由的对象化活动。马克思继承了这一传统，并打破了实践的形而上性质：首先，实践是人类的社会性、历史性的存在方式，即物质生产劳动；其次，是变革社会政治道德等制度的文化革命实践；再次，是个体人的生存活动，即广大的人生实践①。

杜威提倡在生活中开展教育和操作性教学，也是本着这一传统，其要义在于外在的操作带动内在的人性健全发展，反对科学知识逻辑的单一传承接受。但这种指向社会生活的教学走得太远——否定了学校课堂教学。

杜威所反对的是科学兴起之后，学校乃至课堂以授受已被箱格化的科学知识为主要任务的学习实践，即康德的确定性判断力发展。

因此，行动处于生存、生产实践与孤立的知识授受学习实践之间。它既具有生活实践的操作性，又具有明确目的的知识习得性。这种学习如何可能？

情境学习为行动教育提出正当的理据。行动教育突出三方面特征：一是学习的过程性和连续性；二是学习的整体性；三是学习的目的性。行动教育的起点符合认知心理学的特点，即从学习者心理内部——情感动机为始点走向行为和认知的建构过程，而不是相反。莱夫和温格提出"情境学习"，指出学习是日常生活中参与和实践行为中不断改变理解的过程，是一种存在方式，而不是认识方式。这是从人类学和社会学角度来思考学习活动的理论结果。李吉林也提出情境学习，但取向不同。她是从整体性（传统"境界论"）来理解学习活动。人类的认知前提是对外在事物的感知，然后产生情感动机，此后方有认知（"情以物迁，辞以情发"）行为发生。这是一种生态学的自然教育观。

情境学习理论依据早期建构主义思想（皮亚杰和维果茨基）的指向探索问题，希望在情境中解决接受或传输所学习的知识内容的方式问题与消解对于学习内容的狭窄化（学习知识涵义和学习商品化）问题。首先，建构主义早期坚持其核心思想——人的主观世界是被建

---

① 朱立元、刘泽民：《"实践"范畴再解读》，《人文杂志》2005年第5期。

构的，而忽视了学习活动中学习者人格身份同样是被建构的这一点。其次，情境理论的重点观念在于批判课堂学习的商品化①，而追求共同体的边缘化参与学习以便获得意义，而忽视了个人身份人格的同时获得。

因此，此处的行动区别于情境学习，也区别于生活实践。它更侧重于在反思学习中探寻人格身份和有意义地建构学习。而这必须在活动中开展。

反思学习指导本身是过程性、整体性学习实践活动。它没有现成的知识和方案可以照搬，而需要以学生、课程知识和活动序列思考为未知前提，进行设计与及时反馈调整开展针对性互动活动。

三　行动中反思学习指导的结构性解释

课堂反思学习指导关注学生在情境中的过程性和整体性的发展，其本身是反思性教学行为。反思性教学的核心是监控学生的学习行动过程，并及时调整教学。反思教学的监控和调整有效性的前提，需要对其内在运行结构充分理解和合理化呈现。

第一，合理处理认知及元认知、认知他者、行动反思的关系。人的识知活动结果是知识的形成，但知识有明与暗的区分。传统主客体二分的认识论提出知识的客观性和直观性，其实这是可以直接观察、表征和证实的科学知识，但除此外尚有无法表现的默会知识，无法直观，只能意会。所以，博兰尼在其著作《意会向度》② 中提出"意会

---

① 莱夫说："当人类劳动的成果不再被制造者用来满足自己生活的需求时，这些产品就被转化为商品，制造的目的是交换，以满足与制造者的生活没有直接关系的他人的利益和目的。"［参见〔美〕戴维·H.乔纳森、苏珊·M.兰德《学习环境的理论基础》（第二版），徐世猛、李洁、周小勇译，华东师范大学出版社，2015，第57页］。课堂教学的惰性知识便是为了表现和交换的商品，而不是对学习者自身发展及其生活有意义的必需品。

② Polanyi M., *The Tacit Dimesion*, Chicago: University of Chicago Press, 1966.

认知"及其结构,殊不知,这其实是中国传统的意境论,它与李吉林提出的情境教学理论的认识论前提是相合的。张一兵教授称此为"接合构境"①。

博兰尼受胡塞尔的意向性和格式塔心理学影响,提出一种意会认知的结构:从辅助成分到焦点注意的功能转换。"从……到……"(from-to)的"转悟"结构由两部分构成:辅助成分和焦点成分。两项区分来看,第一项为近侧(proximal),第二项为远侧(distal)。从近侧到远侧的转悟便形成意会认知,包括了辅助觉识和焦点觉识。认知首先是直观整体性的情境(如整副面孔),最终才会聚焦到某些核心、细节(如眼鼻口唇等)。而转悟的发生,需要一系列内在接合。对生活场景而言,其基本过程为:感性塑形—行为赋型—构式—筑模;对意识内部构境而言,其过程则是:经验统觉塑形—观念赋型—构式和逻辑筑模—精神构境。

从功能上说,教师在课堂教学中面对学生学习的场景,如果具备相应的隐性的知识框架,便会发生通过近侧的辅助性知识"听到"学生的观念、行为话语(远侧),否则相反。首先,近侧的辅助性知识是整体的和模糊的,它不是精确的可表征的知识,包含着实践知识,因此,教师作为指导者必须对此进行鉴别和判断,这里包含着反思性教学整体性特质。其次,学生课堂学习行为是一种"涌现"情境,缺乏恒定性。所以,教师监控和反思学习指导也是继发的行为,是混合了偶然的认知、认知他者的共同参与过程。再次,这种教学指导特质规定了反思学习指导是在行动中发生的,即时性是其应对学习指导的根本困难。所以,对指导者提出的要求不仅是知识、经验和策略,更主要的是基本的观念、价值观及其框架

---

① 张一兵:《意会认知的接合构境:作为当代认识论研究新方向的意会认知理论》,《探索与争鸣》2020年第11期。

模式。而始发点在于与学生的对话与合作，以便即时、随机、敏捷地发现学习状况。

就意会认知的现象结构（phenomenal structure of tacit knowing）而言，近侧项与远侧项包含从感受到认知再到行动的转变性、发展性和互动性。有人认为，认知和元认知系统、认知他者系统共同触发反思教学机制：问题解决使认知经验发生，元认知开展教学心智操作和监控，认知他者实现心理定向和激活①。这是对传统主客体认识论的超越。开始整体地审视认知问题：将情绪欲望与表征性认知统一起来，并且肯定反思与情感、道德、信仰（观念、价值观）、认知和行为等统一体相关。

情感具有普遍性和先验性，尤其是在道德、精神领域具有自身的内涵。情感在先验综合中发挥着准则、动机和评判的三重功能：情感保证行为的必然性；情感协助实践中自由行为的现实性；情感在直观行为中实现自由和自然的统一②。感性与认知能力关联起来，形成的是"时空表象"；与可欲求能力相关联，形成的是"实践的喜悦"。所以，情感表现为两种形式，一是动机状态和欲求的能力，这种情感在法则形成之前；二是继法则之后，是道德的情感。前者促使学习动机，激发行为，后者形成反思性和目的性的动力。

情感是道德、信仰、人格的源泉，也是认知的动力源泉。作为人的内在发端和外在规约并行的情感，往往在课堂反思学习指导中发挥神奇的力量：它与认知、元认知和行为统合起来促使发展学生的人性。这样，反思学习指导既有了目的性，又有了动力性。

第二，行动中反思学习指导的"感知—行动"双重性耦合。课堂反思学习指导是"感知—行动"的循环活动，富有情境性，是生

---

① 朱德全：《知识经验获取的心理机制与反思型教学》，《高等教育研究》2005年第5期。
② 卢春红：《情感何以与理性相关联？》，《哲学动态》2020年第6期。

态教学行为。其基本模型展示如图 1-6 所示①。

第一层关系是学生与情境的耦合中反思学习,是行动者与情境的交互关系。第二层关系是指导者与学生反思学习、课堂情境的耦合,是反思学习行为与指导者的交互关系。第三层关系是教学设计者与指导者、学生、反思学习的耦合,是教学设计与学习指导、学习行为的交互关系。

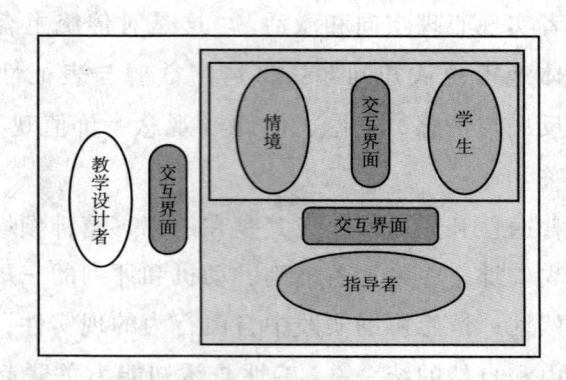

图 1-6 课堂学习"感知—行动"耦合的嵌套层次

首先,这种嵌套层次中反映出一种由学生到指导者再到教学设计者的交互关系。交互是课堂生态性的表达。环境对于学生学习是一种功能性区域,而学生与环境的交互形成的学习情境又成为指导者的功能区域,学习情境、指导者共同构成的情境又是教学设计者的功能性区域。这些功能性区域中的信息涌现(供给),需要学生、指导者和教学设计者探测和捕捉(受制于其效能),而后才能开展交互行动。可见,学习和反思学习的指导受课堂情境供给的影响,也受指导者个体效能影响。供给和效能就像两个游动的点,所以它们的关系是复杂的和结构不良的,需要在一个比较宽泛的框架内进行描述、建模,不

---

① 〔美〕戴维·H. 乔纳森、苏珊·M. 兰德:《学习环境的理论基础》,徐世猛、李洁、周小勇译,华东师范大学出版社,2002,第 143 页。

能线性对应和技术化处理。

其次,课堂反思学习指导受到双重的制约,一是受学生反思学习行为制约,二是受教学设计制约(目的、内容、方法、活动)。反思学习指导者对这两者所提供的给养如何汲取?可能这个过程不是客观的,而是指导者在变化中参与、观察,并进行敏感选择、判断、析出和再加工转换的工作。在此,从感知到判断、认识到转换的整个过程都是有意义参与的反馈,意义本身成为指导行为的依据。参与、观察和内在加工转换,并表征反馈成为反思学习指导的核心环节,而参与力、感知力、判断力和表达力是指导者的核心能力。反思学习指导需要的不仅是智能,而且需要智慧。

再次,课堂反思学习指导是动态的过程,具有涌现性特征。涌现是随机的、偶然的,是复杂性的表现。在课堂学习过程中,反思学习个体的多样和反思学习内容的多样构成一个"场"。该场是处于提供给指导者的信息、意图和反馈的综合性存在,是非结构或劣构形态的。但不能说复杂的劣构情境必须用复杂的形式解释或解决。恰恰相反,它完全可以通过一种简单的、以最少的信息自下而上地进行解释、解决(Nowak,2004)[①]。因为,反思学习个体对于诸多迷思概念展开多向度的反思是合理的(如围棋的对弈是复杂的,但它恰恰是良构的)。

第三,课堂反思学习指导的动态性结构。课堂反思学习指导的动态性依据其生态性、互动性而存在。生态性是自组织过程,互动性是多因素、多主体的意图和行为参与过程。课堂反思学习指导的动态性表现在信息给养的动态性、意图的动态性、转换表达的动态性和反馈的动态性四个方面。这四个方面与学生的反思学习活动相对应,共同推动课堂教学进程。

---

① 〔美〕戴维·H.乔纳森、苏珊·M.兰德:《学习环境的理论基础》(第二版),徐世猛、李洁、周小勇译,华东师范大学出版社,2015,第327页。

在此课堂反思学习指导动态过程中，学习者经历行动中反思和理性反思两个阶段。第一阶段，学习者首先走近教学设计者抛出的"锚"，经验情境及其蕴含的知识、原理和事件；然后在情境中解决问题。教师在学习者经验、解决问题中相应地进行指导工作，首先是观察探测信息，其次在与学习者互动中组织加工其多向性的意图建构学习目标。第二阶段，学习者通过合作与交互，抽象明确的知识，反思学习前面的经验并建构个体性知识；然后，在比较和批判中评价自我学习及其知识，使个体知识上升为公共性的知识，并拓展迁移。此时，指导者相应地分别指导学生表征和转换概念知识；即时反馈评估以推动迁移的合理性和有效性。反思学习及其对应的指导活动形成四个基本进程，即建设资料库、确立目标、自我调整、拓展迁移（见图1-7）。这四个程序在每项微情境目标反思学习中循环发生，呈现不断上升的趋势，最终连接成课堂整体学习进程，达到一个宏情境目标。

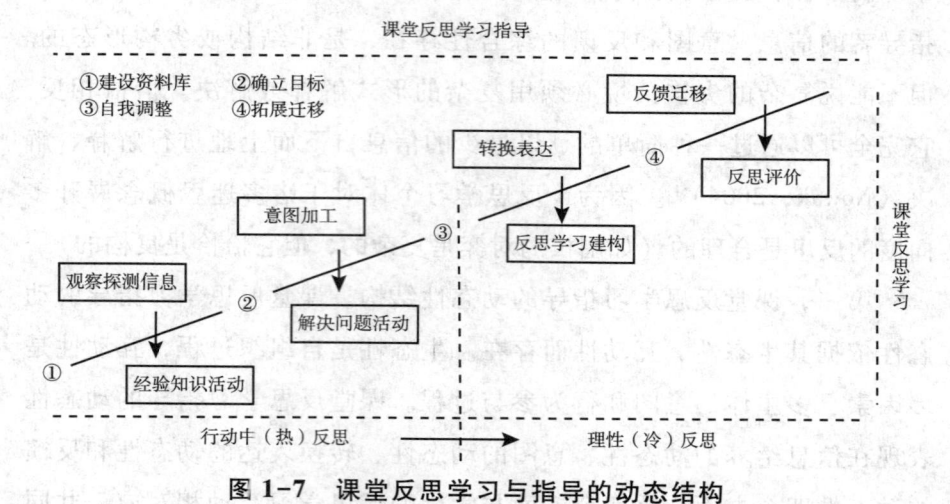

图 1-7　课堂反思学习与指导的动态结构

四　课堂反思学习指导的基本工具

情境设计。首先，将知识锚定在某种课堂教学情境中，不使它在生活情境中漂泊不定；更不能用纯粹的理性面孔展示给学生，使之记忆积累。其次，生活中人性发展之路是从感性始，以内在的情趣、好奇等动机为开端，从懵懂实践最终走向知性和理性。情景设计也是遵从这一人性发展生成的合理路径：从行动中反思走向理性反思的自然之路。

教学模式。教学模式是工具，既是理论者验证、推广其理论的工具，也是参与者在设定的情境中使用或适应的工具（乔纳森，2002）。首先，反思学习指导要最终达到教学论的科学性，其重要依据便是教学模式。其次，教学模式是指导者借以开展反思学习指导的工具。

指导策略。蕴含认知和认知他者的实践的完整性包含了明暗知识全体，这种整体性的知识反思学习指导需求兼顾个体心理的智能和智慧与社会文化历史实践。其指导讲求如拼图般的分解组合策略，同时需要意会参与的策略。该策略基本包括交流与合作、有效的设问、有效的社群组织、虚拟的实践情境设计、可视化图形表达、论辩等。

第二章　反思学习的教育理论前提

> 重新界定教育和知识的概念，将之作为全球共同利益。……在关于教育目的的讨论中，对于知识的关注无一例外地成为核心内容。
>
> 教育可以理解为有计划、有意识、有目的和有组织的学习。
>
> ——联合国教科文组织

21世纪教育理论的反思建构，主要是教育对象的"哥白尼式转变"：以知识为对象的科学教学转变为以人性为对象的人文教学。这种转变促成了教学方式的转变，即从授受知识的传输模式转为人性发展的参与模式。传输模式下的知识观认为知识是不变的、线性积累的，知识即真理；参与模式下的知识观认为知识是发展建构的、开放、多维和情境化的。

传统的主流教育理论是建立在理性认知论基础上的教育科学，即以科学的理性因果律为基础，归纳、探索因素间关系是其基本方法论，将教育活动作为客观对象抽绎其普遍的科学规律。这种思想趋向于一元论和先验论假设，探寻放之四海而皆准的唯一教育规律或先验的教育本质，即 Being。

这种教育观和方法论下的课程与教学论便是教学认识论。以先验的科学知识为教学对象——知识作为教学的始发点而非教学的结果，使课堂教学授受先验的科学知识。因此，对知识的认知（积累和说明）成为课堂教学的主要活动和任务。在此前提下的反思学习便是反思所学知识技能的形成逻辑和科学因果关系，即"反省"。

人性教育将人的全面发展作为教育核心，视科学知识的教学仅仅是教育的一部分——为发展人的智力服务的。人性的广度超越智力到达更加广阔的领域，而这些领域不单是知识教学所能诠释的，也不是科学所能讲明的。它需要在实践和参与中通过意会、顿悟、体验和互动理解等多种非认知行为探知。而这些都同时卷入和分布在行动和反思中。这样的教育本质是生成的最后结果，即 Becoming。

所以，课堂学习的整体性不仅是认知学习与认知他者学习的总和，而且就认知学习而言也要考虑到认知的复杂性和多层次性。认知不仅是对象性的被动接受，而且是主体的积极选择。选择受到经验和环境的制约，是行动和建构的过程，是反思和多次循环往复的。

20 世纪初，杜威不满传统教育学和教学论及其反省的学习形式，提出反思性学习。其反思性学习的出发点与传统教育科学、教学认识论的基础不同，是建立在生活实践基础之上的建构主义。这种走向生活世界的实践理性教育观有其合理性，但其理论和教学实践却否定了学校、课堂教学的意义。所以，教学如何能够既在实践中开展，又聚焦在学校课堂形态，便是后来者（如情境教学、抛锚教学等研究者）所开拓的新路。反思学习也走上了反思性学习的"祛魅"之路。

首先，反思学习是在 20 世纪七八十年代[①]被重新提出，但由于

---

① Seaman J. & Rheingold A., "Circle Talks as Situated Experiential Learning: Context, Identity, and Knowledgeability in 'Learning from Reflection'", *Journal of Experiential Education*, 2013（2）; Boud D., "Experiential techniques in higher education: A Report of a Workshop Held at the University of Surrey", *Human Potential Reaserch*, 1973 Report; Boud D., Keogh R. & Walker D. (ed.), *Reflection: Turning Experience into Learning*, New York, NY: Kogan Page, 1985; Schön D., *The Reflection Practitioner*, Basic Book, 1983.

职业、专业知识具有易在教学中实践的属性，反思学习囿于职业教育领域。直到21世纪，仍然在研究和完善，未形成一个定论。其次，反思学习在新时代发生了领域转换——不局限于职业、专业教学领域，开始走进基础教育和其他课堂学习领域。

反思学习的根本价值，在于对"人是目的"这一启蒙运动以来的教育理想的追求。其基点在具体的课堂教学活动中，从基础教学实践开展。反思学习直接对深度学习、学会学习和终身学习负责。因此，在现代，反思学习得以开展实施的教育理论前提的重构，须从教育、课程知识、学习不同层面进行重新反思和阐释[①]。

教育。优质教育作为实现终身学习的基础，是人的一种行动——社会行动，其本身即目的。就存在论或本体论立场而言，学习即教育本身。但随着人类理性主义的发展，教育活动的理论化、科学化异化了教育本身：教育成了拯救人类的手段。被理性化的教育成了教育科学，便排除了感性、意志和信仰等无法依靠知性把握的因素，影响知识、教学和学习。

课程知识。"众所周知……对知识的不同看法成为隐藏在学习与教学理念后面的基础，制约着、影响着人们对学习教学的认识以及学校教育的发展"。[②] 反思学习是为了学会学习和终身学习，这也是现代社会对于人可以持续发展地受教育的需求。20世纪70年代"终身教育""终身学习""学会认知"理念的提出，以"完整人格培育"为教育宗旨。21世纪中国课程改革实现从"工具主义"应试教育观

[①] 联合国教科文组织：《反思教育：向"全球共同利益"的理念转变》，教育科学出版社，2017，第16~17页。

[②] 〔美〕戴维·H. 乔纳森、荣珊·M. 兰德：《学习环境的理论基础》，徐世猛、李洁、周小勇译，华东师范大学出版社，2002，总序第8页。

向"人文主义"素质教育观转变①，随后提出"立德树人"的教育目标②，进一步以"核心素养"的讨论③实现教学知识论转变。课程知识实现这种从客观本体到主体建设的转化，要注重其性质的分析，从而实现其性质间的内在对话。

学习。学习不仅是为了某一目的的特殊性活动，而且是人类生存、生活的基础性活动。所以，可以从工具论和本体论两个视角理解。浅层学习如何转变为深度学习？这是时代赋予信息化时代、知识经济时代相关学习难题④。反思学习首先具有使学习走向深度学习的意义。深度学习的前提是发现学习主体性。主体性绝对不能理解为个体主义，它具有二重性：一是既表现在个体内在的文化—心理结构，又表现在外在的工艺—社会的结构。二是它既包含人类群体（社会、民族、时代、阶级、阶层、集团等）性质，又具有个体身心性质。⑤这种主体性的二重性对教育的意义在于不仅要从个体发展的角度思考

---

① 张华：《体现新时代的价值观》，《中国教育报》2001年9月19日，第4版。
② 《教育部关于全面深化课程改革 落实立德树人根本任务的意见》，2014年3月发布，http：//www.moe.gov.cn/srcsite/A26/s7054/201404/t20140408_167226.html，2017年5月1日9时。
③ 林崇德：《中国学生发展核心素养：深入回答"立什么德、树什么人"》，《人民教育》2016年第19期。
④ Lockyer J., Gondocz S. T. & Thivierge R. L., "Knowledge Translation: the Role and Place of Practice Reflection", *Journal of Continuing Education in the Health Professions*, 2010 (1); Moon J., *A Handbook of Reflective and Experiential Learning: Theory and Practice*, New York: Routledge Falmer, 2004; Griggs V. et al., "From Reflective Learning to Reflective Practice: Assessing Transfer", *Studies in Higher Education*, 2016 (14); Petrea R., "Reflection as an Indicator of Cognitive Presence", *E-Learning and Digital Media*, 2014 (1); Schlumpf K. S., "Learning partnership: Students and Faculty Learning Together to Facilitate Reflection and Higher Order Thinking in a Blended Course", *Online Learning*, 2015 (18); Bard R., "Focus on Learning: Reflective Learners & Feedback", *TESL-EJ*, 2015 (18).
⑤ 李泽厚：《李泽厚哲学美学文选·关于主体性的补充说明》，湖南人民出版社，1985，第164~165页。

(康德至皮亚杰),而且要重视社会文化环境的影响(马克思至维果茨基)。前者只是反思学习发生的出发点,后者对反思学习的影响更重要。这关系到反思学习对发生地点(脑还是社会情境)的侧重,影响了反思学习指导如何合理设置情境框架和"脚手架"问题。

第一节 基于时间性的本质转换:教育现代性之本

存在的最基本范畴是时间与空间。时间范畴规定教育的效率原则,空间范畴规定教育的公平原则。时间比空间更具有内隐性,对教育的影响更重要。

时间观念不是孤立个体的行为和意识的产物,而是以生产方式为核心的社会实践活动塑造了主体的时间观念,它又铸造了个体的心理结构与人格气质。所以,时间观念在深层无意识界制约着主体的思想、认识、行为。因此,日常意识无法自觉,一般专门研究也难对之追根究底。伟大哲学家们几乎都在哲学本体论中涉及对时间的追问——时间性深层地规定着本体存在。时间性即情感化了的时间。教育本体之研究也脱离不开时间性问题。应当不变的、唯一本源的教育本体为什么会被解释为差别存在?因为在不同时间观念观照下,就会产生不同的认识结果。故时间性与教育本体的关系构成了教育研究的重要课题。而教育本体决定着教育的本质、目的、功能及其价值追求。

时间性深度影响着教育目的性与实现方式。"人是目的",教育以形成人性为目的。但"人如何可能",教育还关系人性实现的方式。对此,西方有两种解释:上帝与进化使人可能。前者是理性设计的建构观点,主体是理性建构的,传统理性主义者都持此观点;后者为古代普遍的生成观点,启蒙运动之后,尤其在达尔文进化论影响下的浪漫主义、自然主义又开始复苏此观点,认为主体是自然发展形成的。此二者间是否存在"人如何可能"之"居间性范畴"？这是在此所欲寻求的，即人或人类主体使自身成为可能——在行动中成就自身，实现自我。

时间性是现代性的根基①。从时间性审视教育便构成教育现代性的基点。

一 时间性及其二重性：矢量时间性与双螺旋结构时间性

（一）时间性

时间是直观事物运动的物理向量。在时间向量的测度下，无论古代以太阳运行来计量，还是近代以来用钟表指针运行来计量，运动借此才得以确定。

公共的时间转化为个体内在体验便成为赋有情感色彩的时间性。时间性是对时间的抽象和观念表达，其核心是情理形式或文化—心理结构。物理属性的时间在日常通过生活方式影响不同时代的主体，从而塑造出不同时代人的文化—心理结构，形成时代的文化观念与人格特质。观念的产生不是凭空的，它以外界的物为参照系，并通过行为方式中介内化而成。人类认知心理形成遵循的逻辑是：外物—行为—观念。

循环的时间性。古代社会，人类日常生息以太阳的循环运行为参照，形成计日标准，产生"日出而作，日入而息"的生活、生产方式；同时以一年四季的周而复始为参照系，形成计年标准，产生以四季循环为周期的生存方式。生存方式与生产、生活方式遵循时间的循环模式运作，便产生了循环的时间观念，进一步形成循环式思维方式与观念。

直线矢量的时间性。其形成源于社会必要劳动时间生存论基础与

---

① 〔德〕于尔根·哈贝马斯：《现代性的哲学话语》，曹卫东译，译林出版社，2004，第1页。

犹太宗教救赎史和启蒙主义文化的塑造①。启蒙文化发生的历史关键前提是，作为基督教文明的哲学本体论的改造：阿奎那援用亚里士多德哲学取代原来作为哲学基础的柏拉图哲学，但篡改其理论，突出目的因的优先性，影响后世理性本体论对神学本体论的改造。迎来西方以物理学为范型的科学时代，科学将社会发展的视点聚焦于未来，导致人们追求一往无前的目的性，形成矢量时间观。

（二）情本体

本体（noumenon）是 Being 的形而上学或 what is 的超验实在，与现象两分；亦可作为世界或事物"是什么"的本源之"体"，即"最后的实在"②。以存在主义为代表的情意实体论转换了以理性为本体的传统认识论，认为物之本源、持恒于时间流中的是心或感情意念。禅宗也持此观点，即心体③、情本体④。"心"既具有认识的理性功能，也有非理性的其他功能，人性不只是理性。

黑格尔哲学是西方理性主义发展的顶峰。随后遇到了各种挑战，可称之为对理性主义的超越。这种超越不是传统意义上的"meta"，遵循理性逻辑实现；而是"post"，按照非理性方式实现⑤。

情本体追求内在自然的人性化，基本有两个趋向，展示出两种不

---

① 尤西林：《现代性与时间》，《学术月刊》2003 年第 8 期。
② 李泽厚：《李泽厚对话集·中国哲学登场》，中华书局，2014，第 225 页。
③ 尤西林：《心体与时间》，人民出版社，2009。"心体"可以推到牟宗三《心体与性体》，但牟宗三的"心"倾向于西方哲学传统的理，不同于中国传统哲学的礼、仁。仁的核心是由"情"发展而来的宗教性道德观念，如诚，敬畏，孝，爱等（参见徐复观《中国学术精神》，华东师范大学出版社，2004，第 3~18 页）。
④ 李泽厚：《历史本体论》，生活·读书·新知三联书店，2002，第 84 页。
⑤ 西方遵循后者的超越有三支：费尔巴哈到马克思，是个体转换到社会或群体；尼采到海德格尔，肯定非理性因素的重要性；杜威承认生活大于理性，强调个体经验。其共同点是，认为生活、生命比理性更为根本，人是历史中的感性存在物。

同的"心"之功能：蕴含了理性取向与非理性取向的发端，但始终统一不分。首先，情可以分为感情（feeling）与情感（emotion）。前者是由外在之"感"而生内在之"情"的过程，始自经验内容，个体感觉后向人类共同感（文）转化；后者是由内在之"情"而生外在之"感"的过程，从"先验"形式或情理结构（人类共同感）出发，促使个体感觉丰富发展。二者都包含了个体与群体（历史存在的人类）间的相互关系。其次，情本体还有外向形成人文与"仪"——各种仪文与道德规范是暂时的、相对的，包括社会性因素；内聚形成人性与"礼"——情理结构是长久的、绝对的，包括宗教性因素。所以教育的根本目的指向内在情理结构，是自我意志的自觉。日常把二者的统一体都称为"礼"，但其实质具有个体体验与社会规范的区分。情本体使宗教性与规范道德功能统一于"礼"，从而实现本真就在非本真中，无限在有限中①。

（三）时间二重性影响教育观

马克思综合亚里士多德和奥古斯丁开启的两种时间传统，对不同形式的时间进行了合理解释：外部是理性的可证实性存在与内部是超越的体验性存在。前者是抽象的社会必要劳动时间，更倾向于形式；后者是个体生命或自由时间，更注重内容。但是，外在抽象时间永远快于生命，因为外在时间具有公共性，是抽象的，甚至是人工化或根据原理预测、人为设计规划的；内在时间是生物化的自然自发生成的。外在时间形式通常被人们分为过去、现在、未来；为了加以区别，居于个体内部的生命时间，海德格尔称之为曾在、当前、将来。

时间二重性特征使教育产生两种功能：指向社会功利性的效率主义与指向个体主体的审美性超越。二者构成现代性的诸多矛盾和悖论，但又不可分割地形成一个整体。两者分别与客观存在的不同主体

---

① 李泽厚：《李泽厚对话集·中国哲学登场》，中华书局，2014，第78页。

形态发生作用，涉及教育是以个体发展为基还是群体发展为基的优先性问题。

首先，个体在倾向于内部时间关系上表现出内隐的特点。教育在此时都是当下产生意义的，无论曾在、将来都聚焦于当前。曾在、将来都在当前体验中。主体发展与否要依凭"自我意识"觉醒并自我评定。其次，个体在倾向于外部形式的时间关系上，以形成在过去、现在、未来可分的时间序列或阶段。表现为为某一目标而寻求对应的经验：包括知识学习、活动行为等，通过经验以达成预定的未来目标。其发展程度可以测量、操控和理性计较。

群体有不同规模的区分，可以是小组、班级、学校年级，地区和国家层面的受教育者，甚至社会教育群体。教育群体总是受制于教育作用得以发展。首先，某一群体的发展在外部教育目标的引领和规范下，教育时间性表现为理性化的过去、现在、未来的操控、计量、科层体系，这是人造的、组织的秩序。其次，群体在教育内部本身遵循自身规律的推动发展，如生态系统的"自组织"体系，一种自生自发的秩序，永远处在寻求平衡的失衡状态。

无论群体还是个体，在时间的二重性下均体现出人为与自然的对应，即认知—表征与实践—事实的对应。此二分观的形成是源于唯理主义的"思想的拟人化习惯"，即使人倾向于把所有的社会秩序都视为人为了实现某种具体的集体目的而经由审慎思考设计并创造出来的结果。信奉刻意设计和规划优位于自然自发的社会力量的观点是笛卡尔唯理主义建构主义[①]。

因此，生成论教育学原理与建构论教育原理的相悖处在于深层的时间性不同。建构论强调如何更能有效地发展人为设计的理性引导功

---

① 邓正来：《现代：法律与立法》，载赵汀阳《现代性与中国》，广东教育出版社，2000，第3~8页。

能；生成论强调遵循自生自发的生物学时间——生命。外在社会理性设计的时间永远比自生自发的生命要超前或快速。前者是强调社会的功能主义或结构主义教育观；后者是自然主义教育观。

其实，教育是依凭个体发展最终推动整体人类社会进步的一项事业，要以教育学原理改变自然自发的教育现象为己任，即走出或超越生物进化论范式而成为社会的进化范式才是真正的教育学。因此，社会功能主义、改造主义教育观更具有教育学之本意。但自然主义教育观更遵循人的生命发展规律。其根本矛盾，首先在时间二重性的冲突。其次才是个体与群体之间相互关系。自组织又有目的范导的形式——教育具有教育性，毕竟不同于无意识形态导引或导引力薄弱的科学。此即双螺旋结构形式。

（四）双螺旋结构时间

就个体之生存内部而言，"情本体"的情—感双向关系催生了情—理双向发展，证明人性是情理合一的：情中有理，理中含情。儒、道、禅学都提倡情理统一，情理齐一，不可有差别。西方传统哲学遵循理性，排斥感性，不承认中国有"哲学"。但试图超越传统理性主义的尼采、海德格尔等非理性主义者所追求的恰是中国"情理一体"的哲学之路。所以，海德格尔盛赞道家的太极图——螺旋式结构。

同时"情本体"通过"礼"将个体自然发展与社会理性规范统一起来，在时间二重性向度形成了另一螺旋结构。正如费尔巴哈—马克思对传统理性主义的挑战，恰好是从个体归于社会一样。就外在时间维度言之，教育发展不仅是个体与群体之间的互动——不论是圆周式的还是直线式的，而且行动者在互动中时刻与逻辑上先在的外在教育规则、规律（命令与组织秩序[①]）互动，又不断地完善、生成其他

[①] 命令来自国家意志；组织秩序是民族历史发展中形成的存在而无意识状态的"文"或"理性"。后文"教育本质"部分详述。

教育秩序。就内在时间维度而言，教育不仅是个体之间互动，也不仅是个体与群体之间互动，而是个体、群体与人们无法认知但客观存在的自生自发秩序和组织秩序间互动而达致的，这样的关系（个体与群体，个体和群体与规则，个体、群体、规则与自生自发秩序和组织秩序①之间）均于外在的形式时间与内在的内容时间里互动生成复杂的关系网络，此时间形式已不是圆周、直线甚至迂回那样简单，而是既自组织又有目的范导的双螺旋结构形式。

杜威把上述双螺旋结构安置在生活实践中。这种视角是正当的，他意欲实现对西方传统理性主义的超越，综合上述情理、个体群体的二分。但是如何实现综合？混淆学校生活与社会生活之不足，会使教育倒退到经验主义虚无或生物性进化状态。关键不合理处在于它只注重个体经验，且不能把这种经验的"我—你"理性个体关系实现为"我—你"的社会历史经验关系。

综上所述，双螺旋结构包含两个维度：一是自然与社会的螺旋结构形式；二是理性与非理性的螺旋结构。这种双螺旋结构的深层时间形式涵摄多重时间。正如拉图尔所说。

> 假设我们能够将时间要素沿着一条螺旋线而不是直线重新组织起来，那么，我们就真的拥有了将来，也拥有了过去。……如果我们跟随着螺旋线，要素就会显得遥不可及；而如果我们在不同的线圈之间进行比较，要素却又显得近在咫尺。相反，如果我们用直线来判断，那些要素就会显得非常切近；而如果我们穿越

---

① 邓正来：《自由主义社会理论》，山东人民出版社，2003，第 84~93、99 页。"'自生自发秩序的型构，乃是这些秩序的要素在回应它们的即时环境时遵循某些规则的结果'，或者说，'只有当个人所遵循的是那些会产生一种整体秩序的原则的时候，个人对特定情势所做的应对才会产生秩序的规则，那么即使他们各自的行为之间只具有极为有限的相似性，也足以产生一种整体秩序'"。

一根辐条，它们又会变得非常遥远。这样一种时间性并不强迫我们使用"拟古"或者"前进"的标签，因为每一组暂时性的要素，都可能将来自不同时间的要素组合到一起。在这样一个框架之中，我们最终就可以认识到行动是具有多重时间的。①

双螺旋结构时间形式是一个相互作用的关系网络②。包含情与理，个体与群体交互关系。教育的目的是培育"人"，但"人如何可能"只有在生活中自我实现，而不依靠上帝（先验理性），也不依靠进化生成。但这种生活又不能脱离"理"（人类历史经验积淀）的范导与生成。其中内在的复杂因素必须双螺旋式"行动"着，而不是表面的行为之"动"——个体经验。

二　教育本质生成：双螺旋结构时间性之教育目的与教育本质

（一）双螺旋结构时间性教育目的取向

循环时间性视点基于过去，追求永恒的周而复始，就教育而言强调不变的教育目的，智慧修养是其核心。科学矢量时间性追求永远的、无尽的发展性与日新月异，目的尽在未来，必须适应铸造适合时代变迁的建设者或"工具"，知识效率是其核心。双螺旋结构时间性将时间点置于当前，强调适宜人性的社会性与审美性，在教育目的上追求完整的、不断内向超越的"人"性。

循环时间观下教育追求不变的教育目的。突出强调教育对人的智

---

① 〔法〕布鲁诺·拉图尔：《我们从未现代过》，刘鹏、安涅思译，苏州大学出版社，2010，第85~86页。拉图尔指称的螺旋是"自然—社会"单维度的。
② "网络"之意"既如自然般真实、又如话语般主观化，甚至如社会般具有集体性"，"比系统这一概念更加有韧性，比结构这一概念更富有历史性，比复杂性这一概念更富有经验性"（参见〔法〕布鲁诺·拉图尔《我们从未现代过》，刘鹏、安涅思译，苏州大学出版社，2010，第4~8页）。

慧或思想的要求，其立意是为了"成人"——达到对理念、道德的唤醒或引出。苏格拉底的"产婆术"就是为引发出人内在的本有"智慧"。柏拉图"迷狂说"和"回忆说"里的教育观使人之思想意识进入"迷狂状态"以"回忆"本有之"善"。孔子提倡"举一反三"的启发使人获得智慧，而这"智"也存在于孟子的人性善之"四端"里，即通过教育培育、激发此"智"。所以，要形成以智慧修养为核心的教育目的：①伦理性的至善才是教育之本，人的本质是至善的伦理存在；②在这种时间观形态下教育重视的是形式训练，而不是内容；③教育是为了培育美好心灵，即经典人文教育；④形式训练的核心是受教育者的精神，主要体现为善思的"智慧"——可以回忆"理念"的悟性。

在现代矢量时间观下教育追求适应变动不居的目的，即"用"。现代性观念坚信理性的设计力量，使教育目的堕落为手段性的存在，教育使教育者成为某一种人以适应社会的需要，其基础是掌握某些知识技能。学习知识本身成为教育目的，而不再是为"成人"目的服务，这其实是对完整的人的分裂。教育本身也从目的变成了手段，完整意义上的教育也被分裂，形成各种专业、职业的教育形式。掌握知识，追求效率优先是其核心：①教育成为对科目知识的传授学习，这些科目是脱胎于经验而形成的静态的学科知识；②知识必须以物质的可靠性为基础，科学作为一种价值观被推崇为唯一价值观，影响教育知识必须是理性设计的；③实证与效率要求，必须用"有用"来验证，且为一个不在目前的目的，自然追求实体化的可视、可感、可触摸性——物态化。

这种矢量时间观，把时间性视点置于可视的目的达成，貌似牵动教育有效、高效发展，其中真假的判断必须"实是求事"。

其实，古代循环时间观与现代矢量时间观之所以产生对教育的这种目的性认识不同，源于对人与知识的本质理解的不同。前者关注的是传统的"高贵"的精神性"人"——统治者，后者关注的是社会自由民阶层"人"。这种对于"人"的不同理解和教育追求，限定了知识的条件。前者追求如数学、语法和逻辑学等必然性知识的永恒性，而后者追求如科学一样有理据经验性知识的矢量发展性。

　　双螺旋结构时间性的教育目的是体验感悟。情本体教育观为了消解目的对个体压抑，即外在抽象时间对人性压抑，试图让教育从现代性的效率主义论中走出，所以教育提倡过程与内在体验感悟。消解外在抽象时间，而重视内在体验性时间（个体生命、自由时间）。其教育目标具体表现为：①情本体教育观本着否定矢量目的论而提出，它重视个体的成长过程，且不再是循环。海德格尔与黑格尔的根本分歧在于：恰恰要反对作为圆圈的无限的理性。"此在"作为时间性、被抛性，它的有终性整个就是超越性。②超越性源自体验感悟。从克尔凯郭尔到尼采的非理性运动肯定人的非理性因素，重视感觉经验的功能。斯科特认为，"并不是个体拥有经验，而是主体经由经验得到构建。因此，经验不是我们的解释的起源，也不是已知知识赖以存在的权威性证据，而是我们试图解释的事物，知识借以产生的事物"。①所以，经验中对话不是传输，而是对理论的自我意识。③超越性不向外求，而是内向超越。海德格尔将此超越之途最终归结到语言（"太初有言"），诗歌语言是核心。禅宗和儒学选择与此不同的途径。他们否定言，而重视行——实践中感悟、发现自我和实现超越（"天行健"与"太初有为"）。④超越性的内在时间性始终处于当前，但当前包蕴了曾在、将来。无论后结构主义还是禅宗，都反对"文本"的形态，"文本"只有处于心灵的体验状态才是第一性的，即一切体悟的才是真实的，一旦外化就只是"二手资料"②。

---

① 〔美〕吉鲁：《后结构主义者的论争及其对于教育学的几种影响：转向理论》，谭晓玉等译，《华东师范大学学报》（教育科学版）1995年第1期。
② 〔美〕派纳：《理解课程》，张华等译，教育科学出版社，2003，第7页。

(二)教育的本质:主体间性及与"他者"性的行动

教育是主体间性的指导学习①活动。但教育除了主体间关系之外永远存在"他者",包括两个层级、四个方面。首先,来源于外在社会规则。分为两种形态,一是社会理性,它来源于教育的历史文化经验,通常称为教育规律或理论;二是源自教育行动者(包括教师、学校及各教育当局,最大的是国家政府)的命令。其次,来源于内部规则。包含两方面,一是逻辑上先在的社会历史文化规则——人们无法知晓但客观存在,影响教育,可称为"组织秩序";二是在行动中产生并制约教育的可以感觉到,却无法表达的规则,可称为"自生自发秩序"。这四种秩序规则不是互相排斥的,它们形成教育运行的合力,永远在关系网络中。

在前述与时间二重性相关的个体与群体区分中,教育的本质不仅在于其公共性、制度性以及私人性;且隐含着唯理主义不合理性的内部秩序(自然)与外部秩序(人为)中的第三种现象:"在行动者遵循其并不知道的那些规则(组织秩序和自生自发秩序)过程中得以型构自身的方式",即体验的时间性超越必须与外在经验的文本(通常的教育政策、规则、课程标准、教材、环境资源与教学因素等)和处在默会知识状态而无法符号化表征的自生自发秩序,甚至与已经存在而不自觉的组织秩序间形成协商、互动调整。因为"个人行为的规则系统与个人依据它们行事而产生的行动的秩序,并不是同一事情"。"社会理论始于——并且只具有一种对象,乃是因为——这样一种发现,即存在着一种有序结构,但它们是许多人行动的产物,而不是人之设计的结果"。②

---

① 郝文武:《教育哲学研究》,教育科学出版社,2009,第38~57页。
② 邓正来:《现代:法律与立法》,载赵汀阳《现代性与中国》,广东教育出版社,2000,第8页。

双螺旋结构时间性内在隐含着个体对应于群体，其内部又分别有对应的关系：自生自发的（自然—内部）时间对应于人之设计（人为—外来）的时间；个体与群体间存在的是互动的"主体间"与"他者"关系，其内外部的双重秩序（理性、命令、组织秩序、自生自发秩序）也是"主体间"与"他者"的互动关系。这种"杂合体网络"，行动是使其统一的"转译的工作"①。所以，教育本质的规定应该是师生主体间行动及其与前述四种秩序关系网络中的行动，即主体间性与"他者"性的行动。基本遵循以下四个方面。

教育为了健全个体的发展，个体是教育目的实现之基础。整体教育不仅是知识技能培养，而且是品德、思想素养培养，社会交往生存、生活，更是为了社会生产与人性发展。不能将教育目的限于上述某一方面，教育实现个体的主体自我意识且内在超越是其根本目的。同时，"每个人的自由发展是一切人的自由发展的条件"②。个体的充分发展是教育目的实现的出发点与归宿，也是群体历史发展的出发点与最终目的。如何"齐一"地发展个体诸因素？必须在行动之途中。

教育之"行动"不仅是主体间性学习，而且存在"他者"性。不同视点上个体的教育目的会产生差异性。教育不仅是以个体为主体，它还关系到群体发展。群体由个体组成。从时间顺序上来说，无数个体的发展必然导致其所属的群体整体发展，所以群体的实现必须以个体的发展为前提。个体的发展又造成群体的失衡。从逻辑顺序上来说，群体规则（外显社会规则与内隐的组织秩序）在逻辑上先在地制约着个体的发展。这里就存在个体本身的均衡、协调与群体的均衡、内部协作发展的循环互动问题。因此，需要外显规则

---

① 〔法〕布鲁诺·拉图尔：《我们从未现代过》，刘鹏、安涅思译，苏州大学出版社，2010，第13~14页。

② 〔德〕马克思、恩格斯：《共产党宣言》，人民教育出版社，1997，第50页。

的参与和协商,并且与教育内隐的先在规范(组织秩序)协商,与同步生成的规则(自生自发的秩序)调适并共同生成。在此意义上,这种制约发展的多维因素在协商互动关系网络中的运动谓之行动。

教育本质上具有自组织性,是社会进化的。根据耗散理论,社会是一个大的生物性实体,它由个体人作为"细胞"组成,个体人的不断发展,自然导致该庞大"生物体"时刻都在不停息地重新组织(失衡状态)。这只是从时间的角度上说的,如果和上文联系,按照逻辑的顺序,这过程便与协同论密切相关。发展事物的内部因素、外部因素都是协同发挥作用,推动事物发展的。即否定了教育时间性的自上而下型与自下而上型建构的对应或两端跳跃,而应该是既协同又自组织的社会性关系行动。

教育本质不能单从时间性推动的效率论来处置,还关系到价值观念先在性问题。权力优先于真理,尤其是社会意识形态对于教育的影响更原始、深刻、广泛和隐形。非意图中先天地蕴包着先在意识——组织秩序,它构成群集主体意识的"先在视域",既区别于自生自发的秩序,也区别于人设计的外显社会规则,而处于二者之间;既非自然,亦非人为,而是处在无意识深层。因此,教育从来不是自私的个体主义,它必然具有社会性向。这一点更倾向于空间范畴,但时间与空间不是绝对无关的。

三 教育本体阐释:双螺旋结构时间观下的诸秩序行动教育

(一)教育存在论

教育存在,其原初以"存在"形态而在。教育本体是对教育本源是什么的说明。当研究者运用某一价值观或信念,即逻辑上先在的框架对存在的教育审视、说明时,其实已经试图通过"存在者"去认识"存在"了。

按照事实（实然）和价值（应然）与"自在之物"和"为我之物"的区分①，基本形成四种形态的教育样态。

①存在的本体教育。这是实然存在的，它是完整和唯一的。在庄子哲学中便是不可分解的"混沌"，在老子哲学中就是"道"，在巴门尼德和海德格尔哲学中就是"存在"。这个教育样态凭借"思"或"顿悟"才能完整把握，不可以分析、认识，是客观自在的教育。②表现本体存在的认识对象教育。客观存在的现象界的形态化或形象化教育，是本体存在教育之具相。因为它是日常亲临的，通过迹象可以认识。但对这类教育现象的认识总是不全面的。如海德格尔所谓的存在者，是客观形式的教育。③观念化了的教育学。认识现象教育且直观领悟本体教育（这二者是历史、反复的，不是一次性行为）后，观念化、抽象概括以形成各种教育理论，归纳出一个可以讲述的教育学形态。它是理性抽象和概括的结果，通常是课程形态的教育学，是客观观念形式的教育。④理想的价值教育。人心有组建理想的冲动，人是形而上的存在。在形成观念的教育学后，人们在客观自在教育的启示、引导下，便想象一种充满了价值追求和浪漫情调，理念上完善的教育样态，即主观观念的教育。

现实教育研究要通过对客观形式教育认识与抽象而形成，因为它分有客观自在的教育，它是教育学的本源——研究者能够通过感观经验的只有这种教育形态。但教育研究并不完全依赖经验，不然就陷入经验主义的老路。在亲临客观形式教育的经验基础上理性发现问题与建构基本的问题域或教育学框架之后，反身观照客观形式的教育，这种反身观照依赖于客观自在的教育启示，客观观念形式的教育与客观自在的教育形成思—悟的关系，因为理性自身通过直觉而悟到知性无法穷尽客观形式的教育，它必须超越形象去捕捉其

---

① 《列宁全集》（第18卷），人民出版社，1988，第194~195页。

背后完整的、客观的存在。但知性自身面对那个"存在"本体——客观自在的教育，却无能为力，所以，便产生了构建如客观自在的教育状态一样的一种教育的愿望，结果构成了愿望、想象态的理想价值教育。

客观自在的教育与主观观念的教育也许会重合，但须以客观观念形式教育——教育理论的全能为前提。否则，二者总无法产生直接的关联性，因为理论直接触及的是客观形式教育，而客观形式教育走进现实时不是孤立存在的，而是要深受文化环境的习染，时代的制约。同时，客观自在教育为客观形式教育与主观观念教育开启的是一幅仰望而思悟的地平线图景，教育的理论构建一直在途中。因此，教育理论定然是审美性的超越性构建，它是开放的。此其人文特质。

传统教育之生存论研究思考的首要问题是"教育的本质"。循环时间性教育依靠实践经验的自然演进；而矢量时间性教育依靠理性的设计。它们往往把教育的存在视为"象"，无论是理性主义的"物自体"还是存在主义的"存在"，都是孤立存在的对象（Being）。所以，教育只能是认识、经验，在外显的理性反抗中试图超越；而不能形成真正的关系并在关系中升华教育之"我""你"，敞亮自我，超越自我。双螺旋结构时间性的本体教育不仅依赖理性的认知功能，更强调行动者内在情意之生成（Becoming）功能——存在就融化于存在者中，还要对自身感觉、认知、想象的反思与领悟，蕴含诸多非理性因素参与。即单单依靠理性或经验是无能为力的，必须假借"行动"之途。

（二）教育是多秩序网络中的行动

生成论者提倡教育的生物进化论观点，会使教育学走向虚无主义的危险境地，回到远古时代。视教育为生成的观点基于：人类理性认识之外，尚存在某种自生自发运行的秩序影响着教育，而理性对这种秩序无能为力。该秩序即"默会知识",一直存在并被教育本身遵循,并影响教育,但无法认知。生成论教育重视被教育者的内在成熟,但放任目标,使教育成为不确定的群体活动,人被异化为生物。

建构主义者基于若干确定不移的前提,确信理性的力量,教育法则是人之理性设计的,通过演绎过程可以达到真理,而对历史演化的力量视而不见。恰恰忽视了生成论者重视的教育本身的发展秩序,其极端形态是唯科学主义。对教育设计的高度自信促使他们着手于教育目标的设定,牵引教育高速发展,产生效率主义。但往往设计的目标是可以外显的,一些内在的不确定的目标无法设计,从而使教育走向单向度,被教育者称为片面的不完整的劳动"工具",人被异化为工具。

鉴于此提出的"行动教育",主要出于两方面的综合考量:社会既是历史的又是进化的,即社会与自然、理与情的统一。人是追求目标的动物,也是遵循规则的超动物存在。行动中所谓教育的本体从无限之"体"融入有限之"行"里,即无限寓于有限之中,本体即成了无本体,前述教育的存在就在教育的客观行动中。所以,教育的行动构成了我们认识的唯一之"象",它不是一个固定的"体"或"象"——对象,而是一种关系网络。

"行动教育"具有如下特征。

第一,社会性。认识社会存在。契约规范着人类的行为和思想。就规则而言,存在三种基本形式:①仅在事实上得到服从,但从未明言的规则。②虽已形诸文字,但只是对很久以前就得到普遍服从的东西作了近似表达的规则。③特意制定的、从而也必然作为明文规定而存在的规则[①]。三者可视为两种理性,前者是存在的但只可体会而无

[①] 〔英〕哈耶克:《经济、科学与政治》,冯克利译,江苏人民出版社,2003,第615页。

法表达的理性，可称为行动理性；后二者可称为认知理性。① 就教育而言，认知理性是人类长期教育实践积累后抽象的结果，它有极其厚重的历史积淀因素，为当前的教育实践做导引或参照系。同时，其特殊性在于可以遵循因果律，强调逻辑性。而行动理性通常在实践过程中产生，并被人们默然遵循，一般缺少因果性，而情境性、生成性的特征明显，故通常难以明言。

教育不仅依靠明朗的认知理性指向，且在深入具体实践情境时需要依赖行动理性，二者的结合是为行动教育。具体情境中的行动重点在于生产和交往。不仅是主体间交往，如前述的个体之间（师生、生生）、个体与群体间的交往；而且与他者的交往——与先在的认知理性和更重要的当下创生的行动理性交往。从而形成社会的各种关系，生态的、伦理的、文化的、历史的和社会的繁复多样关系网络。

第二，动态性和过程性。行动教育讲求动态、过程。类似于进化，生物性进化和历史性、社会性进化。生物性进化强调个体在诸关系网络中成熟，包括身心和群体关系中的成长、适应。历史性进化重点在于文化传统无意识的塑造功能。社会性进化突出人的形成问题，使人学会生活在关系之中，又能实现自我内在超越性成长，并且是在规范中理性成长，反思性和体验性为其根本。

第三，创造性。行动教育本身即生成创造。遵循法则又冲破法则，滋生新法则。行动中不只接纳先在的认知理性，更在生活情境、动态交往过程中，体会自生自发秩序和反思组织秩序——行动理性，生产创造出更合理的"情—理"。这种情理结构区别于认知理性，强

---

① 〔德〕康德：《纯粹理性批判》，蓝公武译，商务印书馆，1960，第 457~459 页；〔德〕康德：《未来形而上学导论》，庞景仁译，商务印书馆，1978，第 143 页。

调"心"的功能，具有审美性，通过移情、想象、反思、顿悟可以达致了然或一知半解。①

从时间性角度入手对教育的本体、本质进行考察，提出教育走出现代性的效率主义之途在于发现走向情本体——这与元教育学有着直接的关联，也与中国传统的"学思结合""学而不思则罔"的教育追求一致。效率论的教育现代性无法摆脱"罔"之原因在于现代时间与社会必要劳动时间对个体生命的逼迫，使个体自由时间不在，人无意于"心"，而失去"心之官则思"——既感且思的功能，阻碍形成情理结构的人性。在外在表现上，教育有时似乎是迟缓甚至退步的，但其实质依然是在进步的。

时间二重性是造成教育现代性主体间性生存之余必然存在"他者"性的深层原因。即自生自发秩序与组织秩序的存在是不可避免的事实。所以教育的本质是主体间性与"他者"性行动。从特殊（个体及其生命）到一般（群体及其抽象时间）是教育构建之途，而不是相反；是群体"范导"，而不是"决定"个体主体，即不是建构。

通过教育"存在"及其"存在者"形成四种样态的教育存在论分析，可知教育不仅是感知和认识，而且是想象与直观（思悟），最后得出行动教育之理论。

行动教育的内涵不同于生成教育，也不同于建构教育，而是处于二者之间的"居间性范畴"，形成双螺旋结构时间，区别于生成教育

---

① 〔德〕马克斯·韦伯：《社会科学方法论》，韩水法译，中央编译出版社，1999，第3页。"狄尔泰说道，人类生活具有一种时间的结构，而所谓的时间，……是指人类生活的每一刻承负着对于过去的觉醒和对于未来的参与。这样的时间结构组成了包括感觉经验、思想、情感、记忆和欲望的人类生活的内在结构，所有这些便形成了生活的意义。同时，人们是可以互相交往的，因为一个人的经验能够唤起自己的思想和感情，引起自己的行动，也能唤起他人的思想和感情，导致他人的行动"。

的循环时间与建构教育的矢量时间。行动教育提倡以社会性交往为核心的历史进化，尤其是在主体意识凸显的反身观照中自觉地（体验之感）理性进化。这种行动，首先突出的是其中自生自发的秩序、深层无意识遵循的组织秩序与负责宏观指向的人类认知理性，以及体现国家的命令协同发挥功能，它们构成一种关系网络；其次，"行动"之本意强调核心在这关系网络中的每一因素（诸规则与秩序）发生实质性运转功能，并不必然强调实践行为之"动"。形成行动教育的生活情境，动态过程，生成创造等特征。

第二节 课程知识的属性及其实现

一 知识与反思学习

"教育问题中，最关键的概念就是'知识'。……不同的知识概念会导致对教育过程的不同理解。"[①]

"关于教育目的的讨论中，对于知识（通过学习获得信息、认知、技能、价值观和态度）的关注无一例外地成为核心内容。"[②]

"知识在有关学习的任何讨论中都是核心议题，……知识本身与创造及复制知识的文化、社会、环境和体制背景密不可分。"[③]

课程以知识为核心而实现其功能。知识不是客观中立的[④]。课程

---

① 〔美〕莱斯利·P.斯特弗杰里·盖尔：《教育中的建构主义》，高文、徐斌艳、程可拉等译，华东师范大学出版社，2002，第14页。
② 联合国教科文组织：《反思教育：向"全球共同利益"的理念转变》，教育科学出版社，2015，第11页。
③ 联合国教科文组织：《反思教育：向"全球共同利益"的理念转变》，教育科学出版社，2015，第16页。
④ Leon B., "Teachers' critical reflective practice in the context of twenty-first Century learning", *Open Review of Educational Research*, 2015 (1).

知识作为意识的对象与意识中的显现是两种不同的意涵，它不是其单一的某一立场所指，而是二者的统一，即一种关系存在。所以，当知识对象走进人的意识界或被意识到才能发挥其育人功能；不仅仅意识到后知识便发挥育人功能，且要在意识中实现其自身的发展和构造功能时才发挥其育人的功能。

传统主客分离的二元论把课程知识对象与认识心灵对立起来，对课程知识进行的是客观分析。将课程知识观改变的希望寄托于课程知识的类型划分研究上，其实是一种霸权主义行为。因为课程知识总是处于被动的地位，而一个外在的权威一直在开展控制行为。这种课程研究视角往往使课程知识及其教学走上奴役之路——如马克斯·韦伯所谓的专业化知识导致官僚组织化（只有教师或管理者拥有真理或知识，开展控制式教学）的学校，实质上阻碍了教育教学。

课程知识观的转变要摒弃这种传统的认识论及唯科技主义知识观。课程知识首先要走进教与学互动过程中的个体主体意识中，才能实现其自身教育的功能。它是如何呈现的？这是课程知识现象学的方法，它不关心课程知识对象的内容和方式，而只关心课程知识的呈现形态，即课程知识的性质问题①。课程知识除了在意识中的呈现，还要展现在具体情境中不同个体意识的交往关系中。构成一个展现课程知识意识间性的世界。所以，描述课程知识的属性成为改变课程知识观的第一要务。

课程知识的属性，首先具有支持实现交际的功能，所以具有公共性。其次，课程知识在交往中不可避免地被赋予非自身学术逻辑的社会性和个人性的因素，如利益、意识形态、个人经验和情感等特殊

---

① 这里关系到课程知识的意向性质料和性质区别。如"2+2=4"与"拿破仑是法国人"的性质相同；"拿破仑是法国人吗"与"滑铁卢战役的失败者"的质料相同。性质关乎课程知识的展示形式，是"怎样"的问题；而质料是关于"什么"的内容。

性，甚至无意识的习惯等，这便是他性。再次，课程知识作为意识对象被意识呈现时本身在意识中具有构造的发展性，如从单一理解到结构化理解，从客观指称性的涵义到个体诠释的意义，空间性和时间性的保持等，这些便是自性。

课程知识不仅是属性描述的问题，而且存在自身不确定性发展的问题。这种发展不是被动的"流变"，而要不停地发现意义（significance）；意义之发现不是"流溢"（自然），而是通过不停地主体式"叩问问题"实现（自由）。如此，课程（curriculum）即"跑的过程"、知识（知道）即"知之道"的理念才能落实。这是一种脱离开传统本体论和认识论的知识实体化、静态思维形式和知性观念的新知识观，即被柏拉图以及笛卡尔等人的西方知识论误解的苏格拉底式叩问本身的发现。只有这样，被传统认识论消解了的主体性才会重生。在叩问中呈现出的课程知识，不是本体论或存在论意义上的"是"——超经验的、静态的客观对象性（Being），而是如赫拉克利特所谓的"一切皆流"修辞下的哲理意味，但它不是虚无（萨特）或"不存在"（巴门尼德），而是"最后的实在"，即本身（Becoming），即"存在"或"本是"，只不过它不是静止的，而是生成和流变的①；它不是同质的"流"，而是异质的"绵延"。在此意义上，所谓知识的意义性或者生成性才是可能的。

---

① 客观的先验本体 Being，需要通过主体的认知而实现。但体用合一的 Becoming 需要在实践行动中完成或实现，它已经超越了认知的单维度路径，还包括体验、顿悟等情意因素参与。在行动中要实现 Becoming，基本有两个连续的转化途径：第一，实现本体的"主体化"，即知识的公共性如何被主体理解或阐释为自性。第二，主体的"本体化"，即被主体"化"（理解、阐释）后的知识又如何返回到本体（参见尤西林《"本体"主体化与"主体"本体化》，《南国学术》2014年第4期）。如果缺少前一转化，那么便是一种永恒主义的知识教育观：认为课程知识的公共性确定不移，开展传输式教学。如果缺少后一转化，那么就会是历史主义的知识教育观：使课程知识走向纯粹自性或他性，开展散漫的联想式泛人文主义教学。

课程知识的发展分别体现在其意向性与意识的社会性两个方面。意向性呈现为构造中的"世界"空间性与时间性；社会性展现为交互意识间性和主体间性。

二 知识形态及其探寻路径

（一）知识形态

知识的原初形态并不是分裂的，它不仅包含可以经验的一般性和普遍性等"知性"，也包含混沌存在的情感和体验成分，更意指形而上的目的、价值和道德善等内容。所以，苏格拉底和孔子时代"知识即德性（善）"是正当的。随着近代科学的兴起，知识便缩小了其本身的所指范围——这与实证主义的流行密切相关。培根的"知识就是力量"宣告了近代知识观念的兴起，对归纳法和感觉经验的强调，实质所指是科技意涵的知识。继之，康德对于"知性"（纯粹理性内区别于理论理性的部分）"理性"（实践理性）的区分，直接将知识等同于人类可认知的经验判断的对象，它是用知性概念去抽取感觉经验所得之结果，是依赖因果律和还原论的确证性。但这种知识观排除了目的判断和价值判断的正当性。一直以来占据统治地位的赫尔巴特教育学便是接受了该传统，将课程知识仅仅视为可证实的规律性和静态性知识。而20世纪分析哲学将一切超越性的观念判断视作伪概念而排除在语言和思维领域之外。其实这是一条将知识简化为科技知识的路径[1]，在这一过程中知识教育丧失的是人的精神的培育——只有涵义而无意义，教育更多的是规训[2]。此教育框架内被规训而形成所谓的"知识分子"也便从古代的充满"自我牺牲""超越

---

[1] 尤西林：《阐释并守护世界意义的人——人文知识分子的起源及其使命》，华东师范大学出版社，2017，第5~8页。

[2] 〔德〕康德：《论教育学》，赵鹏、何兆武译，上海人民出版社，2005，第3~10页。

性"等个性精神的"巫"——精神性代表①,矮化为"科技专家"。这也是现代学校教育将教育目标定格在生存境(如中小学以考试升学的成绩、大学以就业率来衡量教育教学效果)的功利性实证悲剧产生之渊薮。

面对这种现代性危机,对知识的不同观念和重新思考出现,并形成了对科技知识片面性的补充。第一,对传统知性提出质疑的是文艺复兴时期的维科,在《新科学》中他试图建构的是区别于传统技术理性的"新科学",它指的是包含目的、价值与情感判断在内的一种诗性的智慧及其思维②。第二,克尔凯郭尔和尼采对于理性知识霸权的形式进行批判,尤其尼采以崇尚情感为核心的"酒神精神"的艺术想象特质,成为理性知识批判的真正开端。第三,狄尔泰以至新康德主义西南学派(以文德尔班、李凯尔特为代表)批判科学的独霸地位——科学对于人格的感情、想象与价值理想等研究无能为力,而

---

① 张生虎:《巫传统与孔子的"仁"》,《青海师范大学民族学院学报》(汉语版)2018年第1期。古代知识分子的原型是"巫"。他们首先是脑力劳动者,尤其作为与神灵沟通(人的代表)、占卜/预言(神使)、历史记录、医病、诗歌创作以表达神谕或预言、跳舞进入迷狂状态等多种艺术和文化活动的创造者或代表,所以,通常巫王合一;其次,具有自我高尚情操和人格,如"仁"首要条件是对自我品格的锻炼与修行,即指向内在修养而不是指向外在的对他人之"爱"或者其他外在表现;再次,由内在的"善"的品格,导出认识外界和兼善天下的外指(做事)能力,这时才是孟子所曲解的"仁者爱人"之意。"因为孔子所要追回的,是上古巫术礼仪中的敬、畏、忠、诚等真诚素质及心理状态,即当年要求在神圣礼仪中保持的内心状态。这种状态孔子加以理性化,名之为仁。"(参见李泽厚《历史本体论·己卯五说》,生活·读书·新知三联书店,2003,第180页)。

② 参见邱子华《维科〈新科学〉在思想史上的创新》,《江汉大学学报》2001年第4期;邱子华《维科〈新科学〉中的诗学理论》,《外国文学评论》2002年第1期。雷武锋《论维科〈新科学〉的人文主义思想》,《西北大学学报》(哲学社会科学版)2002年第2期;雷武锋《论维科的想象理论》,《华中师范大学学报》(人文社会科学版)2002年第1期。李西建《中国美学的诗性智慧及现代意义》,《人大复印资料·文艺美学》2001年第3期。

强调人文对象具有的个体性与偶然性。第四，伯格森强调"科学概念分析法无法达到人文性的直觉体验所把握的实在本身"①。第五，现象学的"生活世界"和"知识是消化、吸收"，用加括号的方式将知识限制在意识界内，这就是"意向性"。受现象学影响并发展的存在主义更加激烈地批判科技知识理性，高扬人的此在性和时间性，即凸显知识的境遇性。这被诠释学进一步发展，跳出了文本的客观性制约，虽然不是强调独立的意向性，但突出了人的当下情境与体验性。第六，结构主义的"不是个性及其意识，而是严格的执行与操作；个体只有进入系统、承担由总体规定的角色，才能获得自己的意义"。②第七，后现代主义更突出"信息软件的功能，而不再是占据近现代生产中心的'硬件'类实体结构"，"成为解构主义的基础：不是静态限定的实体性结构，而是流转不息的活动功能，成为事物存在的真正依据"③。其实，他们都在追求作为知识的基本形态的"功能""形态""价值"，即知识教学的教育性不在于确定不移的实体——不论是笛卡尔意义上的传统认识论静态成果还是结构主义的整体性结构，而在于其功能——它是发展与流变的。

对此，梅洛-庞蒂有总结："'知觉的首要性'词组意味着，知觉经验是我们在此时刻的呈现，即当事物、真理、价值为了我们而被构成的时刻；意味着知觉是一种诞生中的逻各斯，它在一切教条主义之外教导我们有关客观性本身的真实条件；意味着知觉呼唤我们面对认知和行动的任务。问题不在于将人的知识规约为感觉，而是协助于此

---

① 尤西林：《阐释并守护世界意义的人——人文知识分子的起源及其使命》，华东师范大学出版社，2017，第10页。
② 尤西林：《阐释并守护世界意义的人——人文知识分子的起源及其使命》，华东师范大学出版社，2017，第15页。
③ 尤西林：《阐释并守护世界意义的人——人文知识分子的起源及其使命》，华东师范大学出版社，2017，第22页。

知识的诞生，使之成为可感者本身，以恢复理性之意识。理性的经验，当我们将之视作当然自明之时就会丧失，而反之，当它相对于非人的自然背景显现时就会被再次恢复。"①

因此，知识是一个活动和过程，"知道"即"知之道"。在这一过程中，人的感觉、知觉、想象、情感、信仰……乃至理性被唤起、恢复、经验和发展。知识即活动过程，其功能在于恢复、唤醒，开启"知"自身的探寻历程，一旦它被定格或"视作当然自明"就会"丧失"。知识不是单纯的"知性"，还包括"判断力"和"理性"成分。判断力即把知性抽象的结果投入所面对的特殊事物，理性是发现普遍与特殊关系的能力。

（二）知识探寻的基本路径

1. 纯粹理性建构之路

这是西方知识论的主流，也是知识形成的主要途径。理性地建构知识是对于神话时代感应性知识的批判，故形而上学的理性推理寻求因果关联是脱胎于对神话知识的不满。理性通过两种方式开展自我的路径（早期这两者是合一的）：哲学的和科学的。前者在前柏拉图时代已经存在，如对于宇宙自然的本源的研究，无论是水、火等元素说，还是数、原子等抽象概念说，甚至到柏拉图、亚里士多德等人的理论阶段，以至于笛卡尔之前的古典时期，都一律依凭形而上的抽象概念及其推理寻求最稳固的不变实体，即本体。自笛卡尔提出他的第一原理，即最可靠的基础"我思"开始，主客体分离；加之培根的经验主义归纳法的运用，科学理性兴盛。科学信赖观察和实验，这种理性依赖于实证性。无论称之为本体论还是认识论的不同阶段，知识都是依赖理性建构的不变的可知之识，具有永恒性、静态性和客观

---

① 〔爱尔兰〕德尔默·莫兰：《现象学：一部历史的和批判的导论》，李幼蒸译，中国人民大学出版社，2017，第 455 页。

性。"什么知识最有价值"便是在这种视野路径下提出的问题。

理性建构的知识遵循客观的因果逻辑。但随着自然科学尤其是现代物理学研究的"目的价值缺失",以及伽利略以来的孤立静止的实体论观念及其方法论的局限性,进而产生了自然科学知识的现代危机。作为自然科学家的海森堡、爱因斯坦、达尔文和汤川秀树等率先对自然科学知识及其知性认知方式展开反思批判,在社会学、经济学、哲学界也一直以来存在批判之声①,理性建构的知识之独霸地位必然被质疑。

2. 社会建构之路

"吾有知乎哉?无知也。有鄙夫问于我,空空如也。我叩其两端而竭焉。"② 真正的知识不是先验的实体性存在,需要在互动和当下情境中形成。古希腊的苏格拉底可谓典范,他也自称无知。但他所提倡的"产婆术",是在情境对话中产生冲突以展示两难问题,进而否定式地无限探查真理。这本质上正如上述孔子所谓之"知"。在科技知识占据统治地位的近现代:第一,受到维科的"人类史是我们自己创造的"③ 的启示,马克思提出实践理论而科学地阐明人类创造自身历史的原理,于中凸显知识的社会建构路径。第二,新马克思主义(以卢卡奇、法兰克福学派为代表)提出只是建立在个体和社会之间所发展的关系基础之上,通过文化批判来实现建构。其中哈贝马斯作为其第二代代表人物,区分了知识的三种旨趣:技术的、实践的、解放的。其实三者分别对应于客观知性、社会性和个性三个不同维度的知识特性。第三,以维果茨基、列昂捷夫和鲁里亚为代表的文化历史学派将认知内部变化与外部互动结合起来,在语言与思维、学习与发

---

① 尤西林:《阐释并守护世界意义的人——人文知识分子的起源及其使命》,华东师范大学出版社,2017,第11~14页。
② (宋)朱熹:《四书章句集注·论语·子罕第九》,上海书店出版社,1987,第62页。
③ 〔德〕卡尔·马克思:《资本论》(第1卷),人民出版社,1975,第395页。

展的综合性角度，深刻研究知识的社会理解框架。这一学派的踪迹在德国的"批判心理学"和"柏林学派"仍然得以发展，并且在美国引起特别的关注和研究，包括布鲁纳也受到了其影响。第四，莱夫和温格对于"情境学习"以及温格受到格式塔"场"理论的影响而提出的"实践共同体"："以一种一般理论的视角来看，这些观点的基础涉及以下方面：知识的相关特征、关于意义的协商特征的学习、人们学习活动的有关（投入的、矛盾驱动的）性质。这种视角意味着没有什么活动不是情景性的。"[1] 他们认为情境不仅仅影响知识的建构，而且在于激活作为学习结果的知识；不仅对新刺激的感知有效，而且对于内在心理加工过程中的现存结构也有效。实践共同体中个体是整体性卷入其中的，知识包括经验、成长、行动和归属的，它们都是学习的范围，所以社会维度的实践共同体创造了意义和身份，在行动和参与中推动经验和发展。第五，受到马克思主义"阶级斗争"理论和批判理论影响的另一派别对教育的政治学立场导向做出批判，包括弗莱雷、阿普尔、吉鲁和麦克·扬。他们共同批判的是知识的先验和客观性，因为这种知性建构的知识是充满统治阶级意识形态的，并且对受教育者开展规训和意识再生产，渗透于其中的是压迫、奴役。所以，课程知识要在社会参与中发展、形成，它介于创造性、权力和责任之间，在具有张力的行动、反思、交流和协商中建构。第六，社会建构主义概念的基础是"将人类行动的解释阵地转移至关系领域……社会建构主义从关系中追踪人类行动的来源，以及从公共交流理解'个体功能运作'"[2]。他们不否认知识的内在形成过程，但更强调周围环境的积极建构功能，二者是互动建构知识的。第七，

---

[1] 〔丹〕克努兹·伊列雷斯：《我们如何学习：全视角学习理论》，孙玫璐译，教育科学出版社，2014，第103~107页。
[2] 〔丹〕克努兹·伊列雷斯：《我们如何学习：全视角学习理论》，孙玫璐译，教育科学出版社，2014，第124页。

后现代主义比较激进地提出，没有永恒的真理，拒斥宏大叙事。世界在不停息地流动变化，知识须在其时其地中加以理解。德里达提出"分延"的概念："指一种构成性的、生成性的和原初性的因果性，即那种剪裂和区分的过程，它会产生或构成不同的事物或差异。"① 所以，知识建构在"解构"之"流变"中，即解构着过去的同时也在建构着未来和新的意义。第八，实践共同体中合作学习并建构知识成为一种主流形态，这是在社会互动中的知识形成模式，它的空间性和整体性特征更加突出。阿吉里斯、舍恩、圣吉和奥托·夏莫共同推动"学习型组织"，具体化为"一些人一起做些事情"，它蕴含了三项条件：共同情境、共同预设、面对共同情绪困扰而拥有共向的心理能量。② 值得注意的是，在这种学习型组织中的社会建构知识与弗莱雷有一致处：一是批判"银行存储式教育"，即批判客观知性知识的积累，夏莫称之为对过去的"下载"式积累。所以，主张向未来学习，即创造性地建构知识。二是，要开创性地建构知识，需要行动中反思。它不同于传统理性地"反省"或沉思。

社会性建构知识需要共同体内个体间与课程知识公共性和特殊情境间的互动。"作为整体的个体获得过程"，它必然依托情境和行动展开。情境具有二重性：首先是直接面对的个体生活情境，其次是更广泛的社会情境。前者与不同个体当下的体验、认知及其情绪情感等因素互动相关，后者关涉社会规范和文化结构等对个体的影响。二者

---

① 〔爱尔兰〕德尔默·莫兰：《现象学：一部历史的和批判的导论》，李幼蒸译，中国人民大学出版社，2017，第503页。
② 参见〔美〕克里斯·阿吉里斯《组织学习》，张莉、李萍译，中国人民大学出版社，2004；〔美〕克里斯·阿吉里斯、〔美〕唐纳德·A.舍恩《实践理论》，邢清清、赵宁宁译，教育科学出版社，2008；〔美〕彼得·圣吉《第五项修炼》，张成林译，中信出版社，2009；〔美〕奥托·夏莫《U型理论：感知正在生成的未来》，邱昭良、王庆娟、陈秋佳译，浙江人民出版社，2013；〔美〕奥托·夏莫、凯特琳·考费尔《U型变革》，陈佳秋译，浙江人民出版社，2014。

都关涉目的、价值等实践理性。行动便是在此二重性互动中的有目的实践，其典型形式包括：感知、传递、经验、模仿、活动、参与等。这种情形下建构的知识与日常、历史、情境结合，兼顾了情感、信仰、制度、利益等成分，更具有合理性。"教育是一个深刻的政治问题"①，"谁的知识最有价值"就是由此而发的。

3. 自我建构之路

笛卡尔对坚定不移的第一原理的发现，不仅使传统本体论转向认识论，而且凸显了认知"自我"：研究视角从传统的外在世界回到内部，即认识的主体之思。它的基础便是意识问题。意识到意识，便构成了"自我意识"。康德第一次提出此概念，他认为自我意识是充分自由的。但就教育问题而言，"教育中最重大的问题之一是，人们怎样才能把服从于法则的强制和运用自由的能力结合起来"。② 他首次提出育人功能的内在矛盾性。"服从"指的是对于先己而存在的知性、理性知识的遵从和学习，"自由"即意味着教育目的在于人格或道德的教化。康德把这种自由归属于心灵能力的培养，"对心灵能力的自由培养必须不断深入。实际上，它必须是关于高等能力的；低等能力虽然也总是随之受到培养，但只是服务于高等能力。这里的主要规则是，心灵的各种能力不能单独培养，而是要与其他联系起来进行……""在高等知性能力方面，则是对知性、判断力和理性的培养"③。可以看出，康德并没有提倡对理性知识的割裂式传递教学，即只是在"用"中或者培养依附于教化——外在感知服从于内在意识。黑格尔在《精神现象学》中同样尊崇"自我意识"的自由，自我的实现必须规划一条艰辛、矛盾、漫长的路途，但要达到"绝对知识"的终点必须以意识（发展到自我意识）为开端。涂尔干在重

---

① 〔美〕布鲁纳：《教育过程再探》，邵瑞珍译，《教育研究》1979年第1期。
② 〔德〕康德：《论教育学》，赵鹏、何兆武译，上海人民出版社，2005，第13页。
③ 〔德〕康德：《论教育学》，赵鹏、何兆武译，上海人民出版社，2005，第27~32页。

新思考意识的起源问题时指出：首先，提出意识具有两个条件，自我修正必然发生与知识须有一个主体自我介入。前一条件中"意识内的现象（指精神现象，不同于外部物质现象）都是一种知识"，后一条件中"自我本身就能够认知"①。这样意识内便存在两种知识的可能，一是知觉并且统觉外来感觉印象的结果；二是纯粹统觉结果。正是"无意识理论的提倡者们将内在现象作为理论的基础"，"无意识现象构成了自我的基础，意识现象只是其无意识对应物所产生的效果而已。世界以无意识世界为根基"（哈特曼）②。其次，涂尔干认为意识是自我观念的起源。"意识为我们提供有关心理现象的知识……意识也会让我们看到一种存在，即自我……所以心理现象都与自我有关。"③ 所谓知识，要么是给定的，要么是构造的。至于后者，即知识如何构造的解释分为两条途径：一是从科学的视角，以皮亚杰为代表的发生认识论心理学；二是从哲学的角度，即以胡塞尔为代表的现象学。在此便产生了教育学的分野——社会科学还是人文科学④，人文科学之"科学"（wissenschaft）即知识学或哲学⑤。科学（science）主要依凭经验，是关于认识对象的内容问题，它关系的是知识的涵义

---

① 〔法〕爱弥尔·涂尔干：《哲学讲稿》，渠敬东、杜月译，商务印书馆，2012，第 62~64 页。
② 引自〔法〕爱弥尔·涂尔干《哲学讲稿》，渠敬东、杜月译，商务印书馆，2012，第 64 页。
③ 〔法〕爱弥尔·涂尔干：《哲学讲稿》，渠敬东、杜月译，商务印书馆，2012，第 65 页。
④ 王洪才：《教育学：人文科学抑或社会科学？》，《教育研究》2012 年第 4 期；张楚廷：《教育学属于人文科学》，《教育研究》2011 年第 8 期。
⑤ 尤西林：《人文科学导论》，高等教育出版社，2002，第 40~43 页。海德格尔、胡塞尔、伽达默尔都是在此意义下使用"科学"的。这一"科学"概念，遵循由休谟、穆勒、维科、费希特所开启之思路，一直发展到存在主义、现象学、解释学，形成一个人文科学的研究传统。也正是在此意义下德语"Erziehungswissenschaft"为"教育科学"之义。（参见朱红文《人文精神与人文科学：人文科学方法论导论》，中共中央党校出版社，1994；陈嘉明等《科学解释与人文理解》，上海人民出版社，2010；石中英《教育学的文化性格》，山西教育出版社，2001，第 7 页）。

(meaning);而哲学则寻找在内容之上的意义关联,是关系超越在涵义之上的意义(significance)。科学采用分析的方式,追求的是"是什么"的说明;后者关心"何为",展现的是知识的状态、功能。所以,现象学自称"描述心理学",针对的是科学(science)的分析方式;现象学不同于传统哲学的地方在于它不关怀脱离意识界的外在对象,只关心被封闭起来的意识界或精神界内在的显现——对人发生意义的知识。这与康德提出的"心灵能力"和"自我意识"紧密相关,也与教育如何实现自由是相关的,即人的灵魂的教化关乎道德、信仰和价值,这是教育的归宿,是课程知识在教学中最终实现的目的。只有如此,知识才能从科技知识救赎自身,转化为教育功能的知识——课程知识。

意识作为知识可能的基础,在现象学理论中关系到四个主要的核心观点:一是知觉的时间性,即知觉在当下不是孤立的原子,它本身具有前后因缘的牵连,否则就无法理解;二是知觉在意识界形成的场域是空间性的"生活世界",即意识不是截然孤立地直观到或实在或虚在的意识对象,而是同时指向"未被觉察到的伴随性内容的在场性",这是其无意识基础功能的展现;三是意识的上述两种性质统一在一起,展现出知识的意识内在性具有"异质"的"绵延"特征,如一条河流的自然流动是同质的,而人工喷泉随音乐"喷涌"则是异质的,但它也是"流";四是不论意识知觉时间性、空间性或者异质之流,都充满着反思的本性,即自我意识是意识的意识。

三 课程知识的属性

一如前述,课程知识本身是整一的流变过程,唯囿于某观念或价值旨趣而使其侧重不同。因此,从传统认识论出发,人们把知识分驭为诸多类型,此分类一开始就走错了方向。其实,同样的知识,其本身并没有变化,在课程规约下的教学观念应该在实践中关注其属性的不同——科学主义惯于"悬置或剥离",如大楼的运行不能通过研究每块"砖"来理解,而通过砖与其他物的相互联结功能展示。此即认识论向价值论的转换。

此转换在课程论界突出表现为,从斯宾塞的"什么知识最有价值"转换到阿普尔的"谁的知识最有价值"。科技知识独霸的工业时期,要明确哪些知识规定培养人的价值和产生显著的社会效率,必须如博比特、查特斯一样分析和归纳社会职业中的经验现实,最后得出翔实的相应内容以安排进学校课程中。但在后工业社会、信息社会和知识经济时代以规定有限的、希图实现普适的课程知识,已经不再满足日新月异的知识更新和通过便捷形式即可学习、掌握的大容量知识的情况;科技知识的客观性逻辑受到质疑,因为自身迎来了随着认识观变化而产生的不同甚至相反结论;同时,科技知识的无人称性恰恰孤立了教育应有的人称性,如目的、价值、情感、信仰等心灵和自由的维度,而铸造出失去人性和意义维度的"工具",教育本身失去教化的韵味,唯有规训,而规训便是霸权。所以,课程知识的功能、属性成为关注的话语。

课程知识的功能基本包含二重性:一是课程知识的实然功能展现,这种描述性实然知识处于课程知识形态的基础层面;二是课程知识的应然功能追求,它关系到一种价值观,与民族、文化传统等更大的语境相关联,社会和个体价值的张力关系突出。

课程知识的基本属性表现为三种取向:知识具有被长期以来认为的客观静止的性质,即本体的形态,一种知性抽象的结果;知识具有被视为具体情境中的功利主义生成的特性——在"用"和交往中表现其某一种功能;知识具有自由精神的构造、表达特质,它只遵循"思"之逻辑。

(一)课程知识的公共性

课程知识的实体性构成其公共性,它是知识存在和人际交流的基础。理性建构的知识性质超越了感觉和直观，它遵循抽象和推论。这一特性构成知识本身的基础，它构成知识的内容①。它的抽象性可以通过演绎的方式回归到感性世界中而显示其神奇性，即与感观合一，对象与感官质料统一的"那个"（赖尔）；它以一种结构性形式存在，既不是孤立的对象或感觉——区分对象或感觉是认识二元论习性，也不是"那个"的原子式单一部分或割裂；它构成的是一种连续性的动态发展式结构，因为一种认识结果会反哺到这种知识结构中，再生知识本身，即系统论所谓的"环形因果性"②；它构成人们交际的基础或者场域、媒介，没有它交际缺乏指称性而不可能；因之，它往往被语言或行为所表征，即逻各斯（logos）的本意。但表征本身与表征被解读时又会滋生双重的歧义，就构成误解这种知识为其所指称的表征（语言或行为）的认识，而形成次生性涵义——"合法的偏见"，需要在社会对话中澄清，进而产生"意义"商榷。所以，课程知识的公共性是课程的内在品质，教学依据此而成立。至于这种公共性知识如何在教学中展示，关系到各种媒介或表征形态的转译问题，如最普遍的语言表达往往产生言不尽意的后果，而一些活动性的行为设计就比较合理，因为它是一种结构性的整体形态。

传统课程知识的语言形式设计寄希望于语言的可传达性，但语言往往对于知识的关键因素无能。如维特根斯坦所说："凡是能够说的事情，都能够说清楚，而凡是不能说的事情，就应该沉默。"③ 语言

---

① 朗基诺把知识内涵区分为三个方面，作为内容的、作为实践或过程的、作为状态的（参见〔美〕海伦·朗基诺《知识的命运》，成素梅、王不凡译，上海译文出版社，2016，第10页）。

② 〔法〕埃德加·莫兰：《复杂思想：自觉的科学》，陈一壮译，北京大学出版社，2001，第207~222、225~229页。

③ 〔奥〕维特根斯坦：《逻辑哲学论》，郭英译，商务印书馆，1985，第20页。

沉默之处，正是智慧精华所在，如博兰尼的"默会知识"、赖尔的"知道如何"或者庄子的"意会"一样，它一般需要行动和反思的力量。所以，这种知识的公共性特征不仅通过语言可以传授，而且在实践活动中无须传授而学生也可以自学获得。信息时代，知识的这种性质恰恰在消失，因为人们依凭语言获取的大多是语言的符号性，而不是语言意指的"那个"深层理性或逻各斯。

在课程史上，博比特、泰勒采用科学归纳的方式处理课程知识逻辑，其实是运用工具理性的方式简化还原知识的因果关系，属于机械论。在布鲁纳的学科结构理论中，这种课程知识的理性建构特征稍具合理性——此学习结构知识"不是学习一种技能，而是学习一个一般观念"[1]。他承认这种结构化了的知识与学习结构之间的对应性教育发展关系，"无论我们教什么学科，务必使学生理解该学科的基本结构"[2]，"经典迁移问题的中心，与其说是单纯地掌握事实和技巧，不如说是教授和学习结构"[3]，知识结构中被布鲁纳重视的首先是"基本原理"；同时，他也肯定了其他方面，"掌握某一学术领域的基本观念，不但包括掌握一般原理，而且包括培养对待学习和调查研究、对待推测和预感、对待独立解决难题的可能性的态度……要在教学中培养这些态度，就要求比单纯地提出基本观念有更多的东西"[4]。他也承认学习结构的"无意识"性[5]，提出"发现法"。可以看出，超越感性的理性代表——基本原理是课程知识的核心，此基础上的学习自然黏附了对知识的诸多更复杂性因素（包含与胡塞尔的"背景直觉""背景认识区"意指相同的内容）的学习。

---

[1]〔美〕布鲁纳：《教育过程》，邵瑞珍译，文化教育出版社，1982，第36页。
[2]〔美〕布鲁纳：《教育过程》，邵瑞珍译，文化教育出版社，1982，第31页。
[3]〔美〕布鲁纳：《教育过程》，邵瑞珍译，文化教育出版社，1982，第33页。
[4]〔美〕布鲁纳：《教育过程》，邵瑞珍译，文化教育出版社，1982，第38页。
[5]〔美〕布鲁纳：《教育过程》，邵瑞珍译，文化教育出版社，1982，第28页。

（二）课程知识的他性

课程知识若离开确定的时间和空间，走进情境、关系网络中时，往往黏附额外的诸多因素——社会关系、利益、作用、制度、意识形态及其构成的信念等的"浸蚀"，此即知识的他性。与可以确定的"实体"的知识性质不同，他性展示的是知识具有的时效性、境遇性。

课程知识的社会性关注非证据的考虑与社会成员间的互动，而不是作为证据的诸理性关怀。所以，它不仅包含个人实践的结果还包含共同体实践结果。即知识是异质性生产的混合体，不是逻辑引导的理性的特殊形式。关于知识这一性质，密尔、皮尔士、波普尔都有清晰的断言①。如波普尔的"世界3"，是"被理论极大改变的"物理世界基于"着眼于它们可能解决的问题"，必须形成"批判的论证"，而区别于物理世界和主观世界的另一世界。②"世界3"是"人类活动的产物"，精确来说是人类共同体的观念史的产物③。因此，知识作为人类活动的产物的观念在目前的知识论占有优势的地位，深刻影响课程知识的认识并影响到教学领域。但这种知识的社会性推动课程知识的他性发展，势必导致课程知识公共性的消解与不被关注，反身影响集体的利益，如杜威的生活化课程知识削弱学习的学术水准，进而妨碍国家科学建设（"国防教育"）利益一样。

杜威设计课程知识的出发点在于实现课程与教学结合的民主主义思想，简言之，学习不被外来的权威性知识压迫（规训），而是出自

---

① 〔美〕海伦·朗基诺：《知识的命运》，成素梅、王不凡译，上海译文出版社，2016，第4~8页。
② 〔英〕卡尔·波普尔：《波普尔思想自述》，赵月瑟译，上海译文出版社，1988，第255页。
③ 〔英〕卡尔·波普尔：《波普尔思想自述》，赵月瑟译，上海译文出版社，1988，第262~263页。

学生本身的愿望和兴趣达到学习的目的，即学习不被"异化"成劳动，而是真正的自由和民主行动："第一个问题，是要解释存在于活动内部而不是从外部提供的目的的性质"，并且这种"目的作为一个预见的结局"，则"有目的的行动和明智的行动是一件事"，"表明有目的的行动的价值，即表明这种行动在经验中的价值"[①]。杜威的经验主义课程知识并非散漫的生活经验，而是有一种"预见目的"的指导，这就是"知行"合一的关系。但其问题在于课程知识的社会性如何区分儿童兴趣与成人经验；儿童生活经验如何达到人类文化传统理性建构的知识阶段，即浪漫主义的核心关切——有限（生命）与无限（知识）的矛盾；课程知识的生活经验中如何处理及时性与延时性；等等。所以，后来布鲁纳要通过心理学试图处理课程知识的公共性与儿童在不同年龄阶段学习兴趣的对应关系，解决课程知识的他性对公共性的消解问题。

在此，成为当下时尚的社会建构主义应该受到批判。第一，社会建构主义仅仅"对一般技能和守衡状态（或'阶段'）进行描述"，对特定情境的判断力和如何依据自己已有知识进行推论并没有说明，即对知识炼制表征和预测变化的能力被忽略。第二，知识是通过反省抽象，行动的内化而成的，所以具有多重机制。知识形成的过程需要对先前获得的信息和常识解构，但解构一种属于自己的前知识非常困难，而且解构与建构是同时发生的。第三，缺乏认知的动机，如需要和兴趣等因素，知识依靠外部因素无法自觉形成，它需要建构主义给出有利的境脉和条件，而这无疑是复杂的。第四，把认知者抛入社会情境，"混迹于世"的认知者是孤立的，他需要自意识的明朗和凸显才能建构知识，即意识间性应该发挥根本功能，

---

① 〔美〕约翰·杜威：《民主主义与教育》，王承绪译，人民教育出版社，2001，第103~107页。

成为主体间性的核心。

至今，课程知识的他性依然在不断消解着课程知识的公共性的根基，经验主义倾向严重，功利主义的课程观持续弥漫，各种利益侵蚀着文化的厚度。尤其是后现代理论虽以多元的姿态出现其实在玩弄知识碎片，消解着主体性自觉，使课程知识的理性浓度更加稀薄。课程知识亟须一种属性的拯救，有的人称之为"知识观"的转换[1]。首先，布鲁纳的知识观在其晚期发生了转化：从结构主义的理性论知识观转向文化知识观[2]。其次，我国当代教育家张楚廷提出教育学是人文科学的先声[3]，意欲唤醒教育拯救人性教化。但其存在一个误识（具有普遍性）是，将人文科学与社会科学、自然科学分割平列。这就造成教育学的学科性质非此即彼式的争论。其实，人文科学对自然科学与社会科学具有统摄的作用。如数学作为人文科学在于培养人的逻辑思维能力，天文学作为人文科学则培养人的宇宙胸怀与眼界。东西方古典人文教育中的"六艺""七艺"在此视野下理解才是符合"教育"之人文意涵的。[4] 再次，李召存进一步提出转换到人文"意义"[5]，这是把教育学从人文科学的立场理解的必然结果。其根本在于存在现象学的时代文化背景的趋向迫使教育学的转向，它在追寻课程知识个体性及自我的特性。至于如何转换，他认为"意义"要通

---

[1] 廖哲勋：《构建新的知识观，深化课程改革》，《课程·教材·教法》2016年第6期；郭元祥：《新课程背景下课程知识观的转向》，《全球教育展望》2005年第4期。

[2] 〔美〕杰罗姆·布鲁纳：《布鲁纳教育文化观》，宋文里、黄小鹏译，首都师范大学出版社，2011；霍涌泉：《试论布鲁纳晚年的心理学研究转向及其学术意义》，《心理学报》2017年第3期。

[3] 张楚廷：《教育学属于人文科学》，《教育研究》2011年第8期。

[4] 尤西林：《通识教育的公共性与本科公共课的深度定位》，《高等教育研究》2019年第4期。

[5] 李召存：《走向意义关照的课程知识观》，《全球教育展望》2005年第5期。

过知识与个体的"对话"实现①，如何对话则语焉不详。这是遵从主体间性的西方批判理论，并未发生实质性的创新，总之，依然囿于知识的社会性、历史性、生活实践性等他性范畴。但问题在于，课程知识的自性如何？知识的公共性、他性只有与自性开展对话，真正回到了可持续性的对话之中，才实现了真实的人文性教学。

（三）课程知识的自性

课程在具体实施过程中，上述他性特征同样出现，而且附加了教师和学生的各种自我观念。所以，课程知识不仅基于前两种性质，而且富有鲜活的主体性特征，它跻身于社会实践但又不关心外来的"命令"，展现为一种貌似"自由"的自我特征。可以说，课程知识的自性是在具体情境中个体可理解、诠释的特征，即课程知识如何在意识领域实现自我呈现，而不被其他主观性和社会性、概念化等他性遮蔽。

认识总是基于个体才能落实。课程知识的教育落实，必须而且仅仅在个体性活动中才得以理解。个体性活动归根结底是精神性的。如笛卡尔发现的认识的坚实基础"我思"、胡塞尔认为最严密的科学的现象学基础"意向性"、海德格尔把"去弊"寄托于语言（尤其是诗的语言）等一样。课程知识无论处于上述哪一环节，都依托个体精神的理解。这就关系到个体意识问题。

从课程知识教育性的角度来看，课程知识的自性是基础和核心，是其他两个性质存在的基础。如果没有认知个体对于课程知识的意向活动，课程知识就没有生命力；如果没有个体对于课程知识的意向活动，课程知识就没有发展可能性。课程知识只有在影响到学习者的精神界才会产生教化的功能。课程知识的公共性源于外在的更大的知识，而孕育它的知识本身无论来源或赖以发展的原初力量都依托于个体精神的劳作。所以当这种知识走进课程，也需要在教学中复演——

---

① 李召存：《课程知识的生存论透视》，《教育理论与实践》2006年第8期。

如科学家理性发现之路一样，同样依托于个体精神活动的理解与构造。在课程知识发展凭借的社会交往中，只有知识首先转化成个体精神的可理解性的对象，才可以实现对话的可能性，同时在对话的过程中意识也在不断修正和转化，即在意向性活动中"构造"意义。认知对象与认知对象的活动二者不同。

在此特别指出的是，课程知识的自性不能混同于个体性，它特指课程知识只有走进个体的意识中才有效。譬如，很多人提倡认识的经验活动或教学实践等概念，却混淆了经验的无意识和实践的内在自由（如被动或不自由的劳动也被视为实践）的区别一样，但无意识、不自由也是个体性的。所以，课程知识的自性突出的是个体的意向性，是一种反思特质。这种反思首先不能被理解为指向自我（反省）①，而是指向意识本身的，即一种现象学方法意义上的作为意识行为的"意向性"。无论知识的对象是"充实意象"还是"空虚意象"，意识结构——意向性是不变的。这种意向性不仅实现着先验还原（还原到自我意识）②，而且实现着本质还原（还原到本质，即一般的本质直观）③。在"映射"的同时实现"构造"的功能。所以，意向性

---

① 自我：首先是多义的，如惯有自我、理性自我、关联自我和真实自我等；胡塞尔区分出了自然心理自我、被现象学还原的自我、纯粹自我、先验自我等，这里仅指"当下我"，即真实自我。其次是建立在意识之上的发展的结果，所以它是后来的。

② "现象学的还原就是说所有超越之物（没有内在地给予我的东西）都必须给予无效的标志，即它们的存在，它们的有效性不能作为存在和有效性本身，至多只能作为有效性现象。"（参见〔德〕埃德蒙德·胡塞尔《现象学的观念》，倪梁康译，上海译文出版社，1986，第11页）

③ "不是排除实在的超越之物（完全的心理学—经验论意义上），而是排除作为一种仅仅是附加存在的一般超越之物，即所有那些不是在真正意义上明证的被给予性，不是纯粹直观的绝对被给予性的东西。""把握绝对直观的、自明的明证性的意义。"（参见〔德〕埃德蒙德·胡塞尔《现象学的观念》，倪梁康译，上海译文出版社，1986，第13、14页）

规定认识是自由的，也是规范的，而非随心所欲的①。

课程知识的自性是内在于个体认识的活动，其公共性与他性是超越的。所以，就学习者个体而言，只有课程知识的自性才是可靠的，公共性和他性总是无法完全明证的，存在可疑之处。

四　课程知识属性的教学实现

（一）一个亘古的疑问

古代知识分子对知识抱有敬畏之心，故从不以"真"示人，而是在求"真"途中。苏格拉底和孔子都以"叩其两端"的方式，逼近知识的地平线。

在西方哲学史上，苏格拉底充当的角色应该跟康德所充任的角色相似：后者综合了经验主义与理性主义而提出先验综合判断，前者综合了巴门尼德与赫拉克利特而形成借助"流变"的否定性叩问证伪②去发现"存在"之途。在苏格拉底之前，知识被表述为两种代表性的形态：一种是巴门尼德的，另一种是赫拉克利特的。巴门尼德追求"存在"的"观念"，反对"非存在"的"意见"，即感官世界是可变的"非存在"。赫拉克利特则追求变化的"一切皆流"（变化难以确证，故无法描述，所以他借助于修辞才能表达己意，这往往使别人误读），但变动不居本身即知识。因此，要认识"存

---

① "现象学的根本任务在于：在各种不同的实在内容和变动不定的意向内容中直接直观地把握其中不变的本质，把握其中的本质要素和它们之间的联系。这便是意识的本质规律，它不依赖于人的个体意识。相反，人的个体意识受这些本质规律的制约。"（参见〔德〕埃德蒙德·胡塞尔《现象学的观念》，倪梁康译，上海译文出版社，1986，第14页）。

② 这种证伪不同于逻辑经验主义中波普尔的"证伪"的地方在于，不是凭借实证的反例或反对感观现象而实现，而是通过推论实现。如用眼睛看到挡泥板出了问题与听到异样的声音或者感觉到汽车行驶的不正常等表征而推理出挡泥板出了问题的结论，二者不同。

在",并不像巴门尼德一样遵从"证明"的路径,而要在赫拉克利特提出的"流变"(否定中实现肯定,与德里达的"分延"相似)中实现。要实现"流变"须用不断"叩问"的形式实现对既成的实体性"智识"的否定,即产婆术。在《大希庇亚篇》①里苏氏与智者希庇亚的对话互诘和不断的否定中渐露"美"与"美的"不同,但他不给定"S是P"式的正面表述——"美是困难的",因为他自以为"无知"(苏氏把美也认作知识)。但恰恰在"无知"之叩问中使"知"显现。以"无知"的叩问臻达知之"道",构成意义生成之路,于"不是"的否定性寻求中"知识"清晰显现。这与被柏拉图误导而形成的从不断"是什么"中建构"是",而最终构成一条都"不是"的不断否定"是什么"的人类认识史或知识史形成对照。

　　回到苏格拉底时代,重新审理柏拉图对己师之误解是必要的——柏拉图把苏氏的"知识在途中"的发展性变成了实体性的"理念"。对待知识比较普遍的观点是"确证了的真信念"②。它包含了柏拉图以来的知识三要素的观念:真、确证、信念。所以,知识被表述为"S是P"。但这种明证性的命题式表述与积累式进步观念下的知识往往是后来新知识的牺牲品,认识的历史也就构成了知识史,一种在表面上永远在肯定"是"而实质上永远不停息地否定"是"又寻求着"是"的历程,最为典型的便是科技知识史。科技知识在不断地否定中累积式发展,科学史便是不断地实现后者否定前面成果的发展史。相反,如果在认识方式上,在"不是"的叩问中最终实现"是",则会形成别样的路,即批判性认知形式恰恰铺就一条最终得到肯定结论的路,即知道。

---

① 《柏拉图全集》(4),王晓朝译,人民出版社,2003,第33~61页。
② 陈嘉明:《知识与确证:当代知识论引论》,上海人民出版社,2003,第44页。

然而，叩问提问如何可能？此观念——"对提问这种现象本身的叩问"转向被米歇尔·梅耶称作的"问题学"。他认为，问题学是"提出了双重耦合的一种哲学理论"：一方面，它"通过某种新方法超越某种不可能性的危机"；另一方面，它"提供了对传统及其疑难的某种分析……是建树性的"①。形而上学之所以被科学所压制和否弃，就因为它越来越和科学走上同样的路途——解决问题，建构本体之"是"。"过去的各种哲学……各种问题的性质不是瞄准自我思考，而是瞄准自我解决，不是瞄准自我探索，而是导向解决问题。"② 所以走上与科学相同的路，这是它自身走向没落的原因。形而上学应该是"叩问问题"，并且是证否的。只有这样留待科学去解答的"问题"才更加清晰。科学则是对问题的解答，通过"是"（或"不是"的方式，如波普尔的证伪）的论证方式展开。也只有这样二者才各得其所，科学作为哲学之基础，哲学之问作为科学发展的前提。

作为培育人的教育学，也应该保持这样的区分性：哲学形而上的问题关怀"叩问问题"，待问题水落石出（确定为真问题）后交由科学去解答。其中，课程知识的自性就是关注"人性"之发展、形成，而"意义"是其核心。但意义是生成性的，它依靠"涵义"才能脚踏实地，此"涵义"恰恰是知识的公共性与他性。脱离开这种知识的涵义，意义便是虚无。课程知识内部的性质似乎是独立的，但之间充满了关联，通过"绵延"而实现从"涵义"向"意义"的生成。这是一个"叩问问题"的归属问题，属于哲学关怀，不属于科学解答。

因此，在生成性的意义层面所谓的课程知识，以"思"为存在

---

① 〔比〕米歇尔·梅耶：《论问题学》，史忠义译，中国社会科学出版社，2014，卷首语。
② 〔比〕米歇尔·梅耶：《论问题学》，史忠义译，中国社会科学出版社，2014，第8页。

方式。"思"需要一个鲜活的主体及其自我意识,但主体在科技理性和唯有追求涵义的社会压迫下已经走向末路。"一个高于任何根源和任何主体的绝对根本的事实,即无论在现实中还是在科学知识中,无主体的过程是绝对的"。① 尼采宣称"上帝死了",已经隐含了"人死了"的意味,而通过新马克思主义以及现象学、存在主义的批判,德里达、福柯直接发出这种呼声。这是由于哲学没有摆正自己的位置而与科学跻身同样的解决问题的任务:追求客观性知识的必然结果。

传统的哲学与科学所谓的知识依赖于观念和概念实现自身,所谓的反思也是反思自我观念,这本身是二元论观念习性导致的结果。科技知识的学习和认知指向的是一种"类"和概念——其实质不再指向人的心灵,而是指向"外在的"事物及其涵义。即使认识面前的一棵树,也会被先在的"树"的概念同化。所以,关注现象应该是知识的根本,而要做到此点,必须基于对意识本身的探索,即"意向性"。教育中要实现这种个体化的、特殊的相关事物的认识和学习,必须把学习者从统一的观念和概念认知中解放出来,走向意识、现象中的体验和理解,即"意义"界②。如果教育注重课程知识的公共性、他性与自性的转化与统一,则必须以"视学生为独立的、特殊的人"为前提。目前工业化背景下的学校教育往往把学生看作"类",传输课程知识实现的仅是其公共性或他性,个体对课程知识的理解、诠释——课程知识的自性被忽视,对话也就无从谈起。进一步说,把学生视作"类"的课程知识徒有涵义,而缺乏意义。

走出科技概念化的知识,涵义界外的课程知识便缺失了客观性,课程知识也走向了自由实践。"世界上根本不存在中立的教育过程。

---

① 〔美〕弗莱德·R. 多尔迈:《主体性的黄昏》,万俊仁、朱国钧、吴海针译,上海人民出版社,1992,第 33 页。
② 海德格尔关于凡·高的《农妇的鞋》的生活意义写照(参见〔德〕海德格尔《林中路》,孙周兴译,上海译文出版社,2004,第 18~19 页)。

教育要么充当使年轻一代融入现行制度的必然结果并使他们与之不相背离的手段，要么就变成'自由的实践'，即人借以批判性地对待现实并发现如何参与改造世界的途径。"① 保罗·弗莱雷提倡解放教育，批判驯化教育，主张通过提问式教育，"男男女女对自己所处的并与之共存的世界中的生存方式形成了批判性的认识能力；他们不再把世界看作一个静态的现实，而是处在改造过程中的现实。"② "改造"依靠对话，对话的确是"思"之途径和意义产生的方式。但由于对对话的误解，现代理论的流行使教育学界、教学理论对其滥用，所以对于有助于"思"的对话有必要澄清。

（二）展开对话的优先性

对话是主体间性的实践，也是个体意识间性的行动。前者是社会关系与互动，进而形成"反映回观"式反思形态，后者是"反省"或"沉思"。

对话不是选择观念，它是观念得以形成的前提。希腊词 dialogos，通常被译为"对话"，为了避免对日常对话的庸俗化理解，应突出其"思想在自由流动和思考"之义，使之不同于讨论。讨论（discussion）的词根是"撞击"（percussion）和"震荡"（concussion），是既成想法的竞赛或哪个想法更合理的选择。而不是流体性的思想（未成观念之前）交互渗透以图生成或整合为一个新的思想产品。对话本身蕴含了创造生成、比较、判断、探询、心灵共鸣等深层知情意因素③。知识的类型划分和课程内容选择，其实是从课程知识之外部的探视，是对知识的孤立和无生命地宰制，缺乏生成的连贯性。如海德格尔在

---

① 〔巴〕保罗·弗莱雷：《被压迫者教育学·前言》，顾建新、赵友华、向曙荣译，华东师范大学出版社，2001，第5页。
② 〔巴〕保罗·弗莱雷：《被压迫者教育学·纪念版引言》，顾建新、赵友华、向曙荣译，华东师范大学出版社，2001，第1~2页。着重号为原著所有。
③ 〔美〕彼得·圣吉：《第五项修炼》，张成林译，中信出版社，2009，第9~10页。

感叹哲学的终结时所谓的"语言是存在的家"一样，对哲学的探索必须在语言当中而不可以在语言之外。同样，对于课程知识的探寻，也只能在其内，而不能在其外部。建立在知识本身之外的"阿基米德点"不仅不真实，而且无法探查知识的本来面目。因此，课程知识的自性应该是其属性间及它与认知、体验主体的对话，而非"类型"间的竞争或被选择。

对话不是交谈。交谈是对某事件的了解，而对话源于改造现实的好奇心，其中包含了叩问和批判的力量。课程知识的公共性走向实践，在附丽他性的情境中多样呈现，这时自性便产生一种探寻和疑问，否定"时效性"的多样，一直沿着"苏格拉底之问"前行。这一历程就形成了课程知识。首先，课程知识的公共性起着"先验"的引导功能，只不过不是"理念"（上帝）或"自由意志"，而是历史文化的积淀，是经验的凝结，即"文明以止"的"人文"因素：依靠坚定的对"人"（批判性、完满性）的信仰与当下有缺憾的认可，凭借谦逊的态度，充足的仁爱，对他人的信任，以及强力的勇气和希望，运用批判性思维和真实的词命名世界[1]。其次，课程知识的公共性同时是互动实践形成反映回观式反思批判的参照系，此参照系激活对课程知识自性的检索、提问，继之分析和得出新观念。值得强调的是，叩问并不永远以"问"的语言形式出现，因为陈述方式也能表达叩问。

最重要的是，课程知识的公共性、他性和自性之间要在转化中实现对话。这种对话，可以分为两个基本的转化形式：一是公共性和他性作为外在的客观"本体"如何被"个体化"，即如何被个体理解和诠释为私人的；二是理解、诠释了课程知识公共性、他性的"个体"

---

[1] 〔巴〕保罗·弗莱雷：《被压迫者教育学》，顾建新、赵友华、向曙荣译，华东师范大学出版社，2001，第38~41页。

如何"本体化",即个体化后的理解、诠释如何上升到普遍原理和公共领域。这两种转化都属于意义生成的行动。"意义"得以产生的"对话"条件:不仅仅是动动脑筋就行,一定在行动中产生;也不仅仅局限于行动,得于渗透情感的体悟和严格的理性反思中产生。只有这样意义才能被实践。"无论是反思被剥离了行动,还是行动被剥离了反思,两者都造成了不真实的存在形式,同时也造就了不真实的思想形式,而这种思想形式反过来强化原先的反思与行动的分离"。①

对话中的前述两种反思形态是交织的,构成了反思的不同水平与基本程序。

第一,主体对课程知识的公共性描述是对话的第一步。这是舍恩所谓的反映性实践或在实践中反映(reflection in practice)②。描述本身蕴含了选择、想象、比较、判断等多种个体心理的因素,是理解的基础。每一个体由于受到生活文化和情境(无论家庭、社区、民族、时代等)的影响,这使其价值观不同,所以选择描述的角度也是不同的;个体需要、兴趣等内在动机的不同,也会表现为描述的差异性。差异性描述呈现出来,并聚集在学习共同体中,自然形成对话的必要。

第二,差异性描述通过比较、分析和否定,重组共同体的基本共识,需要途经每一描述个体的解释、辩护性对话,这就是"本体"的个体化。发现问题,转换自身视角(包括价值观、认知方式、知识储备或前提等)。

第三,在经过对课程知识公共性的分析、比较、组织、辩护后,并不一定能达成统一的结果,但会发现诸多分歧或不同路径的解释。这是熟悉公共性知识后的批判,产生评价,或者坚定自我意识,并开

---

① 〔巴〕保罗·弗莱雷:《被压迫者教育学》,顾建新、赵友华、向曙荣译,华东师范大学出版社,2001,第37~38页。
② 〔美〕唐纳德·A. 舍恩:《反映的实践者:专业工作者如何在行动中思考》,夏林清译,教育科学出版社,2007,第44~56页。

始走向"主体"的本体化之路。这种反思学习被麦兹偌称为"实践并反思"（reflection with action）①，是基于哈贝马斯和弗莱雷的批判理论的批判反思。

上述三个阶段是舍恩所谓的"实践反思"，即"对实践的反思"（reflection on practice）。

第四，共同体成员间的讨论与个体前后认知意识差异的调适，并形成一个崭新的课程知识理解规划。这一阶段被威尔逊称为"对未来的反思"（reflection on future）② 或者盖耶所谓的"为实践反思"（reflection for action）③。

综上所述，对话中实现反思的基本模式是：首先，实现学生对课程知识的描述。其次，展示对自己描述的解释，包括分析、组织、辩护等。再次，展示对课程知识的评价或者批判。最后，共同体成员间进行讨论与调适，包括归因、总结，甚至形成新的规划。

（三）问题学与中国语境

叩问除了对"提问"叩问，还可以对"事实"叩问。前者是中国传统文化所缺乏的。中国传统文化的"事实提问"展示的是知识的连续性和生成性。

"为学日益，为道日损。"求学问需要扩大认知，求"道"则借助不断地排除"非存在"而实现。发展到禅学，这种否定式的批判认识论随处可见。如对"佛"是什么的回答多种多样；如同孔子回答"仁"是什么一样，情境性制约着其向度。此回答的背后隐含的

---

① Raelin J. A., "Public Reflection as the Basis of Learning", *Management Learning*, 2001 (1).
② Sen B. & Ford N., "Developing Reflective Practice in LIS Education: The SEA-Change Model of Reflection", *Education for Information*, 2011 (4).
③ Ghaye T., *Teaching and Learning through Reflective Practice: Positive Action*, New York: Routledge, 2011, p.23.

正是一种批判性的否定，叩问在其中。虽然语言形式上是肯定的，但这是修辞问题。所以，孔子教学提倡"不愤不启，不悱不发"之说，在学习者没有对知识的内在有"思"或者课程知识的自性未能水落石出之际，教育者不予提点。这样才能实现"举一隅而三隅反"的"转识成智"教育理想。教学绝对不是将先验存在的实体化知识直接给予，而是"问学"，是"叩其两端"的"戛戛乎难哉"过程[1]。

课程知识的完整性不能通过分割知识（知识分类）的形式去建设，课程知识的属性探求使知识走向生成性和连贯性，是课程知识实现完整性的有效途径。这与中国的文化特性相关。

中西文化差异，首先体现在对于"本体"的不同理解上。西方文化追求的是现象之后的"体"，即Being（是或存在），是在人类存在之前已经有的，它是永恒的。而中国文化追求的是"用"，即在日常中的Becoming（道或理），是通过人类生活实践不断提升而成的最终结果，它是生成的。其次，由于西方的"体"是先天的，所以它是认识的对象，是客观的，排斥认知之外的如情感、意志等非理性因素。中国的"用"的人间性、生成性和最终结果的特点，必须依据经验和情感，逐渐发展到认知理性，进而达到信仰的地步。再次，中国文化的本根在于"情"，西方文化的本根在于"理"。最后，中国文化是由情出发的，通过情理之思（"心之官则思"）最终实现"实用"的理性，西方文化是由先验的"认知理性"出发，通过逻辑形式实现"实践"的理性。二者最终实现的都是"善"[2]（化智成

---

[1] Li Li, Wegerif R., "What does It Mean to Teach Thinking in China? Challenging and Developing Notions of 'Confucian Education'", *Thinking Skills and Creativity*, 2014 (11).

[2] 这里的善包含双重含义：一是合目的性的；二是合道德意志的。教化具有达到实现普遍性与普遍性回归自我体认的双重路径，才是合于善的。

德)——教化的功能。

课程知识的分类和界限划分以实现课程知识观的改变为基础,一直站在西方传统认识论的"理"和"体"的立场,在课程知识之外寻求"阿基米德点",这种做法永远不能产生生成性的"意义",因为它的"先在性"和"永恒性"制约着自身。如果从中国之"用"的角度,即从内超越的角度入手,则课程知识内在孕育着生长基点,课程知识的属性从一种公共性和他性的"涵义",便会生成自性的"意义"。即课程知识在向我们展示一种空间世界的同时,也展示一种时间性的世界。这也是学习不再是奴役式"劳动",而是"行动"的自由的转化,即自由的实践①。

"叩问问题"在中国传统文化中缺失,需要新时期结合西方文化开展研究。

课程知识是整体的存在,试图通过对知识的分类和选择来实现课程知识更新,并进一步推动课程改革的思想是危险的。因为,这种思想首先基于笛卡尔式主客二分的思维习惯,是站在旁观之所给课程知识立法。这种思想的危险:一是作为旁观者它无法实现再创造,课程改革也就无从谈起;二是明显的立法者身份,铸就知识的选择性是有意为之的外部"上帝之手"的安排,不仅存在压迫者的独断与被压迫者的服从,而且知识本身无法从自身的根源处发展,各种知识总是处在疏离状态,即缺乏内在的生命逻辑关联;三是如此被奴役的课程知识所隐含的教学活动必然是传输式的,学习者走上被规训和被奴役之路,学习不可能是自由的。所以,课程知识的探究与观念转换必须遵循从内部分析其性质的途径,不断发掘课程知识从源到流、从核心到边沿、从实体到意识等的发展轨迹,保障课程知识的发展性与连贯

---

① 张生虎、张立昌:《生成、建构到行动:教育的时间性考察》,《南京社会科学》2017年第2期;张生虎、张立昌:《核心素养的价值、问题与实践向度》,《中国教育科学》2017年第4期。

性；进而指导教学互动活动中由低级到高级的阶段性衔接，以实现学习和学习者人格的发展。

课程知识用"叩问"的形式实现知识与个体人的建设。从知识的可经验的客观性开始逐渐走向意识形态的关系性或者更加抽象的存在状态，甚至自意识形态，课程知识的学习遵循传统的"S 是 P"的断言式表达方式，试图通过累积型认识最终发现"S 是"，但这可能会适得其反——它会导致"后者否定前者"的学术史游戏；如果采取苏格拉底式的"S 不是 P"的方式，使"是"自然呈现，可能会提供一种崭新的认知图景：它展示的不仅是完整的课程知识形态（发展过程中的知识），而且会解放一个已然失落的"主体性"的"人"。

课程知识的性质，不仅关系到"是""为何是（或不是）"的问题，而且关系到为何"为何是（或不是）"的问题。前者是科学的任务，后者是哲学形而上的任务；后者为前者开拓出清晰的真问题，前者继而试图解答之。这两种区分必须在课程知识里保持清醒，因为课程知识不仅让人们理解其内容，而且注重知识形成的过程以及实践与态度，更注重培育人的思维。

课程知识的属性包括公共性、他性和自性。自性是个体性与生成"意义"的教育性之本。对于课程知识的认识从类型划分开始——"类"的认识属于抽象，无法认识它的个体性。所以，应该从其内在的属性分析。但分析往往使它走向虚无——属性外课程知识的"本体"一旦缺失，学习主体也就不在。然而，其属性中的"自性"能够使之充实，因为它使其他两个属性关联其中才具有"意义"，意义使课程知识从抽象的类转变为个体的、感性的实在。这种实在性不断在"绵延"中催生主体性的生成（主体性不是先验存在的），此其教育性所在。

课程知识的属性要在实际教育行动中实现，首先，要保持其内在的形而上探寻问题与形而下解决问题的张力关系。其次，对话不仅是形式上的呈现，如各种主体间及其客观对象间的对话，而且是课程属性间的关系对话，落到实践层面，便是一系列经验与反思间的转化过程。最后，课程知识的属性实现，要求与文化语境相契合，因为课程知识及其对话深层关切的是人的情感与精神。

第三节 反思学习的境界论

一 学习的本质与反思性

学习的失败是教育失败的终极原因。所以，21世纪教育重视学习研究，但是学习仍然停留在对结果的测量阶段，忽视了学习的过程，尤其是只关注容易被衡量的学习的个人技能、信息知识获得，而忽视不可衡量的个人情意因素和社会发展等内容。① 产生这一学习观念的原因首先是对学习本身的工具化理解。故对学习的本体论还原是我们的第一任务。

从本体论的角度思考，学习即教育②。"学习既是教育的本体或本原，也是教育的目的或归宿"③。人类生存和生活要求基本的物质

---

① 联合国教科文组织：《反思教育：向"全球共同利益"的理念转变》，教育科学出版社，2017，第80页。
② 学习可以从两个角度去审视：价值理性与工具理性。从工具理性立场出发的学习是手段，可以是掌握知识的，也可以是认识世界的。而价值立场出发的学习本身就是世界，学习本身是存在论意义的，在学习的过程中炼制主体自身，所以学习即教育。1996年联合国教科文组织发布《德洛尔报告》，其英文标题为"Learning: The Treasure Within"。中文翻译为"教育：财富蕴藏其中"。这一译名引起了争议，所以有另一种译法："学习：内在的财富"。其实，前一种译法更加突出了学习的价值：学习是存在论意义上的"事实本身"，即学习是人的存在状态，生命过程就是学习，生存本身（包括生活经验和特殊的学习经验）即教育。在此意涵下，《德洛尔报告》所追求的终身教育或者其中的"四大支柱"才成为应有之义。
③ 郝文武：《教育：主体间的指导学习》，《教育研究》2002年第3期。

性和精神性的双重保障，必须保持动物性的生存和作为特殊的、区别于动物的"人"的生活。时代在发展，人要适应时代，就必须发展自身以保证与时俱进。所以，学习如同保证肉身存在的饮食一样，是人存在的日常行为。恩格斯陀罗姆（Engestrom Y.）就此说："学习不仅是发展的前提，也是发展本身所必需的成分。"[1] 但是，学校教育往往从工具、手段的视角理解学习：学习只是为了某一目的而存在，或为某一目的的学习才有意义——如升学、找工作、干某一件具体的事业等，这种观念严重影响教育发展。其实质是将学习分裂为二：基于人的形成的教育本体，以及为了实现其他外在客观目的的手段。

我国 21 世纪课程改革适应全球人文发展方向，其目的在于实现一种价值转变：从"工具主义"应试教育观转向"人文主义"素质教育观[2]。目前集中于学生"核心素养"的探究讨论，是继前述观念转向之后的一项深层次知识论转变——从过去的重于客观知识到主观识知行为（知识的动词化）或认知过程的转变。这种转变成为现实还需要做许多教育教学层面的工作。在具体实践操作中，必须警惕在客观知识追求与主体性追求的两极跳跃现象，防止两种危险教学现象发生：放逐知识或普遍原理；遗忘人性的培育任务。

学科知识教学具有一对矛盾：教学严谨性与适切性的矛盾。依据学科知识的逻辑结构编制进程，构成教学的严谨性。依据学生的人格及实践学习进程，构成教学情境的适切性。

此矛盾表现为两个方面：一是长期教学中事实性、原理性知识教学，导致学习沉浸在记忆和传输方式中，不能解决生活实际问题。所以提出教学应该重视学科知识或专业知识的实践性诉求。这便是从

---

[1] 钟启泉：《学校的变革》，华东师范大学出版社，2019，第 43 页。
[2] 张华：《体现新时代的价值观》，《中国教育报》2001 年 9 月 19 日，第 4 版。

"坚实高地"到"沼泽低地"的时代宏观范式转换。二是专业化、学科知识教学沉浸在解决现实生活问题的功利计较中,这便会使教学及其内容技术化,培育出来的"人"仅仅是专家或工具,而失去关怀普遍理性和社会"公义"的胸怀、德行、信仰等人性,如何实现"个体情境"向"公共领域"的超越便成为问题。

如何处理这一基本矛盾成为教学论要解决的难题。教学必须对培养对象的主体性严格要求,这成为"核心素养"产生的必要条件。核心素养的最低要求应该有两个方面,一要具有某一学科专业的技术专长,适切地解决现实问题,以图"安身";二要具有关怀世界的理性精神,既现实经验生活又关怀世界和社会,以图"立命"。这才是完整的人文意义,"以出世的精神做入世的事业":不追求功利,但仍然追求卓越。

首先,教学必须走向实践领域。实践中学习的诉求,被杜威引向经验学习。经验学习中的反思调和了严谨性与适切性的矛盾。

普遍知识原理存在,它是经过人类长期实践并积淀的成果。目前教育教学中存在的问题是,将知识作为形式化的概念原理进行传输,导致学生掌握的是被抽空了(其产生背景和具体情境、情感、理解、发展过程等因素被抽离了)的符号信息。所以,如何将知识还原到原初经验中,被学生经历和体味着学习,使之成为满含情意因素的对象等条件便成为教学的必需。此类被实践的知识被 Oll 称为"慢性知识"(slow knowledge)。正如诺贝尔和平奖得主 Wangri Maathai 所说:"直到你挖了一个坑,你植了一棵树,你给它浇水使它生存发育,才可以说已经做了一件事。但你(时常)只不过在说而已。"[1]

其次,实践知识学习要遵循反思学习的特点。杜威的经验学习和

---

[1] Clifford E. Knapp, "The 2009 Kurt Hahn Address: Seeking Deeper Understandings from Experience", *Journal of Experiential Education*, 2010(3).

反思学习的理想后来被舍恩发展，提出在实践中反思，并在专业教学中突出这一点。不过，舍恩发展实践学习为行动中反映还有另一个创造性突破，即在实践中反思的实质是"与情境对话"。

通常所谓的对话或反思，是指专业者在学科知识的学习中对客观主题化知识的反思或对话：基于主客二元论，为了发现客观逻辑。而"与情境对话"则相反，是指在具体的特殊情境中：一是前科学知识在生活世界中如何自我建构知识的实践；二是已经科学化、主题化的知识、原理如何被学习者理解、运用。这种行动中的实践，使教育重新走向了"人"的形成及其创造性；同时超越了单子论知识，使之变成一个运动发展的过程，学习成了一种识知结构或探寻更广阔场域的手段。这种实践知识与学习者在实践中统一起来的体用不二与知行合一特征，与中国传统文化的境界论实质相通。因此，它是中国文化特色的教学论探索，反思学习境界论成为研究主题。

反思学习的境界包括自然境、自我境、道境和天地境。在日常教学中，反思学习为追求功利（考试升学及诸生存需求），一般停留在对客观知识的记忆、理解和运用上。如果学习仅仅停留在知识本体论层面，往往出现马克斯·韦伯所谓的专业化导致的官僚组织化的学校阻碍教育的现象。所以，反思学习要从易于反思呈现的知识（信息、概念、程序和策略等）层面上升到对自我的诸因素（包括感觉、认知、感情、信念、思维、行动中识知及其框架等）进行更富整体包容性和更深层的考察层面。[①] 前者的反思学习在主客观二分的前提下，表现出清晰性与严谨性。后者（在实践中反思），基于日常性和行动性，形成适切性。但在实践中反思往往使"反思"流于世俗（偶尔想想或思考一下）而遗忘超越性。因此，应当注意表现在外的

---

① Ruth G., "Self and Social Work: Towards an Integrated Model of Learning", *Journal of Social Work Practice*, 2000（2）.

客观知识超越性与主体内在超越性间的张力,方能克服这种沉湎于世俗的学习形态。坚守实践且超越日常的关键是,反思学习如何保证此张力关系的存在,这必须坚守两点:在学习行动中反映——保持整体的识知反映型(框架而非知识,甚至模式),且在行动识知反映中关注此识知的形而上之诸规范或传统(即使所指向的规范、传统也不一定是道体或存在本身)——其实它是一种价值观(受历史、环境、政治、文化、社会关系等影响)在文化层面的考察、探究,即古人所谓的"体道悟道"。而这种体道悟道不是简单地搬运规范化的实体对象,在经验芜杂的世界中会发生两种实质的精神现象,一是秩序化世界成为规范本身,二是在实践行为中改变主体自身的情感、思维、德行和精神全部。

二 反思学习境界的文化传统

(一)反思学习境界的中国文化渊源

中国文化具有浓厚的实践性特征(无论儒家的实践理性,还是道家的道器同一的泛道论,以及禅宗的瞬间经验永恒本体化都有此特征),所以,追求知行合一。知行合一不可避免地具有世俗化倾向——"佛法在世间,不离世间觉""百姓日用即道"等,而缺乏明显的超越性。这使"超越性结构""赋予世俗日常生活以意义"成为发展中国文化的一个明显的世纪主题。[①] 缺乏外向超越,便注重修行和学习是境界(即内在超越)论的观点。中国有许多人生境界论都是基于此文化特征而提出的,如青原行思的"看山是山,看山不是山,看山还是山";王国维的人生三境界:"独上高楼,望尽天涯路""衣带渐宽终不悔,为伊消得人憔悴""蓦然回首,那人却在,灯火

[①] 尤西林:《百姓日用是否即道:关于中国世俗主义传统的检讨》,载氏著《阐释并守护世界意义的人——人文知识分子的起源及其使命》,华东师范大学出版社,2017,第251~262页。

阑珊处"；冯友兰的"自然境""功利境""道德境""天地境"等。

人们在学习中，如果驻足于实践，常常会被直接面对的经验对象或内容迷惑——甚至迷恋功利实用，而无法整体、动态地考察知识，更不会返回自我认知——如体察情意、信仰等精神世界，也无法超越对象或内容对其背后的运行框架和"道体"领悟。而这些要借助反思学习才能得以实现。

（二）反思学习境界的西方文化源流

西方文化注重理性的科学精神，所以将本体世界与现象界二分是其主流（李泽厚称为"西体"）。学习基于此二元论，便不是境界，而是层次（外在超越）问题。但也不能因此便否认其人文传统。

Grundy 和 Boud 等人把反思学习追溯到古希腊时期，亚里士多德在《伦理学》中讨论了相关实践和道德行动理论问题[1]。其实质在于实践观念的提出[2]，对传统的理性认识二分观的批判。海德格尔在对存在与时间性的解读中，批判传统的笛卡尔二元论，而醉心于存在的整体，晚年他提出天、地、人、神四重境界。这很大程度上得益于东方哲学（尤其是道家）"内向超越"的启示[3]。

实践成为弥合传统二元论分裂的追求，反思学习的实践性也被凸显出来。杜威认为反思是一种感知的联结和联系各部分体验的过程[4]。哈贝马斯认为一种重要的反思过程发生在他称为"批判意图"的目的

---

[1] Grundy S., "Three Modes of Action Research", *Curriculum Perspective*, 1982 (3).
[2] 亚里士多德将实践划分为三种层次：劳动、制作和行动。阿伦特依此对马克思将实践扩大到劳动——以身体为主的奴役性不自由状态，认为劳动是人的本质——展开批判，其原因就在于奴役是自由的反面，它排斥反思之发生（参见〔德〕汉娜·阿伦特《人的境况》，王寅丽译，上海人民出版社，2009，第60~96页）。
[3] 赖贤宗：《道家禅宗与海德格尔交涉》，新文丰出版有限公司，2008，第150页。
[4] Boud D., Keogh R. & Walker D. (ed.), *Reflection: Turning Experience into Learning*, New York, NY: Kogan Page, 1985, pp. 11-12.

情境中，其核心在于使人的心灵自由。如此，反思学习通过对社会和伦理情境的研究、批判和重建，达到人的启蒙和解放①。

麦兹涪借用哈贝马斯和弗莱雷的理论，在其成人学习研究中赋予"批判性反思"这一概念核心地位。并描述了这一概念的 7 个方面：最基础的反映、情感反思（affective reflectivity）、判别式反思（discriminant reflectivity）、审议反思（judgmental reflectivity）、概念反思（conceptual reflectivity）、精神反思（spiritual reflectivity）、理论反思（theory reflectivity）。并将之总结为概念反思、精神反思和理论反思②。之后他进一步发展，基于反思对象本身而区分了三种反思形式：内容反思（content reflection）、过程反思（process reflection）、前提反思（premise reflection）③。

但是，麦兹涪对杜威有曲解处：他分梳的各种批判反思方式依据传统二元论的价值观，并没有沿着实践中反思的路径前进。留给反思学习研究的课题是：人们在实践中实现反思学习可以达到怎样的高度？这不是外在的工具理性或实证主义意义上的"说明"，它是依赖于实践者或学习者的内在素养，关系到其需要、兴趣和价值观等因素。只有如此，才与哈贝马斯的理论（兴趣、解放等取向）相合。

直到舍恩和阿吉里斯提出实践理论研究、反映实践者理论，这一反思传统才大放异彩。舍恩和阿吉里斯的实践理论反对科技（工具）理性和实证主义，所以提出实践知识、组织学习、在实践中反思等概念。实践知识是相对于传统的客观认识论知识观提出的概念，其核心

---

① Ghaye T., *Teaching and Learning Through Reflective Practice：Positive Action*, New York：Routledge, 2011, p. 26.
② Mezirow J., "A Critical Theory of Adult Learning and Education", *Adult Education*, 1981 (1).
③ Joseph A. Raelin, "Public Reflection as the Basis of Learning", *Management Learning*, 2001 (1).

意义是认为知识基于整体的识知行动过程中的多重联结并实现连续性转化。尤其是其单环学习转换为双环学习的创生性和连续性，构成了反思学习的境界问题。

在上述发展逻辑指导下，Larrivee 区分了实践反思的三个层次：表层反思、教学反思、批判反思。①

（三）不同学习模式中的反思学习

1. 单环学习与双环学习②

库伯（David Kolb）在研究经验学习时提出了学习的单环模式③（见图 2-1）：从经验到反思观察，再到抽象概念化，主动检验，如此往复，便形成了以发展为核心目的的单环学习。单环学习概念是由阿吉里斯提出，指当学习者遇到学习发生（匹配，或改变行动来纠正不匹配）时，反观自己的学习行为或实际使用理论是否、在哪里出现了问题。适合于惯例、重复性的日常学习。单环学习的弊端在于，易形成"熟练的无能"和习惯性防卫。往往使人在无意中变成现状或主流价值观的奴仆，而无法超越信奉理论以创生新的使用理论。

图 2-1 库伯的单环学习模式

---

① Larrivee B., "Development of a Tool to Access Teachers' Level of Reflective Practice", *Reflective Practice*, 2008（3）.
② 〔美〕克里斯·阿吉里斯：《组织学习》，张莉、李萍译，中国人民大学出版社，2004，第 72~92 页。
③ Boud D., Keogh R. & Walker D. (ed.), *Reflection: Turning Experience into Learning*, New York, NY: Kogan Page, 1985, pp.11-12.

双环学习指在遇到学习障碍（改变行动来纠正不匹配）时，学习者首先反观的是自己的行为与其发生的前提（控制变量和主控程序）——价值观及其对应的信奉理论是否出现了问题，以及它与使用理论的关系——是否合理匹配；其次才是反观自己的学习行为及其使用理论本身。双环学习对于反思学习更重要，因为信奉理论决定使用理论，狭隘的生活观创造一个狭隘的世界，正如马斯洛所说："在木匠看来，世界是由木头构成的。"① 同时，使用理论往往在实践中变异、扭曲，与信奉理论不统一。所以，对使用理论的反观也是必不可少的，且对使用理论的考察更加复杂。归根结底，双环学习是必要的，它以转换为核心目的（见图2-2）。

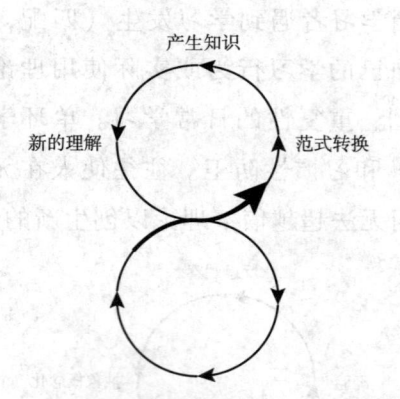

图 2-2　阿吉里斯和舍恩的双环学习模式

单环学习的本质在于同一范式内的发展，对学习的前提假设没有变更或无批判地对待，是封闭性的。双环学习的本质在于不同范式间的转换，对其前提假设及其价值观批判审视并实现变换，实现对经验学习的超越。新的知识、理解以及相应的学习目的、行为、方式等也

---

① 〔美〕马斯洛：《动机与人格》，许金生、程朝翔译，华夏出版社，1987，第279页。

会相继发生，因此是开放的。

阿吉里斯和舍恩后来发展了这两种学习模式，称之为组织学习中第一型和第二型使用理论①。第一型的使用理论的控制变量是：确定目标且努力实现之；尽可能赢，避免输；尽可能避免生成或表达负面情绪；保持理性。给学习造成的影响是：自我封闭；单路径（单环）学习；不公开（私下）验证理论。最终使学习有效性降低。第二型的使用理论的控制变量则是：有效的信息；自由而充分的选择；对选择的内在承诺及其执行过程中的持续监督。给学习造成的影响是：可以否定的过程；双路径（双环）学习；理论的公开验证。对学习影响是增长的长期有效性。

对于学习的封闭与开放，控制与自由，低效与增长的长期有效的探究，Stacy同样有所表述："特殊的管理关系到管理者如何突破既存的范式而创造一种新的范式……开创一种混乱以求毁灭旧有的概念和行为模式，而创生一种新的概念和行为模式。"②

所以，学习不仅通过反思经验而不断发展自身，而且超越经验并反思控制经验学习的价值观前提而实现转换。

双环学习给反思学习的启示在于：反思学习不仅反思主题化知识，即对已经被学科化或知识化的学习内容的反思。而且在于对这种主题化知识的前提反思，即对科学化之前的生活世界③（一种多元的、混乱的未被逻辑化的境域）进行反思学习。它更加开放，促使学习者实现创造性转换学习。

---

① 〔美〕克里斯·阿吉里斯、唐纳德·A.舍恩：《实践理论：提高专业效能》，邢清清、赵宁宁译，教育科学出版社，2008，第64~130页。
② Anne B., *Facilitating Reflective Learning through Mentoring and Coaching*, London: Kogan Page, 2006, p.35.
③ 生活世界，由胡塞尔于1936年提出。具体包括两项内容：科学产生之前的非主题知识化状态的世界；科学产生之后，但处于科学领域之外的非主题知识化状态的世界。

2. 反思学习在个体学习与社会学习的不同要求

教育教学中侧重于个体还是社会，直接影响了教学形式的不同。如建构主义理论中的激进建构主义与社会建构主义的争论，源于皮亚杰的个体学习研究与维果茨基的社会化学习研究。①

个体学习重于个体的认知心理发展，社会学习则重于认知的共同体作用。联系上述单环学习与双环学习的规定，个体学习中基于经验的反思学习难以发生转换。因为，学习个体囿于自我的信奉理论，一味反思自己的使用理论与自我发展间的关系，很难对自己的价值观这一认知前提进行反思，也很难实现对信奉理论的批判转换。只有在社会化学习中，个体的信奉理论才受到他者的批判，进而反思学习发生转换式超越。这样社会学习便富有了两种形式的反思学习，一是针对使用理论的反思学习，促进个体发展性；二是针对信奉理论的反思学习，促进个体转换性。

在此注意的是，不要因为社会化学习的批判属性就坚定地认为社会化学习优于个体学习②。首先，无论个体学习还是社会学习，都要突出主体性功能。因为在社会环境下的反思学习中，如果不注重主体性往往会导致两种危险：一是权威意识（如教师、优等生的意见或客观知识、意识形态等）的左右，导致主体性被遮蔽。二是社会学习环境下个体理性往往屈从于集体无意识，主体性不在③。这是教学

---

① 〔美〕莱斯利·P. 斯特弗、杰里·盖尔：《教育中的建构主义》，高文、徐斌艳、程可拉等译，华东师范大学出版社，2002，第 119 页。
② 如佐藤学认为的，"坐学"之"勉强"不属于学习。是提倡社会化学习优于个体学习的极端反映（参见〔日〕佐藤学《静悄悄的革命：课堂改变，学校就会改变》，李季湄译，教育科学出版社，2014，第 105 页）。
③ 〔法〕古斯塔夫·勒庞：《乌合之众》，冯克利译，中央编译出版社，2017，第 10、39 页。弗洛姆对社会学习的这种无意识、非理性倾向也进行了批判，被称为"市场倾向"——过分重视他人或者大众传媒代理人。所以提倡个体化的反思学习（参见〔美〕大卫·理斯曼《孤独的人群》，王崑、朱虹译，南京大学出版社，2002，序言第 13 页）。

长期处于被控制与规训的原因之一。

其次，社会学习总是受制于外在的意识形态——包括传统文化意识形态和国家执政党意志形态①的影响，也是教学处于被控制与规训的原因。这就导致反思学习的"服从法则的强制"与"运用自由的能力"（康德）间的矛盾。其实质是保持学习的平衡发展与变革转换之间的关系问题。个体学习与社会学习总是相互作用，学习效果的产生必须基于个体主体性。

3. 反思学习的基本框架

由上面两组学习的关系形成一个基本的反思学习构架：保持平衡，还是注重变革；侧重个体，还是倾向于社会。这些因素构成的基本空间都是反思学习应当蕴涵的内容，被称为双螺旋结构（李泽厚，拉图尔等），该结构关系到教育教学复合发展的时间性②。此架构空间基本包括四个取向：发展与进化、超越与转换、控制与计划、革命式跃进（见图2-3）。

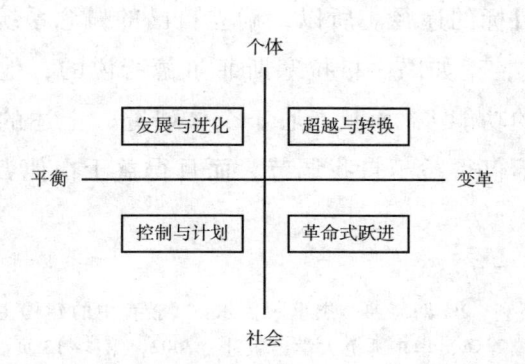

图 2-3 反思学习的双螺旋结构取向

---

① 叶澜：《当代中国教育变革的主体及其相互关系》，《教育研究》2006 年第 8 期。
② 张生虎、张立昌：《生成、建构到行动：教育的时间性考察》，《南京社会科学》2017 年第 2 期。

反思学习具有进化发展的属性。皮亚杰提出的个体认知图式在平衡与失衡之间发展，所以知识的形成具有进化的特点：一种适应性。基于此，冯·格拉塞斯菲尔德发展了这一进化发展观，提出了激进的建构主义思想：概念系统的建构是学习者个体成功的关键，而它不能依靠既成概念的传递，只能以学习者个体的理解为核心进行反思学习。"存在"的真理性意义便是理解，它存在于经验领域内，而不是本体论的。反思学习在他看来便是"自我调节"，抽象自我经验的过程。这种反思如何发生？基本条件是学生具有可靠的动机形式：首先具有自己的目标，而这种目标受到问题的阻碍。这就使学生搜寻目标，并探索实现目标的途径。在这一过程中教师不是在传递既成概念，而是要"指导"：倾听学生以发现其目标，解释学生所做和所说的，并试图建立起学生概念结构的"模型"。① 这种对教师功能的解释与舍恩的观点是一致的。在实践反思学习中，教师并不是先验地给学生制定目标，而是与学生协商、探索，然后敦促学生自己确立目标，探索实现目标的途径。所以，确立自己的概念系统是反思学习的第一步。② 可见，正如冯·格拉塞斯菲尔德所说的，他和皮亚杰并未否认社会学习的功能③，而只专心于个体研究，上述的个体发展与适应性反思学习不仅得益于自我调节，而且得益于在他者的帮助下实现协商调节。

---

① 〔美〕莱斯利·P. 斯特弗、杰里·盖尔：《教育中的建构主义》，高文、徐斌艳、程可拉等译，华东师范大学出版社，2002，第 4~13 页。
② 〔美〕唐纳德·A. 舍恩：《反映的实践者：专业工作者如何在行动中思考》，夏林清译，教育科学出版社，2007，第 246~251 页。
③ 皮亚杰认为儿童关于客观世界的知识，既不单单源于主体，也不单单源于客体，而是源于主客体间的相互作用。与行为主义的外部刺激引起主体反应而产生的学习不同，皮亚杰认为儿童与生俱来的一种功能就是自身即发展的积极动因，他积极主动地在环境中寻找、选择适宜的刺激因素，在与环境的相互作用中实现学习和发展（参见张文新《儿童社会性发展》，北京师范大学出版社，1999，第 13 页）。

反思学习的控制维度。学习具有情境性，传统的认识论知识观主张理性地考察客观知识，被杰根称为知识的外源论。这种知识对于学生的学习具有先验的计划性和控制功能。形成的反思学习是定向的。前述麦兹偌继承哈贝马斯所提出的批判性反思即针对此而言。

反思学习的超越性维度。个体学习的超越性发生基于对自我价值观的超越，具有否定原先经验、行为的信奉理论的视野。可以说是转换视域，重新审视自我。其实质是对经验自我的批判性反思。其中情感与想象充任核心的作用。这种超越性更靠近自我的诠释性和情境意义，而非公共的涵义。

反思学习的转型意义。转型意味着一个新的合理性或时代合理化的目标出现，它也是超越性的一翼。此超越性借助于共同体的力量，指向的是公共性"道体"——库恩所谓的科学"范式"转换，而不是"私人"的和具体情境中意义诠释或理解。

三 反思学习的四重境界

教育教学本身是多重矛盾的统一体。如控制与自由，永恒与历史，平衡与变革，认知与体验，理性与非理性（即实践理性）等。而这些矛盾与知识的理解密切相关。确实，"知识"是教育问题中关键的概念，而不同的知识概念会导致个体对教育过程的不同理解。"关于知识的信念……指引和支撑着我们的教育实践活动并证明其正确性。"[1]

知识和概念具有恒定的涵义，但也有具体情境中个体理解、诠释的意义，即具有公共性与私人性，恒定性与情境性、历史性。因此形

---

[1] 〔美〕莱斯利·P. 斯特弗、杰里·盖尔：《教育中的建构主义》，高文、徐斌艳、程可拉等译，华东师范大学出版社，2002，第14页。

成了不同的教学理论和实践。反思学习亦然。到底反思学习恒定的知识形态或概念系统,还是反思学习特殊情境、时间中的自我理解与生成意义,抑或反思学习超越了前二者的混沌本体?就涉及反思学习的自然境、自我境、道境和天地境四重境界。

(一)反思学习的自然境

不能否认个体之外客观世界的存在。个体在每时每刻都经验着这一世界,构成一个经验自我(Me,$我_1$)。$我_1$是一个被动地被世界、环境塑造的无能者,它时常处于无意识状态。经验的一切不可能全部被$我_2$编码保存,$我_1$只在经验着客观世界。与之相反,一个处于主格的理性自我(I,$我_2$)却始终对此经验进行选择加工,给经验的某些事或事物染上情绪色彩、甚至情感依赖(信奉和性格化),使之从无意识的经验界凸显出来,形成记忆以便进一步加工,或进一步分析、综合,成为对象性存在而产生意义,此即所谓的内在体验。使某些经验脱离开所有无意识经验背景而成为意识、感知、认识对象,是$我_2$之功能,而此刻已具有了反思的性质。因为,某一对象被$我_2$凸显,与全体无意识经验产生疏离,缘于$我_2$的先验性规定——类似于贝克莱之义(存在即感知),与$我_2$"心有戚戚"者方被感知而成为对象。

体验具有反映性,更具有反思性。但这种反映已经不同于镜子一样的复现,而是基于价值观和情感的选择、加工,并重组了一个富有$我_2$特性的新世界。概念的形成是这种世界观构造的基础。一系列概念组成不同个体的对外部世界的观念结构。故概念的客观性及其意义首先成为反思的对象。

概念的普遍性特征导致人们常常视之为知识的基础,随后的原理、程序、模式、策略等知识形态都基于概念。反思学习首先面对的也是这一基础,从而构成被视为客观的科学考察阶段。

科学考察的对象必须是客观的、可视的、静态的,唯如此,它才可以被表征。其实质是一种抽象概括，将复杂、丰富世界的简单化、条理化。学习者最初的反思学习集中在概念，出于此立场，它可以使学习者形成科学精神，发展理性思维，益于对我$_2$的塑造——使之对客观世界拥有更敏感的反思功能和疏离无意识经验世界的功能，其实质是扩大自我认识域与提升体验、认知能力，尽量使我$_1$发展、提升为完全的我$_2$——这是传统教育观的正当性诉求，即人从情感的人成为理性的人的教育过程。但它只是基础，是人类认识的基础，也是人生存、发展的基础。

这一反思阶段，体现出极其功利的特征。它往往导致学习成为识记、记忆，而不是反思通常被称为"忽视过程，只重结果"的传输式教学活动。其前提误识是学习为了表现或商品化（考试时复现之，证明自己有知识，证明表征的有效性等），而不是为了人的发展或"人"的形成。

（二）反思学习的自我境

概念学习与知识学习是处于最表层的学习，对知识、概念的反思学习也是最易于实现的。它们的静态、客观性和逻辑结构有助于人们把握反思学习的可重复性，并且给反思学习者以质实的可靠性、确定感。当反思学习者在这种反思学习阶段开始发现同一认知对象，比如在认知方式选择上产生差异带来的认知快慢、难易甚至认知对象本质变化的区分认识时，便会返回到"别人为什么会这样思考，而自己又为何如此思考"等类的疑问中——开始发现自我意识追问（对比性反思学习）。这是"我能认识什么"（康德）的认识论转向的开端。反思学习进入自我境。

元认知仅仅构成反思学习自我境的基础。在此基础上，"我能希望什么"（康德），"我是谁"（苏格拉底）更具有反思学习的必要性——关乎人格的形成，情感的升华，德行的提升，信仰确立。

元认知能力指对认知的超越，达到对认知的思维和方式的反思批判。同时，它也涵括对前认知的价值评估，这里便包含了情感辨析。为了精确表达超越于经验界之上的反思性既包含认知参与，又有情感和行动参与，Smagorinsky 提出"元经验"（meta-experience）概念[①]。

元经验中包含的情感反思，形成期盼、兴趣、欣赏、信奉等多种取向，指导学习者探寻个体追求。实现从单纯表层的可传递、可掌握性知识走向理解性反思学习转化，前者可以传授，而后者是不可传授的。所以，这种转换的实质是从工具性之"器用"，走向内在性素养或"能"（competence）。

在这种情感填充的基础上，个体人格形成。此时，学习者反思的核心问题是"我是谁"，即自己应该成为怎样的人的目标、情感问题。涉及品质（细微考量与辨析、认真严谨的态度、深刻探寻和执着追求……）与德行（个人道德与社会伦理），性格化与信仰借此生成。此时所确定的学习目标已经具有自我发展方向，是自由的，不再是外来的规定和控制。也正是达到了"个体道德自主性"的实践理性阶段（康德），此信仰性道德比社会性道德更具有生成性、更坚定、更自律，也更有力。

反思学习的自我境到达德行与信仰探寻阶段，不仅超越个体自身，而且可以扩展到对"人类"基本问题的思考；不仅超越自身经验的情境性知识内容，而且超越至"本体"。此时便滋生出对"道"的追求，反思学习从而走向"道境"。

需要说明的是，上述处于反思学习自我境状态中的表达以阶段式呈现，显然是为了说明的方便，实质上这些阶段是同时，甚至混杂着发生的，它是无序的生成与突变并存。

（三）反思学习的道境

反思学习的道境，是"公开的理性"（康德）运用。其指向包含

[①] Smagorinsky, "Vygotsky's Stage Theory: The Psychology of Art and the Actor under the Direction of Perezhivanie", *Mind, Culture, and Activity*, 2011 (4).

两个方面：一是超越面对的具体情境知识而走向公共普遍的"本体"，它针对专业化教学批判。二是超越个体需求，走向社会共同体的"公共领域"或"公义"。

个体日常反思的世俗化、平庸化表现在对经验的迷恋，对经验知识的坚持，即"百姓日用而不知"；只知道经验知识，不能超越经验而进入更高一级的"道体"境，即"渔工水师虽知而不能言"，滞留于内在体验和言语形态，而无法超越到公共语言和概念系统中。教学中，教师与学生仅限于某一知识的学习经验，不能反思学习经验之外的"学会学习"问题。如在语文学科教学中，大多数教师局限于教学选文内容（这些内容大部分不用教师解读分析，学生也是可以读懂的），却不能超越选文甚至教材去教授"语文知识"——借助选文要学习的语文原理、概念、语文表达方式、行文规范、语文学习方法，甚至语文思维等。所以，对于实践反思学习的研究要从更加开阔的视野开展，如舍恩对建筑设计、心理医疗、城镇规划、管理艺术①等专业教学进行个案研究，但舍弃其具体学科内容制约，会发现一个共同的实践反思学习基本框架②。

另外，专业化教学使学习及其反思学习仅仅停留在知识内容的逼仄域内，为顾及严谨性而忽视了适切性。所以，专业化教学培养出来的是专家，而不是充分发展的"人"。这就使专业学习者难以超脱自

---

① 〔美〕唐纳德·A.舍恩：《反映的实践者：专业工作者如何在行动中思考》，夏林清译，教育科学出版社，2007，第246~251页。
② 舍恩肯定不同内容的专业具有差异性，但他说："差异，存在于……共同元素中"，这些"给予实践者较为稳定的参照"的共同元素包括："实践工作者用来描述现实与进行实验的媒介、语言和资料库；用于问题设定、探究历程以及反映性对话中的评鉴系统；赋予现象意义所采用的通盘理论；用来设定自己的任务及界定体制情境的角色框架。"因此，他提出实践反思学习的基本模型：框架分析、资料库建设、通盘理论研究、体制情境中的过程本身探究（参见〔美〕唐纳德·A.舍恩《反映的实践者：专业工作者如何在行动中思考》，夏林清译，教育科学出版社，2007，第217、246~255页）。

己的学习领域，实现对社会公共事业的关怀，"公义"之心、之行缺失。反思学习基于反思知识逻辑、反思自我发展而开拓出反思"公共领域"的路径。不过在此有两条路径选择的分歧：一是先在学习课程领域发生变革，如打破学科界限，实现去学科式的"通识教育"之路①；二是侧重于行动学习，在实践中反思学习（阿吉里斯和舍恩）。后者更合乎境界论要求，它使学习走向"生活世界"。

反思学习对于这种"道体"追求的强调，立意在于：一是保持内向超越与外向超越张力关系；二是实现个体与社会的统一发展与进步；三是保证经验反思学习与行动反思学习的层次既区分又统一运行；四是防止反思学习的庸俗化。

（四）反思学习的天地境

前述的三重境界中反思学习都是对象性的：反思学习知识、反思学习自我、反思学习规范或客观之道。但在成为一种生存方式之后，反思学习就成为生活世界中的反思。针对的是实践中如何践行、经验这种非对象性的知识、自我和道等问题，及如何在生活中开展实践这未知的规范大道，即天道就在人道中，天理落实为人情。这也是孟子所谓的"义"，后学提倡的天人合一，工夫即本体或者"道在百姓日用中"。

"道"在传统中具有二重性。一是本然之理，即真理的大道；二是当行之路，即规范的大道。但道始于"情"。这种"情"不同于西方休谟所谓的"同情"，而是与中国的基于血缘关系的经验性情感密切相关。生活经验和实践中的情感基础，以"欲"②为基础，但又滋

---

① 尤西林：《知识分子：专业与超专业矛盾及其改善之道》，《探索与争鸣》2019年第1期。
② 不是一己之欲望，而是在以生物性为基础又超越了生物性，与他人交往中的心理状态和境界，具有社会性（参见李泽厚《人类学历史本体论》，青岛出版社，2016，第104页）。

生出文化规范（如礼、道德伦理规范等）的理。

反思学习对待生活世界的方式规定了反思学习的境界。生活世界可以从两方面对待反思学习：一是将之视为客观的、外在于主体的对象。如把它视为科学研究、艺术表现的世界，在知觉主体面前展开的对象世界，即西方洛克、培根等经验主义关注的、通过感官所经验的对象性世界。二是"作为我们的一切行动和互动之有意义背景已经在那里起作用的世界"①。它构成了我们的生存方式。在后一传统中，被现象学创始人胡塞尔称为的"事实本身"指的是意识内在的主体间性，即意向性；在海德格尔的学说中指的是溢出意识之外的生存性；而在伽达默尔的学说中指的是其历史性。李泽厚从中国文化传统的"本体"（subjectality）意涵出发指出，这种生活世界的本质在于"经验变先验"的社会历史本体，即情本体②：客观世界本无所谓的情感价值，情感价值都是受社会历史经验塑造的主体赋予客观世界的，如"平畴交远风，良苗亦怀新""感时花溅泪，恨别鸟惊心"等。其实，这是一种审美心胸。这种审美心胸是一种主体境界，将理融化于情。通俗地说，外部世界本无所谓喜怒哀乐，喜怒哀乐尽在主体自身的精神里面，而主体把自身内在的情感赋予外在中立的客观世界就构成了有意味的审美形式（儒家的有情宇宙观）。因此，从这两方面而言，人性在个体上说是情理结构，就人类而言是文化心理结构（后者与布鲁纳观点一致）。

其实，从历史顺序看，人类在受制于外部生活世界而产生文化和精神，生活世界规定着人类；但从逻辑顺序看，个体总是受制于先在的人类文化传统的制约和塑造，然后个体的情感精神和价值又规定外部生活世界（应当感受到、观察到怎样的对象受制于接受了怎样的

---

① 〔美〕肖恩·加拉格尔：《现象学导论》，张浩军译，中国人民大学出版社，2021，第2页。
② 李泽厚：《人类学历史本体论》，青岛出版社，2016，第58页。

先在的文化观念）。反思学习天地境在人的内在历史性基础上提高，即对此世人际的时间性珍惜[1]，而非靠上帝拯救。依托上帝拯救的文化观念是掷弃现世，遁入天国。而对现世的时间性珍惜的文化观念则是，依凭物质世界和社会人际，在艰难跋涉中去创造形式，寻找家园，探寻诗意生存。这是不同于前者遵循传统先验而在的、上帝的理性命令从而得到拯救和找到归宿处的路径。天地境在此就是"空而有"：即使空无也乐生入世，况且有那个协同共在的天地，人生便不空无而是充满了历史的丰富。[2] 苏轼曾说的"竹杖芒鞋轻胜马……一蓑烟雨任平生"和陶渊明"采菊东篱下，悠然见南山"；佛教的"日日是好日""担水砍柴，莫非妙道"皆然。

在实践中反思学习，本质是如何在流动性活动中探寻恰到好处，即中国传统概念中的"度"。"度"以人在不确定的日常经验中建立秩序为起点[3]。反思学习是在无序、模糊的生活世界中探寻清晰，杜威、舍恩和格式塔心理学家韦特海默（Max Wertheimer）都这样看待反思学习[4]。这种清晰化不在于通过科学范式对外在对象进行的分析，也不在如现象学所谓的主体意识中，而是主体自身如何在实践应用中培养执两用中的技近乎道的功夫，儒家传统称之为"中庸"。这就是实践（首先在于行动，而非思维或者认知；其中既是物质—社会的，又是心理—情感的）中合目的性与合规律性的融合。其实，这种融合实质在于在形式感、秩序感的创造和把握中所产生的与宇宙—自然（"天地"）的同一感，即天地境的基础[5]。

---

[1] 李泽厚：《人类学历史本体论存在论纲要》，人民文学出版社，2019，第199页。
[2] 李泽厚：《人类学历史本体论存在论纲要》，人民文学出版社，2019，第189页。
[3] 李泽厚：《人类学历史本体论存在论纲要》，人民文学出版社，2019，第210页。
[4] Marc Clarà, "What is Reflection? Looking for Clarity in an Ambiguous Notion", *Journal of Teacher Education*, 2015（3）.
[5] 李泽厚：《人类学历史本体论存在论纲要》，人民文学出版社，2019，第211页。

情感的人化是从生活经验中提升的。西方依靠宗教,而东方则是"以美育代宗教"。首先,在西方传统中,经验特指个体自我意识的经验,即个体感官知觉活动或感官显像。洛克、休谟等经验主义者都谈的是这种意涵下的经验。甚至于理性主义者所批判的对象,或者理性主义所谓的理性也是针对个体自我意识。所以,自我或者自我意识的经验成为近代哲学研究的主题。① 其次,在东方传统中,经验指的是生活经验②,是对直观整体性的生活内容的领会。它也是社会的性质或者人类学意涵上的经验。无论上述哪种经验,如果不通过反思的检验,那么就是漂浮在日常或者形象直观的历史状态中。从而就是虚无的,缺乏恒定性、明晰性,进而就会否定生活的意义。因此,对生活在世间的人们而言,反思地面对形象直观且探寻超越物理的对象,寻找永恒意义才是本体的。作为个体自我经验的反思学习,它探寻到的是理性,最高的代表便是一切弥漫在世间的法则及其制造者(上帝)的理性,它显然是外在于世界而先验存在的。作为生活经验的反思学习,则是"寓于"世间的,却为可以直观的世界所遮蔽的隐身"存在",它需要"领会""领悟"和体验获得。

四 实践中提升反思学习境界

反思学习境界的提升有两个基本前提:一是体用不二,知行合一。二是获取知识、技能与反思学习的关系逆转。传统教学论认为学习的目的是获取知识、技能,反思学习是副产品。相反,如杜威早就

---

① "近代哲学……以自我的概念为基础的。""自身意识不仅是近代哲学的一个课题,而且就是近代哲学的课题。""如果要想寻找从笛卡尔到萨特的近代哲学活动的最小公分母,那么人们会毫不犹豫地说,这个公分母就是自我意识。"(参见倪梁康《自识与反思:近现代西方哲学的基本问题》,商务印书馆,2002,第39、11~12、70页)。
② 〔俄〕C. 谢·弗兰克:《社会的精神基础》,王永译,生活·读书·新知三联书店,2003,第296页。

论述过的，二者关系应该是"唯有将知识、技能作为探究或'反思性思维'的副产品，才不会损害学生的智慧"①。

（一）自然实践与学科知识实践

自然实践即生活实践，其基本逻辑是在生活中经验，然后反思经验而得到归纳的属于自我的知识。其不足是弥散的非学习对象的干扰特别丰富，往往导致个体学习出现无目标性（年龄越小、年级越低，学习无目标性越突出），从而否定了学校教育的价值。如杜威一直推崇的教育的生活化课程设置即如此。学科知识实践是设定比较特殊的情境，但依然是生活形态的，它需要一定的类似于"先行组织者"的基础知识或基本方法作为前提引导，实现学习有目标（此目标需要师生协商和学生自我调节达成，不是先在的规定）指引。在这种基本前提的设定下，实践既在运用前知识，又在检验前知识和创生、丰富新知识，即知识成为在特定情境中，被个体诠释理解，并解决现实问题的动态存在形式②。只有如此，经验中的反思才不再仅是对既存概念的记忆或掌握（反映），而且实现了在理解中转换，在解决问题中显示其有效性。此有效性，会产生巨大的能量，成为个体学习的动力机制，如改变学生的态度、兴趣等内在情感因素，使教学的有效性充分体现出来：包括情感、认知和辨识力、积极的行动、社会交往等多方面的学习力发展提升。

（二）有效的教学设计

学科知识实践的完善与实现，需要有效的教学设计。第三、第四代的教学设计已经超越了技术化而实现了人文转向，通过参与实际意义的讨论与参与性（师生共同参与）学习的整合而达成。整合需要

---

① 张华：《论学科核心素养：兼论信息时代的学科教育》，《华东师范大学学报》（教育科学版）2019年第1期。
② 张生虎、张立昌：《论课程知识属性及其实现》，《中国教育科学》2019年第4期。

在反思学习中完成，设计要求具体为：第一，从传统的技术性、硬系统思维（加涅、迪克等）转换为软系统思维（巴纳锡、赖格卢斯等）。所谓软系统是指"作为社会系统和人类系统的教育、教学和学习的高度动态性，系统与系统之间、系统与环境之间的关联性，系统的开放性，多因素的混沌性，以及因果关系的复杂性"。第二，步入信息时代的教学设计重心从知识学习转向对人的塑造。设计是在行动中探究，排斥对某一普遍知识原理的静观和逻辑运演。基本内容包括提供不良结构的问题，对不良情境的探索，突出所需的信息、概念等基本框架，预测多种解决问题的途径，探索如何使学习者成为行动中的反思者，提高其创造性探索和解决问题的能力。第三，信息时代的教学设计以"人人必须学会学习、学会合作、学会反思、学会充分发掘出自己的独特潜能和创造性"为目的[①]。21世纪的学习是知识的建构、意义的社会协商、实践的参与，因此，学习不能缺乏实践中的反思。指导学习者反思学习的课堂设计要集中于情境规划和"脚手架"的运用。

（三）学习内容的转化

教学资料从文本化走向生活化、行动化。舍恩认为依靠理论和技术解决与实践解决属于两种不同的问题解决领域。专业领域内存在的研究与实践是两回事，因为研究遵循知识的严谨性，而实践遵循解决问题的适切性——必须在特殊情境中转换坚硬的理论与技术以达到解决真实问题之效果。同时，他指出教科书以技术理性为基础记载和试图传递精确专业知识的普遍看法，但是在实践的常规之外存在着充满不确定性的沼泽地带。"这一地带超越了我们教科书中的标准"[②]。教

---

① 〔德〕诺伯特·M.西尔、〔荷〕山尼·戴克斯特拉：《教学设计中课程、规划和进程的国际观·总序》，任友群等译，教育科学出版社，2009，第11~27页。
② 〔美〕唐纳德·A.舍恩：《培养反映的实践者：专业领域中关于教与学的一项全新设计》，郝彩虹等译，教育科学出版社，2008，第3~4页。

材建设便成为实现此转换的重要部分。

教材建设,一方面要从教的维度转换到学的维度,教材引导学生学习是教学从"工具主义"转向"人文主义"的前提;另一方面,学习内容的设计要超越坚硬的理论知识,转化为具体情境中的实践知识,在解决不确定性问题中解释性地、运用性地呈现,这时学生的反思参与其中。

(四)加强教师的指导功能

指导在教育中有别于控制和疏导的作用,被杜威严谨地区分出来,包括两个方面:一是学习者集中于自我目标的"主动趋势",是空间的和非自然发生的心理态度问题。二是学习者进一步行动的"连续的道路",是时间性和有序性平衡的问题。疏导趋于自然,造成纷乱和无中心;控制趋于外来的权力侵入,实质是阻碍。① 教学中多见的现象是,教学以客观知识和技术为学习中心,那么教师作为拥有知识的先知先觉者,便控制着学习的主动权,包括目标设定、学习方式、效果评价等整个学习过程。相反,在 21 世纪课程改革之后,借着课改之名义,教学便出现尊重学生意愿的倾向,使散漫不集中和没有连续性的自然学习出现,此时教师即在疏导。后两种情况下,反思学习不会发生,即使发生也是虚假的。

反思学习要求教师参与到学习中,通过相互间的对话协调使学习者的散漫产生集中的方向和目标,进而让学习者产生学习境脉和序列,并实现在反思中自我评价和调节。这也是前述关于"与情境对话"和对普遍知识、原理的个体情境化理解的行动中反思的意涵。以教师指导学生反思学习为基点,是反思学习与学生生命活动、与生活情境结合的关键。所以反思学习指导是立足于课堂,然后走向生活

---

① 〔美〕约翰·杜威:《民主主义与教育》,王承绪译,人民教育出版社,2001,第 30~32 页。

实际的路径，是对从理论知识传授的课堂一下跳跃到生活经验而使学习者形成茫然和失去教学有效性的补充：它需要中间环节的转换和渐进，不能突然间跨越式实现。课堂反思学习指导是基本反思形式（包括从基础的经验反映，到对经验的反思，再到在经验行动中反思，乃至超越经验的转换反思等的区别，以及与之对应的各种方法策略等）的建立，也是学会反思学习的规范引领和反思学习习惯形成的开端。这一点，可以与教学和教师专业研究领域的指导反思学习形成比较，即各种形式的建立：可以借鉴佐藤学教授在日本各学校开展的指导工作①。

教师与学习者的协商方法有多种，如苏格拉底式问答法，学习指向的即时对话讨论、运用录音录像反映性对话。学生自我调节的方法主要有叙述故事，写自传、反思日志，档案袋记录，写网上博客，手绘思维导图，辩论等。

提出反思学习境界论的核心目标是（无论在社会学习还是个体学习中）实现学习主体性，对于传统计算论和人文主义的超越，达到教育的"人文"与"人性"的统一；使学习走向深度学习与自由学习，建立文化心理结构与工艺社会结构统一。其出发点在于：一是实现经验学习与行动学习的统一。二是发现自我并实现自身的超越

---

① 从《静悄悄的革命》到《学校的挑战》《教师的挑战》《学校见闻录》的经验谱写，历数十年，佐藤学一直在做自下而上的课程改革实践指导工作。但是他也有一种自上而下的权威意识相辅，影响学校接受改革，当然这种权威的实现依赖于佐藤学与地方教育管理部门、学校的协调，不是硬性的理论压迫或者行政命令的压迫。这种改革更具有效果，虽然缓慢但赋有生机，易于产生效果，因为它采用"与情境对话"的形式。但中国更偏重于研究者制造理论，命题给一线教师，一线教师"写作"，而这一"写作"就走了样，或者形式上像模像样，实质上根本是老一套——因为他根本没有理解"专家"的命题、理论，更不知道如何将坚硬的理论转化为实践行为。这跟学生不理解教师传授的生知识是一样的，所以教师要参与到学习中，指导学生如何与情境对话，如何反思学习生活世界、科学知识和自我三者并行。

功能。

东西方实现反思超越的形式不同。反思学习境界论基于内向超越论走向外向超越论,最终实现二者的统一,希图东西方教育文化共同实现实践反思和批判反思之目的。在儒家文化背景下,反思学习受制于"礼"传统的等级制和基本伦理和谐观而难以开展批判性[①]。其实质在于社会共同体的规范限制实践反思学习。同时,东方文化的实践易于陷入"实用理性"(李泽厚)——学习迷恋于经验内容,而无力实现超越。西方文化以个体为单位的学习虽易于实现反思学习实践,但往往陷于个体专业化学习与外在对象的分析而遗忘"道"的追求。即使追求超越性之"道",也仅停留在主客二分的外在"本体"探寻,依凭断裂的范式转换以实现,仅停留在教学为"知"的层次;而不通过个体自身发展去实现,从而背离了教学为"人"之目的。所以,如何使二者统一起来,保持个体发展的连续性以实现实践中内外超越共生是反思学习境界论的重任。

如何实现对实践学习的全景式反思以便学习经验自我$_1$,如何超越经验学习,上升到公共领域实现理性自我$_2$以俯瞰经验全体,需要反思学习的全息模式。在经验学习过程中,学习者不仅认知参与,而且行为参与、情感参与其中(Fredricks, Blumenfeld & Paris, 2004)[②]。在库伯的单环学习模式中认知的抽象和概念化反思,其实质是突出学习者的认知参与,与传统认知论相符,是科学的归纳形式,是单一维度的学习。而舍恩双环学习模式的转换超越,突出在实践中反思的想象

---

① Yin Zhan & Hong Wan, "Appreciated but Constrained: Reflective Practice of Student Teachers in Learning Communities in a Confucian Heritage Culture", *Teaching in Higher Education*, 2016 (6).

② Abigail Lewis, Catherine Moore, Charn Nang, "Using Video of Student-client Interactions to Engage Students in Reflection and Peer Review", *Journal of University Teaching & Learning Practice*, 2015 (12).

性、推理性、批判性超越,是整体的实现转换,在于肯定情感参与和行动参与本身。

经验学习与行动学习如何实现统一,需要在批判性反思学习中实现①。它呈现多样性:学习中基本的形式是适应性的发展;同时还发生着外在的控制,这些是由于普遍的历史发展规则和一系列意识形态影响;学习也发生着内在的超越转换,它得益于情感的和偶然的情境性因素启示和引导;学习还会出现断裂式转型,或由于科学革命导致范式的转换,或由于更大的学习环境的革命式跃进。

反思学习境界论提倡学习既从普遍理论走向实践生活情境,又从实践中超越出来,以公共的立场、普遍的视野审视当前的实践经验。此视角本着对目前教学论孤立思考"学科核心素养"问题的偏颇的批判。个体与社会群体是不可分割的,解决问题的适切性与理论知识的严谨性在这种实践反思学习境界提升中实现了统一。它是个大圆环式的双螺旋往返变奏,正如王国维所言:"入乎其中,出乎其外。"

---

① Roland K. Yeo, & M. J. Marquardt, "(Re) Interpreting Action, Learning, and Experience: Integration Action and Experiential Learning for HRD", *Human Resource Development Quarterly*, 2015 (1).

第三章 课堂反思学习及其指导的主体：学习者和教师

学生是说服自己从教学中获取特殊知识和技能的人；学习者则是从自己的经验中建构自己的意义的人。

——梅里尔

不是所有的教师都会起作用，不是所有的教师都是专家，也不是所有的教师都会对学生造成重要的影响……由教师引起的变化才是重要的！这里的关键是教师在其作用和影响范围上的变化性。

——约翰·哈蒂

第一节 反思学习的主体因素分析

马克思提出"自然的人化"① 理论，即指人类具有自然遗传的

---

① 自然的人化，即人的"本质力量的对象化"，包括两个方面：外在自然人化和内在自然人化。外在自然的人化，指对沧海桑田沙漠河流等的改造，包括对宇宙山河等规律的认识，使之成为人类的。内在自然的人化，则指对各感官和感觉及其能力的改造，使之成为人性的。在此处只针对后者而言（参见《马克思1844年经济学哲学手稿》，刘丕坤译，人民出版社，1979，第74~85页；李泽厚《实用理性与乐感文化》，生活·读书·新知三联书店，2005，第286~287页）。

物质基础，它通过实践活动（劳动、社会关系等）而发展为属于人特有的"器官"，从而区别于动物的自然器官，如直立行走的躯干和制造工具的手，以及视听感官，尤其是指挥中枢的脑。所以，人是双重建构的过程，不仅是自然遗传的人化改造过程，而且是在历史中文化本身的集体无意识适应和传承过程。因此，"人类历史是人类自己创造的"，人本质上是劳动和阶级斗争（社会关系）的产物①。

同时，马克思也提出"人的自然化"理论。人的感官经过历史实践和教育的塑造已经不同于动物的自然感官，其感觉也不是纯粹的自然。"五官感觉的形成是迄今为止全部世界历史的产物"，"社会的人的感觉不同于非社会人的感觉。只是由于人的本质客观地展开的丰富性，主体的、人的感性的丰富性，如有音乐感的耳朵、能感受形式美的眼睛……"② 遗传而来的人的器官在社会经验、文化教育的条件下，塑造了人本身的"自然"，所以它们具有自身的"自然性"——包含了人类特征。人脑的特殊"自然性"就在于它运用人类历史文化创造性地建构外部世界。所以，对物质世界的认知，都来源于人脑；人脑不是被动的摄影机只会传递

---

① 马克思对人的本质问题的论断有两条：一是《资本论》中给出的，人的本质是以劳动为核心的实践；二是《共产党宣言》中给出的，人的本质是阶级斗争。此二者的指向是不同：经济基础—生产力和上层建筑—生产关系两个方向（参见李泽厚、刘再复《告别革命》，天地图书公司，2004，第142~149页）。对于教育和教学的影响是：教育是走向培育社会公民和教会人们生活，还是走向文化建设性知识传承的侧重点不同。就此对应的是"主体性"的两个向度，一是个体主体性，二是群体主体性。学习是基于个体脑的发育健全，这是毋庸置疑的，社会化学习只是为此目的的一种学习方式，这种关系绝对不能颠倒，不然就会使教学走向勒庞所谓的"集体中的无意识"状态。当然，社会主体性也是有教育目的的，如学会社会合作与交往目的本身，离不开社会主体性培育。

② 《马克思1844年经济学哲学手稿》，中共中央马克思恩格斯列宁斯大林著作编译局译，人民出版社，2000，第87页。

知识，它积极地创造世界图景——"脑总能获得正确的事情。通过感官提供的非常有限的、不完整的信息，脑创造了关于世界的图景"①。

一 反思学习者的脑是反思学习的生理和物质基础

脑是反思学习发生的物质基础。反思学习的核心是思维，虽然可以通过感知、行为等身体的活动展示出反思性似乎可脱离脑的运作而实现，但其实质仍无法脱离脑的参与。目前，脑对于思维的功能并没有被完全揭露，但脑影响着思维的形式是肯定的，包括形象与抽象、敏捷与鲁钝、深刻与浅显等差异性。同时，脑对于思维的影响还表现在先天自然与后天锻炼的不同，一个先天遗传有脑残疾的人固然制约其思维的方式，甚至影响其反思功能发挥；但一个敏捷聪慧的大脑如果缺乏后天的训练、开发和培育，同样也会被"神经修剪"而成为鲁钝的、非善思的大脑。

第一，人脑是学习的物质基础，也是反思学习的生理指挥中枢。首先，人脑是由物质构成的，其基础是神经细胞。可以说，儿童在成长的过程中缺乏相应的课程设置与学习（"学习发生在神经元产生联结之时"②）便会"不断地丢失智慧"。这种现象被心理学家称为"神经修剪"。其次，人脑的物质发展受到环境的影响。William Greenough 通过实验发现，生活在丰富环境中的白鼠比普通情境中的白鼠多 25% 的神经联结。所以，学习是一种社会经验，环境促使人脑的积极发展；而反思学习作为能动的学习，进一步说明"即使身

---

① 〔英〕Chris Frith：《心智的构建：脑如何创造我们的精神世界》，杨南昌等译，华东师范大学出版社，2012，第 89 页。
② 〔美〕Marilee Sprenger：《脑的学习与记忆》，北京师范大学"认知神经科学与学习"国家重点实验室、脑科学与教育研究应用研究中心译，中国轻工业出版社，2005，第 3 页。

处丰富的环境中，人体也必须积极活动，以刺激树突生长"①。

第二，脑是结构化存在的，必须作为整体进行工作。关于人脑的结构模型分析存在三种。首先，从人类的发展历史中考察脑的结构形成。据麦克莱恩（Maclean Paul）研究，人类的大脑是三位一体的结构：脑干是执行生物性生存功能（如控制呼吸和心跳等）的古脑，不是思维脑；边缘脑是通向思维脑的垫脚石，其功能在于不断寻求一种平衡状态（如进食、饮水、睡眠和情感等）；新皮层负责所有高级思维功能（如阅读、计划、分析、判断等活动），是储存和提取信息的地方②。因此人脑包含了三重特征：一是爬行动物的脑特征，拥有基本的冲动（侵犯性、冲动）；二是哺乳动物的脑的边缘系统，使人发展情感；三是智人的脑发展而来的新皮层，形成理性操作中枢系统③。但这三者混合存在，无法分成等级，所以影响人的学习也是三者的共同影响结果。

其次，从脑的生理解剖学认识脑结构。解剖直观脑的构成，人脑由三部分构成：后脑、中脑和前脑。①后脑由小脑和脑干下部〔脑桥、脑干、网状激活系统（RAS）、延髓等〕构成。小脑不仅关系到人的运动与平衡，而且关系到记忆——信息储存与程序性操作——"如何做"的记忆。②中脑控制眼睛运动和瞳孔收缩。③前脑由丘脑、下丘脑、脑垂体、松果体、海马体、杏仁核、新皮层（大脑皮层）、胼胝体等构成。通过对脑结构的解剖，一种信息走遍

---

① 〔美〕Marilee Sprenger：《脑的学习与记忆》，北京师范大学"认知神经科学与学习"国家重点实验室、脑科学与教育研究应用研究中心译，中国轻工业出版社，2005，第13页。

② 〔美〕Marilee Sprenger：《脑的学习与记忆》，北京师范大学"认知神经科学与学习"国家重点实验室、脑科学与教育研究应用研究中心译，中国轻工业出版社，2005，第30~39页。

③ 〔法〕埃德加·莫兰：《复杂性理论与教育问题》，陈一壮译，北京大学出版社，2004，第220页。

脑际的回路是这样的：信息经过脑干 RAS 的过滤，传到丘脑并进行分类，然后传送到新皮层，新皮层对信息做出判断——做出反应抑或存入长时记忆：如果做出判断是存入长时记忆，信息就会传输给海马体（事实性信息）和杏仁核（情绪性的信息），杏仁核和海马体进行分类、储存；如果做出应激反应，则杏仁核会给下丘脑警告，下丘脑给脑垂体信息，脑垂体联系的则是肾上腺，并使身体的手、腿等肢体做出反应。新皮层这一高级思维区是"执行思维、计划、记忆、组织以及对问题形成合理答案的区域"，脑的边缘区则是处理情绪信息的区域①。加德纳提出 9 种智能，每一种智能分别与不同的脑功能区联系。反思智能与额叶（底部）、颞叶、大脑边缘区关联②。所以，反思学习必须首先关注学生的情绪和应激反应，即反思学习中情感反思是其基础——控制自己的情绪、理解他人的情绪、延迟满足能力。

　　再次，脑的左右半球理论。传统的脑研究认为左右半球的功能不同，如形象思维与抽象思维、肢体语言与口头语言、空间性与时间性等，其实，每个人都是整体地用脑的。

　　脑结构对于反思学习的意义在于，不仅要注意学生的脑的发展状况，前额叶是人最后发育完成的，而且要注意学生的情绪发展实际情况。这对于了解口头语言与感觉动作，以及思维意识和观念如何转换为外显的语词，默会知识如何（在活动、练习、对话中）转换成明言知识都是具有意义的。伯恩斯（J. P. Byrnes）认为："脑研究本身不能用来支持某种特定的教学法，但可能用来支持某

---

① 〔美〕Marilee Sprenger：《脑的学习与记忆》，北京师范大学"认知神经科学与学习"国家重点实验室、脑科学与教育研究应用研究中心译，中国轻工业出版社，2005，第 47 页。
② 钟启泉：《学校的变革》，华东师范大学出版社，2019，第 58~59 页。

种学习的心理学理论。这种研究或许可能导致有效教学方法的发展。"①

日本的田中统治认为从脑科学的学习理论所关注的"认识脑"到教育科学关注的"培育脑",中间至少需要设置五个"桥墩":遗传基因(遗传学、行为遗传学、遗传教育学),神经细胞化学物质(神经科学、神经生理学、分子生物学),认知(认知心理学、认知科学),行为(学习心理学、行为科学),社会和文化(教育研究、课程研究)。②

上述就脑作为生物物理基础如何支持反思学习的基本结构分析,须注意的是:反思学习反过来可以塑造脑的物理结构,神经元之间不断形成新的网络结构。神经细胞的关联在学习、实践和掌握的过程中产生并加强③。詹姆斯·祖尔对于学习改变大脑进行研究并指出,"我们的知识体系是由大脑中的神经网络组成的,所以知识要增长,神经网络就必须发生物理变化,教师们就是要创造这样的变化。……没有这种联系上的变化,就不会产生学习过程"。④ 反思学习中形成的领悟力帮助大脑形成知识网络,使学习的知识与信息、概念、思想关联起来。但是,这种关联必须是在教学行为刺激下学生自主建立的,如此才能有意义、才有效。

二 反思学习者的情感积极参与是理解的基础

就教学的性质而言,教学不仅具有教育的功能,而且具有教化功

---

① 转引自钟启泉《教育的挑战》,华东师范大学出版社,2019,第193页。
② 钟启泉:《教育的挑战》,华东师范大学出版社,2019,第192页。
③ 〔美〕玛丽·凯·里琪:《可见的学习与思维教学》,林文静译,中国青年出版社,2017,第107页。
④ 转引自〔美〕詹姆斯·M.朗《如何设计教学细节:好课堂是设计出来的》,黄程雅淑译,中国青年出版社,2018,第100页。

能。教学既不是单纯的认知和规范的问题,还有体验与感化。后者是与艺术经验——情感密切相关。它预示了与科学(science)真理不同的精神科学(Geistwissenschaften)的真理问题——需要理解。

反思学习首先面对的是经验,即一种生活真理(Lebenswahrheit);其次,在对经验反观或反映中(其中自然存在再组织或选择,以及提升等精神加工过程),与意义真理(Sinnwahrheit)相遇。故反思学习的过程,其实是理解的过程。此过程不可避免地涉及学习者个体情感。反思学习的研究者们也突出强调情感作为反思学习产生及其深刻性发展的必要条件①。

理解作为精神科学真理的本体存在形式②,而非工具性或认识论的意义。首先,理解必须以诸多前理解为视域,构成理解的效果历史,追求视域融合。作为人文主义的核心概念之一,教化历来和"修养"("行为主体的自由活动")、"能力"、"天赋"紧密联系,它没有自身之外的目的(不像教育、培养等首先预定外在目的),其本身即目的,是一个历史性概念,呈现了理解的历史。此历史中,教化使人"脱离直接性和本能性"而"使自身成为普遍的精神存在"。此"普遍的精神存在"的实现不仅依赖于"使精神历史地向普遍性提升的实现过程","同时也是被教化的人得以活动的要素",即一种实践活动本身或在实践中开展。③ 因此,教化以体验和情感的活动为

---

① Poole G., Jones L. & Whitfield M., "Helping Students Reflect: Lessons from Cognitive Psychology", *Advances in Health Sciences Education*, 2013 (4); Anne B., *Facilitating Reflective Learning through Mentoring and Coaching*, London: Kogan Page, 2006, p. 114; Boud D., Keogh R. & Walker D. (ed.), *Reflection: Turning Experience into Learning*, New York, NY: Kogan Page, 1985, p. 9.

② 海德格尔对人类此在的时间性分析已经令人信服地表明:理解不属于主体的行为方式,而是此在本身的存在方式(参见洪汉鼎《理解的真理·序》,山东人民出版社,2001,第4页)。

③ 〔德〕汉斯-格奥尔格·伽达默尔:《真理与方法——哲学诠释学的基本特征》,洪汉鼎译,上海译文出版社,1999,第10~23页。

基础，活动中理性"化"（是一种活动中的"以美启真"的感性形式发生）的提升与超越，即理解依靠前理解的历史性反思，反思首先不是理性的抽象，而以情感领悟、同情和判断等为基础，是"内在经验"。内在经验与行动相反，不依赖于计划，是毫不延迟的存在①。尤其是在情感活动的反思行为中实现的教化，才突出其自由的活动性，如艺术家的情感和机敏的东西②。这正是博兰尼提倡学习自由之艺遵从内隐认知的原因，舍恩据此提出"实践知识"，以博兰尼的"认出人群中一张熟悉的面孔""是瞬间发生的"为例说明其无延迟性、自由性和无法表征性③。

当然，任何学习都贯通着情感，不只是反思学习拥有情感的力量④。情感在反思学习中的功能主要在于无法迟疑的即时性、随机表达的自由性和无法表现的内蓄体验性。

其次，教化是人文科学的本质，"通过不断返回过程把自己存在的可能性展示出来，在异己的东西里认识自身并重新回到自己的存在家园"⑤。在此，反思学习表现出并非抽象性质的元经验（meta-experience）特征，它更加靠近舍恩的"反映"意涵。

情感之所以能作为反思学习的基础，还在于学习情境中"顿悟"的发生依赖于情感。很多知识不是单子式存在，它是一种结构化存在样式（跨时间、空间的实践学习于积累中一旦分娩，而不是明确的

---

① 〔法〕乔治·巴塔耶：《内在经验》，程小牧译，生活·读书·新知三联书店，2017，第96~98页。
② 赫尔姆霍兹，1862年演讲中阐发了热守恒定理的物理学家，用逻辑的归纳法和艺术的归纳法的区别说明了精神科学与自然科学不同。
③ 〔美〕唐纳德·A. 舍恩：《培养反映的实践者：专业领域中关于教与学的一项全新设计》，郝彩虹等译，教育科学出版社，2008，第20页。
④ Moon J. A., *A Handbook of Reflective and Experiential Learning: Theory and Practice*, New York: Routledge Falmer, 2004, p.88.
⑤ 洪汉鼎：《理解的真理》，山东人民出版社，2001，第40页。

知识对象化学习的结果)。一种复杂的知识结构,尤其是在实践中,仅依靠认知是无法通盘掌握的,需要顿悟理解。所以,勒温等学习"场"论者认为,"学习是对同时发生的生活空间或情境的顿悟或认知结构的改变或重新组织。……学习是知识、技能、态度或预期的改变,而且它可能或不可能和外显行为的某种改变紧密联系"。"理解就是一种泛化的顿悟,其特征是一个人的生活空间的一个或许多个区域具有丰富的意义。""顿悟的一般价值,是通过它在类似的情境中的重复使用来检验。"①

情感对于概念性知识具有"圆熟"的填充功能。学生通常用记诵符号的方式接受外来的概念性知识,但这仅停留在最表层的"涵义"层面,而不是转化为自己的理解。只有渗入情感因素,才达到"意义"理解层面。如对于丹顶鹤与黑颈鹤的区分,学生一般停留在对二者头顶红色和颈部黑色的区分,但实际往往是错误的,因为二者都具有这种部位上的色彩特征。如果让学生运用彩笔画出不同的两种鹤来,在画的过程中学生则会灌注感知和喜好等情感于其中,发现二者的实质区别在其形体的不同上。这里体现出杜威关于"信息知识"(information)与"智慧"(wisdom)的区分性和指出教育走向实践的必要性②。智慧是一种认知、情感、思维和行为等统一的识知行动。

三 反思学习者的积极思维和产生问题是反思学习的前提

Rogers 认为反思学习的条件包括积极主动性、反馈、访问或与他人连接、被他者激发、意义性能的要求等。Aronson 设置了教育促使反思发生的基本标准,包括训练与学习目标的连接,让实践者模型反映

---

① 〔美〕比格:《学习的基本理论与教学实践》,张敷荣译,文化教育出版社,1983,第 355、401、406 页。

② Dewey J., *How We Think*, Lexington, Massachusetts, D. C.: Heath & Company, 1933, pp. 63-64.

他们自己，提供充足的时间，坚持尊重和支持反思学习的环境。①

第一，学习经验之间的差异越大，学习者的整体情绪和智力水平就会越高。当任何学习涉及挑战指导学习的基本假设时，这种惊异或困境通常被认为是开始真正学习（强调内在的经验组织和反思经验的主体性特征，而非接受和机械的学习）的关键。②

Moon 认为影响学习的基本条件有学习者掌握的前概念或概念结构、情感或感情因素、学习的方法。③

可见，主体情感、思维、精神积极参与是反思学习的发生先决条件，给学习者构成挑战性，情感动机是首要前提。

第二，学习者如果力图达到目标，但在实现目标之途中遇到问题并形成障碍，那么便有一种动机形式去探索解决问题的途径或另辟蹊径以达目标。这便会形成反思学习④。这种问题障碍呈现在不同方面和表征为不同形式。

首先，就所学习的材料而言，这些形式呈现为：①当它处于不良结构或对于学习者而言比较复杂时，给学习者造成学习上的挑战，反思学习便会发生。⑤ 这种情形，即舍恩所说的"当我们卡住了或对自己的表现严重不满的时刻，便会开展行动中反思"⑥。②当学习者专

---

① Poole G., Jones L. & Whitfield M., "Helping Students Reflect: Lessons from Cognitive Psychology", *Advances in Health Sciences Education*, 2013 (4).
② Geisler M. D., *A Typology of Reflective Learning*, New York: Bell & Howell Information and learning Company, 2000, p. 10.
③ Moon J. A., *A Handbook of Reflective and Experiential Learning: Theory and Practice*, New York: Routledge Falmer, 2004, p. 30.
④ 〔美〕莱斯利·P. 斯特弗、杰里·盖尔：《教育中的建构主义》，高文、徐斌艳、程可拉等译，华东师范大学出版社，2002，第 12 页。
⑤ Moon J. A., *A Handbook of Reflective and Experiential Learning: Theory and Practice*, New York: Routledge Falmer, 2004, p. 86.
⑥ 〔美〕唐纳德·A. 舍恩：《反映的实践者：专业工作者如何在行动中思考》，夏林清译，教育科学出版社，2007，第 29、42、224 页。

注于对学习材料有意义的学习或想要自己理解的材料时,反思学习是必然发生的。

其次,就学习者的内在认知心理或同化新材料的方式而言:当学习的新材料对学习者的内在经验、意图具有挑战性时,学习者希望用对自己有意义的方式理解材料而采取深入的学习方法,便不可避免地反思学习。

再次,当一种学习是从表现式学习中来时:①表现性材料如果肩负着呈现一种思想的任务和需要,则表征过程对学习者来说是具有挑战性的,所以就形成对理解该材料及其所表征的思想本身的反思学习需求。②当一种学习作为继发的或新的(次级的)学习时,它表达初始学习的结果,这代表了一个新的学习挑战。该继发性学习必然通过对初始学习和自身的反思而实现学习。

最后,反思学习并不完全发生在对新材料的学习中,在没有新材料需要学习时,被 Moon 称为"认知管家"(cognitive housekeeping)[1]的东西,促使学习者"激活经验"(Gary Pool, Lydia Jones, Michael Whitfield, 2013)[2]——在重新组织或有序化、发展自己已经拥有的所知而产生意义学习时,便发生反思学习。具体情形如下:①在现有观念"升级"(重新组织、有序化、发展等)的情况下,意义来自对学习者来说不一定有意义的先前经验。②在重新考虑可能有意义的现有想法以寻求额外或更深层次意义的情况下。③在没有明确意义的一般性思考中,却出现了有意义的想法时。

第三,反思学习的发生,不仅受到学习对象的限制,也受制于学习者的情意(动机、态度和趣味等)因素,还不可避免地受到文化

---

[1] Moon J. A., *A Handbook of Reflective and Experiential Learning: Theory and Practice*, New York: Routledge Falmer, 2004, p. 90.

[2] 〔美〕莱斯利·P. 斯特弗、杰里·盖尔:《教育中的建构主义》,高文、徐斌艳、程可拉等译,华东师范大学出版社,2002,第 119 页。

环境的偶然因素制约，如某一情境对于已有经验、知识的唤醒或偶然碰触的联想等都会产生反思学习的当前任务。

第四，反思学习还发生在学习者与教学情境的适应与否的文化关系中。学习主体总是试图运用自己的内在语言适应某一特定情境中的文化实践，当他觉得理所当然时，反思不会发生。相反，一旦发生冲突，产生分歧时，学习主体便有意识多重反思之并产生意义分化[1]。

反思学习要求对其评价的支持和尊重的文化环境。无威胁的教学环境减少了情绪对反思的潜在扭曲影响，真实的反思学习才会发生[2]。这就要求反思学习的评价走向自我调节、对话协商（Barry J. Zimmerman，2001）。

四 课堂学习时间作为反思学习的保障

反思学习发生在经验反映、解构经验、重新建构经验、超越经验的转换过程中，这实质是对世界和自我的重建。所以它需要时间保障：一是反思的静默时刻；二是学生发展的时间。

（一）静默时刻

静默构成反思的形式，人往往在静默中实现反思学习。福柯指出静默有多种形式，并且它是"支撑和渗透各种话语的总体战略不可分割的部分"[3]。

舒尔茨发现静默是一种参与，静默创造和扩展了理解的空间。在

---

[1] Poole G., Jones L. & Whitfield M., "Helping Students Reflect: Lessons from Cognitive Psychology", *Advances in Health Sciences Education*, 2013 (4).

[2] Poole G., Jones L. & Whitfield M., "Helping Students Reflect: Lessons from Cognitive Psychology", *Advances in Health Sciences Education*, 2013 (4).

[3] 〔法〕米歇尔·福柯：《性经验史》，佘碧平译，上海人民出版社，2005，第18页。

课堂中静默具有五种含义：抵抗、不情愿、主张、保护以及反思①。其中，静默作为反思形式表现在两个方面，一是为创造想象留出足够的时间与空间，二是为语言学习和思考留出的时间和空间。

即使舍恩的在实践中反思，也需要在学生反映其即时行为时要暂停下来——保持静默，保持自我神秘和内在的探索、评估与外在他者和环境的非物质的关系，继而与他者对话协商②：或者自己学习目标的确立，或者是具体方法的采用，或者是解决问题的关键发现，甚至于原初价值观、自我图式等前提假设的谬误威胁，等等。但这在实质上依然是动态的，所以并不违背舍恩的"在实践中"反思的要义，它不是线性的发展。

静默是构成教学机制的调和剂，也具有审美的功能——"此时无声胜有声"的"美人痣"功能③。首先是在良性谈话中的"静默的谈话"，谈话是静默与言说的变奏。静默往往产生创造性启发，是参与性的"交往"形式。其次，"给予性"静默，给学生自己认识和成长留下空间，要合适地等待内在认知的发酵、喷薄而出，之后获得喜悦。最后，聆听的静默。在聆听他者的表达逻辑和思维逻辑时，发现他者的文化，包括其性格、知识、经验等，而不以自己的立场去打断、控制、甚至强制别人。这是文化回应教学的诉求（Gay，2000；Landson-Billings，1994；Nieto，2000）。

（二）发展时间

学生从最低端的对外显经验、客观知识的反映，发展到对实

---

① 〔美〕凯瑟琳·舒尔茨：《课堂参与：沉默与喧哗》，丁道勇译，华东师范大学出版社，2019，第40页。

② Zimmermann A. C. & Morgan W. J.，"A Time for Silence? Its Possibilities for Dialogue and for Reflective Learning"，Studies in Philosophy and Education，2016（4）.

③ 〔加〕马克斯·范梅南：《教学机智：教育智慧的意蕴》，李树英译，教育科学出版社，2001，第233页。

践框架与实践通盘理论的反思,甚至达到对自我价值、自我图式的反思境界,需要一个长期发展的过程。正如斯金纳的反应归纳理论所表述的一样:"刺激并不强化它前面的反应,它会增加一类反应的可能性,而这些反应是由将来发生的某些具体的反应所代表的。……一类反应是由那些包含同样要素的若干反应组成的。"①即学习需要一个内在转换的过程,表现出来的与所学的目标对象(一种行为、方法或一系列行为构成的程序或模型、框架)不能原子式对应,尤其不能实证化单子式证明。如命令小狗转一圈,小狗在原地向左走了四分之一圈,立即回转身来,期盼获得主人手中的食物。按照实证角度考量,小狗显然没有转够一圈。但其实它是转了圈的。要完全实现外在的转一圈与意识中的转一圈相一致,还需花时间训练和学习,使之发展。同样,学生的学习往往也无法达到完全原子式的对应,它需要一个不断反思并发展的过程。所以,认知—场心理学家认为:"学习是对同时发生的生活空间或情境的顿悟或认知结构的改变或重新组织。……学习是知识、技能、态度或预期的改变,而且它可能或不可能和外显行为的某种改变紧密联系。"② 反思学习要遵循此学习原理,需要时间保障。把具有含糊、偶然性的观念,整理为一贯和确定的思想,"如果没有一个专心思索休止时间是不可能的""必须允许学生有从容不迫的思想上的消化的机会"。③

同时,要实现内在的模糊性向外显的确定性的转化也是需要时间

---

① 〔美〕比格:《学习的基本理论与教学实践》,张敷荣译,文化教育出版社,1983,第 348 页。
② 〔美〕比格:《学习的基本理论与教学实践》,张敷荣译,文化教育出版社,1983,第 355 页。
③ 〔美〕杜威:《我们怎样思维·经验与教育》,姜文闵译,人民教育出版社,2005,第 226 页。

的，它在不断地练习、训练和与他者的会话交往中实现，是反刍的内在形式。

第二节　课堂反思学习指导的主体因素分析

教师是课堂反思学习指导的核心主体。社会化学习中的同侪学习者也可以是指导者，但不是固定的，具有偶在性（需要单独研究）。限于篇幅，在此重点分析教师指导者。

教育改革要依托学校改革，"学校的改革核心环节是课堂改革，课堂改革的核心环节是教师专业发展"①。教师因素对于学生学业成就的影响在教育基本因素（学生、家庭、学校、教师、课程）中是效应量最大的②。不仅是对学业成就，教师对学生的影响也应该是全方位的，关键在于引导学生的变化性。

21世纪信息的开放性打破了封闭的教育形式，改变了传统的教学方式和师生关系，教师形象随之发生了变化。教师从传统的输出信息者转变为自主学习的引导者，从书本知识的复制输出者和传达者转变为创造性整合（学习）和指导学生如何开展培育创造能力者③。教师成为创造者、引导者、交流者和因材施教方法学习的指导者④。其实质是，教师从传承者的角色转变为研究者角色，即从经验型转变到科研型、从"教书匠型"转变到"专家型"⑤。

教师角色的转变带来的是教师基本素养（能力）的变化。教师

---

① 钟启泉：《走出"教育规划"的怪圈》，《江苏教育》2011年第10期。
② 〔新西兰〕约翰·哈蒂：《可见的学习：对800多项关于学业成就的元分析的综合报告》，彭正梅等译，教育科学出版社，2015，第23页。
③ 霍力岩：《教育的转型与教师角色的转换》，《教育研究》2001年第3期。
④ 霍力岩：《论21世纪的教师形象》，《高等师范教育研究》2001年第3期。
⑤ 林崇德、申继亮、辛涛：《教师素质的构成及其培养途径》，《中国教育学刊》1996年第6期。

基本素养表现在教育观念、知识结构、教学能力和个性品质①。教育观念基本包括教育教学观、课程观、学生观和知识观等；知识结构包括本体性知识、条件性知识和实践性知识；教学能力包括教学监控能力和教学行为、策略；个人品质包括动机、兴趣、激情、理想和风格等内驱力的情意因素。

21世纪课堂教学走向学习的时代，学生学习成为核心，教师面临的挑战主要是以教学监控能力和教学行为、策略为核心的基本素养的转换与提高。当然，不仅仅局限于此（心理学研究领域），还包括转换其价值观前提和丰富其社会学习的实践性知识（哲学、文化批判、社会学、教育学研究领域）。

一 教师的教育观念转换

价值观是关于世界意义的信念、倾向、主张和态度的观点。价值观对人的行为导向、评价原则、标准及程度等起到指导作用。教育价值观制约着教师对教育、教学的观念及其行为，进而指导培育学生实现成为怎样的人的目标，此外，教师的教育价值观还影响学生对课程、知识和教学等的理解，以及影响教学策略、方法的选择等多方面内容。

价值观的形成受到文化传统、经验和意识形态等多因素的制约。人无法超脱属于自己的时代（孔德），培根指出思想不自觉地受到（社会所特有的）"部落偶像"、（教育所特有的）"洞穴偶像"、（产生于语言幻觉的）"论坛偶像"、（产生于传统的）"戏剧偶像"的影响②。影响诸因素的价值观念通过教育教学才产生影响力。教育不仅

---

① 林崇德、申继亮、辛涛：《教师素质的构成及其培养途径》，《中国教育学刊》1996年第6期。
② 〔法〕埃德加·莫兰：《方法：思想观念》，秦海鹰译，北京大学出版社，2002，第3页。

具有认知的维度，而且是实践的过程。在实践中必须与历史和生活关联，因此无可非议地产生发展与转换。

（一）教育观念转换的表现

1. 基本价值观及其范式转换与教师角色

从基本层面来说，价值观念基本存在两种形态：决定论和发展论。在操作层面又分化为复杂的表现形式。价值观的根深处体现的是不同的时间观：保持永恒循环的古代时间观与矢量前进永不回返的现代性时间观①。决定论主张真理的先天性或道统的绝对性，西方传统中的"上帝"和中国古代思想中的"道"（天道）等先验"本体"都决定着经验世界，其实是封建时期为了维持等级秩序的政治统治需要而产生的形而上学，即马克思认为的为了掩盖现实而扭曲的意识形态，所以，福柯称之为"政体问题"或"科学陈述的政治学问题"。发展论是随着资产阶级产生，追求自由、平等和民主等思想和政治秩序而形成的历史生成观念。在历史上，西方文艺复兴运动时期的维科和赫尔德的历史哲学开启了多元文化观②，中国在清末民初始的思想界巨无霸是"社会达尔文主义"进化论（梁启超），实即发展观。

教育的目的是人性的形成。人与动物的本质区别是理性，这是合理的。但教育关注的问题是"理性是如何实现的？"即"人如何可能？"这就使上述基本价值观走进教育观念并产生分歧：一方面有人认为先验的理性形式的继承和控制使人理性；另一方面有人认为经验发展和进化生成使人理性。其本质区别在于先验建构与经验建构的不同。前者否定情绪、情感和冲动等动物性，排斥差异性而追求普遍性，对人进行铸造；后者肯定这些感性因素，承认差异性和个性化，认为感性发展到理性才是教育之完整过程。

---

① 尤西林：《现代性与时间》，《学术月刊》2003年第8期。
② 余英时：《中国思想传统的现代诠释》，江苏人民出版社，2003，第2页。

如上的基本价值观反映在教育观念上便生成永恒主义、要素主义与进步主义、人本主义的不同教育观念。永恒主义教育观念认为知识就是真理——是永恒的、客观的；教育即教学，教学就是教知识①，教知识在现实的课堂便矮化为教碎片化的知识点。此观念制约了教师对于课程与教学的认识，也影响了课堂教学：以书本为中心、教师为中心和课堂授受—训练为中心。要素主义认为教育是传授人类文化的精华部分，人类文化精华由基本的要素构成，它们具有永恒性和客观性，学校教育就是传授这些要素给学生，同时发展了学生的心智。要素主义者同样注重课程设计的知识逻辑，在教学上主张讲授法。巴格莱曾说，"一般来说，大家认可的要素是应当通过教师所应负责实施的各门学科和各种活动的系统的教学计划来讲授的"②。永恒主义和要素主义都信奉决定论价值观，肯定先验的、间接的、社会共同拥有的经验和知识的重要性，学习知识是为未来生活做准备，突出教师和教材的中心地位，推崇讲授法和训练法，忽视学生的地位、差异和学习本身。进步主义和人本主义则恰恰相反。进步主义突出教育使人在经验中发展和生长，从感性认知到理性形成，侧重于人的智慧产生和历史性。尤其杜威的实用主义注重操作性课程内容和直接经验（教育即生活），这对于个体性智慧和心智发育非常重要，而教育要在经验中发展，需要走出课堂走向社会生活世界（学校即社会）。人本主义将重心从知识转向人，即使教学需要传授知识也是为了人的技能、心理、德行、思维和智慧等的健全和发展；人本主义尤为重视个体的特殊性和能动性，它将每一个体视为具体的事

---

① 〔美〕赫钦斯：《普通教育》，载华东师范大学教育系、杭州大学教育系《现代西方资产阶级教育思想流派论著选》，人民教育出版社，1980，第 200 页。
② 〔美〕巴格莱：《要素主义者的纲领》，载华东师范大学教育系、杭州大学教育系《现代西方资产阶级教育思想流派论著选》，人民教育出版社，1980，第 159 页。

件，其发展过程具有偶然性；理性是个体通过经验建构起来的，当然，建构也需要文化和社会的资助。

以学科范型为基础的范式转换，指导时代价值观风向。虽然库恩的"范式"概念是针对科学革命提出的，但这一考察视角可以推演到更广阔的人类文化的视角转换之历史中。范式作为价值观和方法论的统一体，在不同时代具有显著的指向性功能，即不同的时代有不同的研究范式，不同的范式间不可通约。孔德就提出知识发展中的范式转化阶段：神学或虚构阶段，形而上学或抽象阶段，科学阶段或实证阶段①。早期神话范式的教育价值观以神学为范型②。形而上学范式的教育价值观以哲学为范型，以康德—赫尔巴特教育学为代表③。科学范式以自然科学为范型，自然科学的范型是物理学，19世纪科学范式逐渐扩展到社会领域成为社会科学（孔德称之为"社会物理学"），继之持续扩展到人文学科领域④。但是，科学范式的学科范型本身又在持续变动：早期主要以牛顿经典物理学为代表，后来发展到以社会人类学、文化学为代表，再后来发展到以生物学为代表。教育教学沿此转化路线，从质的规定性知识掌握到文

---

① 石中英：《知识转型与教育改革》，教育科学出版社，2001，第41~42页。
② 现代人（包括孔德）将神学设想为"虚构"的价值观，其实是现代人用科学的因果律（文化的知识论）去理解另一文化范式的误解。神话有其逻辑结构和价值体系，只是现代思维（无论是文化知识论还是文化结构论）没有达到对它的理解而已。结构主义者对此有很好的解释（参见列维·施特劳斯的《野性的思维》、列维-布留尔的《原始思维》和泰勒的《原始文化》等）。但文化的实践论者（如格尔茨《文化的解释》、鲍曼《作为实践的文化》等）解释的更加合理。
③ 赫尔巴特的教育学虽然指向教育学与心理学结合的科学建构的未来方向，但其教育学"建立的基础和准则是在逻辑思维的证明之上，而不是经验证明之上。在这种意义上来说，其方法是理性思辨的，是哲学的。"之后，形成了"以逻辑思维、理性分析来研究教育的传统"（参见黄志成《西方教育思想的轨迹：国际教育思潮纵览》，华东师范大学出版社，2007，第6页）。
④ 尤西林：《人文科学导论》，高等教育出版社，2002，第14~16页。

化批判，再到知识与人文素养双螺旋建构，总体表现为从"对未来的地平线远景的追逐"走向"当下塑造和创造的建构"之路①。"未来并不是要去的地方，而是一个要创造的地方。通向它的道路不是人找到（发现）的，而是人走出来（发明）的。走出这条路的过程既改变着走出这条路的人，又改变着目的地本身"②。

2. 教师的教育理想

基本的价值观分化和贯彻到具体的教师个人层面，便出现不同的教育理想。教育理想是教师的教育信念，可以在教育目标、行为中表现出来。不论决定论还是发展论，其教育的原初都是培育人性。但处在每日具体教育实务中的教师，由于教育实践中外来因素的影响（体制、监测和评价、个体和组织的功利计较、家长的压力……）而扭曲、异化了原初的教育理想，即信奉价值与使用价值不一致，使用价值本体发生异化。

决定论强调通过传承文化、知识遗产来培养人的理性的价值观，这往往会导致教师的教育理想被矮化为教学知识。发展论价值观指导下的教师教育理想始终以人为核心，包括教授德行、社会伦理、能力和知识技能等。

在不同的教育理想影响下，当知识或成人作为教学目的时，便会出现对应的课程设计、教学方法和策略、评价的标准和方法，最终影响教育的结果是相对的，甚至是针对性的。

3. 教师角色变化

教师的角色是复杂的，他可以是组织者、管理者等职业角色，也

---

① 张生虎、张立昌：《反思学习研究及其面临的时代课题》，《中国教育科学》2020年第1期。
② 〔澳〕埃里亚德：《21世纪教育面临的挑战》，载国家教委国家教育发展研究中心、中国教科文组织全委会秘书处《未来教育面临的困惑与挑战：面向21世纪教育国际研讨会论文集》，人民教育出版社，1991，第64页。

可以是咨询者、交流者、革新者、伦理者、政治者和法律者角色①。其混合的复杂角色，随着情境的不同发生变化，是随机的。时代变迁要求教师对以上的角色认同，其前提须具备两方面基础：成为有良知的知识分子和专业者。

首先，教师成为知识分子。根据雅斯贝尔斯的思考，对知识分子有两条基本的要求，一是心系天下，跳出自己的职业身份关怀天下的事，如明代东林党人所谓的"家事国事天下事，事事关心"。其实，这是一种社会责任感和道德伦理。二是与自己和自己所属的集团保持距离，用批判的眼光审视之。有人认为教师属于传授与应用性知识分子②，但这一观念已经不适于现在和未来社会，教师应该成为创造性知识分子和批判性知识分子。教育教学是艺术，具有创造性，所以教师不逊于思想家和艺术家；教育教学对未来社会的迫切要求是培养有责任感和创造性的人才（应该有推动社会历史进步的责任和创造能力），不只是培养掌握知识技能以便适应社会生存的人才。因此，教师本身成为创造性的批判反思实践者是前提。批判性知识分子所具有的三个主要特征恰恰能够帮助教师成为反思实践者：不局限于某一专业思考问题，从一些终极问题去思考教育和社会问题；不停留于某时代思考问题，抱有对现状的批判态度；不依附于某一团体和狭隘的个人利益，要有强烈的道德责任感。

知识分子的核心是保持自我和清醒的头脑。这来自与时俱进的责任意识、精神（心理动机和精神追求）和实践力（包括学习力），以及日常修炼、博学慎思、判断力培养。互联网时代，获取间接经验和知识越发便捷，但获取的知识形态大多是碎片化的，缺少背景和逻辑关联性；青

---

① 〔美〕D. John McIntyre、Mary John O'Hair：《教师角色》，丁怡、马玲译，中国轻工业出版社，2002。

② 郑也夫：《知识分子研究》，中国青年出版社，2004，第10~12页。

少年投身真实的生活实践和社会交往的空间越来越逼仄，获得间接经验的场所在学校、书本和网络虚拟世界；解决真实问题的机会越来越少，失去针对情境的应变机智和思考能力等，这些问题使教师的教育观念要发生转变，从关注知识传输转换到关注学生的学习和发展。

其次，教师要成为专业人士或专家。教师要改变以往的知识权威和知识传授者的角色，及时发现学生的成长问题和心理动态，做出适宜的回应，成为促进者、引领者、指导者，以及帮助学生发展的学习伙伴和专业人士。布鲁纳在后期转向教育文化论，他指出，"教师，乃是你通往理解的向导，他会帮助你，以你自己的方式发现知识"[1]。

教师要在精通某一专业领域的基础上，将这一领域内的符号系统置于更广泛的价值和终极问题域，开展批判以图超越。所以，课堂对学生学习展开指导工作的教师便是课堂反思学习指导者。

教育观念、教师角色主要在其知识观、课程观、教学观、学生观等方面的建设中获得发展、实现转换。

（二）教师的知识观转换

知识观是对于什么是知识、知识如何形成、人的发展与知识的关系如何等问题的思想观念。知识观直接影响教师对教育教学本质的认识，也是教师指导教育教学实践活动的基本取向。

1. 什么是知识

知识的内涵随着时代发展而在不断被规定，并且不断被分化。传统至今对于知识的规定普遍趋向于：知识是具备恒久特征的真理、信念，它有正当的理据而被人们信服，即使近代科学家也认为知识是通过反复观察和实验能够被确信的真理集合[2]。知识是对众多直接感知

---

[1] 〔美〕杰罗姆·布鲁纳：《布鲁纳教育文化观》，宋文里、黄小鹏译，首都师范大学出版社，2011，第93页。

[2] 〔美〕戴维·温伯格：《知识的边界》，胡泳、高美译，山西人民出版社，2014，第69页。

到的现象的归类和普遍关系的寻求,在现象之后被寻找的普遍性关系便是"事实",事实是知识的基础。这一观念在 21 世纪面临被修正的命运。

知识的完整性。在古代,知识即"实践知识",是整体的"做"的智慧行动,没有被分裂地看待。不论中国还是古希腊,教育都是在生活中(特别是节日集体活动、战争等训练的形式)培养人的道德性和社会性,而非从书本文字间接学习的。所以,知识不是用来授受的客观对象,是与生活实践密切相关的,包括事实、目的、感知、规范和德性等。"对优良品行的教育比文字和音乐教育更重视"。[①] 知识在古代是通过实践活动而习得的。活动中习得本身不仅锻炼了学习者的意志、德行,还培养了其悟性、智慧,使其掌握了技能、方法,这些都渗透到知识中,使知识无比丰满和厚重。

涵义知识和意义知识的分野。近代以降,尤其以孤立静止的方式观察客观世界的科学方法,以因果还原论为依据的科学诞生以来,知识便成为人类仅仅凭借认知而形成的经验判断。培根发现归纳法并以此寻求知识,此形式虽不同于亚里士多德时期的三段论推理形式,但二者具有共同知识观,即知识是现象和信息之后的客观的普遍性原理和真理集合。康德将二者调和,认为通过知性概念(先验的范畴,易于推理)统整、综合感觉材料(经验的质料,易于归纳)便形成了知识。如此,遂将目的判断和价值判断清洗出知识范畴之外。以上的科学知识观强调外在现象的客观性,排除人的观念和情绪因素。此意涵下,教师就是传递客观知识涵义的牧师或布道者(只有摩西可以上西奈山与上帝会面并对上帝的言论有阐释权),只有教师才能拥有知识转述权。为了补充科学的这种工具理性知识论,人文知识观兴起。

[①] 〔英〕伊丽莎白·劳伦斯:《现代教育的起源与发展》,纪晓林译,北京语言学院出版社,1992,第 4 页。

狄尔泰和新康德主义西南学派强调有关人的情感、价值等关于人自身的研究，在自然科学（science）之外尚有"精神科学"（Geisteswissenschaften）；伯格森提出科学概念分析无法达到人的直觉体验把握的实在本身，直觉是超越自然科学分析的①。所以，现代人文科学突出知识被人赋予的意义：人文知识是对知识的阐释和意义理解。在此意涵下，教师便是守护并阐释意义的知识分子。正如狄尔泰所言，自然需要说明，而人需要阐释性理解，知识在"涵义"和"意义"两个层面存在。两个层面上知识发生着转换性运动，课程知识即知之道：在教学中，通过学习和运用，一是将教材引入课堂的知识转化为被学生认知、理解、重新组织的知识；二是将课堂学习活动中的经验提纯为结构性原理知识。两个活动的互动渗透运行实现的是：知识本体（教材层面的涵义）的个体化（实践经验层的意义）与个体知识的本体化双向转换②。

因此，从古至今对"知识"的解释，随着现实演进及其次生的观念、体制等变迁而发生着变化。反映出从封建制等级观念走向民主观念，从人对完整知识（鸿儒、通才和智德不分）追求走向专业化专家、技术工具的变迁，也深刻反映出教育本身的演化历史。这对"知识"的时代性理解很有助益。

在西方，一直到文艺复兴之前，亚里士多德的知识观占据统治地位。古代西方传统中，从柏拉图开始寻求确定性的知识，将知识等同于真理和理念。到亚氏将知识按照学术进行学科分类，划分为三个等级：神学是最高等级，其次是数学和物理，最后是伦理学。亚氏认为人类凭借经验（动物凭借现象和记忆，缺乏连贯性的经验）、技术和

---

① 尤西林：《阐释并守护世界意义的人》，华东师范大学出版社，2017，第9~10页。
② 张生虎、张立昌：《论课程知识属性及其实现》，《中国教育科学》2019年第4期。

理智而生活，其实他已经将感官印象及其碎片化的记忆排除在知识之外。"人类由经验得到知识与技术"，"经验为个别知识，技术为普遍知识，而业务与生产都是有关个别事物的"①。其知识等级划分的标准是唯理论的，最高级的知识是基于低级知识的，最终落到实践经验。"有经验的人较之只有些官感的人为富于智慧，技术家又较之经验家，大匠师又较之工匠为富有智慧，而理论部门的知识比之生产部门更应是较高的智慧。这样，很明显，智慧就是有关某些原理与原因的知识"。② 古代中国，就知识本体缺乏论述，从教学的对象可以考察到其内容也在发生变化。甲骨文中的"教"字意义是，作为垄断了知识的"巫"（通常巫王合一）对"王子"和贵胄子弟等统治世袭者进行"上所施，下所效"的活动。上施下效的对象就是"知识"。商周以前，此知识为"如何占卜和解卦"，包含了两项内容：实施各项（医疗、军事、文化活动、外交、经济、建筑、灾难和救治、生产生活……）占卜的"技艺"；解卦的知识，包括理性的认知、推理、判断和表达、书记等能力③。到了汉代，儒学成为国教，上施下效的对象就成了儒家以孝为核心的"仁"，其实在追求一种以道德为核心价值的"实用理性"④。"教"字变成了左部为"孝"（《说文解字》），至今如此⑤。

近代科学尤其经典物理学导致大工业生产，改变了人类生活，知

---

① 〔古希腊〕亚里士多德：《形而上学》，吴寿彭译，商务印书馆，1959，第2页。
② 〔古希腊〕亚里士多德：《形而上学》，吴寿彭译，商务印书馆，1959，第3页。
③ "教"在甲骨文中左部并非"孝"字："孝"在字书中属于"老"部，而上部分为"爻"部的"爻+子"（𡥈）属于"子"部（参见何启贤《也说"教""育"二字》，《教育研究》1995年第12期）。所以，到了汉代将"教"字的左部释为"孝"字，表明一种教学对象、目标的变化：从操作性实践技艺等的模仿教学走向了德行和人格培育。
④ 张生虎：《巫传统与孔子的"仁"》，《青海师范大学民族学院学报》（汉语版）2018年第1期。
⑤ 王静：《试论〈说文解字〉中的"教育"二字》，《教育研究》1995年第3期。

识便蜕变为客观不变的外在原理——形式化抽象。培根以人的理解能力为分类标准，运用自下而上的归纳法重新建立知识图谱。培根认为人的理解能力有三个：记忆、想象和理智。知识对应于三种理解能力。"历史对应于记忆，诗歌对应于想象，哲学对应于理智"[1]。由此，他进一步细分为诸知识亚类：自然史；学术史；语言艺术；神学；自然哲学；人文学科。以至于再分类，形成树状结构或"末梢"，成为各种学校教学的实质学科门类。此知识观念和学科化分类形式影响了后来斯宾塞、赫尔巴特及其学派的教育研究者，形成现代意义的学校课程设计[2]。这种知识观和经典学科观建立在科学的观念之上。在19世纪后半叶也影响了中国教育教学，并形成了各个学科的独立教学体制。其实，这种知识观是一个拼盘式的学科分类形式，不再有高低等级。突出了知识的独立性、客观性和恒久性的特性。这种以硬科学为基础的知识必须存在于主体之外，导致认知的二元论，知识的认知主体恰恰被忽略。

现代人文主义在19世纪后半叶兴起，知识从客观涵义性走向意义性。尼采、狄尔泰、杜威和皮亚杰在这一知识的探究上做出了不可磨灭的贡献[3]，使知识走向更加合理的道路：兼顾到了主体及其历史文化和情境。尼采重视"酒神精神"，即使在"日神精神"中也充斥着"制造幻觉的强迫性冲动"，即具有非理性因素。前者在自我否定中复归世界本体，后者在自我肯定中归于世界本体。他认为情感、冲动等非理性因素才能"解除个体化束缚、复归原始自然的体验"[4]。

---

[1] 〔英〕弗朗西斯·培根：《学术的进展》，刘运同译，上海人民出版社，2007，第64页。

[2] 钟启泉：《现代课程论》，上海教育出版社，2006，第82~93页。

[3] 叶澜：《回归突破："生命实践"教育学论纲》，华东师范大学出版社，2015，第66~96页。

[4] 〔德〕尼采：《悲剧的诞生》，周国平译，生活·读书·新知三联书店，1986，译序第2页。

基于此哲学前提，尼采对以科学认识论为主的德国教育进行了批判，指出其教育制度的基本问题是"在外延上扩大教育，在内涵上缩小教育"的错误潮流①。前者使教育走向为了利益的私人目标，损坏了德行；后者使教育成了为生活、国家等服务的工具。二者其实质是一体两面的"合流"，但教育不是走向新闻，就是走向学术，使之成为谋生的方式而失去了"人文"特性。"任何把谋生方式树为前景的教育绝对不是真正的教育"，"真正的教育不肯让利欲熏心的个体玷污自己"②。因此，他对科学知识的传输教育进行批判，甚至对排除非理性因素的箱格化的处理知识的行为非常反感，最典型的是他对实科中学的批判，即使是文科中学也存在这种功利倾向——本来教育是纤足、娇惯的自由仙女，却被奴化为可供使唤的有智识的婢女。尼采主张教育是为了培养真正有教养的人，所以知识应该像语言一样，是在教师的"实践指导"中形成的"严格自我训练"③，实践性知识才是教育所倚重的。

尼采的知识观和狄尔泰、杜威的知识观一脉相承。在皮亚杰论述人文科学时便明确了这种知识的人文特征会不分学科地产生，"自我调节无论在其逻辑数学建构中，还是在其解释或因果模式中，都是人的全部运算活动的特征"④。作为结构主义者，皮亚杰认为知识要通过建构形成，它不是静态的"形式"，而是在不断联想中同化、顺应双向调节而获得意义和稳定性。与尼采一样，皮氏突出语言的调节功能，这种如语言一样的知识形态不仅是同化的，而且是"有预示性

---

① 〔德〕尼采：《教育何为？》，周国平译，北京十月文艺出版社，2019，第84页。
② 〔德〕尼采：《教育何为？》，周国平译，北京十月文艺出版社，2019，第145、149页。
③ 〔德〕尼采：《教育何为？》，周国平译，北京十月文艺出版社，2019，第98页。
④ 〔瑞士〕皮亚杰：《人文科学认识论》，郑文彬译，中央编译出版社，1999，前言第II页。

的同化"和"关系性同化"①。神经、生理组织与认知组织间存在的关系是相互作用的,不是简单的还原或因果关系。

此知识观在网络时代便被深切地感受到了,其人性特征表现得非常突出。但知识从客观外在、静态性和纯粹理性认知的结果走向主观参与、动态化和非理性因素参与,其结果影响教育变革:首先,导致复杂性理论参与教育教学研究;其次,教育中人文因素才是主要的,如全球核心素养、关键能力等研究突出人的发展基础、核心;再次,影响教学关注人性的发展,而非知识,其方法也会随之从知识传输和记忆、训练等教授转变为参与中学习与指导学习,学习目标是养成方法和习惯从而致力于终身学习。

2. 知识如何形成

知识的形成是历史、社会和自我经验三者共同参与的结果。知识保持恒久性是自古代至科学兴起的近代、现代的一贯观念,"知识所具有的一些恒久的特点贯穿了整个西方历史"②,其实中国关于"道"的静态、超越性的理解传统,至今也未改变。康德将构成知识保持恒久性的概念(范畴)确认为是先天的、不变的,其实它是人类学历史"积淀"的结果(马克思、维果茨基、李泽厚)。所以,第一,知识是变化的。知识本身要随着时代发展而更新与蜕变;知识在不同的情境中需要适切性转化,知识就其产生的情境而言,不仅在不同的历史阶段展现出人类学特征,而且在不同的民族文化语境和不同的地域、个体生存情境中也会变化,产生不同的意义性。知识的变化由外在客观世界、人的观念、社会政治经济文化及其表征的概念系统等共

---

① 〔瑞士〕皮亚杰:《人文科学认识论》,郑文彬译,中央编译出版社,1999,第93~94页。

② 〔美〕戴维·温伯格:《知识的边界》,胡泳、高美译,陕西人民出版社,2014,第69页。

同建构因素的变化而导致的①。第二，知识在古代和经典事实时期，通过"长形式"的形成阐明和表述，其实是立体形成的减法原则下的推理或抽象：首先是直接观察和收集到的数据；其次是由数据转化为信息；再次分析信息推理、抽绎出知识，被称为事实；最后将知识理解和运用，成为智慧②。这种金字塔形（见图3-1）③的知识生产逻辑遵循线型和抽象、减损的逻辑。在知识经济和网络化时代，这种仅靠图书馆、书籍传承的知识形态发生了变化：知识不再是遵循线性一维的金字塔形和"长形式"发展，而是"网形式"和去基础、去中心的发展；知识的形成基本从立体的深刻转变为平面的深刻，这与知识形成的社会性相关。

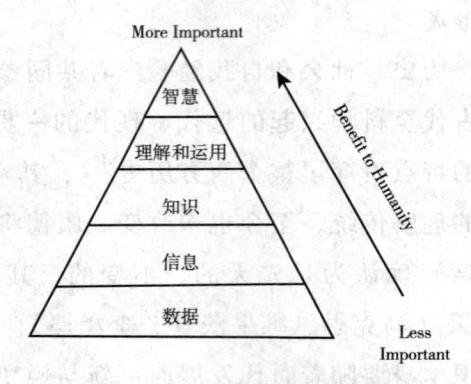

图 3-1　知识形成金字塔模型

知识又是社会交流、合作、竞争和对话的结果（波普尔、库恩、费耶阿本德），综合、合作是知识社会性特征的表现形式④。首先，

---

① 潘洪建：《教学知识论》，甘肃教育出版社，2004，第83~90页。
② 〔美〕戴维·温伯格：《知识的边界》，胡泳、高美译，陕西人民出版社，2014，第3页。
③ 刘和海、李少鹏、王琪：《"互联网+"时代知识观的转变：从共建共享到众传共推》，《中国电化教育》2016年第12期。
④ 石中英：《知识转型与教育改革》，教育科学出版社，2001，第207页。

从知识的生产者来说，工业时代及以前与后工业时代有不同。在工业化时代及以前，知识的生产者主要由极少数知识分子和专家等构成。其次，知识传承的媒介发生变化。传统的书籍和图书馆是知识存在的基本场所，这种媒介的局限性限制了大部分平民阶层生产知识的可能性，他们只有意见和信息、数据。所以知识的生成是既递进又减损的形式。在互联网时代，知识不再仅以书本形式呈现和传播，知识从专家生产和提纯式教材书本传播形式转变为草根型人类智慧的共同生产与网络传播，每个网民都可以参与知识的创生，知识的情景适应性和变动性得到加强，知识的产生是增量的形式，此加法原则使知识呈现平面的交往性深刻。再次，知识生产的逻辑形式变化。借助于书本和减法原则而产生的知识遵循由现象到本质的逻辑推理形式，网络形式和加法原则下产生的知识遵循现象间交流与比较、补充等建构形式。前者形成追求远景式目标的未来知识观，后者是当下建构的经验性知识观。当然，后者的碎片化知识拼接不可避免；网络增量的知识产生模式呈现群主体的特征。因此，吉本斯（Gibbons M.）等人提出知识生产的模式Ⅲ，它具有多维网状生产的特征，展现了知识生产的多主体和动力机制（见表3-1）①。最终实现了全民（学术界、政府、产业机构和公民社会）参与知识创造的民主形式。

关于知识在网形式中产生的机制回归到组织形式中发生，被野中郁次郎等人称为"场"进行描述②。新知识借助已有知识和新情境的结合而被创生。"场"不只是组织形式，而更是对"涵义（meaning）创造"进行组织的形式。个体将一种情境带进群体学习的共有情境

---

① 陈丽、逯行、郑勤华：《"互联网+教育"的知识观：知识回归与知识进化》，《中国远程教育》2019年第7期。根据温伯格的原意，对三角形（金字塔）模型内容有所修正。可参阅温伯格的《知识的边界》。
② 〔日〕竹内宏高、野中郁次郎：《知识创造的螺旋：知识管理与案例研究》，李萌译，知识产权出版社，2012，第96页。

表 3-1 知识生产模式与知识体系的关系

知识生产模式	知识类型	知识存在形式	知识生产环境	知识内容性质	知识形成因素	知识生产目的	动力机制模型	知识生产主体
模式 I	编码知识	点状线性	实验室研究室	同知识域的同质性知识	科学的逻辑推理	科学兴趣	单螺旋双螺旋	大学科研机构
模式 II	默会知识编码后形成的新知识	非线性	社会实践	同知识域的异质性知识	依托原有学科知识在应用领域延伸	生产创新需求	三螺旋	学术界政府企业
模式 III	编码知识与编码后的默会知识结合所形成的新知识	多维网状	社会中的重大问题	不同知识域的异质性问题	实现知识的社会公益性回归	社会公共利益下的创新生态平衡	四螺旋	学术界政府产业机构公民社会

中，对先在的公共知识进行影响；个体间便会产生网络形式的对话与共推，包括情感、认知、价值和行动等多重因素共同参与。这样产生的知识比传统逻辑递进而情境适宜性递减的普遍性知识更加深刻，其深刻性在于涵盖了更多的情境，所以更加适用于问题解决。

知识的个体性。个体经验是对知识本体的具体情境中个体化的理解，其中包含了批判性和创新性。首先，知识的载体在传统时期与后工业时期发生了变化。传统时期的知识载体是书籍文本。书籍一般是由专家书写的，如论文集或期刊都是由专门的学问家（们）书写的，在书籍中知识以合理逻辑连贯地表达，都具有核心思想；知识是有序的展示，不能前后矛盾。这种一贯的展示中，知识经过书写者的个体加工和合理解释。虽然不能否认优秀人才或团队的高度综合能力，但仅凭一己或极少数人之力，文本知识具有片面性也是不可避免的。在网络环境下，网络链接了诸多节点上的个体，从专家群体到一般群众，他们共同平等地参与问题探究和讨论——其特点是开放的个体间多向式互动和学习。网络节点上的每一主体由于自身因素（经验情境、文化影响、受教育程度、能力差异、个体态度理想、所处的职业地位等社会角色）对同一知识的内涵、取向、功能等理解会不一样。因此，呈现出知识的多种可能情境和重重矛盾。更多个体从更多情境中会滋生更多维度对知识开展理解，继之以共同探索和建构。这样形成的知识经历多重的修复，便表现出其全面性和深刻性。其次，知识创生和表达的主体，在传统时期与后工业时期也发生了变化。知识建构从专家垄断走向了人人参与的网络民主社区；以往对于某一文本知识的批评只能通过专门的平台实现，如书籍、期刊和杂志文章等，所以制约了反馈的时间、广度和效率，网络的批评和反馈却是即时的、广泛的和高效的；书籍和文本类知识表达是封闭的：一是它排除了评议的声音和自身之外的声音，但这些异样的声音一直存在，只有在网络状况下才形成其自由市场；二是一旦形成（被出版和发表）文本就难以改变，而网络上的知识会随时修正，所以，知识从生产、表达到讨论、修正都反映出极强的个体批判意识和创造性特征。

因此，从其形成过程分析，知识本身是运动变化的，"所有的知识都会因视角而产生相对性"（普特南）[1]，它需要理解、讨论、批评、表达与修正的不断发展过程。

---

[1] 〔美〕杰罗姆·布鲁纳：《布鲁纳教育文化观》，宋文里、黄小鹏译，首都师范大学出版社，2011，第245页。

3. 人的发展与知识的关系

普遍的观点，甚至研究专家（如赫尔）一般都认为，学习是发展的唯一源泉和推动力。但日内瓦学派提出了相反的结论，他们把学习分为狭义学习与广义学习。狭义学习是具体的经验主义学习和知识学习，重于知识记忆和训练，是外显的熟练和操作；广义学习是内隐的建构型学习，是可以使学生内在认知结构发生变化（内源性改变）的同化过程。因此，就狭义学习而言，实验研究表明它不能使学生得到发展。准确地说，"发展不能归结为一系列零碎的学习"，学习首先考虑学习前的能力；学习所引入的新范式会产生两种功能，一是加速，二是冲突。后者的发生是因为与先前的能力结构产生干扰，导致倒退①。

发展就是内在心理结构发生变化。那么心理结构如何发生变化？虽然皮亚杰否定了碎片化知识学习对于发展的意义，但其核心在于探索知识能否有益于内在认知结构的建构。心理结构的变化关键不在于知识本身（客观结论）是什么，而在于对知识如何理解（如何形成的过程），即知识观问题。这一基本观点在赫尔巴特的统觉和奥苏伯尔的同化导致有意义学习的理论中同样可以看到。同化的基本形式具有多样性，基本包括类属式同化、总括式同化和并列式同化。

人的发展是教育的结果，教育与知识的关系极为密切。索尔蒂斯说："从根本上说，知识的概念与教育的概念是无法分离的，因而，我们关于知识和认知方面可能存在的许多问题的回答，对我们教育者如何思考和行动将有重大影响。"② 教师和教育研究者往往

---

① 〔瑞士〕英海尔德、辛克莱、博维尔：《学习与认知发展》，李其维译，华东师范大学出版社，2001，皮亚杰序第38页。
② 〔美〕索尔蒂斯：《教育与知识的概念》，载瞿葆奎《教育学文集·智育》，人民教育出版社，1993，第62页。

将知识认定为确定不移的结论，教材里充斥的也是可以确定的结论，教学就是展开这种确定性知识的传输过程，这便走上了日内瓦学派所谓的碎片化知识学习（狭义学习）道路，但这无益于学生发展。

知识观念的流变可以从两个方面考察。第一，知识的观念在历史上呈现不同的内涵和功能。从古代的学问观到近代工业生产时期的力量观，再到现代知识经济时代的能力观；影响人们对知识的学习态度也不同，依次是崇拜、保存、共享；更重要的是在教育目的上的相应区别：首先，古代知识教育具有启迪思想和开发智慧的功能，形式训练说、官能（或理智）教育论突出知识学习可以使人的官能趋向智慧，这时知识仅为人的发展服务，具有启蒙的性质，是人本主义的；其次，近代教育的目的是掌握客观知识，为了改变世界的运用功能——不仅应用于工艺、产品和工具，而且应用于劳动以实现工业生产，是科学主义的"实质主义""实质教育论"；最后，现代知识时代，知识运用于知识本身，成为一种管理、消费的经济现象和社会现象①。

第二，从文化传统的区别可以对知识形成、形态的转化进行考察。首先，知识作为不变的信念源于两种传统②：一是希腊—日耳曼文化传统，认为知识是先验的理性信念，与真理无异，知识的产生依托推理逻辑。二是盎格鲁—撒克逊文化传统，认为知识是经验中发现的外在客观规律，依靠观察、实验和确定性的官感等工具证成。但二者都有共同的理想，即知识是理性、不变的客观系统；知识是认知的结果，建立在主客体二元论基础之上；知识是教学的确定性实体对象。其次，知识作为可变的信念，它是人实践的结果。实践可以从两

---

① 金吾伦：《知识涵义的转变》，《哲学动态》1999年第11期。
② 黄志成：《西方教育思想的轨迹：国际教育思潮浏览》，华东师范大学出版社，2007，第3~20页。

方面理解，一是行动和操作行为，突出其操作性，主要以实用主义为代表①；二是社会交往，这种知识观突出知识是生成和被建构的，肯定知识的变化性；知识是具有工具性质的交际对象，其本身不是目的，在以知识为中介的交往实践中人的发展才是目的。再次，体验型自我经验与认知型经验的螺旋发展，追求生命—实践中的知识形态。实用主义②强调的操作性实践对经验没有严格区分，毕竟行为不一定必然导致内在体验的产生，尤其儿童的机械化操作学习对于体验的阻隔更甚：认知型经验缺乏内在情绪、意志和信念等全部生命的投入，旁观、欣赏无法达到对知识内在的生命理解，所以知识如何从外在的认知经验转化为内在的自我经验殊为关键。对此，伯格森、胡塞尔、狄尔泰、詹姆斯、海德格尔、叔本华，甚至福柯都有所论述③，兹不赘述。需要指出的是，这些仅仅抓住从外在经验转化为内在经验的转换理论，如杜威、小威廉·多尔提倡的"参与者理论"（相对于认知型经验的"旁观者理论"而言），却容易使知识走上历史主义、虚无主义之路。因此，在客观知识和外在经验知识走向内在自我经验后，尚需复归或建构出一种新的理性知识——在协

---

① 燕良轼：《传统知识观解构与生命知识观建构》，《高等教育研究》2005 年第 7 期。
② 实用主义本身也在不断地发展，其内部存在的分歧和历史转换比较复杂。皮尔士趋向于语言和分析；詹姆斯受胡塞尔影响趋向于内在的意向性；杜威突出知行合一，趋向于主体的操作性参与，处于黑格尔和达尔文之间。但杜威的知行参与观点的出发点在于弥合之前哲学的二元论，对内在体验的参与重视不够。这一任务在后来罗蒂、奎因、戴维森、麦克道威尔和普特南的研究中进一步深化，超越了其实践意义的外在性。此处，特指其处理心灵与世界二元关系的共同主题，即偏向于外在经验操作的知行合一的实践论，坚持整体论与实在论的统一（参见陈亚军《超越经验主义与理性主义：实用主义叙事的当代转换及效应》，江苏人民出版社，2014）。
③ 燕良轼：《传统知识观解构与生命知识观建构》，《高等教育研究》2005 年第 7 期。

商中共同达成的规范和共同认知结果。这也就是"本体知识$_1$的个体化，个体知识的本体$_2$化"的马克思主义实践要义。才是"意义"生成的全部涵义①。目前，需要教学论解决的问题仍然是以达到前者（本体知识的个体化）为目标，知识一直处于没有被个体内在自我经验（体验和理解）的状态，只是被记忆、传输、训练、操作。一旦前者实现后，便需要后者（个体知识的本体化）转化教学形式。只有两者同时实现转化的教学才是教学的完整意义，既是经验的，又是理性的。这种转化需要反思（反映型和反思型交替）学习参与。

从以上的知识观转化分析可以确定：知识是变化的，但它不是主观主义和历史主义的，而是人类历史本体论形态的连续性演进；同时，知识在教学中实现转化才具有教育功能。知识的转化不仅依赖于个体的活动参与，同时是一种社会交往中管理式、文化性参与。参与以体验、理解为根基。体验、理解是情绪、态度、认知、行为、语言和信念等因素共同涵摄于其中②的反思方式。因此，知识仅在实现转化（知识内化为经验与经验外化为赋有生活实践意蕴的知识）的过程中能够改变学习主体的内在心理结构（不单是皮亚杰所谓的认知

---

① 张生虎、张立昌：《论课程知识属性及其实现》，《中国教育科学》2019年第4期。

② 新实用主义者麦克道威尔认为经验中本身渗透着概念，普特南进一步指出经验中不仅渗透着认知概念、理论，而且渗透着价值，这些要素彼此融为一体，认知的事实判断本身渗透了价值。认知判断与道德判断无法截然分割。而布兰顿为了使实用主义走向理性化，仅仅将广泛的"实践"（他为了与洛克、休谟等经验主义区别，拒绝使用"经验"一词）内涵缩减为语言，认为世界在人认识之前已是概念化的存在（参见陈亚军《超越经验主义与理性主义：实用主义叙事的当代转换及效应》，江苏人民出版社，2014，第226~267页）。因此，以经验为基础，尤其是以体验为基础的教学是存在论的。这与海德格尔的"存在"含义相同。农村家庭养鹅的儿童理解的"鹅"的生活基础（情感、认知、比德式联想和语言指称），绝不同于单纯通过语言传递的概念的"鹅"（参见教育部统编《语文》四年级下册中的课文学习考察）。

结构），其实质便是创造性建构，也才能推动人的发展：知识可以培育和提高属于人的官能，塑造人性，既可以实现德育、智育、美育，也可以养育习惯（第二自然），涵养智慧和行事有度等规范。

（三）教师的课程与教学观转换

知识观是课程与教学观的前提之一。知识观规定了（当然不是充分条件）课程、教学的本质观、目标观、内容观、方法论、评价观①。

1. 课程与教学认知观念

第一，课程解析。首先要明确的是"课程"指什么。因为课程是教育学运用最普遍的概念，但又是界定最差的教育术语②。"对于今天的理论家来说，几乎没有什么问题比形成恰当的课程理念更重要的了"。③澄清课程意涵的最好方法是课程论者对课程认识的历史考察（麦克尼尔）。对此，国内外学者也做了大量细致的工作，兹仅做概括性描述。

课程在价值观影响下发生着变化，呈现出"范式之战"④：课程开发与课程理解两种不同范式之下课程的意指不同。①最狭隘的课程指教学内容和某学校科目，即"教学什么"的意涵。②在前一所指的基础上进一步探寻"为什么"，课程便扩展为教育教学的规划或程序，包括教育目的、教学目标、教学大纲或课程标准，以及教材。这两种观念基于实体论或实在论价值观，与知识实在论和真理观一样，建立在主客二元论基础之上。③课程是教学经验。这一课程观从赫尔巴特始，提倡教学的人性、道德教育价值核心，到杜威被明确突出。

---

① 潘洪建：《教学知识论》，甘肃教育出版社，2004，第62页。
② 陈侠：《课程研究引论》，载瞿葆奎《教育学文集·课程与教材》（上），人民教育出版社，1988，第14页。
③ 〔美〕麦克尼尔：《课程编制的历史透视》，载瞿葆奎《教育学文集·课程与教材》（上），人民教育出版社，1988，第134页。
④ 〔美〕派纳：《理解课程》，张华等译，教育科学出版社，2003，第62页。

其实质是将"课程"转变为"学程"①：否定了课程的目的仅是获得学科内容，而是"组织起来的教材要成为学习者用于理解并理智地整理自己经验的工具"②。同时，扩大了课程范围——从学校课堂走向生活实践活动。所以，④有些学者将课程涵义解读为活动。其中有温和的教育活动说与激进的教育活动说之分。⑤课程作为一个研究领域，是复杂的交响曲：具体的理念随着时间发展为恰当的理念，需要集体的努力；不再接受和执行既成的政策规范，而在教学实践中"理解"；教师（课程专家、家长，甚至学生）也不是技师，而是艺术家③。此课程观念其实质在于，课程是生成的。把教学行动本身作为课程的先导，具有创造性的教学过程会在内容、程序上溢出预设之外，创生课程——"对学习者的扶助和教诲……就是'课程'……没有一种东西叫作唯一的课程"④。如政治文本（阿普尔、吉鲁）、现象学文本（马克斯·范梅南）、美学文本（埃利奥特·艾斯纳）、种族文本（卡梅隆·麦卡锡）、后结构主义（陶伯曼）和后现代文本（多尔）等观念虽不在课程规划当中，但它们会时常出现在具体的教学实践过程中，成为课程内容。因此，可以看到此课程理想指向的是在教学实践活动中（通过教师、学生、教学内容和环境的"审议"而共同达到学习对象、学习形式及其结果统一的效果）形成"课程"，而不是预先由课程专家设定的"规范文本"。上述①②是技术取向的显性课程，后三项是兼顾了人文主义、社会改造主义取向的隐性课程和空无课程。对于各种课程本质的观念分析，波斯纳

---

① 陈桂生：《课程引论》，华东师范大学出版社，2019，第 46 页。
② 〔美〕麦克尼尔：《课程编制的历史透视》，载瞿葆奎《教育学文集·课程与教材》（上），人民教育出版社，1988，第 142 页。
③ 〔美〕派纳：《理解课程》，张华等译，教育科学出版社，2003，第 6 页。
④ 〔美〕杰罗姆·布鲁纳：《布鲁纳教育文化观》，宋文里、黄小鹏译，首都师范大学出版社，2011，第 252 页。

(Posner)明确指出,分别是传统的观点、学科的观点、认知的观点、经验的观点和行动的观点①。

其次,传统意义上课程是课程编制、课程开发的简称。如何编制和开发课程是基于科学实证主义观念的规范化和程序化过程。博比特在1924年《怎样编制课程》一书中运用活动分析法提出了一套科学方法:对人类经验进行分析,归纳为若干领域;分解这些领域,使之成为具体的活动,进行工作分析;提出教育目标;选择目标,作为学生活动时的基础目标;详细计划,安排活动、经验和机会与目标联系②。在此基础上,拉尔夫·泰勒发展并提出课程设计的基本原理:确定教育目标;设计教学经验;组织经验开展实施;评价。此开发、编制形式隐藏的价值观是科学主义的,与人对自然的知识探寻的形式相一致,实质是人对外在客观知识的控制,认知领先对教学行动的规划。相反,理解课程提倡的是经验、行动先于认知,在行动中课程随之形成,所以展示出的是反思学习中的理解、诠释形态。它不是开发,而是艺术性创造和"审议"。

再次,课程形式。因为课程观念或范式的分歧,导致课程的表现形式各异其趣。艾斯纳等人区分了五种课程模式:内容模式(作为理性主义工具的课程是传递知识遗产的学术),目标模式(课程开发作为技术问题),过程模式(课程是学生自我实现的途径),发展模式(课程是发展儿童认知的一种途径),社会建构主义模式(课程是实现社会变革的社会重建主义途径)③。不同的模式及其价值取向规

---

① 〔美〕乔治·J.波斯纳:《课程分析》,仇光鹏、韩苗苗、张现荣译,华东师范大学出版社,2007,第43~60页。
② 〔美〕麦克尼尔:《课程编制的历史透视》,载瞿葆奎《教育学文集·课程与教材》(上),人民教育出版社,1988,第146~148页。
③ 〔英〕黑恩、杰塞尔、格里菲斯:《学会教学:教师专业发展导论》,丰继平译,华东师范大学出版社,2009,第51页。

定了课程的表现形式，有学科课程、活动课程、综合课程、综合性实践课程、核心课程等。学科课程是近代学科分化后，以各学科知识为本位的课程形式，每一学科基于该学科知识编制教科书成为课程的核心部分，通过教师学生的授受知识实现教学，所以它是典型的"教程"。活动课程是针对传统的知识教学远离学生实际生活而提出的，基于学生的兴趣、动机和实际生活设计课程计划、过程、学习资料和教学方法等内容。有研究者对学科课程与活动课程进行比较，指出各自的优劣（见表3-2）[①]。综合课程是相对于学科课程将科目划分为过于细致和孤立的单科教学，而导致学科间缺乏必要的联系，同时针对师生关系、学习方式等方面的问题而提出的一种课程形式。它将相近的各科进行整合而形成"合科课程"，如"科学""历史与社会""艺术"等，本质上依循学科课程，但对箱格化的学科课程进行了范围的扩大，有利于学校实施，保证授课时间和学习精力，在一定意义上保护了学习的创造性。综合性实践课程是为了既防止学科课程因注重知识传输而远离学生生活并影响学生的学习动力机制等不足，又防止活动课程因其学科基础性、学术性薄弱而影响教育教学的专业能力培育，但同时汲取二者的优长设定的；综合课程既可以参与社会生活实践、发展技术技能，又可以开展专业知识的探究性学习的课程新形式。其理想是为了打通学科课程与活动课程，但在实际教学中总体表现得不是很理想。核心课程是对活动课程的精致化，关注人类社会基本活动的不同领域核心问题而设计的课程。因为在活动课程中关注儿童个体的需要和动机，但儿童生活或儿童所关注的生活领域与成人的社会生活毕竟不同。所以，在不同阶段应该设置人类基本活动，大多是社会学科关注的问题，如文化时代核心、社会问题核心、人类生存发展核心等。

[①] 陈桂生：《课程引论》，华东师范大学出版社，2019，第64~65页。

表 3-2　学科课程与活动课程内蕴教学逻辑比较

以学科课程为中心的学校	以学生为中心的活动课程学校
1. 教师掌握学习和各个方面	1. 家长、学生、教师共同发展学习的环境
2. 论据在课程中占主要地位	2. 发现、探究、立意比抽象的论据更重要
3. 死板	3. 灵活
4. 在同一时间内所有学生做同一件事情	4. 个别教育和多种多样的计划,以满足每个学生的需要
5. 与社会相脱离	5. 与社会相联系
6. 乏味的环境	6. 有创造性的环境
7. 强调永久性和传统型	7. 强调变革和未来
8. 强调教育产物(结果)	8. 强调教育过程
9. 控制、强迫	9. 自由
10. 外在的训练	10. 内在的训练
11. 凭借权威	11. 自我实现
12. 以学科为中心	12. 以人为中心
13. 强调教	13. 强调学
14. 相互竞争	14. 相互合作
15. 只有强者能够成功	15. 每个人都能成功
16. 班组以相同的效率学习	16. 个人化了的学习效率
17. 只向教师学习	17. 向教师和学生学习
18. 所有教育都在学校内进行	18. 教育在许多环境中进行
19. 由成人负责	19. 由儿童负责
20. 把儿童看作不可信任的人	20. 把儿童看作可信任的人
21. 不容含糊	21. 容许含糊
22. 进行控制	22. 给予自由

资料来源:〔美〕理查德·D. 范斯科德、理查德·J. 克拉夫特、约翰·D. 哈斯:《美国教育基础:教育展望》,北京师范大学外国教育研究所译,教育科学出版社,1984,第 301 页。

我国新课程改革以来的三级课程设置的说明与实施的矫正,依据行政体制的等级,将课程划分为"国家本位课程""地方本位课程""学校本位课程"三级。三级课程不是三个课程形式("三块铁板的拼接"),而是同一课程形式的三个阶段实现样态:意图的课程(国家)—实施的课程(地方、学校)—实施的课程(学生)①。设置三级课程首先是为了实现教育民主和实事求是(在适应学校特色、学生实际的基础上追求教育原理)的原则。就课程本身来说,是为了尽力弥补课程教学二元化的现状(学科教材课程与活动课程,逻辑组织课程与心理组织课程,必修课程与选修课程),所以,寻求地方、学校教学自治与国家教育政策统一共存的课程设计理念,对于一个地域广阔、地区差异性明显的国家来说是合理的。但自课程改革伊始便存在的问题是,大部分地区、学校和教师、研究人员都没能准确地理解这种课程设计的理念,更没有准确运用此理念去改善自身教育问题。囿于实体论思维,对于三级课程的设置,人们总体上将之理解为三个独立的课程形式,而不是统一的课程样式。所以,地方学校在开发地方课程、校本课程时抛开国家课程内容进行重新"开发",出现两种误区:一是教学目标、主题与国家课程计划要求不一致。如地理学科中的"污染"主题教学,可以在国家课程的基础上,联系地方某河流、学校的池塘或垃圾处理等开展探究性课程开发;再如语文教学中文学创作的"赋比兴手法",在传统经典诗歌里存在,被纳入国家课程,地方、校本课程可以用乡间俚曲中同样的艺术手法演绎,使学生在演唱实践中领会并练习掌握,同时学生在美育中实现认知。这种"具身"性便会使目标、主题学习达到鲜活的状态。但实际的校本课程开发则是不顾及这一国家课程教学目标、主题限定,而是开展一些无关此目标主题的实践,如地方史、校史的编纂等;对乡间俚曲的搜集貌似相关,其实质却走向了民俗学研究(而不是对"赋比兴手法"教学目标的实践学习)。最终扭曲了国家课程教育教学计划目的。二是地方、校本课程的表现形式未发挥应有效用。普遍的展示形式为教材编

---

① 钟启泉:《课堂革命》,江苏人民出版社,2017,第70、74~77页;陈桂生:《课程引论》,华东师范大学出版社,2019,第94~106页。

写，成就一本本低档次的文选或论文集等小册子。最后，小册子积压在阅览室，并没有走进课堂与国家课程的学习融会贯通起来。这是脱离国家课程而散乱地编写学术性教材，使基础教育"大学化"的行为。因此，三级课程要如何实现大文化与小文化的融合、形成理论（国家计划）与实践学习（学生经验）的统一、学科知识教材与活动课程同步、保持教育教学目标、原理的一元性与教学方式的多样化，是教师专业发展的必修课，因此开展扎实的培训和在实践教育中改造是准确理解课程改革理念的前提（革新先得革心）。

第二，教学观念的分歧。首先，教学本体认知的分歧主要在于是教学（instruction）一体活动，还是教—学（teaching and learning）两种活动。传统教学仅指"教"（teaching）的传授活动[①]，其对应的方法便是教授法。这种观念的产生与古代或近代知识权力和知识作为权威的政治学相关，知识拥有者一般是少数上层阶级，如巫、牧师等社会统治者，他们对后辈或下层人民开展"布道"式的演讲。此教学形式反映的是知识即权力的政治关系，也反映出知识就是客观真理的价值观。教学就是传输知识的单线"教"的活动。知识经济时代，"学"的诉求凸显，但"学"需要"教"来指导。知识传输形式改变（从古老的羊皮卷、丝帛和竹木简到纸质，再从纸质发展到网络电子终端，书籍不再是唯一的知识传播形式），使人们不再依赖知识拥有者的言语"传输"。

目前，"教学"又出现倾向"学"（learning）的一端，而忽视"教"的现象。这其中存在的问题是，"学"如果没有教师"教"的法则（教学法）从中引导，学习效率不高，所以"教""学"统一的诉求凸显，这就出现了"教—学"（teaching and learning）还是"教学"（instruction）的讨论。

"教—学"是两种活动，包含了两种差别性行为："先教后学"

---

① 李定仁、徐继存：《教学论研究二十年》，人民教育出版社，2001，第51~52页。

还是"先学后教"。传统的教学形式由于遵循先验课程的规定,一般表现为先教后学:教师根据教学大纲(课程标准)和教材,制定教学计划和教案,然后实施"教"的活动,相应地学生在教师施教的同时或之后开展"学",甚至于教师施教之后布置作业(练习、任务、活动)让学生"学"。自从 21 世纪慕课(MOOCs)兴起之后,先学后教一时成为颠覆传统教学(先教后学)的新模式①。让学生通过电子终端先行学习,发现、保存学习中的问题;然后将问题带到课室与同侪、教师讨论;最后让教师施教②。试以两例说明:①课堂上先让学生阅读一篇文章(以鲁迅的《孔乙己》为例)③,②学生在秋天的森林漫步观察④。

①中在学生阅读结束后,教师与学生交流:学生有哪些问题?有学生提出"到底孔乙己死了没有?"询问其原因是,文末出现了"大约孔乙己的确死了"的表述。"大约""的确"之间的矛盾无法理解。通过学生间和师生间的一系列对话,最终解决了如下更大的课程问题:小说作为艺术的"哲性诗学"性质("的确"指出以孔乙己为代表的旧文人在新社会必然无法生存);小说书写中虚实结合和详略变

---

① 张生虎:《翻转课堂实践忧思:偏误与矫正》,《教育理论与实践》2016 年第 4 期。
② 这种先学后教的模式在当时流行,成为一时风尚,尤其是翻转课堂到处被讨论和实验。但最终的结果是偃旗息鼓。其根源表面看来是受到网络设备的局限,其实质则在于人们没有看透先学后教的教学原理:其核心是导学案的制作必须发挥教师的"备学情"能力——根据学生的最近发展区提前规划所学习内容,每个教师每节课的导学案设计应该是不同的。但是在实际调查中,笔者发现许多以县为单位的教育局印发了大量整齐划一的各科"导学案",这违背了"先学后教"教学追求的初衷;而且,教育当局统一制定出来的"导学案"并非被任课教师提前让学生使用,而是在课堂教学结束后作为"练习册"使用。这是根深蒂固的传统教学观念的展现。
③ 李镇西:《听李镇西老师讲课》,华东师范大学出版社,2010,第 1~10 页。
④ 尤西林、〔芬〕黄保罗:《知识创新教育机制的当代转型:芬兰教育与中国通识教育的对话》,《陕西师范大学学报》(哲学社会科学版)2017 年第 5 期。

奏的艺术手法（"大约"是因为虚写、略写了"孔乙己的死"）；过渡句的"承前启后"功能和文章结构认知（"孔乙己是这样的使人快乐，可是没有他，别人也便这样过。"这一句话作为一个独立段，表明孔乙己死前与死后的状况；这一段将文章截然分成两个部分）。这一堂经典教学案例改变了教材的作业系统：在此后的教材练习题中便增加了这一问题，一直保留至今。②中开展了实践问题情境教学。学生观察、收集秋天的红叶，产生"为什么秋天树叶会变红"的问题。围绕该问题开展科学探究学习与红叶使大自然美丽的人文审美教育——超越了工具理性或实用理性的教学一体活动。

从以上两个案例都可以观察到，课程并不是预先设定的，很多课程目标无法预设，而是在教学一体的活动中创生的。

其次，"以教定学"与"以学定教"。教与学的辩证关系表现在，"教决定学"还是"学决定教"的关系问题。传统的观念是"以教定学"：教师、教材规定了学生学习什么。其前提假设是，教学是为了传承人类文化知识和技能，即使培育人格德行也要依赖相应的知识系统。所以将人类文化知识按照学科门类及其知识逻辑精简编写成教材，由教师按照课程表和课时安排逐次讲授、学生对应着学习。这就是教学大纲对目标、主题、课时、方法等巨细安排的原因。"以学定教"反其道而行之，通过学生的学习来决定要教什么课程内容。其追求的目标是，学生能力素养的提高，尤其是学习能力和人格德行的提高，要实现此必须在实践活动中开展教学，学生自由学习活动是其前提。因此，课程不是先验存在的，必须按照学生学习经验实际而形成：先让学生学习以便发现问题和困难，教师依据学生的实际情况而观察、分析、判断形成课程，而后施以帮助、指导。课程目标是未定的，通过经验创生出来的（如前述两个案例）。不过，这种教学一是要讲究教的策略，教的方法不再是硬性的控制，而是人性化的扶助和指导；二是教师已经从传统的"经师"转换为"人师"，为了育人不只是传授知识；三是对教师的素养要求严格，如及时监控学生的能力、敏感反应和即时组织课程与教学的能力，隐匿其后的知识和眼界的支撑作用也不可免。

2. 课程与教学的关联性

对于课程与教学的关系学界基本有以下四种认同：包容说，包括大课程论和大教学论二观念；并列说；交叉说；交叉并列说①。

从文化传统的视野，课程与教学的区分基本呈现为：在西方文化传统中，盎格鲁—撒克逊（英美经验主义）的教育传统基本主张包含"教学"的课程观；希腊—日耳曼（大陆理性主义）的教育传统基本主张包含"课程"的教学观；中国的教育传统中课程是"教学什么"的内容，教学是"如何教学"的课程实施。《德汉学校教育学小辞典》中课程运作系统如图3-2所示。②

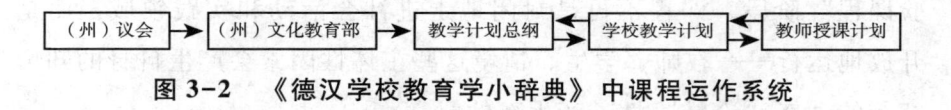

（州）议会 → （州）文化教育部 → 教学计划总纲 ↔ 学校教学计划 ↔ 教师授课计划

图 3-2　《德汉学校教育学小辞典》中课程运作系统

德国与法国的政治体制造成了两国教育体制有差别。德国采用联邦分权制，没有全国统一的课程计划，州制定的"教学计划纲要"（每个州的称呼不同）其实就是教学大纲；法国采用中央集权制，实行全国统一教学计划。赫尔巴特学派的"五步教学法"奠定了教学的基本模式。在英美国家只谈课程和教学设计，不谈教学。但他们所谓的"课程"（curriculum），指学期、学年期的一系列学科，与"教学什么"对应。

在全球化发展中，各文化领域中的"课程"概念逐渐出现互相渗透和发展的趋势。尤其在被杜威否定的教育目的的基础上所提出的经验主义教育观认为课程即教学，教学即课程，二者统一运行。

---

① 李定仁、徐继存：《教学论研究二十年》，人民教育出版社，2001，第126~127页。
② 陈桂生：《课程引论》，华东师范大学出版社，2019。

古德莱德（J. I. Goodlad，1979）从课程发展的角度区分了不同层面的课程形态：理想课程，是政府、基金会及特定集团的课程改革规划；正式课程，由当局拟定的呈现为文本形式的课程方案，如课程计划、课程标准、课程表、教材等；理解课程，指教师对当局课程方案的诠释性理解（单元计划/选修课课程纲要，课时计划）；运作课程，指在课堂执行并实际发生的课程（课堂上师生交往活动）；经验课程，指学生实际经验（外在经验与内在体验）和理解了的结果性课程（见表3-3）。

可以看出古德莱德的课程形态分析是按照自上而下的课程运作机制而分层的。但这种线性发展忽视了课程在实践中的反作用，即课程在实施阶段与教学活动结合就会主动发生调整，从而影响课程的矫正与领域扩展。尤其是从"理解课程"阶段开始，至"运作课程""经验课程"阶段，课程不再是封闭地走进社会活动和实践领域，而是开放地运行——教师、学生、情境这些主体性因素会产生自身的知情意行的动态"诠释"性，产生新的意义。

表3-3 课程层次与具体形式

课程形态	表现形式
理想课程（ideal curriculum）	课程改革规划（理念、目的、方向等）
正式课程（formal curriculum）	课程计划
	课程标准
	教材
	课程表
理解课程（perceived curriculum）	单元计划/选修课课程纲要
	课时计划——备课（教案）
运作课程（operational curriculum）	课堂上师生交往活动
经验课程（experienced curriculum）	学生外在经验与内在体验

同时，课程从文本（静态）形式走向实践（动态）形式无法一贯实现，且在实践中教学便与课程难以区分，是整一的经验活动。所

以，课程与教学虽有区分，但也有联系：二者是连锁关系，又是互相推动的循环发展关系（见图3-3）。首先，自上而下的课程框架规范限定教学实践的方向。以先验的文化知识框架为起点的课程形式，符合工业化时代科学逻辑：研究—开发—普及。出于对文化传统和政治意识形态因素的考虑，国家规定课程的基本框架和基本形式以及改革规划；被合法化的课程通过教育当局和教育专家条理化，形成相关课程知识及其对应的课程计划；通过专家、企业家等用人单位、一线教师和学生、家长代表等讨论"开发"，将计划转变为"课程标准"；课程标准（或教学大纲）被专家、研究者等转译为可以直观、具体情境化的教材形态；教材在课堂被教师教学化、情境化；学生学习教材将其转为"学材"。其次，自下而上的教学实践建构课程规范的过程。以自由为开端的课程形式，是建构形式的逻辑：实践—审议—开发。学生学习经验被问题化，学习情境被知识化，形成基本的课程内容；教师针对学生实践开展组织活动（重组规范的课程知识）、师生开展教学活动；教学实践经验对教材进行修正和重建；教材影响课程标准的再

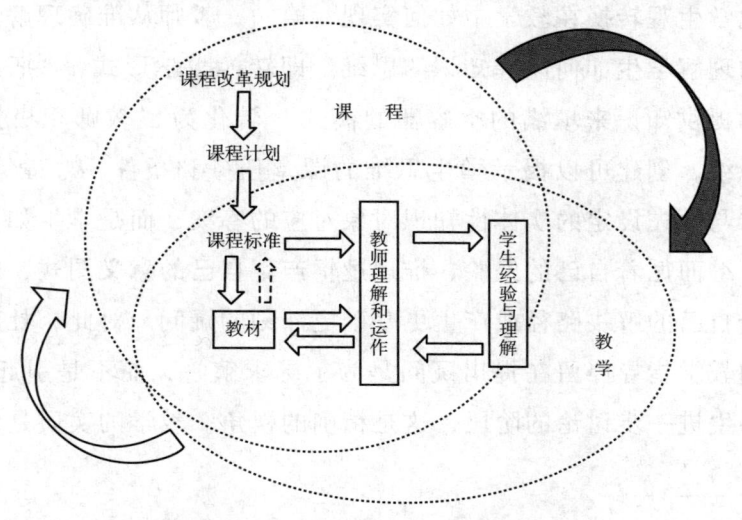

图3-3 课程与教学关系

调整，前者遵循因果与解释（explanation）性；后者则是意义生成的理解（interpretation）性。这两种课程运行模式应该是互补的关系。

（四）教师的学生观转变

由于传统课程观中课程具有先在性，并且规定着教学活动。所以，教师就会以为学生接受课程规定内容即可，学生成为接受课程内容的容器；课程在分层发展中最终以教材的形式走进教学领域，教材的文本展示形式通常是依照学科知识的逻辑（数学、科学尤甚）构成，教学就成了教知识，学生便是接受知识的容器了。教师把学生作为科学知识接受者的学生观是近代科学兴起后才出现的，"什么知识最有价值"便是其直接表现。但在古代社会和文艺复兴时期教育追求"德行""通才"，后工业时期新人文主义兴起，尤其是知识从外在客观性转化为人的内在理解和意义形式，教育的目的是追求培养全面发展的人和"关键能力""核心素养"，这就需要转变学生观。简言之，教学的目的要从让人掌握客观知识转向培育人性，教师的学生观也要从知识接受容器转向使学生主动发展为全面发展的人，教学即"成人"教育。

此学生观转换在教学中如何实现？第一，教师从准确理解知识涵义转向理解学生如何诠释知识的思维。即转换教学形式，"把儿童当作教师提供知识来填满的空容器的模式"转化为"教师积极探究学生的思维，创建可以揭示学生思维的课堂任务和条件"[1]。教学不再是追求与原先设定的实体性知识对象对应的答案，而是学生如何产生疑难，继而循着自己的经验、推理逻辑产生自己的意义图式，最终产生属于自己的解决路径或产生更基础更深刻的疑问。对此，杜威批判现存的教学指导停留在提出疑问是为了寻求解答，而不是引起疑难、产生师生进一步讨论的阶段，这是精确的视角。教学的实质是使学生

---

[1] 〔美〕约翰·D. 布兰思福特等：《人是如何学习的：大脑、心理、经验及学校》，程可拉等译，华东师范大学出版社，2013，第17页。

形成独立的学习路径和思维形式①。布鲁纳在探讨教育文化论时提出，教学应该对于建构的鲜活过程更加用心，而不是说明"已完成的科学"或（教科书、手册或标准里的）"死死的东西"；把重点放在活的科学建构活动中，而不是已经完成的"科学遗骸"上。因此，他提出"叙事法"，在叙事中从已知的东西里产生一个"假设""猜想"，而衍生意义，使学习者超越已知的境界。②

第二，培育学生个性的学习方式。教师放手生硬的"教"，转换为"指导"：在课堂时间和空间内，教师应该监督和管理学习过程，尽力了解学生遇到的困难，确定他们学习的方法；然后提供一些线索和暗示，使教成为学的手段、学成为教的目的。"在一切情况下，讲课都应当是学习的继续，把一切已经学过的东西作为基础，继续向前，引导到进一步的独立的学习"③，形成自己的学习方式。如此，才实现了终身学习的目的。

第三，在形成属于自己的思维形式的基础上，进一步激发学生的求知欲。其实质是走向探究性学习，开发学生的创造潜能，进一步使学生拥有独立意识和自我意识。教师要做到课堂指导的艺术性：依据和运用学习材料去解决新问题；使学生注意学习材料，而不是教师的目的（答案）；使问题持续地发展下去，成为讨论的原动力；周期性的检查和回顾已经获得的知识，以便吸取其基本的意义，突出重点；每堂课要进行总结，发现学生的未来课题，更多地追问——到底是什么？④

---

① 〔美〕杜威：《我们怎样思维·经验与教育》，姜文闵译，人民教育出版社，2005，第221页。
② 〔美〕杰罗姆·布鲁纳：《布鲁纳教育文化观》，宋文里、黄小鹏译，首都师范大学出版社，2011，第263~265页。
③ 〔美〕杜威：《我们怎样思维·经验与教育》，姜文闵译，人民教育出版社，2005，第221页。
④ 〔美〕杜威：《我们怎样思维·经验与教育》，姜文闵译，人民教育出版社，2005，第222~223页。

第四，学生表征性智力培育。表征需要语言，包括文字数字等抽象符号、图像物化形式符号、行为动作符号等广义艺术表现形式。表征的语言不只是知识，它本质上有组织和结构化的智力因素，还有比较、归纳、联想和综合等思维与技能、方法，以及情感投入。需要表征性智力的原因是，内在经验需要外显出来，才能被他者理解，尤其让教师和同学可视与可理解，从而可以交流、被指导和形成社会化学习。表征意味着反映和描述，也意味着解释——对已经经验的事实和体验的解释，即舍恩所谓的在实践中反映。教师对此表征性智力除了提供一些指导性意见（如策略、方法）外，根本无法教——无法看到学生的经验。只有在学生将经验表征为语言形式之后才可以提供建议。提高表征同类经验的训练次数（其实是一种艺术表达的磨炼）是很好的方案，它可以积累经验以便使学生产生联想、归纳和顿悟的智慧。表征的艺术性磨炼使学生凝神关注于自身，而不外求；使人不仅找回自我（喜好、擅长、安心于哪种表现形式），而且塑造其人格德行（做事认真、有条理、坚持不懈、全身心投入的专注和正念）。如庄子说的"庖丁"既认识到规律性，又磨炼了自身的技艺，最终升华至道体境。亚里士多德在实践中之所以纳入以手为根基的"制作"，正是为了表达艺术化表征智力对于人全身心的磨炼功能。文艺复兴时期的巨人们，如米开朗基罗、达·芬奇等数学家、科学家必须依据绘画、雕塑、诗歌等表现艺术磨炼自身与提高表征性智力就是明证。

第五，开展多种对话与交往性社会学习实践活动。学生处于发展和生长阶段，成长不是孤独之旅。首先，学习不仅与自然情境对话，而且与社会情景对话。自然情境是原生态的"存在"，它给学生开启不曾被科学化、文化化了的视野，帮助学习"现象学"的思维方向回到"事实本身"；社会情境既可以使学生与同侪交往实现自然发展，领悟和归纳社会规范，有利于生成社会人，又可以使学生与教师、教材等已经被规范的知识产生交往，直接获得社会规范，这是不同的两种社会学习实践。其次，学生在与没有完全被文化化的同龄人交往学习中会获得共鸣，有利于学生成长，而被文化化的教师、科学化的教材和社会因素往往对其形成控制力，使学习成为规训而缺乏创生性。因此，目前任务学习、抛锚式教学、问题学习等教学形式在全球盛行，其立意即出于此。

二 教师课堂教学监控及其能力结构

教师要实现对学生学习的指导，必须首先掌握学生学习的状况——成功、优长与不足，与之适切的有待发展的潜能、方向。掌握此类状况的基础是教师对学生课堂学习进行监控的能力培育。其前提和发展结果都是教师知识能力结构的变迁或更新。在美国，专业教师标准委员会（NBPTS）关于教师专业认证标准的五项前提之一，便是"教师负责管理和监控学生的学习"[1]。在我国，林崇德研究团队对之进行了进一步研究和心理学分析。但其研究侧重于教师的教——教师如何监控教的行为、心理，而非学生的学——教师监控学生是如何学的心理、行为。

（一）课堂反思学习指导者课堂教学监控能力

1. 教学监控能力

教学监控能力是教师基本素养的核心，指"教师为了保证教学的成功，达到预期的教学目标，在教学的全过程中将教学活动本身作为意识的对象，对之不断进行积极主动地计划、检查、评价、反馈、控制和调节的能力"[2]。其实质是教师教学反思（反省思维或思维的

---

[1] 〔美〕阿瑟·J.S.里德、韦尔娜·E.贝格曼：《课堂观察、参与和反思》，伍春新、夏令、管琳译，教育科学出版社，2009，第3页。

[2] 林崇德、申继亮、辛涛：《教师素质的构成及其培养途径》，《中国教育学刊》1996年第6期。

批判性）能力之一。它包括三个方面：对预期教学活动的计划和安排；对现实教学活动的有意识监察、评估和反馈；对正在发生及未来教学活动的调节、校正和有意识控制[1]。教师的教学监控能力结构按照教学基本过程分析有两种解释：一是六步骤说，计划和准备、课堂组织和管理、教材的呈现、言语和非言语沟通、评估学生的进步、反省和评价[2]；二是四步骤说，计划和准备性、反馈和评价性、控制和调节性、课后反省性[3]。教师的教学监控能力是发展的，具有如下特征：从不自觉经由自觉达到自动化，从他控到自控，敏感性逐渐增强，迁移性逐渐提高[4]。可以概括为能动性、过程（发展、优化、迁移）性、敏感性、调节性、普遍性（全员全程[5]）。培养教师的教学监控能力的途径有自我指导型和任务指向型两个基本手段[6]，具体为：教师自觉改变角色（认知的自我指导和归因训练），依托教学反馈技术（包括自我反馈、专家反馈、学生反馈和同侪反馈等形式），借助临床指导和专家指导（现场教学指导和教学策略培训），向他人学习（观摩学习和小组讨论）[7]。

林崇德教育心理学团队对教师的教学监控能力的研究是基于教师

---

[1] 林崇德、申继亮、辛涛：《教师素质的构成及其培养途径》，《中国教育学刊》1996年第6期。

[2] 申继亮、辛涛：《论教师教学的监控能力》，《北京师范大学学报》（社会科学版）1995年第1期。

[3] 辛涛、申继亮、林崇德：《教师教学监控能力的结构：一个验证性的研究》，《心理学报》1998年第3期。

[4] 申继亮、辛涛：《论教师教学的监控能力》，《北京师范大学学报》（社会科学版）1995年第1期。

[5] 张向葵、吴晓义：《课堂教学监控》，人民教育出版社，2004，第22页。

[6] 申继亮、辛涛：《论教师教学的监控能力提高的方法和途径》，《北京师范大学学报》（社会科学版）1998年第1期。

[7] 申继亮、辛涛：《论教师教学的监控能力》，《北京师范大学学报》（社会科学版）1995年第1期；申继亮、辛涛：《论教师教学的监控能力提高的方法和途径》，《北京师范大学学报》（社会科学版）1998年第1期。

"教"的反思行为的研究，从教学全过程和影响教师的教学监控的要素展开分析，形成其概念、特征，及在分析影响因素的基础上提供培养方法、途径和基本模式。该主题的研究后来在"认知的自我指导技术"① 和"任务导向型干预手段"② 如何影响教师教学干预上被进一步探究，但其余研究方向因缺乏进一步的深入研究而不了了之。

  该研究的确有价值，也有进一步研究的空间。如教师教学监控什么？除了计划和准备、课堂组织和管理、教材的呈现、言语和非言语沟通、评估学生的进步、反省和评价之外，还是否存在更加广阔的领域？学生除却发展、进步（结果）之外，其学习本身——除了掌握知识（学业成绩），还有其生命形态、生活能力和社会化，心理成熟和情理结构的形成、发展等因素；以及学习活动是否也可以被教师监控？还有通过怎样的活动形式更能够增加学生的自我管理效率，实现学生学习的自我监控和提高效能感？再如，对于影响教学监控能力的因素分析，除教龄、教育观念之外还有哪些？还有，教学监控能力遵循怎样的运行机制等都是需要研究的。

  首先，从教学监控的对象上来说，教师教学监控是一种活动形态和社会交往关系，仅仅依据经验心理学的量化分析方法无法显示其全貌，需要其他学科（如社会学、行为科学和新旧"三论"等）和方法上质性、量化混合的策略才能解决。但无疑，这些问题比较复杂。其中，研究方法单一的问题已经有学者指出③。

  其次，在监控领域上——从刚开始的六个方面缩减到后来的四个方面，明显是受制于科学思维的局限；其思考路向由于受制于时间和

---

  ① 辛涛、申继亮、林崇德：《认知的自我指导技术对教师教学监控能力的影响》，《心理科学》1999 年第 1 期。
  ② 辛涛、申继亮、林崇德：《任务指向型干预手段对教师教学监控能力的影响》，《心理发展与教育》1997 年第 2 期。
  ③ 李森、彭桂芳：《教师教学监控能力研究》，《当代教师教育》2013 年第 3 期。

教学过程而形成鲜明的发展阶段,并立志于寻求一个基本的运行模式①,所以显得过于简单,许多问题没有发掘出来,如学生如何学习与指导的互动关系。

再次,教师开展教学监控的影响因素应该不单单是"教龄"②、价值观③。教龄过于笼统,是一个不能说明必然关系的变量。教龄隐含的内容比较多:经验、知识、学养、信仰和教师个性如激情、行为风格、思维及其能力结构等多项内容,它们个体化分歧比较大并无法量化。此外,环境、学生、教师情绪及教学内容、方法等客观因素都会影响教师教学监控能力。这些问题虽然被研究者所考虑到,但没有相应的针对性研究④。

最后,受制于20世纪的"教学"观念的影响,此处的"教学"侧重于教师的"教",而不是交互的活动,更不是以"学"为中心的"以学定教"型教学。所以,这导致教师只能从教师控制、知识掌握方面思考问题,而不是从学习的视角出发思考相关"教"的监控。教师如何从学生生命的层次思考教学,如何在课堂监控教学以指导、培养学生监控自身的学习走向自主学习和形成反思学习?这也应该是教师教学监控能力研究的领域。

2. 教师对学生学习的监控能力

教学从过去的以先验性知识为重点的课程序列,转向通过学习活动创造课程知识的新路径,说明课程与教学实现了双向创造:一是源于国

---

① 申继亮、辛涛:《论教师教学的监控能力》,《北京师范大学学报》(社会科学版) 1995 年第 1 期。
② 辛涛、林崇德:《教师教学监控能力发展:质与量的分析》,《中国教育学刊》1999 年第 3 期。
③ 辛涛、林崇德、申继亮:《教师教学监控能力与其教育观念的关系研究》,《心理科学》1999 年第 1 期。
④ 林崇德、申继亮、辛涛:《教师素质的构成及其培养途径》,《中国教育学刊》1996 年第 6 期。

家规划和课程标准序列的先验文化知识系统（知识传递），二是教学活动中学生经验建构的知识和理解系统（知识建构）。二者集中于教学活动，实现创造性生成，也实现了知识是为了培养学生素养的核心目标。这是设计与反思并存的双向活动。它要求教师充分了解学生的学习现状，实现以学定教①。其中，在经验中理解和建构知识，教师主要的活动不再是传授先验的文化、科学知识，而在于如何指导学生将经验变为自身体验的反思学习。要清楚如何指导学生学习的前提则是监控学生的反思学习时机、过程——毕竟不是所有学习都是具有反思性质的。

第一，课程预设和教学化构思。课程标准制定之前的课程内容是教师无能为力的，只有在课程标准制定以后，即在单元规划、选修课程纲要和教材的教学化转换后及在其课堂的具体运作等内容安排上，教师才能根据学生实际情况进行自主设计和规划。

首先，教师对于单元的组织和基本规划。在单元设计的合理性组织和有效设计上，体现出教师根据学生实际的运思创造性。有的学者提出单元设计是撬动课堂转型的支点②是无可非议的。从传统定型化课程设计走向情境化课程设计，知识传递型教学走向知识建构型教学的课堂学习转换中，意义生成的单元设计不再是由教师控制和对预定内容的贯彻，而是帮助学生在生成性活动中保证其参与倾听、对话和连续性探究。加农（Gagnon G. W.）和克莱（Collay M.）提出，建构性学习的设计由（并非固定序列的）六个因素动态构成：情境、协同、

---

① "以教定学"的教学立场依据学术和文化来选取课程，形成系统主义立场，主要代表是前期布鲁纳（布鲁纳后期开始关注课程内容的适切性问题）。"以学定教"的教育立场依据生活和社会的经验来组织课程，形成经验主义立场，主要代表是杜威。前者认为课程是先定的，教学是对于课程的实施；后者认为课程是生成的，在教学活动中形成课程。其实二者（生活课程和科学课程）并非非此即彼的关系，如何实现统整才是应该思考的问题。

② 钟启泉：《单元设计：撬动课堂转型的一个支点》，《教育发展研究》2015年第24期。

架桥、任务、展示和分享①。教师在每一个环节都需要监控学生的学习及其表现，据此作出即兴式反应和指导，甚至做示范或带领学生展开学习。因此，单元规划只是大致的构思，做到应有的准备，但无法穷尽或将课程、教学内容固定化。

其次，教材作为国家课程的直接表现形式走进课堂教学现场，它作为教学的功能可以从两个方面理解：一是指向课程目标和学习内容的媒介；二是开展课堂教学活动的刺激物或交际对象。就前者而言，任何一种教材都是课程的例子，它绝对不是课程本身，所以不是教学的对象，即不可以"教教材"，而要通过教材（例子）去教它所代表的课程内容。于后者而言，教材作为引导教学课程内容出场的"引子"——引出一个教学需要的生活问题、社会主题、知识问题，它构成教学对话和经验的对象，教学活动围绕该对象展开，可以对话、可以探究、可以活动……最后学习者在行动中发展各项能力。教师对教材的教学化构思，首先得将之改变为学习材料：如改变成一种生活情境，成为抛给学生容易理解的"锚"，易于产生问题和具有差异性的认知材料，而成为学习的出发点；或者从一种文本形式改变为活动形态、任务形态，学生在具体可感的行动中、完成某一任务目标中真实参与，并发现问题、表现思维逻辑，展开对话、讨论，甚至试图解决，从而实现理解、产生意义。

再次，创设学习环境或基于学生既有知识的环境设计。索耶（Sawyer R. K.）在研究学习科学时，对"授受"的教学模式批判的基础上，提出未来学习的基本特征②。其中，就教师的作用，他指出：不能单单传授知识，更需要聚焦学习过程；创设学习环境以支援学习者的知识背景；基于学习者的知识基础进行环境设计；促进反思。环境设计必须了解学习者的基础——知识、兴趣和认知形式等，还需要结合教

---

① 钟启泉：《课堂革命》，江苏人民出版社，2017，第33页。
② 钟启泉：《课堂革命》，江苏人民出版社，2017，第10页。

材知识基础和教学目标。在此基础上，将学习的内容融化在一种环境、素材和情境中。如美国因特贝尔特大学认知与技术小组开发的"贾斯珀系列"① 一样，它将基本的知识演绎到社会实践中，让学生在具体的社会情境中解决问题以实现综合运用、掌握学科知识。

第二，情境中任务、问题的生成监控。根据先验的课程设计是"定型化设计"，将不变的知识技能传授给学生。由教师"生成性设计"的课程将"生知识"转化为学生可以在体验中建构的"熟知识"，是学习中理解和产生意义的过程。但是，学生的学习基础在决定面对教师展现的情境时，并不是一律地指向共同的问题、学习任务。产生差异是合理的——因为产生差异，才会有对话的可能性。在学生理解情境中产生问题（自他间与自我矛盾）时，教师要引导、指导和帮助学生发现、产生问题。这需要启发、提问和帮助提供拓展的资料，进一步实现支撑性知识补偿。

第三，学生理解、思维的监控。学生在对情境解读、理解，生成问题和探寻知识以便解决问题的过程中为什么产生差异？这是因为学生除了经验、知识储备的参差不齐，还有兴趣和思维的不同。首先，教师要善于发现不同学生的智能差异和不同的思维习惯，这便成为对学生开展学习指导的必要前提。更重要的是这种发现、指导会使学生形成一个终身成长的方向，包括对未来的职业、社会发展方向的选择。如此，每一个学生才可以成为学习成功者。其次，就当前的学习内容而言，学生运用怎样的立场和思维形式才可以理解他者的观念或思路，需要教师对后进生进行指导，使之开悟。在此过程中，指导不仅是为了学习理解知识对象，还可以使之学会如何理解他者和学习社会化生存，提高其生存能力并培育其人格。

---

① 〔美〕因特贝尔特大学认知与技术小组：《美国课程与教学案例透析：贾斯珀系列》，王文静、乔连全等译，华东师范大学出版社，2002。

第四，学生精神可视化转换的监控。学生内在的认知和思维运行属于精神活动，它需要表现出来才能被他人感知和认识。这种内在的外化便是学习的表现力。表现主要通过学生自己的描述实现。描述主要有语言（语词概念、图像、表格、数字）描述、行为动作描述和神情（脸部表情、眼神和情绪展露）描述等。但其中也不可缺少地也带有他者推测的成分，不过这些推测需要教师或同侪用语言表明以便得到当事人的认可。

学生表现的内容可以作为教学的重要材料，表现本身是学生学习思维的过程。维果茨基提出内部语言和外部语言之分。内部语言是学生对感悟和感觉的梳理加工，也是脑或心灵的组织过程，从而使所知觉的对象产生意义；外部语言是对意义的外在符号化展示和表征形式，可以让人们直接感受到。表现需要方法，这就需要教师监控和指导——表现的内容是否与其心灵、意识一致。表现的一般形式除了用语言文字描述（语言报告分析）外，还有叙事报告，如概念图解法、知识表现法、命题分析法、档案袋法等。这两种方法可以互相对照，不然仅凭单一形式会造成对学生心灵的误判、误解。如有一个七年级学生对"生活中的立方体"中的"棱柱"概念在语言描述上非常准确，但当被要求画出一个三棱柱时，他仅画出了一个平面三角形；当被要求画出一个圆柱体时，他能够费力地画出一个平置的圆柱体①。

---

① 这种现象具有代表性：记诵概念和定义的语言表述非常熟练，却不会运用和转化为具体的情形。说明对本体知识没有个体化理解。在笔者走访的许多学校中，早读课被数学与语文两门课程平均分配为两次；英语一次。其中，数学早读课上，学生拿着被教师归纳并打印出来的资料——教材中的基本概念和知识分类图谱——朗诵记忆。对此，笔者随机对学生抽样考察。结果发现，学生背诵概念都是准确无误的，但对其运用（如要求画出概念表述的任一"棱柱""棱锥"图，学生便画不出）便表现为半数人不熟练。笔者和数学老师交流，并指出理解和运用是基础，概念的记忆不应死记硬背。但被任课教师否定，说"概念和定义的记诵很重要！"在小学数学教学中这种倾向更严重。

由此，可以看到他对概念是背诵记忆的，却不理解也不能展示。

第五，学生学习产生意义的监控。学生对学习内容的意义阐释和表现是一体的——对学习对象的个体化、情境化理解。其中，包含了两个步骤：一是明确知识本身，二是知识的经验化演绎。学习因实践和沟通中的协同性活动而产生，不论是恩格斯陀罗姆（Engestrom Y. A.）的"拓展性学习"、布鲁纳的"互惠学习"，还是维果茨基的借助工具符号的社会建构式学习，都支持学习具有社会实践性，包括文化实践、政治实践和伦理实践。学习需要在组织关系中实现个体的责任：它依赖于社会协调达成共识，也必须在其中灌注个体积极动机和情感后才能最终改变既有的认知图式。这种能动的建构需要情感、动机、认知和行动交互作用，才能促进普适性的知识结构的建构。教师对于学生个体因素的参与、学生与他者的协商行为，以及协商的结果都要有所关注，才能有的放矢地做出指导的决策和行为。

第六，学生学习形式的监控。学生学习方式展现为行为参与，又表现出学生自身的不同智力倾向。学生个体不同的智力倾向决定了学习方式的多样性。哪一种方式对哪一类学生的学习有效是教师需要明确掌握的。"以学定教"不仅规定教师按照学生个性和智力能力与倾向分配学习内容，而且要注重学习方式的分配——如在小组合作、探究学习中的内容、角色扮演相匹配。学习方式的个体化优势分配，会指导学生反思自身和认识自我的特殊性，更能达成乐于与他人交往，也能乐于表达自我、增强自信心，从而改善学习的动机和效能感。同时，教师对于学习方式多样性的尊重也能达到教学相长的效果，这和布鲁姆、安德森、马扎诺的目标分类学可以结合起来考察。

第七，学生对学习评价及其方向的监控。学生的学习于内在发生，最合宜的评价是学生对学习的评价。此评价既包含表现性（过程性）评价，也包含终结性评价。学习过程中的学生评价是反映性的，首先学生得即时描述自我感知与认识，继之以判断和评估，或继续推进学习，或发现问题加以修正，或改变方向等。终结性评价是学习结束后的反观和反思，学生对一些比较重要的学习关节和最终结果进行批判性审视，总结成果和经验，指导在此后的学习中可以发展或改善，或引以为戒。

教师对于学生自我评价的监控需要在与学生的对话中开展。首先，要从学生与同侪的交流中观察获知，包括从语词、言行和神态等直接得到，还可以从参与度、转变态度和学习的继续进程中推断。其次，可以和学生直接对话获知其基本判断和评价。再次，从具体的作业中观察获知，如练习、活动，或有意布置某一项目任务以便考察、展开评价。

（二）课堂反思学习指导者能力结构更新

知识的变迁，从确定性的逻辑结构体系到网络化分布式存在，迫使课程知识的教学不再仅依据教材知识体系单向传递和控制教学形式，而兼顾学生学习活动和实践经验的创生性。这种自上而下型与自下而上型的双向发展要求，构成双螺旋结构的教学发生原理：知识传授原理与实践中塑造人格素养。这样，教师关注的不只是科学知识的传递（文化传承），而且重于在教学中培育人性。实践活动中经验知识要形成人格，必然要求知识是散点分布的。如布劳温（J. S. Brown）所谓的"分布式专业知识"（distributed expertise）[1] 一样。那么，实现个体素养和知识结构统一的教学设计就需要在基本方案上将知识信息的分享、核心社会话题与学生开展具体的探究活动三者统一起来。这是只关注传输、积累知识的传统教师面临的困难。如今的教师必须专业化。教师专业化需要知识能力结构的改善。

1. 知识结构变化

专家型教师的知识结构基本区分为本体性知识、条件性知识和实

---

[1] 钟启泉：《课堂革命》，江苏人民出版社，2017，第62页。

践性知识①。本体性知识即学科专业知识，条件性知识指教育学和心理学知识，实践性知识指教学情境中的经验性的和做出及时判断、反应等行为的默会知识。传统教学追求知识的传授，所以教师注重前两项内容。但知识经济时代建构性情境教学形式与"以学定教"的实践教育学要求发展教师的实践性知识。其核心是知识如何从实践活动中生成建构，教师设计怎样的情境才能使学生在经验中易于产生归纳生成知识逻辑；教师如何合理指导学生的活动指向和思维，使其发展的连续性遵从学生成长的逻辑（非知识演绎的逻辑），即生活逻辑（非学问逻辑）。因此，整个教学过程充满了反思行为。反思基本包含两个方面：情境反思和自我反思。情境反思中既有对客观对象（知识技能等）的反思，也有对社会主观动因（师生等学习共同体、教学经验活动）的交往反思。

舒尔曼（Shulman L. S.）认为教学是一种"学术专业"，是"复杂的智慧性工作"②。教师应该具有关于学科内容的知识，一般教学法知识，课程知识，学科教学知识，关于学习者及其特点的知识，教育情境的知识，教育结果、目的、价值及其哲学与历史背景的知识③。格罗斯曼（Grossman）又将学科教学知识进一步分为关于课程的知识、相关教学方法的知识和关于学生的知识④。这三种知识在教学行动中整体智慧性运行，所以是实践性知识。

实践性知识是反思自身实践并从个体经验中获得的知识。实践性知识具有个体性、经验性、默会性（内隐性）和综合性特征。实践

---

① 林崇德等：《教师素质的构成及其培养途径》，《中小学培训》（中学版）1998年第1期。
② 教育部师范教育司：《教师专业化的理论与实践》，人民教育出版社，2001，第34页。
③ 〔英〕黑恩、杰塞尔、格里菲斯：《学会教学：教师专业发展导论》，丰继平译，华东师范大学出版社，2009，第55页。
④ 引自钟启泉《课堂革命》，江苏人民出版社，2017，第196页。

性知识的默会性质，要求它依靠个体经验而习得。同时，它又是临床发挥的，所以不可以中断，具有连贯性和即时的反应性，如临床医生的诊断与施救一样。教师的教学实践知识就如前述教师对于学生学习的监控，不只是观察和理解学生的学习（理解学生的知识支撑），还需要即时性诊断和反馈，做出相应的指导（需要课程知识和方法知识的支撑）。其实全部监控过程就是"行动中反映"——一种当下（处于前瞻反思与回顾反思之间）的反思学习形式。这就要求教师知识的内涵改变，从储备型走向实践运用型，行动中的知识就被扩大为智慧。

实践性知识的内涵在教学研究领域划分不一。舒尔曼将教学知识划分为七个方面；艾尔巴兹（Elbaz F.）将实践性知识划分为五个方面：学科内容的知识、课程的知识、教学法的知识、相关自我的知识、关于环境的知识[1]；佐藤学将其划分为五个方面：经验知识、案例知识、综合知识、隐性知识和个人知识[2]。从诸多研究中可以概括出课堂教学中教师具备的实践性知识的转向：从静态的先验客观知识转向即兴式应答的知识，从科学知识转向敏感地确定学生心理和思维的知识，从准确教授方法的知识转向指导学习方法的知识，从单纯认知走向认知、感悟和行动统一的智慧。

教师如何学习教学实践性知识？课例分析是扎根学生学习实践经验（皮亚杰，1970；罗格斯，1969），贴近学生的内在需要（富兰，1991；马斯洛，1968），展开反思学习最有效的手段，也是提高教师实践知识的关键学习方式。具有授业分析研究传统的日本学者指出，探索学生的思维体制是其重心[3]。学生的思维是处于成长中的，不同于成人的理性化、科学化思维。教师应该尊重其思维的多样性（学生

---

[1] 钟启泉：《教育的挑战》，华东师范大学出版社，2019，第222页。
[2] 〔日〕佐藤学：《课程与教师》，钟启泉译，教育科学出版社，2003，第228页。
[3] 钟启泉：《课堂研究》，华东师范大学出版社，2016，第162~165页。

与学生、成人的思维间差异),尊重其思维现实与教师预设间的差距,也尊重学生学习发展前后个体的思维差距,这就形成了动态发展中的"歧异"(不是静态的简单相对差)。要发现这种"歧异"需要教师进行课例分析和研究。而其重点关注学生的思维体制,正回应了舒尔曼等人重视的教师"关于学生的知识"和"相关教学方法的知识"。

　　课例分析的最生动形式是临床观摩,而非静态地课后解析。临床观摩课例具有舍恩所谓的"行动中反映""与情境对话"的特征,它是即兴的、过程性的、情境的、认知与省察共存的、活动的①健全反思。首先,在临床观摩中包含了两种经验情形:一是自己作为主刀医生式的观摩和反思形式;二是自己作为学习者、旁观者,观察同侪的课堂和即时反思形式。其次,在学习方式上存在两种形式,交互运行:一是在与自我教学经验中形成"行动与反思"的交替发展。如克萨根(Korthagen A. J.)提出的理想模式,包括五个阶段:行动、对行动的反思、本质特征的发现、行动的选择方式之开创、尝试②。二是在与同侪交互协同学习中反思发展实践性知识。这里主要展示的是切磋与合作的社会化学习功能。

　　教师对于自身授课经验的反思与观摩他者授课经验的反思需要有开阔的视野,不能停留在狭隘的教学技能和方法层面。如此,才能提高到实践性知识的高度。范梅南(Van Manen)就此提出教学反思的三个层次:教学过程中的专业技能和教学技能(教学技能、班级管理技能、课程安排);批判性地分析教学实践过程中一切行为的合理性;将课堂与广阔的生态联系起来,如道德、伦理、政治,将教学视为文化实践开展反思学习③。实质上,教师的实践性知识通过反思学习提高,

---

① 〔日〕佐藤学:《课程与教师》,钟启泉译,教育科学出版社,2003,第242页。
② 转引自钟启泉《课堂革命》,江苏人民出版社,2017,第199页。
③ 〔美〕D. JohnMcintyre · Mary John O'Hair:《教师角色》,丁怡、马玲等译,中国轻工业出版社,2002,第2页。

反思学习是关乎经验学习论和认知心理学的,首先要求行动为先,即行知一体、行思结合,便是境界论,具有无止境的发展过程。因此,教师教学的学习本身是在教学经验中开展、在教学经验中反思提升的,既是由技到艺的实践过程,也是在实践中积累实践性知识的反思学习过程。

2. 课堂反思学习指导者的能力结构及其调整

第一,从教师专业发展的取向来看,目前基本有三种发展方向:理智取向的教师专业发展(intellectual perspectives of teacher professional development);实践—反思取向的教师专业发展(practical-reflective perspectives of teacher professional development);生态取向的教师专业发展(ecologycal perspectives of teacher professional development)[1]。理智取向的核心指向教师传授客观知识和文化传承的基础能力,强调教师的学科知识和教育知识;实践—反思取向则指向对于自己所直接面对的物、事的理解和产生的"意义",是指其探究和发现(不是获得)的能力;生态取向扩展了教师能力的发展背景,从宏观角度思考教师能力,如社区文化、教学文化和教师文化等交往范畴中的结构性能力,即在社会关联域内或关系中考察教师能力。在此基础上,自然形成教师能力的对应性结构:教学和管理能力,反思学习和探究能力,交往和合作能力。

叶澜教授认为教师的基本能力包括三个方面:理解他人和与他人交往的能力;管理能力;教育研究能力[2]。知识经济时代,终身学习已经成为现实需求;教师成为研究者的呼声也几乎成为定论[3]。在此

---

[1] 教育部师范教育司:《教师专业化的理论与实践》,人民教育出版社,2003,第27页。
[2] 叶澜:《新世纪教师专业素养初探》,《教育研究与实验》1998年第1期。
[3] 斯滕伯格提出"教师成为研究者",劳伦斯·斯腾豪斯是"教师即研究者"运动的关键人物;埃利奥特进一步说:"教师成为行动研究者";凯米斯等人发展之,声称"教师成为解放性行动研究者"。

应该对叶先生的观点提出两点修正：第一，学习能力成为教师适应时代发展必需的能力；第二，教育研究可以说是学习能力的特殊表现形式，但研究必须与教育教学统一起来，互相推动。

目前，关于学生发展的核心素养、关键能力成为教育的前提研究并被全球关注后，有学者对教师的关键能力也进行了研究，指出教师的关键能力包括四个方面：教育教学能力（教学设计能力、教学实施能力、课堂管理能力、教学评价能力、课程开发能力）；教研和创新能力；沟通与合作能力（沟通交流能力、协同合作能力）；学习和反思能力（自我认知能力、反思能力、持续学习能力）[①]。

第二，在课堂教学中能够机敏地发现学生学习的问题（知识、思维、情绪及困难，把握学生发展的方向，掌握学生产生的意义结果及其基本路径）并有针对性地开展即兴指导，这是"以学定教"的实践性反思学习的起点。其实质是走向以自由为开端的实践理性之路。在这种学习形式下，教师的专业能力需要转变和更新。

首先，理解学生的能力。学生的学习是教师施教的出发点，教师须移情性理解学生的内在世界：学生是出于需要还是兴趣，或"勉强"（被迫）才参与到学习中；学习目标的明确和取舍，要达到什么程度或做什么不做什么；方法的契合性，即某学生针对某一内容的学习，适合于运用怎样的学习方法；采用何种方式能合宜地评估出相应内容学习的有效与否；确定学生学习过程中的难点与容易产生矛盾、疑难或问题的关键点；预测学生思维向度、认知发展的可能性等。

其次，观察、聆听和判断的能力。根据学生的实际问题和教学实

---

① 王光明、黄蔚、吴立宝、卫倩平：《教师核心素养和能力双螺旋结构模型》，《课程·教材·教法》2019 年第 9 期。

践中的问题开展教学是教师职业生命力的基础。学生学习和课堂教学事件是非知识化的存在，它是活动形态的，因此需要教师关注。这是教学回到"事实本身"和"生活世界"的前提，也是开展教学的出发点。教师需要仔细观察、倾听以发现学生的世界——学生的社会交往世界和学生的内在世界。"最优秀的教师不仅是积极的演讲者，而且是热心的倾听者。"① 倾听首先建立在尊重学生的基础上，以收集学生学习中的表现和事实材料为第一要务，在此基础上教师依据心理学和教育学知识原理展开分析和推理，之后展开对比、归类并将分析与推理综合提升为基本观念，形成学生学习存在的问题或发展预期并清晰表述，最后寻找合适的方式鼓励学生思考和练习。这是一种研究形式，需要教师具有敏感、精确的思维品质，丰富的知识储备和长期的坚韧品格，最主要的是需要教师具有教学激情、责任心和理性分析、判断能力。

教师在发现学生世界、问题和形成发展预期（最近发展区）的基础上，形成判断和教学规划，从而展开教学指导。判断要以学生学习事实及其推论形成的观念为基础，不能全盘依据教材和知识逻辑。如在小学四年级数学课堂，让学生给三角形做高（从角到对边的垂线）时学生有困难：当学生面对一个钝角三角形时，从一个锐角出发做对边的高，就不知道如何操作。这时教师便打乱教材安排的知识逻辑：回顾正方形和长方形及其面积（已学过），然后将长方形扭拉成平行四边形（其中两个成为钝角），再让学生从锐角画其高。学生刚开始在平行四边形图内画（从钝角出发），之后又在图外画（延长钝角的一条边）。教师结合四边形面积，使学生感受到三角形面积是其一半的同时，精确地学会三角形的高的画法及其面积计算为什么要

---

① ［美］Stephenson F. J.：《非常教师：优质教学的精髓》，周渝毅、李云译，中国轻工业出版社，2002，第17页。

乘以二分之一的原理。其实，这种根据学生实际的教学已经超越了教材中的知识逻辑：先学分数（小数），之后学习做三角形的高，再学习求三角形面积。这种因情施教可达到事半功倍的效果。教学规划如果依据教材知识逻辑，会呈现出逐步发展和积累的特点，这样会限制学生顿悟品质的发展。要达到深层的反思学习，需要批判地对待教材或作为成品的技术方法。若按照学生实际的问题，从更广泛的整体视域（"思维体制"）①出发，则会收到更好的效果。如教师发现学生在钝角三角形中不会从锐角做对边的高的问题后，就让学生做手工：用竹签（塑料管或铁丝）做成长方形，然后在纸上印画出其形状；扭拉手工长方形为平行四边形，然后将其一顶角和一条边对齐用彩笔复印画在原先的长方形上；最后，移动原先长方形内的高至平行四边形的锐角端，用虚线补齐对边，画上垂直符号。其实这一操作在后续讲到三角形的面积时会发挥重要的启发和易于理解的作用。指导虽依据前述判断和规划，但可以不断地调整。指导是针对学生问题和现实的知识困境而进行通俗的再设计，以启发学生自己思考、解决问题，而非直接告知答案或教师代替学生去解决问题，所以指导要追求形象和生动，将概念或原理性知识转化为实际的行为和可感的生活形态。这需要教师对学科知识熟练，对课程标准、教材编排熟悉，不然没法前后贯通地实现教学化、生活化、活动化转换，只会就目前问题孤立地提出解决方案，缺乏发展性，这恰恰限制了学生发展。正如杜威所言，思维就是疑问，讲课是学习的继续，"讲课的艺术包含两个方面：一是向学生提问，指导他探索和养成独立探索的习惯；二是通过观察和回忆有关的教材而进行探究，以

---

① 与斯文森（Svesson，1977，1984）的"整体性学习"几乎一致。不同的是，斯文森突出的是知识的整体性，而此处更强调思维逻辑上的整体性（参见〔英〕黑恩、杰塞尔、格里菲斯《学会教学：教师专业发展导论》，丰继平译，华东师范大学出版社，2009）。

及通过推理，求得现有材料的意义而进行探究"。①

再次，课程知识与情境相互转化的能力。国家课程或理想课程在课程标准里面以原理、概念形式展现，即使在作为诠释载体和具体化的教材中也基本是知识形态的。学习的目的是理解这些知识，并最终在生活中运用和解决问题，而非记忆。教师对学生学习的指导要首先熟悉课程知识，以理解课程知识为前提。然后，在课堂上结合学生实际对课程知识开展再诠释和具体化。教师对于课程知识的理解包括双重取向：一是对于课程知识的情境化；二是对于学生在实际学习情境中的问题和活动主题进行课程知识本体化。

教师掌握教学的一般性原理知识和普遍性操作技术是专业化的根本，是教师教育的"技术性实践"活动，可以通过模仿学习而获得。但是，作为一个事件、一个学生和一类情境、经验、活动的建构性生成，必须通过"反思性实践"（稻垣忠彦、佐藤学）实现②。所以，在掌握了教学基本原理和学科课程知识的前提下，教师面对个体学生和个体化课堂情境，需要解决的就是如何实现教学活动"理论的实践化""实践的理论化"的双向融合，即如何将学科知识的教学情境、教学经验、情境的活动本体化，是教师反思、创造性能力的体现。

此外，交往、合作与协调能力。课堂作为教育的核心阵地是毋庸置疑的，课堂研究无疑是教师教学研究并实现其专业发展的重要基点。课堂研究的视角在 21 世纪转向集体性学习探究：儿童权利论（《学习权宣言》）、文化实践参与论（莱芙、温格）、学习共同体论（佐藤学）、学习集体论（维果茨基、恩格斯陀罗姆）等③都共同指

---

① 〔美〕杜威：《我们怎样思维·经验与教育》，姜文闵译，人民教育出版社，2005，第 221 页。
② 引自钟启泉《课堂革命》，江苏人民出版社，2017，第 111 页。
③ 钟启泉：《课堂革命》，江苏人民出版社，2017，第 107~109 页。

向这一发展趋势。课堂集体性学习符合民主主义、教育公共性和卓越性的时代教育哲学要求。所以，教师应该成为学习集体中的一员。

教师在课堂集体学习中，不仅充当参与者，而且是观察员、协调者和引导者。因此，教师不仅具有与个体学生及学生群体交往、合作的能力，而且具有协调、帮助学生学习的能力。二者同时发挥作用，既实践又超越，既行动又反思引领。交往、合作的能力主要表现在：参与到学生学习现场，对问题展开讨论，提供自己的思考（包括思维视角、方案，案例和困惑的问题）与学生分享；归纳不同的学生个体或学习小组的差异性，展现为比较整齐的内容、形式或具有差异性的问题，让学习者进一步探究或形成更高一级的问题，以便进一步推动学习；运用不同的学习形式或展示方式，开拓学习方法的领域；在关键点上提出一些拓宽学生视域的问题（即便有些问题教师也无法回答），以推动学习延续或更进一步发展，等等。协调能力主要表现在：化解学生讨论中的语言、行为、情绪等方面矛盾冲突；合理分配任务或合理分组；学习内容、对象的理解上矛盾问题出现、冲突或不统一的结论产生时指导学生转换思维和创设语境进行思考，如果是本身无法消解的悖论则要提供价值观或更高意识形态上的指导；对超越了生活世界的科学问题和形而上的问题提供指引①；方法上的优化引领；教授衡量标准的多元性和事物的两面性的思维习惯；等等。

最后，自我变革和学习能力。时代发展与学校的固定不变性是教

---

① 学生阅读安徒生的童话《小鬼和小商人》时对小鬼的烦恼无法理解：小鬼希望和学生待在一起读诗集，又想到跟学生在一起就没有粥喝；跟商人在一起有粥喝，但看不到诗集里面的美（"美丽的大树"）；最后，小鬼决定把自己分成两个：一个跟商人在一起，一个跟学生在一起。其中包含的主题是，相关灵与肉、物质与精神的关系问题的话题。它已经超越了义务教育阶段的学生理解力，所以需要教师援引更多的生活、哲学观念帮助指导学生的认知发展和心智成熟。

育的又一矛盾。学校的固定不变性主要表现在教师知识观念的稳定性，这也规定了基本教学体制的不变。要改变此状况，需要教师成为学习者。其中，从教学和学生学习活动等实践情境中建构知识，本身就是教师学习能力的体现。在观察、理解学生的同时，教师也在不断地更新自我。时代在发展，一位教师任教数十年，面对的学生是随时代不同而发生变化的，从心理、思维、理想信念到性情、行为、语言、价值追求、交往和学习方式都在发生变化。教师在教学中不断学习以实现自我更新，才能真实地理解学生，也才能将课程内容适切地转化为时代感强烈的学生可接受的、可理解的形式。

三 课堂反思学习指导者品格与内驱力

优质教学的精髓是"非常教师"的出现，非常教师的特征与其掌握的学科知识不存在必然的关系①，主要体现在人格和情意等显著人格特征：教学热情、理想（有爱心、奉献）、善于和学生交流、激励学生、善于创造课堂情境和驾驭教学的艺术等②。"教育爱"在高度机械化的现代兴起，成为教师教育力的源泉。课堂中教师监控和指导学生反思学习，这种作为非常才能的"教育爱"推动教师投身研究、学习和形成人格魅力，不仅探寻学生学习的有效性和深刻性，而且激发学生的学习动机并使之钻研和反思学习、反思自我和世界。所以，教师的人格和内驱力因素处于知识技能之前，是有效促进学生反思学习的根本条件。

---

① 哈蒂的元分析中，教师的学科知识对于学生学习的影响最低（$d=0.09$），其影响力排在第125位（共138个因素效应分析）（参见〔新西兰〕约翰·哈蒂《可见的学习：对800多项关于学业成就的元分析的综合报告》，彭正梅等译，教育科学出版社，2015，第126页）。甚至有些研究认为学科知识对学生学习是无影响的。

② 〔美〕Stephenson F. J.：《非常教师：优质教学的精髓》，周渝毅、李云译，中国轻工业出版社，2002，第9页。

（一）课堂反思学习指导者的人格特质

科学思维的习惯，虽使人们将"多元"总挂在嘴边，但在行动上却总是履行统一性原理，不论哪个领域，概莫能外。最经典的表述是"人类思维运行的特征性过程在任何地方都是一样的"①。在教学中，这一假定被证伪：由于每个人的人格特质（有遗传、经验、信仰成分），教师和学生的思维品质存在差异性是不争的事实。人格特质是一个完整的形态，情感、态度、意志、观念和行动等构成其风格底蕴，它们推动了认知和思维等理性形式的差异性发展。

1. 教学热情

教学热情是学校教育最具有价值的成果之一，它包含兴奋、热爱、愿望、专注和持续的感觉等情感和伦理关怀②。教学热情是一种激情，不是像"单纯自足的'学科'绿洲，只要用走马观花的方式走一遭就可以避免受到感染——它必须以高度投入的方式才能进得了它的门槛"③；激情推动教师施教的勇气，不仅使其在技能上创新，而且增强其感知性，以追求高效。

教学热情源于教师对知识的热爱、好奇和挑战意愿，产生对教学活动的投入和专注、压力等，给学生强大的感染力、推动力等效果，其影响学生学习的效应量较高（$d=0.90$）。

教学热情可以让教师关注学生，尤其关注学生的学习及其存在的问题，开展课堂监控，实施以学定教的课程。要成为有"思想"（开展反思）的学习者，别人能帮的忙最多只是帮扶和协助、教诲，前

---

① 〔英〕G. E. R. 劳埃德：《认知诸形式》，迟志培译，江苏人民出版社，2012，第2页。在同一页，Spiro 表达了比较弱的同样观点："人类思维运作（或者有能力运作）在各处都是一样的。"

② 〔新西兰〕约翰·哈蒂：《可见的学习：对800多项关于学业成就的元分析的综合报告》，彭正梅等译，教育科学出版社，2015，第29页。

③ 〔美〕杰罗姆·布鲁纳：《布鲁纳教育文化观》，宋文里、黄小鹏译，首都师范大学出版社，2011，第213页。

进之路仍要自己走。教师的热情可以激发学生在反思中前进，也能够发挥榜样指引的作用。

2. 同情心

教学的本质是交流，是一门艺术；交流需要宽容和富有同情心。"只有宽容和具有同情心的老师才是好老师"①。

宽容是一种尊重。教学走向"交互性"对话，教师尊重学生，首先尊重其成长中的思维和发育中的人格。虽然学生不成熟，但习惯于表现。所以不免会有不完善的方面（思想观念、情感、认知、道德、语言表达和行为等不规范），这时教师要有低姿态的宽容心态和行为。宽容便是教育爱的表现。其次，教师要在理解学生的基础上设计课程与教学环境。教学要达到最近发展区，课程内容就不能超越学生的需求和能力；教学设置的环境要适合学生的发展，前提在于理解学生处于哪种发展阶段。

同情心以宽容为基础，追求理解学生要达到的更高要求。让自己从学生的视角和思维去理解同一主题，这关乎解释学的"疏离"问题。依据利科（Ricoeur P.）对文本（话语或书写）、行动疏离形式的四种分梳②：社会作用、作者意图、语境理解、指称对象，教师与学生对于公共话语理解产生差异可以被理解。学生是在哪一种情形下阐发个体意见的，并且其源自何，都需要教师的发现、理解和同情。如此，教师才能对学生学习与反思学习开展指导。

3. 敏感性

敏感性指即时的反应能力和反应行为的人格特征。它包括对于外在情境信息的敏捷观察、聆听、感知能力；内在心灵的组织加工和判

---

① 〔美〕Stephenson F. J.：《非常教师：优质教学的精髓》，周渝毅、李云译，中国轻工业出版社，2002，第52页。
② 〔英〕约翰·B. 汤普森：《意识形态理论研究》，郭世平等译，社会科学文献出版社，2013，第23~24页。

断能力；迅速地转译、表征能力。在科学实证研究中，对教师的言语表达能力要求比较高，其清晰性影响教学的效应量在教师因素内排名次高（d=0.75）[1]。这种外显的表征形式在语言清晰性上应该只是一个方面；另外，清晰性也在一定程度上表现了敏感性的后两项内容，但不尽然；它与敏捷性结合起来才具有对学习影响的实质意义，只可惜敏感性的前两项内容无法量化。

敏感性首先依赖于生物性遗传，包括身体健康情况和基因家族史；其次（应该更重要）是实践训练和培育，劳动和制作的"做中学"是最好的手段，自觉的教学经验积累有助于敏感性发展；再次，依托于知识领域和视角的多样性，它有向四处伸展的趋向。

（二）课堂反思学习指导者的内驱力因素

内驱力属于内在动机，与愿望、目的、信仰和理想等密切相关。内驱力开拓了一种未来视野，在创造和想象中构建与现实的关系。

教学首先是一种活动，人类活动都是创造性的。想象是创造力的源泉。在教学活动中，教师进行了创造力的想象。想象是形象与对象之间发生的任何一种可能的关系，它不同于把形象固着在对象的复制或对应关系——主客相符的认识论上。所以，教学活动的创造性依赖想象，不是对课程知识的反映，而是学生内在的现状改变的行动，即教学不能只停驻在认识论视角上，须在课堂微观的教学行动中思考。

在行动中，教师通过自己的各种意识（如实践意识、话语意识）对行动进行调节。依据吉登斯的结构化理论，话语调节行动在社会

---

[1] 在哈蒂的元分析中，影响学习的基本因素中（一级指标分别为：教师、学生、家庭、学校、课程、教学）教师的效应量最高（d=0.49）。在教师的诸因素（10个二级指标）中"教师语言表达清晰度"（d=0.75）的效应量仅次于"微格教学"（d=0.88），排第二位（参见〔新西兰〕约翰·哈蒂《可见的学习：对800多项关于学业成就的元分析的综合报告》，彭正梅等译，教育科学出版社，2015，第126页）。

（文化情境）中发生，就会形成一定的社会结构。此社会结构既是个人行动的媒介或赖以行动的手段，又是个人行动的结果。因此，既不存在独立于个人之外的教学思想，又不存在独立于社会结构的教学思想。教学在于人们之间相互交流，于其中又不断地调节着个人行动。布鲁纳从早期的结构主义转换到后期的文化心理学，也是从这种关系（个体行动与社会结构，行动中实现认知和反思的调节）着眼，所以他批判了皮亚杰独立从个体心理学研究认知问题①。

如上的教学要求给今天的教师提出既复杂又极富压力的专业素养前提：教学不再是简单传输信息的展示，也不是独立的自我表达，而是与他者（学生、情境、知识和经验）交往，自身参与其中：观察、归纳、判断、反思、综合、修正等全身心投入的研究、学习活动过程。此教学必须是积极主动地在内驱力推动下发生，才能达到卓越之效果。内驱力区别于外在需求或目的，外在需求和目的在一定条件下满足了便会消退、消失，而内驱力一般无法满足和消除，它如地平线远景一样会引导人不断产生更多的需求，继而再追求——学无止境。

动机因素的讨论比较多，"真正的动机就是信仰、欲望、理论、价值或其他的'意欲状态'"②。在此，对教师积极参与课堂学生学习的观察监控、实现反思实践和以学定教，以襄助学生的反思学习等动机加以概述。

1. 好奇与兴趣

好奇和兴趣对于全球化时代的学习意义重大。全球化缩小了各民

---

① 〔美〕杰罗姆·布鲁纳：《布鲁纳教育文化观》，宋文里、黄小鹏译，首都师范大学出版社，2011，第91、94页。"人类的心理活动既不是一场独角戏，也不是完全孤立无助的行为，即便是发生在'脑袋里'亦复如此。""皮亚杰的主张一向是更为自足、更为形式主义的理论，在其中的心智发展几乎没留下什么空间可让文化来挥洒。"

② 〔美〕杰罗姆·布鲁纳：《布鲁纳教育文化观》，宋文里、黄小鹏译，首都师范大学出版社，2011，第274页。

族、集团之间学术研究的差距,落后者通过模仿先进者而与之同处在齐平的学术水平。这种模仿性国际竞争的实现,可以通过大量资本投入实现,其学习的实质在于模仿和机械性。如果与先进者一旦实现学术水平上的一致,则会出现无法模仿的现象——学习所面临的是开创性的课题,竞争模式就转变为创造性的摸索模式。此时,即使巨额投资也不会发生实质性突破。这须依赖本身热爱探究的人,其核心是富有好奇的兴趣,乐此不疲地实验,这是"好学"到"乐学"的转变。乐学,即学习的畅态和反思学习状态。

好奇心是一种敞开心胸与世界发生可能性关系的心理状态,具有审美(非功利性)和令人解放的性质。传统讨论中的"为艺术而艺术""为科学而科学"等话题就与此相关。杜威把好奇心发展分为三个阶段:有机体阶段——生命力盈余、过剩的非思维阶段;社会化求助阶段——"是什么"发问阶段;理智的求知欲阶段——超越了有机体和社会,开展个体探索行动的阶段。[1]

好奇心的产生机理与经验相关。一个现象未曾被经验,或与经验预期不符,这一现象往往使人"惊奇",产生好奇心。如果好奇心仅停留在满足感官经验的刺激,或习惯于独断论规约和驯服,不能被及时的引导使之走向理性探索之路,便会消失。

兴趣是好奇心的理性化诱导、培育的结果,超越了对事实的好奇和经验刺激积累,追求一种连续的原理关系的内在动机。好奇转变为求知欲,是兴趣的开端。兴趣包括接受、反应、价值偏好。接受是由于好奇使某一现象成为对象,经过觉察、注意,最终接纳到自己的视域中;反应是对接受对象感到愿意、满意;价值偏好是在价值上的接受和初步评估,使价值产生指向性。

---

[1] 〔美〕杜威:《我们怎样思维·经验与教育》,姜文闵译,人民教育出版社,2005,第31~32页。

教师对于教育教学工作的好奇和兴趣，会促使其参与课堂教学活动，关注情境中的教材、学生和自身的交互、变化活动，开展始终监控活动，而不仅仅停留在传授知识上。这样会开展对教学的探究和再认知，实现教学的专业发展。

2. 教育信念

信念属于价值观系统，也与意识形态有关。价值从接受、偏好兴趣阶段，到信奉和人格化固着阶段，是发展的过程。一种意识形态被接受，成为价值观渗透在日常教学中，包括言语表达、话语选择、行动方式，甚至渗透在衣食住行等交往关系中。价值也可以通过实践经验和对意识形态的批判而形成。教师在现代性情境下，现代性能促使教师拥有真实的教育力。因为它营造着教学相长的氛围，给教师发展提供了内生的动力机制。

教学信念作为内生动力，不仅激发教学动机和愿望，提高教师自身态度、能力，发展知识技能等；而且展示为在外在教学行为中设计合宜的课程与教学情境；更重要的是关注学生的学习和发展，包括教材如何组织、开发和转化以实现教学高效性，教学如何发展模仿力、规划力、创造力、学习力，如何提高师生的洞察力、关注力，如何开发传承文化的方法、技能，如何提升分析、综合、判断等能力。

3. 教育想象

想象是依据可见的事实形成假设（或猜想）的能力。其中包含认知基础、情感流畅性、经验的连续性和跳跃性虚构等一系列复杂因素，是结构化的不可见的合理性表达。想象最能表现个体的文化心理，富有创造性。但想象的过程犹如脑的运行过程一样，可以确定其内在结构功能，但无法把握各结构元素如何协同发挥功能。一个人的价值观念、文化背景、知识基础、情感意欲以及生活经历都会在交互关系中卷入。

教学想象是教师发现教学情境中的问题和学生学习状态（困惑、

问题、优长及发展趋向等），展开因材施教、针对性解决问题，使教学创造性开展和实现艺术化的智慧。教学想象需要在教学实践中不断反思总结，实现螺旋式行动研究的未来发展性。艾利奥特（Elliot）指出在反思和行动构成的螺旋式活动中，每一螺旋都包括基本的循环阶段：辨析、诊断有待提高的实际情况或待解决问题；制订相应的策略计划，形成假设；实施策略和评价效果；分析实际情况，发现新问题①。如此反复循环，教学想象会不断敏感、想象能力也会不断提高。

　　教师非智力因素仅列举数条有助于反思学习的基本项，并不完整。有待于进一步研究。试图确定一种理想化教师的模型是不切实际也是不可行的，即没有最好的教师模式。教学方式随着教学条件（学生、内容、情境）的不同而不同，通常教师会根据教学条件进行调整，这本身说明教师具有的机智、职业情操和情感因素蕴藏其中，非理性因素的参与度高。实际教学运作中，课堂会出现教师热衷于传授不变的知识的常规行为，而缺乏情感和意志因素的积极投入和发挥非常功能。怎样塑造非常教师，不是外在的强制而是内心热爱和积极情绪（爱、喜悦、感激、宁静、兴趣、激励）推动实现自我教育、自我完善的事业，使教学欣欣向荣，这本身是一个学会学习、学会生存的人性难题。

---

① 〔美〕南希·菲契曼·达纳、丹恩·耶多·霍沛：《反思课堂教学：为未来的挑战做准备》，杜小双译，黑龙江教育出版社，2016。

第四章　课堂反思学习指导的条件：
　　　　情境、学科和技术

　　人们总想以最适当的方式来画出一幅简化的和易领悟的世界图像，于是他就试图用他的这种世界体系来代替经验的世界，并来征服它。

　　高度的纯粹性、明晰性和确定性，会以牺牲完整性为代价。

——爱因斯坦

正如在第一章所分析的，课堂是由教师、学生主体因素和教学材料等客体因素在教学活动中被卷入而构成的情境。其中情境、学习材料、可以既构成材料又滋生方法的现代技术，都是影响课堂反思学习的外部条件。

第一节　课堂反思学习指导的情境

"学习是由环境决定的多方面的现实存在"。[①] 情境是不稳定状态的，发展变化的和结构化的。课堂情境首先不同于真实生活环境。它

[①] 联合国教科文组织：《反思教育：向"全球共同利益"的理念转变》，教育科学出版社，2017，导言第 9 页。

是由学生学习经验与学科知识逻辑两方面构成的，是组织而成的；其次，这种情境在以教学材料为中介的学习者、指导者共同对话的活动中生成。因此课堂情境具有自组织性和功能性。运用科学方法从其构成因素分析会减弱情境的意义。所以，应该肯定的是从其价值功能分析更加可行。

课堂情境的功能对于反思学习有两个方面。一是推动认知、情感、行为和伦理等整体共同参与，祛除传统的二元论。在这样的整体运动结构中，知识①转化创生，形成可持续性发展的动力机制。二是认知、审美和德行等因素共同交互推进，形成反思学习逻辑，共筑人性。

一 反思学习的动力机制

行动中知识转化创生是反思学习的动力机制。

在教学情境中，学生不是空着脑子走进教室的，而是饱含经验和知识——源于家庭、社区、活动团体、媒体，甚至学校本身；同时，一些通行的社会规范、标准等"以一种隐形的方式在指导课堂互动"②。建构主义提出文化回应的教学，已经超越了单纯语言，要求教学尊重学生的基础——包括经验、知识基础和技能基础、学生个性——建立课堂规则，达到学生文化、个性化发展的目的③。

---

① 这里的"知识"不仅是传统意义上的客观概念、原理等物化形态的对象，而是"个人和社会解读经验的方法"，包括"信息、认知、技能、价值观和态度"等的广义性意指（参见联合国教科文组织《反思教育：向"全球共同利益"的理念转变》，教育科学出版社，2017，第8页）。

② 〔美〕凯瑟琳·舒尔茨：《课堂参与：沉默与喧哗》，丁道勇译，华东师范大学出版社，2019，第88页。

③ Sheryl V. Taylor, Donna M. Sobel, *Culturally Responsive Pedagogy: Teaching Like Our Students' Lives Matter*, Emerald Group Publishing, 2011, Foreword, pp. ix-x. Gloria Ladson-Billings., *The Dreamkeepers: Successful Teachers of African American Children*, Jossey-Bass, 2009, pp. 18-20.

学生和教师带入教室情境中的经验、知识、技能虽然具有各自不同的形式和内容,但可以将之区分为明言知识和缄默知识。学习就是在缄默知识和明言知识之间的转化过程。

首先,只有内在体验使认知结构发生变化的学习,才有助于人的发展。日内瓦学派将学习区分为狭义学习与广义学习,只有广义学习才是人发展的动力和源泉①。狭义学习是具体的经验主义学习和知识学习,重于知识记忆和训练,是外显的熟练和操作;广义学习是内隐的建构型学习,是可以使学生内在认知结构发生变化(内源性改变)的同化过程。所以,就狭义学习而言,实验研究表明它不能使学生得到发展。准确地说,"发展不能归结为一系列零碎的学习",学习首先考虑学习前的能力;学习所引入的新范式会产生两种功能,一是加速,二是冲突。后者的发生是因为对先前的能力结构产生干扰,导致倒退。这一基本观点在赫尔巴特的统觉团和奥苏伯尔的同化导致有意义学习的理论中同样可以看到。

同化的基本形式包括类属式同化,总括式同化和并列式同化。

其次,佐藤学提出学科学习的改革核心是如何从"勉强"转换到"学习"。"勉强"指"坐"学——个体脑神经细胞活动,一种被动学习。其实质是把知识转化为信息的记忆术,把具有意义结构的"经验"变为个人自身的"体验"。要实现"勉强"到"学习"的转化,他认为应从三个方面开展:一是通过媒介化活动,使内在的神经活动得以表现出来;二是追求"互惠学习",即实现合作的活动;三是将"获得"并"巩固"的学习知识、技能转化为"表现""共有"的反思学习活动②。基于此,他提倡"登

---

① 〔瑞士〕B. 英海尔德、H. 辛克莱、M. 博维尔:《学习与认知发展》,李其维译,华东师范大学出版社,2001,皮亚杰序第38页。
② 〔日〕佐藤学:《静悄悄的革命:课堂改变,学校就会改变》,李季湄译,教育科学出版社,2014,第105~106、131页。

山型"课程，突出如何在"表现"阶段实现对话性实践（认知的实践、交往的实践和自我内在实践）的"三位一体论"学习和活动、合作、反思学习。

再次，日本的野中郁次郎和绀野登二人对知识内在的转化机制进一步探究，提出"知识创生螺旋"（SECI）模型[①]。所描述的知识内在的转化、创生机制，是在不断地超越性螺旋上升和超越中实现显性（明言、形式）知识与隐性（暗默、默会）知识间的转化，显性知识和默会知识相互推动和创生。对反思学习具有重要指导意义。

"知识创生螺旋"经过四个阶段：①社会化指知识从默会状态到默会状态转移的过程。一是个体在现场观察、实践活动中经验和分享到的，以默会知识形态存在；二是在同他人交流、分享，或观察别人而来的新知，是积累和内在储存的过程。②表征化是如何将默会知识转化为明言知识的过程。一是自身的默会知识如何转译为外显的符号，如语言、图像、行为等形式；二是对他者的默会知识，以外显符号表征出来，这是媒介化的过程。③联结化通过感观将明言知识联系起来，再生新的明言知识的过程。一是获取并系统化外在的明言知识；二是将系统化的知识传递和普及。④内在化指明言知识向更高级的默会知识的转化过程。在实践活动中运用明言知识，经验和体悟以增加个体创造性意义，从而产生更高级的默会知识。

学习就是在默会知识和明言知识的循环往复中实现知识的创生和不断超越，实质是在反思学习中螺旋式上升。同时，知识的创生与超越在个体人、小组和组织的互动中实现。①知识创生于经验或生活交

---

① 〔日〕竹内宏高、野中郁次郎：《知识创造的螺旋：知识管理理论与案例研究》，李萌译，知识产权出版社，2012，第9页；钟启泉：《教育的挑战》，华东师范大学出版社，2019，第276～280页。

往中,这时的知识是体验形态的无法明确表达出来。它通过"社会化"共享和互动交流,实现默会知识间的积累、内在转移,是学习"场"的形成。②默会知识的形式化——表述、转译,成为个体的明言知识。默会知识需要和他人分享,转化为行为、符号、语言,尤其是概念、形象等高级形式,是新知识的基础。它的实质是个体根据"推理意识"(吉登斯)展开对世界默会知识样态的合理化描述、解释、转译、表达。这期间充满了反思学习:其中为了满足明晰性、准确性、简洁性等表征需求的反复尝试、比较、比喻、归纳和演绎、推理等思维形式竞相参与。③在小组、组织的内外形成的明言知识的再加工——收集、整合;转移、扩散;编辑等,形成复杂和合理的共同体创生的明言知识。这是将众多个体、小组的明言知识的联结和修葺结果,尽量让矛盾冲突的部分合理化——逻辑性解决而非综合起来。此反思学习形式倾向于问题逻辑性和比较性反思。④组织形成的明言知识与个体的默会知识汇流,激发个体默会知识的增量——通过反思领会明言知识、实践运用明言知识,又创生新的默会知识。个体理解共同体的明言知识不只是接受,而且是理解和联想自身经验和前知识,甚至是对实践运用等诠释,这样就会产生新的缄默知识。野中郁次郎称为"做中学"的反思行为领会明言知识,其实质是个体内化共同体明言知识时产生的缄默知识。

从上述知识创生与超越过程中可以看到反思学习之发生。①在默会知识的社会化阶段,需要"转译"理解,此时描述性反思学习突出。②在默会知识转化为明言知识的表征化阶段,需要用外显的符号(行为动作、图像、语词等)"表述""转译",此时描述性、对比性反思学习为主要形式。③在明言知识由个体到小组,再到组织的联结化阶段,需要"收集"个体的明言知识"整合"为小组的明言知识,再"收集"各小组的明言知识,将之"整合"为"组织"的明言知识,这一过程中各阶段、个体间、小组间"转移"和"扩散"明言知识会自然发生。最终,"编辑"形成一个代表组织智慧的明言知识,此时以对比性、批判性反思学习为主。④在明言知识运用和实践中实现内在化阶段,通过反思领会和实践运用明言知识,个体在内化组织明言知识的同时结合自身文化特征(经验、知识、思想、风格和思维习惯等)形成新的默会知识——超越了原初的第一阶段的默会知识形态,此时对比性,尤其批判性反思学习突出。

就形式而言,学习基于个体心理的创造性生成。组织作为知识创生的支持条件,在对话、讨论、共同实践等形式中激发和诱导个体知识实现充实、增长和创生,从而使学习者发展。学习中知识的生成与转化,孤立地强调个体,或只强调组织都是不合理的,二者是互相推动学习并使知识创生的。竹内宏高和野中郁次郎认为的"知识只能由个体创造。换言之,没有个体,组织自身不能创造知识。因此,组织的角色是支援和激励个体的创造活动,或者说组织应该为个体提供适当的环境"① 具有合理性。这种环境就是学习"情境"和学习"场"。

在这种个体与集体组织的关系中审视知识创生、个体发展、组织化超越。从学习的视角来看,这说明:第一,学习是在不断反思学习中实现的;第二,技术性明言知识的传递是与学习对立的;第三,实践和经验是反思学习的根基;第四,反思学习本身在一种场域中发生,指导学生反思学习需要合理的境脉,实践与经验要有目标指引构成学习行动。

二 课堂情境中反思学习的内在逻辑

课堂学习是情境学习,这已经是公认的事实。所以,对应前述反思

---

① 〔日〕竹内宏高、野中郁次郎:《知识创造的螺旋:知识管理理论与案例研究》,李萌译,知识产权出版社,2012,第11页。

学习形态，课堂反思学习是对情境的反思学习或情境中的反思学习。

情境教学的早期开拓者是英国教育家丹尼斯·劳顿（Denis Lawton）。在20世纪60年代他主张"公民教育"，所以关注社会阶层和学校教育，因此提出学校情境教学对于人的影响①。莱夫（Jean Lave）和温格（Etienne Wenger）直接提出情境学习。他们认为人的大脑发育受到社会情境的影响，人们借助象征性文化媒介或工具的支持，发展、扩展和重组心理功能。所以，"学习是一个建立在参与框架上的过程，而不是一个人的思想"，"可以说，学习是在参与者之间进行的，而不是一个人的行为"②，即学习者通过实际参与过程来获得执行的能力，他们都是合法的边缘参与（Legitimate Peripheral Participation）者。所以，后来温格对一个学习共同体的形成进行研究，并指出组织学习共同体的七条原则：为了发展的设计，共同体内外部观点间的开放性对话，邀请不同层级的参与者，发展公众的或私人的学习共同体空间，建构核心价值，熟知与新奇刺激的联合，创造学习共同体的学习节律③。佐藤学在此基础上直接提出传统的"勉强"与真正的"学习"是不同的。真正的"学习"是在共同体中的对话性实践。

由于劳顿的启发④，特级教师李吉林在对情境学习进行实验研究时，逐步开拓出具有中国特色的情境教学—情境教育—情境课程的"三部曲"，其核心在于对情境学习内在机制的考察和建设，也为情境中的反思学习指导指明了方向。

---

① Lawton D., *Social Class, Language and Education*, London: Routledge, 2003.
② Lave J. & Wenger E., *Situated Learning: Legitimate Peripheral Participation*, Cambridge University Press, 1991, p. 15.
③ Wenger E., McDermott R. & Snyder W. M., *Cultivating Communities of Practice*, Harvard Business Press, 2002, p. 51.
④ 李吉林:《儿童情境学习课程体系及操作·写在前面》，教育科学出版社，2018，第1页。

第一，李吉林老师的情境教学得益于中国"意境说"美学理论的启发，以《文心雕龙》中"情以物迁，辞以情发"为开端思考"物、情、辞"三者关系。认为情感活动与认知活动的结合是学习的核心。学习首先从感受或直观外部世界开始，然后形成体验，生发情感，继之以认识和思维活动，产生学习驱动力。在此基础上，她提出儿童发展的五个心理要素以指导教学：培养兴趣是前提，诱发其主动性；以认知世界为基础，强化其美感性；发展思维是核心，着眼创造性；激发情感是动因，渗透人文性；训练语言是手段，贯穿实践性[1]。

第二，情境学习之"情境"，是有情的和活动的，"师生互动存在于有情有趣的网络式的广阔空间"[2]。其核心元素是：真、美、情、思。真，即学习面对的是真实的世界；美，是学习追求美的境界，以美引真；情，指以情激发，以情育人；思，即学习讲究形象空间，发展创造力[3]。

第三，情境学习中真善美目标统一，不仅在综合学习中以实践形式实现，在学科教学中也是可以实现的。李老师亲自试验，首先从其本职教授的语文学科开展，然后推广到科学常识、艺术（音体美）学科，最后在数学中实现[4]。

第四，课堂学习中具体情境如何设计？李老师开发出八种策略：通过图画再现情境；运用音乐渲染情境；儿童扮演角色，以角色体会情境；用语言描绘情境；用生活展现情境；模拟操作情境；游戏比赛

---

[1] 李吉林：《儿童情境学习范式建构的历程》，教育科学出版社，2018，第33页。
[2] 李吉林：《儿童情境学习范式建构的历程》，教育科学出版社，2018，第173页。
[3] 李吉林：《儿童情境学习范式建构的历程》，教育科学出版社，2018，第179~189页。
[4] 李吉林：《儿童情境学习范式建构的历程·写在前面》，教育科学出版社，2018，第5~7页。

情境；网络拓展情境①。

从教育心理学的角度看，李吉林的情境教学将"形象逻辑思维和抽象逻辑思维统一起来"，"强调了语言与思维的辩证关系"②，尤其使学生从情感走向认知，从整体的视角审视学习中的反思行为：既有行动中反映型反思学习，也有对感知、认知的反身型反思学习，又有对思维发展的未来预期型反思学习。

从教学论视角看，情境教学基于经验基础，体现反思学习螺旋式上升的整体发展，学习的直观性、发展性在实践中得以展现。这合于杜威的反省思维和舍恩的在实践中反思形式。需要指出的是：第一，反思学习从情境中的反映型走向反身型，如何超越直观？这一点张楚廷先生已经点出③，李吉林本人也深有感悟：数学是"最难攻的堡垒"④。因为数学教学在低阶段的实践是来源于生活的，但发展到高级阶段则是依赖概念逻辑推理的。其他科学和哲学发展到一定阶段也是无法直观的，得依靠反身型的理性反思学习来实现。第二，由感性直观走向理性认识的经验学习之路，是情境学习由易到难的普遍路径。但反思学习展开的路径恰恰相反。越加确定的对象越易于反思学习，而饱含了情感因素的实践情境由于不容易把握，具有歧义性、模糊性——默会知识更加难以被反思学习。如数学是最容易开展反思学习的，其次是科学，而语言和艺术等充满情感、行为的内容最难以反思学习。简言之，实践情境的整体性、歧义性和多元性制约了反思学习，使之更加困难。第三，情境学习中的课堂情境化（李老师

---

① 李吉林：《儿童母语情境学习的理论与应用·写在前面》，教育科学出版社，2018，第4页。
② 林崇德、罗良：《情景教学的心理学阐释：评李吉林教育思想》，《教育研究》2007年第2期。
③ 李吉林：《儿童情境学习范式建构的历程》，教育科学出版社，2018，第223页。
④ 李吉林：《儿童情境学习范式建构的历程·写在前面》，教育科学出版社，2018，第6页。

总结的八种）策略，都属于反思学习中的描述性反思学习，发展到高级形式的对比性、批判性反思学习就会溢出情境学习之外。根据皮亚杰认知发展阶段和布鲁纳的儿童智慧发展阶段，在高级（形式运算，象征性再现表象）阶段的反思学习要依靠概念推理，虽然概念来源于生活的历史积淀，但已经远离生活而抽象化，所以似乎是"先验"的（如康德所言）。这就构成反思学习在对比性、批判性反思学习阶段的非情境化，也是其超越性的体现。

由于课堂反思学习是在情境学习中发生的，所以是一种反思实践行动。"反思实践起源于启蒙运动时期的思想，即我们可以置身己外，通过有条理的推理和行动来加深对所做事情、自己是什么人等问题的理解……美国的实用主义就体现了反思实践的传统，强调实践应该注重脉络，摒弃标准化的教学模式"。① 课堂反思学习在实践情境中遵循的基本逻辑是：课堂情境中的反思学习由描述性走向批判性是其必然之路，其间存在合理的实践脉络，学习主体在积极参与中实现默会知识与明言知识间的相互转换，超越式、连续性发展是其核心，其中充满着学习个体源于情绪智力和现在经验的差异性，实现反思学习的基本途径是问题学习、转换学习、任务学习和合作学习。

第一，反思学习以可直观把握的学习对象（学习什么）、学习方式（如何学习）为开端。

第二，反思学习更要对学习对象、学习方式产生的根本前提进行发掘，并实现批判性反思学习。这就是不同价值观的揭露和发现，关乎自我的核心，更多依赖于共同体观察、讨论。

第三，如上的反思学习过程——从直观性对象（学习内容和方式）到抽象性思想领域的模糊界限对象，需要合理的实践脉络。此

---

① Brookfield S. D., *Becoming a Critically Reflective Teacher*, Jossey-Bass, 1995, pp. 214-215.

学习的境脉化需要指导，但不能变成标准化的模式。正如 Zeichner 和 Liston 所表达的，"反思并不是由教师所用的一系列步骤或程序组成的。而是满足和回应问题的一种整体方式……反思行为也不仅仅是解决问题的逻辑和理性过程。反思还包含了直觉、情感和激情，不是一套可以拿出来运用的技术"①。

第四，反思学习对象的明确化是一个过程，即不断在默会知识与明言知识之间实现转化、超越的过程。它不仅需要描述性地展示（从行为到图像再到符号甚至词语），而且需要脑的内部结构的修炼，以达到反思性思维习惯。

第五，反思学习的形式不仅是社会共同体的合作、探究，而且要包含个体主体的努力和内在兴趣，包括真实参与动机和快乐学习心向。佐藤学排斥个体学习的首要性是有失偏颇的。勒庞在《乌合之众》中表达的核心思想是，处于社会状态中的主体易处于无意识状态，缺乏理性。这后来被弗洛伊德的研究证实。在这个意义上，竹内宏高和野中郁次郎认为的"知识只能由个体创生，组织自身不能创生知识，组织的角色是支援和激励个体的创生活动"② 具有合理性。同时，温格也在共同体学习研究中指出，学习共同体中的参与度是有层次的，只有 10%~15% 的参与者是参与核心（这些参与者个体不是固定的，会随着学习进度而不断变化，但核心参与者的数值恒定），余者仅是合法的边缘参与者③。

第六，反思学习应该是在框架指引下连续发生的，它应该成为课程内在组成部分。

---

① Zeichner K. M., Liston D. P., *Reflective Teaching*: *An Introduction*, Routledge, 2013, p. 10.
② 钟启泉：《教育的挑战》，华东师范大学出版社，2019，第 280 页。
③ Wenger E., McDermott R. & Snyder W. M., *Cultivating Communities of Practice*, Boston: Harvard Business Press, 2002, p. 56.

第七，虽然反思学习会推动学生的发展，但每一个学生的反思学习形式、内容、能力会不同，甚至某一学生会对特定的反思学习形式情有独钟，借助反思学习的这些差异性可以对学生的发展状况进行鉴别和评价。

第八，为使学生的反思学习易于发生，课堂情境中的教学指导应该走向问题学习、转换学习、任务学习和合作学习。

第二节 课堂反思学习的学科差异及其问题

基础教育阶段的学科门类基本可以分为科学（包括数学）、社会科学和艺术三门。不同学科的反思学习方法由于学习对象不同而有差异，在课堂反思学习指导方面存在的问题也不尽一致。基本呈现为：艺术（体育、美术、音乐、舞蹈和文学）课程易于开展情境化设计和实践反思学习指导，学习也是浸润态的，反思学习效果较好；社会科学（思想品德、社会和政治）课程比较容易设计情境与"脚手架"，学生参与度也较高；科学（数学、物理、化学、生物等）课程的情境设计较困难，反思学习一般停留在理性反思、认知反思阶段，情感、行为和交往伦理方面的反思学习无法保证。前两种课程门类的学习还存在往往被作为科学知识学习的危险，而仅仅停留在理性反思学习的阶段。

一 学科类型影响其反思学习方法

学习内容和学习方法是对应的关系。属于事实与约定俗成的对象和内容（如字词的发音、物和对象的名称、概念等）的学习需要识记的形式或通过机械的模仿学习方式，对于一种操作性技能（如不同的握笔姿势、坐姿和更复杂的拍球、握球拍反击，甚至阅读的眼动等动作技能）的学习，则需要练习和训练的学习方式……但在所有的学习方式中都存在反思学习的形式，即使如前所说的记忆和练习中也存在学习个体的理解和反思学习本身——如何才能记忆得快速、持久（如归类、对比和联想等策略运用）；如何才能使操作、训练变得有意义，寻求和理解技能练习中的规律；等等。所以，课程对象与方法是对应的，但并不排斥反思学习的实质发生。反思学习也不能仅仅理解为方法，其本身即理念形态，应该融入现代教育系统中的深度学习。

不同的项目和学习对象不仅对反思学习的方法有不同要求，而且对于不同学生的倾向性反思学习也是不同的。在本次研究中考察的学习内容有阅读、写作、数学计算、围棋、书法、舞蹈和绘画。第一，反思学习在数学中最易实施，不论小学二年级还是初中（七八年级）学生，对于计算的问题的规划和预测，过程的描述和重组，对自己掌握、熟练度的评价都表现出清晰的自我认知意识。

第二，书法和绘画、舞蹈的学习上反思学习也是表现得比较明显，不过大多趋向于认知维度，情感和艺术性的欣赏方面则表现得比较少。义务教育阶段或艺术学习的开始阶段，学生大多关注的是艺术行为模仿的相似性，如书法的起笔在九宫格的位置或笔画的相似度，绘画对象的线条、色彩、形状、形象等的逼真性、与临摹对象的相似度等，舞蹈动作的规范性和跟领舞者动作的相似度等。很少从舞蹈动作的连贯、美和感觉舒畅等角度反思学习，也不从书画过程中的内心感受、书画完后复观时的美感角度反思学习——尚未达到流畅和欣赏的阶段。

第三，写作也能够进行反思学习，但需要在反复的修改和练习中实现。学生都有自我满足的倾向，每次在教师指导下进行修改都表现出不知道修改什么的疑惑。当教师与之讨论，引导出问题时仍然不知道如何修改。如何修改的问题需要教师设计成具体任务，每次集中于一个单一目标，则开展便会有效果：如第一次修改目标是作文的立意和逻辑关系；第二次则是根据立意调整节奏与详略；第三次为基础语文知识错误（字词和标点等）；第四次是段落表达（包括观点、逻辑和层次等）；第五次是润色［教师从语文课本中挑选出一些适合文章内容的词语让他们补充到作文中，选取一些富有修辞（主要是比喻、拟人）的句子仿写补充到作文中等］。最后，他们才会产生"作文真美了"的感觉和认识。但这很难由学生自己分解成有序的结构，分步骤反思修改，更难以建构完整的修改程序。这是多方面原因导致的，其中最主要的问题是学生缺乏连贯的思维，段落表达尤其是难点——无法分解开来。当然，学生也有比较懒惰的心理和其他原因，这方面需要加强研究。

第四，围棋的反思学习表现得比较矛盾。按照指导和训练前的预测，围棋应该是最易反思学习的，也是最能训练学生思维的学习，但是实际观察和测验中并非如此。当学生处于业余一段水平或段位之前的等级水平阶段时，围棋中博弈和变数比较简单（如一些定式一般属于知识性的），思路也是比较清楚的，所以，易于反思学习。但是在业余二段水平，学生博弈中落子的多样性增加，推理的步数延长许多，这就导致有理据的反思学习落空。在业余三段水平及以上阶段，很多学生依据熟练度和直觉落子，博弈时间也无法保证每下一枚棋子务必停顿下来反思，然后落子。

第五，阅读中的反思学习也是比较困难的。对于知识性的对象，反思学习比较容易。关键在于文本的表达逻辑和结构性因素的反思学习十分困难。最困难的在于有情感的和充满艺术手法的文本，如诗歌、散文、寓言等，让学生在体验和鉴赏中反思学习文本的"精妙""精彩"过于艰难。即使某些文本学生熟读成诵，仍无法反思学习其立意。这与反思学习是一种境界有关——如果没有发展到"道境"，就无法反思学习文本中蕴含之"道"（包括哲理、社会规范和公共伦理、艺术特色、情感蕴藉，尤其语言本身之美等）。如《商山早行》中"鸡声茅店月，人迹板桥霜"之美无法被学生感受和欣赏到一样——境界属于内在超越问题，属修炼和积累并重。

通过对反思学习内容的考察，可以发现基本的特征：知识对象和确定性的反思学习比较容易开展，需要建构的和具有探索性质的自我因素参与的反思学习就具有难度，对于自我和社会伦理的实践性对象的反思学习非常困难。相对应的是，在方法上，反思学习中的反映性描述方法、反身性回观的方式（它们追求明确的对象）都是比较容易开展的，但情境中实践反思学习由于确定目标活动本身的难度，具有挑战性：主要是学生无法确定学习目标和相应地开展有序活动，无法确定一贯的主题与对应的策略和径脉，无法确定自我的意识和自我优长。

二 不同学科的反思学习指导存在的问题慎思

人类生存脱离不开知识，人的能力发展也无法离开知识，知识源于历史传承和实践经验。

课堂反思学习内容从知识技能，到能力和方法，以致情感、态度、价值观。展开的基本逻辑是原理性知识向实践性知识的回归。因为不在实践中经验知识，即使传承而来的知识原理也因缺乏方法、情感等个体因素的润泽，是机械的和干枯的，缺乏应变的机敏性。所以课堂学习的基本形式有两种：依据教材的原理知识循序学习与知识被情境化的在实践中学习。

现实的课堂教学中存在的基本问题是抽象的原理知识依托教材编制体系而被传递和记忆。这些被记忆（看、听、模仿）的知识便成为"惰性知识"（怀特海）[1]，是晶体状态的，在实际的生活中无法

---

[1] 怀特海认为"惰性知识"是由于只是适宜于储存和事实性处理，没有被充分地理解，仅仅被应用于有限的情境中的知识。但其实它可以运用于广泛的领域中。安·米切尔（Ann Michael, 1993）继续"惰性知识"的研究，得出相同的结论：讲述式为主的学校获得的知识都是惰性的。所以她提出了基于问题的课程与教学。

被激活、运用，但仅适应于表现、考试等表征、测评时的高效显现。知识惰性产生的根本原因在于教材中的原理性知识仅被储存起来而没有被理解被运用。其实质是本体知识没有实现个体化转换，阻碍了其实践。它造成的危害，一是阻碍了学生实践中运用和解决问题的动机、信念和能力发展；二是剥夺了学生成为终身学习者的机会——阻碍了学生自我发展和形成自主学习的思维与习惯，其思维是碎片化的。

具体情境中的实践知识学习则不然：在真实情境中解决问题可以减少知识的惰性。有研究（Kolodner，1990；Riesbeck & Schank，1989；Schank，1990）指出"特定经验是作为经过索引和搜索的案例呈现在记忆中，所以可以类推应用到新问题中"，西蒙也说"构成任何领域中能力基础的知识表征不是建立在简单事实或口头陈述的基础上，而是以产品为基础"①。"产品"就是"条件—动作"的对应关系：当特定情境中某种事实发生，对应着会发生特定的身体和心理动作，即在知识被情境化的实践活动中获取知识。美国因特贝尔特大学的认知与技术小组在"贾斯珀系列"中，对于数学的情境化教学堪为典范。

在前述各项不同学科内容的反思学习中提到，主题明确后学生一般才会易于反思学习，并评价学习内容、方式和过程。虽然其中某些学科，如数学表现出反思学习的高效，但其实存在许多问题。

第一个问题：在课堂教学中数学往往以主题知识化形式被学生学习，并没有像"贾斯珀系列"而情境化。这是教材如何教学化的设计问题。教材的学科主题知识明确化赋予教师权威地位，主导教学的基本形式是知识传输式的。在主题明确化后的知识性反思便有了几分

---

① 〔美〕因特贝尔特大学认知与技术小组：《美国课程与教学案例透析：贾斯珀系列》，王文静、乔连全等译，华东师范大学出版社，2002，第37、38页。

不充分——它缺少生活实践中从事实中发现问题的过程,这一过程恰恰是反思学习的重点:"问题的提出是问题解决和数学思维的重要方面"[1]。这一缺乏生活情境的教学会对反思学习产生负面影响:一是反思学习停留在技术层面,无法提高学生的自我意识,个体的发现问题、合作交流、自我效能感等丧失。思维能力不是单纯的思维技术,而是对有力的概念工具的获得(Bransford, Sherwood, Vey& Resie, 1986; Bransford, Vey, Kinzer& Risko, 1986; Chi, Glaser& Farr, 1991; Salomon, 1993; Salomon, Perkins& Globerson, 1991)[2]。二是导致教学停留在"知识"讲述的教学阶段,从而反思学习消退。在现实课堂教学中这一问题比较普遍,不论是哪一门学科,基本都处于授受知识的状态:教师传授—学生接受记忆,教师展示—学生观察坐听,教师出题提问—学生练习回答等,这些教学样态都表现出的是中世纪缺乏印刷术时的讲授式遗风;在信息时代,仍然依靠教师"布道",学生做笔记的形式。将教学当作获取信息的方式就是谬误:首先,它将学生置于服从权威的被动地位。而人是主体的存在,是主动的。其次,忘记了教学为学生智慧生成。智慧不能依靠口头传授而获得,必须在经验和实践中生成(杜威,1933;格拉格,1940)。如在围棋教学中,对一个二段位的学生开展两个阶段实验教学:第一个阶段,教师针对实际博弈中学生的问题进行定式教学,结果历经一年都不能升段;第二个阶段,教师主要让学生与四段的学生同伴博弈并进行实际操练,结果四个月便可以升至三段水平。其中,每次在博弈中失败后,学生会反复琢磨同一步棋数次,直至明白其中关窍为止。其实,棋类活动是最为良构的反思情境,即只有在实践中才能提升其能

---

[1] 〔美〕因特贝尔特大学认知与技术小组:《美国课程与教学案例透析:贾斯珀系列》,王文静、乔连全等译,华东师范大学出版社,2002,第7页。
[2] 〔美〕因特贝尔特大学认知与技术小组:《美国课程与教学案例透析:贾斯珀系列》,王文静、乔连全等译,华东师范大学出版社,2002,第20页。

力，而知识性传输往往会滞于死板和守旧，缺乏变化和创新，在博弈中会迅速落败。阅读、写作和艺术活动莫不如此。

如此，带来了第二个问题：在实践中反思学习主题（目标）确定是首要的难题。反思学习目标主题通常在教材中很明确，符合知识逻辑安排和相应的助读、作业等辅助系统。但在综合性实践活动中就会缺乏这些依凭和线索。反思学习在课堂情境中展现为两种形式，一是知识主题明朗的认知性反思学习；二是在情境（如影像资料展示、叙述故事或角色扮演等）中展开实践性反思学习。后者试图将生活与学科知识主题结合在一起，但要通过一系列课堂讨论才能分剥出学科知识主题，剥离学科主题的过程本身就是在反思学习，更培育着学生的智慧。因此，真实的反思学习就发生在实践情境中，但如何使事实上升到概念是第一要务。虽然在课堂以影像或角色扮演形式展示了生活情境，但在同一情境中既可以发生数学形式的运算，也可以有人文主题的自我意识、社会规范和德性伦理等内容讨论。要确定哪一项为学习的主题既需要确定学科类型，确定了学科类型之后，如果在同一学科领域内，则要确定学科知识学习主题；又需要确定兼顾学生知识水平、兴趣取向和思维水平等个体品质。因此，实践情境中合理的学习主题产生需要教师与学生（们）的讨论协商，学生与学生（们）的协调和学生自我调节过程。其中，不仅是学习学科知识和领域等客观性内容的反思学习，还有学生自我认知和社会角色、社会交往规范、交往技能等内容的反思学习。

第三个问题是，课堂的虚拟情境中开展的实践性反思学习如何与生活真实情境中迁移的反思学习结合的问题。课堂或生活中的情境都是偶发的、个体的，没有必然的、一模一样的事实重复发生。教学无法脱离开对一般性原理知识的追求。这就是如今教学论提倡的案例教学、问题教学、项目教学等与一般性学科知识教学间的矛盾问题。情境的特殊性具有"功能固着问题"（fuctional-fixedness problem）（邓克，1945）——借用熟悉的策略解决新情境中的不同问题。后来，卡尼曼和拉莫斯进行了相关研究，提出人们解决问题总是依赖经验法则的条件性"启发式"原则：包括把经验情境认为具有代表性、相似性和锚定性的对象，使记忆扭曲认知，导致系统性偏见的出现[①]。因此，就需要对课堂情境中学习的特殊性进行调整，使之上升到普遍和一般的原理知识（个体知识的本体化）。如此，课堂情境中学习的发现、解决问题的策略才可以有效迁移到生活情境中，并有效实践。情境中学习的这种调整并使超越特殊而走向普遍的过程正是反思学习的实质发生过程。

  第四个问题随之产生，实践情境中的一般性问题通过以上的调整和超越产生（个体知识的本体化）后，还需要对这一原理性知识进行解析，即分解出各子问题或子主题，这时才能让学生从多元视角（讨论中产生的视角越多，参与者的反应会越好，反思学习的质量也会越高，也越能形成良性知识结构）组织成一个良性结构的知识。如前述写作的反思指导中分解指导修改，然后综合组织提升如何作文一样。这些一般问题下包含的子问题是真正指导学生着手解决问题的关键项目。子问题下的项目指导学生确定完成整体任务的资料收集和解决问题的框架预设（包括解决子问题的顺序和基本过程）。如在某次灾难中去救助，学生首先得考虑救援工具及其可载重量、燃料、速度、时间、路线、距离等（这仅仅是从数学科目角度思考，还可以从社会、语文等不同科目去产生更多的子课题），它们构成具体的多个运算目标；然后收集具体数据及其运算公式；最后要合理安排其先后顺序，逐一计算和安排行为过程。但在这些子问题的解决过程中，

---

① 〔美〕迈克尔·刘易斯：《思维的发现：关于决策与判断的科学》，钟莉婷译，中信出版集团，2018，第181~185页。

依然会产生更多的问题，需要调整原来的预设并对资料收集的不完整开展补充工作。

通过如上的实践和分析，课堂反思学习及其指导中存在两个比较明确的矛盾性问题。一是明见性对象（知识、原理等）易于被控制和物化，所以学习者自我旁观式的冷思或理性反思学习易于发生，但这类对象的反思学习不容易被情境化，因此不便开展符合生活经验样态的实践中学习逻辑；二是艺术或生活实践知识由于学习者自我参与其中而缺乏明见性，所以不易被理性认知反思，而易在实践中具身性地热反思学习，但容易被情境化。因此，构成了一个难题：如何使二者融通为既可以理性反思学习，又能够易于情境化而实现参与中的实践反思学习？它不能完全依赖于教师，还需要教材的新概念，即教材知识的教学化或情境化，教学情境的知识化。前者依托科学知识原理逻辑，后者依托学生学情和文化的成长逻辑。二者转换的实质是"本体知识的情境化""个体知识的本体化"[①]。教学材料或者教材本身的建设应该既规定"教什么"的课程知识逻辑，也要对知识进行"如何教"的谋划或设计，而目前原理知识的情境化与情境的知识化缺乏具体的方法指导。

第三节 课堂反思学习指导的现代技术支持

现代多媒体，尤其计算机网络在课堂教学中的运用已经是司空见惯。也可以说现代技术已经融入现代课堂教学中，成为其基本存在方式。

现代技术参与课堂教学成为课堂反思学习指导的条件，包括可以

---

① 张生虎、张立昌：《论课程知识属性及其实现》，《中国教育科学》2019年第4期。

设计引导、促进学习者间的互动；知识概念与运用情境的可视化；信息搜集和在运用中开拓通道，形成比较、批判性反思学习。

一 技术设计引导和促进学习者间的互动

课堂反思学习指导的设计基于一定的心智模型。心智模型是对外部世界的预测和表征的框架，其中包含了直观推断，形成意向、计划、认知和行为，从而引发反思学习。乔纳森等人提出基于模型导向的学习环境设计的七项原则：分析通道、认知论通道、认知冲突和困惑、目标的多样性和表现评估、外观的多样化、去境脉化、对学习的诊断通道[1]。其中分析通道是对目标学习模型的起点分析和学习环境设计的基础，包括学习之前的理解、学习中言语表现、学习后反思、学习过程中的回顾。认知论通道指在学习者进入所设计的学习环境后，指导者对其先在观念的分析，以便坚定或调整旧观念以建立新的观念。认知冲突和困惑的产生，是学习者思想观念发生转变的前提，是学习情境设计的关键。目标的多样性和表现评估是为了避免重复相同的路径而将学习变成外观的多样化，让学生自己在辨析区分中实践反思学习。去境脉化是学习者在经验和理解基础上，提炼、抽象出情境中的知识，是建构知识和恰当反思学习的训练。学习者的表现有不确定性——可能源于理解，也可能来自其他（试错或直接判断）——需要设计多样的目标和观察其表现进行评价。对学习的诊断通道讲求多时间点观测，不一定是测量。

在设计的具体情境中学习者表现是多层次的（见图4-1），这规定了其反思学习的对象也是多样的。所以，运用现代计算机软件设计情境，引发和推动学习者在互动中反思学习非常必要。它可以使

---

[1] 〔美〕戴维·H.乔纳森、苏珊·M.兰德：《学习环境的理论基础》（第二版），徐世猛、李洁、周小勇译，华东师范大学出版社，2015，第71页。

反思学习的品质由低级走向高级，由单一性、线性分析走向复杂性理解。

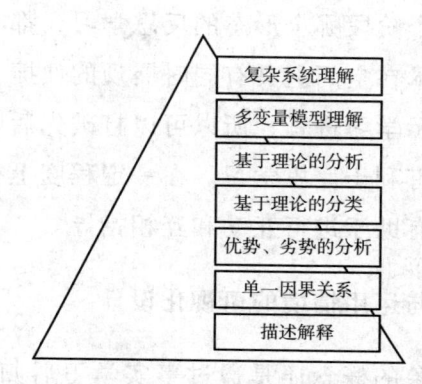

图 4-1　复杂任务中学习者认知表现的多层次

（金字塔从顶到底：复杂系统理解／多变量模型理解／基于理论的分析／基于理论的分类／优势、劣势的分析／单一因果关系／描述解释）

基于计算机网络设计反思学习情境，在此仅举一例加以说明。其主题是"基于案例的推理"（Case-based Reading，CBR）[①]。它应用一个案例应用套件，网页的左栏是被解释的案例（一个概念并配有相应的图片），中间栏是问题（帮助学习者组织其阅读内容的问题），右栏是如何回应这些问题的提示。

首先，在这一分栏套件中包含了认知层次的多样性。左栏的概念认知中表现了描述解释的客观知识和单一因果关系解释；中间栏的基本问题建立在左栏的知识之上，要解答这些问题必须分析和分类；右栏的提示是具体的指导，具有指向性，但没有答案，可以让学习者开展多变量模型理解和复杂性理解。

其次，对应不同理解层次的是反思学习的形式。概念、事实和单一因果关系认知阶段可以激发反思学习，因为它比较集中明确、有确定性，有利于开展描述性、反映性反思学习；从分析、分类阶段开始

[①]〔美〕戴维·H.乔纳森、苏珊·M.兰德：《学习环境的理论基础》（第二版），徐世猛、李洁、周小勇译，华东师范大学出版社，2015，第 73 页。

就会产生深层或高品质的反思学习形式，必须通过同侪讨论、互助进行比较性、批判性反思学习。

再次，无论哪个阶段哪个形态的反思学习，都必须注重学生对话与协商。计算机技术在空间上具有同时展现的便捷，它不同于传统教学中的时间序列展示学习进程，所以可以打破先后顺序，在三个学习项目栏间穿梭，更有利于反思学习。在一定程度上打破了学生优劣等级的区分。因此，有助于进行互动和互相指导。

二 知识概念与运用情境的可视化设计

不论是学习对象的概念还是通过事实学习后归纳概括出的概念，计算机设备均可以呈现为可视化的图像、不同栏目和进程图谱。这样有利于学生反思学习。如海报展示、画廊漫步、壁贴展示和左右栏展示等。

对于基础教育阶段的学生而言，用语言展示思维总是有困难或有不完善处。这就需要先用直观的图示展示出秩序和基本要素，然后反复组织完善。在这种反复完善的组织进程中展开共同体协商讨论，需要反思学习和学习指导者设计引领。如在利用左右栏训练学生表达的方式中，左栏展示基本事件（可以利用计算机展示事件过程的图片），中间栏是语言叙述，右栏是评论区（分感受和评价语）。通过这样的设计，学生在互动协商中学会了如何有序表达。

在目前课堂教学中许多学校运用思维导图（可以是计算机软件，也可以是学生手绘）开展学习的情形比较普遍。其本身就是反思学习中思维的可视化形式。这种学习形式激发了学生反思学习的兴趣，也提高了思维品质。

课堂教学中运用计算机展示动画、生活情境、由现象到抽象原理的过程等形式已经很普遍。这些方式从激发学习热情到提高认知理解效果、提高思维品质方面都发挥了有效的作用。

三 信息搜集和运用中技术设计开阔通道

信息时代开发了诸多电子书包和信息资源网，尤其是教材教辅资料的即时链接，在课堂教学过程中随时备用。这些资源为学习者提供多视角多样态的学习对象，甚至提供联想和想象对象，确定更加深入的探索目标。在其中，激发学习者的兴趣，开拓学习领域和提高学习水平。

这就要求教师在设计课堂学习情境时考虑到基本的资源链接和适合学生的多个资源学习目标指向。这些设计会使学生产生比较性、批判性反思学习，也可以反哺对知识原理的学习，不再是固守教材的先验知识。

对于技术支持反思学习的功能应该采取一分为二的态度。技术确实在课堂教学中发挥着重要作用，在未来社会更不可少。但是，技术的便捷会产生课堂随处可见的反思学习设计，会导致学生厌倦、憎恨反思学习；尤其计算机的空间性直观特征，也会阻碍学生时间性、逻辑性思维发展；计算机技术也可能使学生学习负载过重，因为学习计算机技术本身是需要劳动付出的。计算机网络针对信息的熵态进行负熵运动，它是一种确定化过程，会产生暴力、专制取向。所以，指导者需要斟酌取舍，合理设计。

第五章　课堂反思学习指导的范畴

> 反思实践观点的一个问题是它已经成为囊括一切的概念……反思和反思实践这些名词被滥用了；它们面临着成为行话的危险，可能会被剥夺任何实质的意义——从而呈现出尚未成熟的终点状态。
>
> ——布隆菲尔德

课堂反思学习指导什么与课堂指导反思学习什么不是同一问题。前者的答案比较明朗——当然是指导学生反思学习（对反思的学习）。后者仅指反思学习的内容（对学习的反思）。指导反思学习不仅包含反思学习什么的内容，而且包含如何反思学习的方式方法。所以，它略微扩展一下就是课堂反思学习的指导包含了反思学习的形式、内容。后一问题应属于前一问题，但它构成对学习领域（学习形式、内容）的反思。

课堂指导学生反思学习什么在应试教育和科学教育前提下是确定的，就是反思学习知识和思维。但是，在人性成为教育目的的人文教育理念下就会不确定。因为，人的素养不仅是认知和思维，还有人格、品德、社会交往和行为规范、情感信仰等。所以，确定课堂反思学习对象是开展指导的前提。同时，课堂反思学习范畴的确定在一定程度上也规约了课堂反思学习的形式。

第一节 课堂反思学习形式的指导

"反思学习什么"这一问题似乎是多余的,因为答案可以是无止境的。反身来看,反思学习"确实面临着被架空的危险,没有了任何实际意义"(Smyth,1992)[①]。关于反思的内容或对象的研究(如 Brubacher, Case& Reagan, 1994; Liston & Zeichner, 1987; Valli, 1997; Zeichner, 1994; Zeichner & Liston, 2013; Ghaye & Tony, 2011)也是比较丰富的。依据实践和情境中的反思学习脉络,黄显华等将反思形式加以分类,用以说明对应的反思学习内容。这是一条确定反思学习对象的可行路径。

一 反思学习的分类和层次

反思学习的内容纷繁芜杂,带来它被架空的危险和反思学习内容讨论无意义的话语,如布隆菲尔德(Brookfield S. D.)所谓的"终点状态"和史密斯(Smyth)宣称的"被架空的危险"。舍恩早就说过:"在真实的实践中,问题不以实践者假设的模样出现,它们是由令人困惑、苦恼及未确定的问题情境中的林林总总建构的。"[②] 这里的"问题"指"一个人试图处理的令人困惑、麻烦或有趣的"现象,具有不确定性、不稳定性、独特性与价值冲突的特点[③]。所以,对反思学习内容的分类是追求其明确、稳定的方法。

---

① 转引自黄显华、霍秉坤、徐慧璇《现代学习与教学论:性质、关系和研究》(第二卷),人民教育出版社,2014,第 597 页。
② 〔美〕唐纳德·A. 舍恩:《反映的实践者:专业工作者如何在行动中思考》,夏林清译,教育科学出版社,2007,第 33 页。
③ 〔美〕唐纳德·A. 舍恩:《反映的实践者:专业工作者如何在行动中思考》,夏林清译,教育科学出版社,2007,第 40~41 页。

Ghaye 等认为反思学习关注情境内容（context）、实践（practice）、转换改善（improvement）和价值（value）[1] 四个方面。

Jay 和 Johnson（2002）按照情境学习的脉络对反思学习进行分类，形成描述性反思学习、对比性反思学习和批判性反思学习[2]。其对应的反思学习的内容分别是，描述的内容、在组织学习中形成对比的内容、为了建立新观点而批判的内容。

Nagle（2009），Liston 和 Zeichner（1996）将反思学习分为四种类型：事实性、程序性、辩护性、批判性。事实性反思学习内容是课堂发生的事件，是"是什么"的问题。程序性反思学习内容针对教学结果，是"如何发生"的问题。辩护性反思学习内容是对于学习发生的原理探寻，是"为什么"的问题。批判性反思学习内容指对学习的前提追问和批判，是"应当如何"的问题。

Ostorga（2006）和 Mezirow（1991）提出非反思学习、反思学习和批判性反思学习三种不同分类，是针对反思的层次。非反思学习是指向模仿、机械操作等形式的学习。反思学习指的是就所学习的经验、知识和技能等行动中的反思学习。批判性反思学习是对学习行为或过程所蕴含的价值观、涵摄观念的监视和批判，追求超越或转换的学习发生的反思学习。

Vallia（1992），Van Manen，Hatton 和 Smyth（1995）在事实与价值二分的基础上，指出反思学习的三个层次：技术的、实践的、批判的。他们主要指向专业学习者的学习。反思学习使专业学习者在有意识的行为发生的过程中监视和思考，保持对发生的事件的清醒和理解，这样才能运用多元的视野适切地规划未来学习行为的发生，或保

---

[1] Ghaye T., *Teaching and Learning through Reflective Practice: Positive Action*, New York: Routledge, 2011, p. 31.
[2] 黄显华、霍秉坤、徐慧璇：《现代学习与教学论：性质、关系和研究》（第二卷），人民教育出版社，2014，第603页。

持连续性学习实践的未来进程。

可以看出，反思学习发生在两个基本的层面：一是发生在事实层面的；二是发生在价值层面的。事实层面的反思学习主要目的在于理解和掌握所学习的对象；价值层面的反思学习不仅在于理解和掌握，而且在于探究新的思路、途径等，为了实现改进或转换学习，指向未来的学习。价值层面的反思学习更多地指向自我探寻，从某一个知识、技能或具体的确定性对象走向整体的框架；反身而诚，发现自我。与舍恩所谓的"框架实验"一致，它会使学习者更加全面地审视问题和自我发展。

表 5-1 反思学习类型（层次）

代表人物＼反思学习类型	事实性		价值性	
Ghaye, Tony	情景内容	实践	转换改善	价值
Jay, Johnson	描述性	对比性		批判性
Nagle, Liston & Zeichner	事实性	程序性	辩护性	批判性
Ostorga & Mezirow	非反思学习	反思学习		批判性反思学习
Vallia; Van Manen; Hatton & Smyth	技术的	实践的		批判的

事实层面的反思学习表现出两种观念，一种观念认为在这一层面不发生反思行为，另一种观念认为这一层面仍然发生着反思行为。价值层面的反思学习反映的观念，都认为反思行为在此层面发生。但也有反思学习形式上的不同，一是共同体学习形式中与他者的比较以寻求不同的价值观，实现转换，这是空间性的反思学习；二是对学习发生的前提进行批判以探究不同的价值观，在批判自我的同时规划未来学习，是时间性、逻辑性的。

学习首先发生在个体的经验中，在个体学习的基础上借助知识（间接经验）和社会关系对已经形成的经验、个体知识进行校正或验证。课堂学习遵循此基本认知过程，所以在反思学习的发生及其展现形式上兼顾此合理性进程：描述性反思（更倾向于反映）学习，对比性反思学习（个体学习的历时性和社会学习网络中两种对比形式），批判性反思学习（问题、价值前提、文化批判等形式）。

二 课堂反思学习形式

课堂反思学习首先发生在学习情境中。不论语言、数学、科学和艺术等知识的学习，还是技能、程序和策略方法的学习，都以生活事件和经验为根基。其次，课堂学习内容与生活经验的联系，使学习发生初级的描述性反思学习：行为、图像、概念等符号形式与生活形象关联，作为伴随物的生活世界和情绪情感成为明确的直观对象。再次，这些被对象化的学习对象，在课堂上被凸显出来，学生和教师组成的学习共同体对之讨论，探究其逻辑关联性（包括其时间性关系、逻辑性关系和知识结构框架），产生多元的比较形式，这是对比性反思学习形式。最后，在如此的学习活动中学生对学习对象逐渐熟悉，多样的认知形式和经验形式便会促使其智力从框架范畴观察发展到对学习对象的思考，学生已经不满足于"掌握知识"型的状态描述，开始探寻这些框架产生的前提——其实质是由不同的精神和价值观、意识形态导致的，包括认知模式、精神风格、多元智能、不同的规则系统等。这就形成了批判性反思学习。批判性反思学习一般发生在学习的最后，以超越了认知逻辑的形式出现，也可能是偶发的——在描述性、对比性反思学习阶段受到某一偶然情形的启发或偶然联想、想象而出现。以上的基本形式可以用图5-1来表达。

（一）描述性反思学习

首先，情境学习和实践学习是接受性的，其实质在于理解。二者的不同主要在于：情境学习主要目的是理解，实践学习则是理解并运用（二者可以是同时发生，可以在运用中理解，也可以理解后运用）；情境学习中学生面对的是符号系统，如何创设（如何将符号转

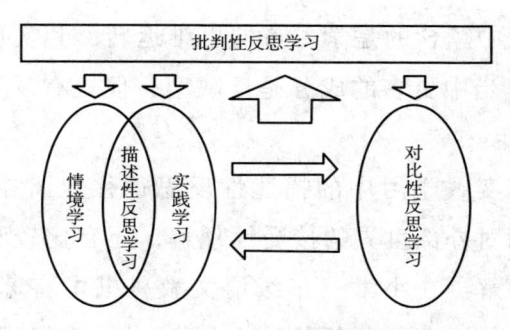

```
           ┌─────────────────────────────┐
           │      批判性反思学习           │
           └─────────────────────────────┘
              ↓   ↓        ⇧        ↓
           ╭────╮╭────╮   →    ╭────╮
           │情境││描实│        │对比│
           │学习││述践│   ←    │性反│
           │    ││性学│        │思学│
           │    ││反习│        │习  │
           │    ││思  │        │    │
           ╰────╯╰────╯        ╰────╯
```

图 5-1　课堂反思学习的反思逻辑

化为前符号的行为、图像和活动等生活世界）情境是关键，实践学习则是直观生活现象或在生活世界问题中发生；情境学习的目的、内容更加具有单一性和针对性，实践学习则比较复杂和具有歧义性。其次，情境学习和实践学习在理解基础层面上是一种内化学习。内化是意识将外在的客观世界通过感觉转化为个体的观念，从感知觉转化为默会知识，再到表象及其联结和明言知识（图像、符号、概念），形成个体化观念或思想。这是一个从浅层到深层再到无意识隐秘层的发展过程。这一过程中发生着如野中郁次郎和绀野登所描述的知识内在的转化、创生机制，是在不断地螺旋上升和超越中实现显性知识与隐性知识的转化，明言知识和默会知识相互推动和创生。再次，情境学习和实践学习在理解过程中还有外化的描述。这种外化与内化同时发生，尤其是低龄儿童和青少年的内化与外化同时性更突出。具体的描述行为包括动作展示、画、说、写等。如一岁半的幼儿不会用语言外化展示内在认识，便用身体来展示、外化学习结果①。最后，在内化、

---

① 一岁半的幼儿看到桌上的液体"沙漏"——海蓝色液体从上面漏下，冲击带动其中的两个分别印着两个海豚的圆形纸片轮子旋转，开始时转动急速，后来慢慢变缓。小儿觉得好玩，屡试不爽。妈妈也过来凑热闹。小儿见到父母都在看他玩液体沙漏。做出认知的外化表现：（不会说话）手指着里面转动的轮子，很兴奋地嘴里"哆哆——"着，然后在原地转了一个圈。

外化的理解过程中蕴含的是学习者的思维运转,其实质是"思",包含了反思学习(当中更多的成分是反映型,但也有反身型),即描述性反思。

情境学习和实践学习中的描述性反思往往混淆在一起,互相支援。它不仅包括对外部世界的接受性理解,还有比较和批判性理解[①]与审美鉴赏性理解。在小学三年级语文教科书中有苏轼的诗《饮湖上初晴后雨》,其中"水光潋滟晴方好"一句不好理解:学生不懂"潋滟"的意思。注释为"潋滟:波光闪动的样子。"[②] 但这种解释由于学生缺乏实践也是无法理解的。

在绘画课上,学生画所喜欢的奥特曼图片。其中一幅是"诺亚奥特曼",全身穿的银色铠甲,反光较多,学生画起来比较困难。等完成作业后,"诺亚奥特曼"身上留了许多没有着色的空白底色。教师有意地问:"这些空白是什么?"学生回答:"是反光啊!"基于此,语文课堂上教师重新回到"潋滟"的意思理解:湖面的水在风的鼓动下,会出现凹凸的不同界面。有的

---

① 儿童在实践学习中理解和判断,判断需要对比和反思。如,一岁七个月大的儿童可以发两个音的叠音词,如爷爷、奶奶、凳凳……还可以发以"阿"打头或结尾的词语,如阿姨、阿儿(花儿)……这一时期,模仿和操作性认知外部世界实现内化是主要学习行为。但其中已经包含了反思学习。例如,在拥挤的公交车上,有一戴口罩的女性给怀抱着一岁七个月大的儿童的父亲让座。父亲指着站在旁边让座的阿姨给儿童说:"谢谢阿姨!"儿童没有反应,只是盯着"阿姨"看。父亲纠正说:"那就叫个'阿姨'!"儿童仍然不做出反应。一直盯着"阿姨"看。场面有些尴尬,父亲以为孩子怕羞,本来会说的"阿姨"由于人多而怕羞,不会表达了。没想到过了两分钟,一直盯着"阿姨"看的儿童居然平静地说:"奶奶!"那位一直在看着他的女性高兴地回应:"他叫得对,我已经做奶奶两年了!好聪明的宝贝,他在思考和辨认。"

② 温儒敏:《义务教育教科书〈语文〉》(三年级上册),人民教育出版社,2018,第 74 页。

界面对应着阳光，便出现如"诺亚奥特曼"的铠甲一样的反光；有些则不会，是顺着光的，便成了暗色调的阴影。这就是"波光粼粼"。由于风吹得水面在不停地运动，"粼粼波光"会不断变化：反光的部分和顺光的部分形成瞬间变化，光影便会不停地交替运动，这就是"波光闪动"不停的现象（"样子"）。

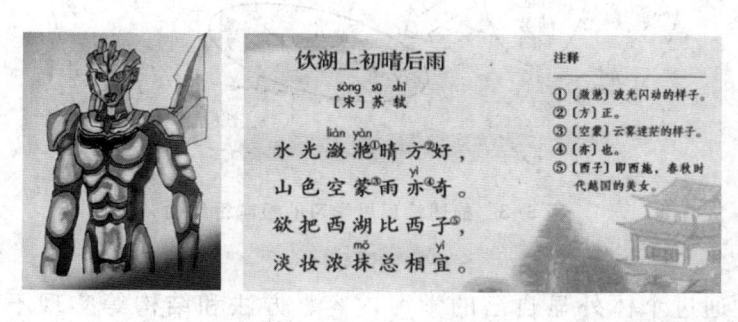

图 5-2　学生（西宁西关街小学四年级：张艺琛）绘画作品及教材内容

　　学生学习实践与语词抽象理解的关系处理的结构顺序会形成不同的学习效果。有一位教师运用情境教学法，先放映一幅湖面"潋滟"的动画图景，然后让学生学习诗句。这是接受性的教学，学生缺乏反思性。如上先学习抽象的语词，然后通过绘画实践行为理解，最后让学生在课余去实地观察湖面的"潋滟"景象。这一过程中，就形成了反思学习——其实质在于假设—联想—反映—比较—验证—抽象—归纳等一系列内在外在的思维运行过程。如此，学生对学习对象（诗句）理解得也比较深入和真实。

　　描述性反思学习是三位一体的反思过程：内在接受、外向表现、整体素养发展。三者构成相互推动和不断超越的结构形式（见图5-3）。

　　（二）对比性反思学习

　　对比性反思学习是舍恩所谓的"框架实验"，指在社会化学习共

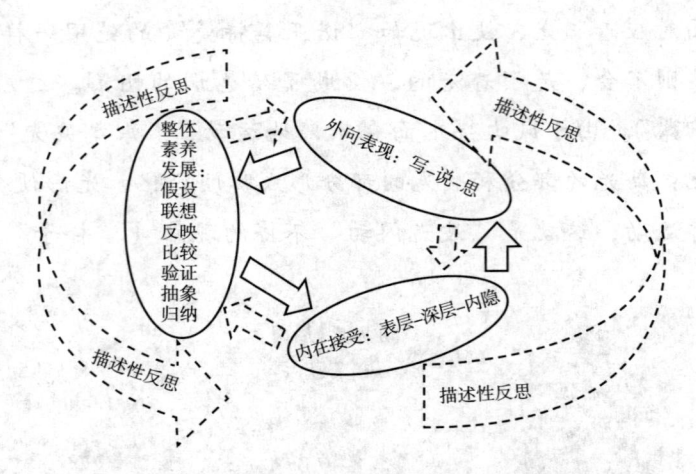

图 5-3 描述性反思学习的超越性结构

同体中通过个体外显自己的学习内容、方法和结构等实现不同的框架、观念展示,以便不同个体间开展对话来反思学习。课堂反思学习主体间关系构成其交往伦理,交往的中介是语言。所以,课堂对话中的反思学习有两个目的:一是学习如何开展社会性交往本身,包括情感、礼仪、表达式、态度等;二是通过交往学习其他知识,反思和发现更多合理性方案,如思维方式、知识逻辑、学习方法策略、认知风格、语言表达形式和价值观念等。

首先,在课堂构成共同体对话的条件有两个:一是学生和学生间的对话;二是教师和学生间的对话。

表 5-2 课堂言语交往模型

现实领域	交往模式	有效性要求	言语功能
外在自然的"那个"世界	认识式:客观性态度	真实性	事实呈现
社会的"我们的"世界	相互作用式:遵从性态度	正确性	合法人际关系建立
内在自然的"我的"世界	表达式:表达性态度	真诚性	言说者主体性的揭示
语言(符号)世界		可理解性	

其次，课堂共同体中的交往围绕语言展示，构成反思学习对象①。①在共同体中需要展示并构成交际的内容，包括四个方面：关于外在自然的"那个"世界、关于社会的"我们的"世界（符号化文化结构）、关于学习个体的内在自然的"我的"世界（欲望、感觉、意向）、用以展示以上对象的语言本身（见表5-2）。②针对不同领域的内容，交往的模式不同，客观的外在自然需要客观性的认识模式，而对于社会领域的内容，涉及规范的合理性问题，所以是遵从历史传统和文化关系的相互作用模式；基于个体人文特质的"我的"世界主要采取表达与理解的互动模式。③交往模式对于相应的内容领域的有效性，分别是：客观世界要求真实性认知；社会领域需要正确性——与文化、惯习等适切；内在的自我要得以理解，首先要求传达是真挚的、诚实的；语言符号本身的要求是可理解性——可理解性不能完全等同于通俗性——它和听者、观者的理解素养有关。④言语符号对上述三个领域的功能表现为：自然客观世界的事实呈示；社会交往世界的合法人际关系建立；内在"我的"世界通过言语解释其主体性。

再次，课堂反思学习围绕哈贝马斯所论述的交往世界的基本层面，形成两个水平的反思学习：一是理解水平；二是转译（译解）水平（见图5-4）。理解水平是共同体成员通过倾听、观察学习者对于学习对象的理解语言、行为等符号表征，对其内容的理解。转译或译解是针对学习者表征的理解，对其学习领会内容的再加工和批判性认知的理解。译解的发生，不仅因为学习者在保持理性认知分辨的基础上对学习对象进行多元解读，而且基于自身价值观和文化心理结构的影响而实现对学习对象不自觉的曲解。

---

① 〔德〕哈贝马斯：《交往与社会进化》，张博树译，重庆出版社，1989，英译本序第13~14页。

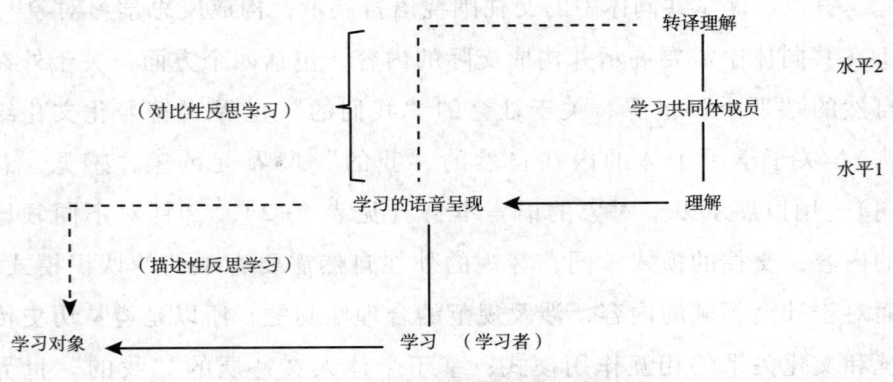

```
                           转译理解
           ┌─────────────────┤
                             │         水平2
(对比性反思学习)             │
           │            学习共同体成员
           │                 │
           │                 │         水平1
           │                 │
           └→ 学习的语音呈现 ←─── 理解
              │
(描述性反思学习)
      ↓
学习对象 ←───── 学习 (学习者)
```

图 5-4 对比性反思学习水平

最后，对比性反思学习涉及反思伦理。不仅是学习者与学习对象之间的伦理关系，而且是学习者与学习同伴（包括教师）之间的伦理关系。

对比性反思学习是在课堂学习共同体中发生的，与学习同伴、教师的对话中形成的交往理性。对比性反思学习构成三位一体的结构模式：四个领域（内容），包括自然的"那个"世界，社会的"我们的"世界，主体的"我的"世界，语言（符号）世界；三个条件，包括教师，学习对象（前四个领域）及其学习结果和理解、转译，学习同侪；两个水平，理解水平和译解水平（见图 5-5）。

（三）批评性反思学习

批判性反思学习针对的是学习诸行为发生的核心，即价值观。舍恩就说："他（反思学习者）可能找到一种方式，来对情境中存在的价值观进行整合或选择。"① ①价值观不是整一的，它分化在各学习行为和过程中表现出来，通过整合才能被统一地明确显现。如反思中被突出的记忆现象及现象间的关系，组织所发生现象的逻辑关系和结构，学习的程序、形式及方法序列，问题产生的脉络和新的见解产生

---

① 〔美〕唐纳德·A. 舍恩：《反映的实践者：专业工作者如何在行动中思考》，夏林清译，教育科学出版社，2007，第 51 页。

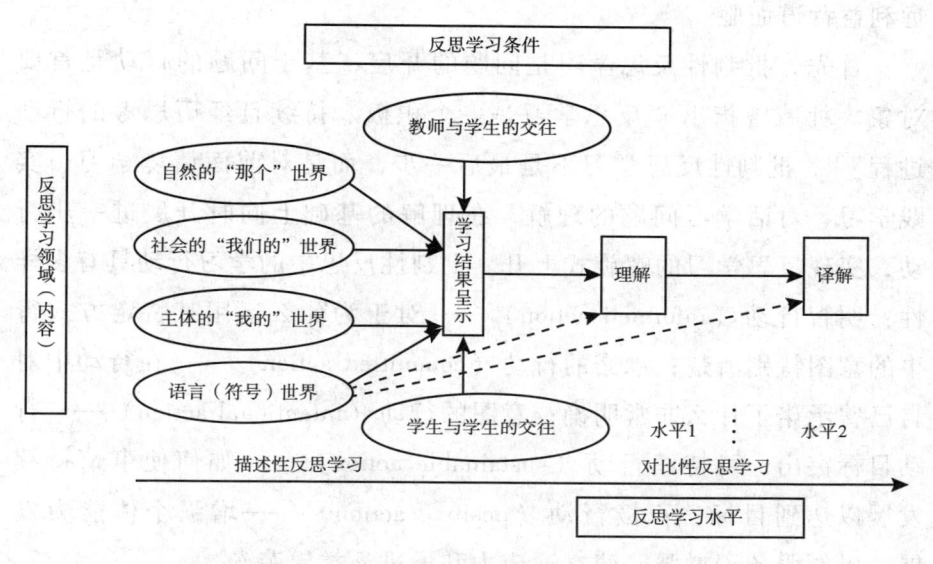

图 5-5 对比性反思学习结构模型

的思维结构等。②价值观是隐性的,它隐身于可显性表达的语言、行为之后,是做出判断的依据。判断是指向未来的行动策略,要基于获得的信息进行预判并选择、创生出认为适合于解决问题的决策、方案。对判断脉络的考察可以发现其映射的价值观。③学习者价值观在课堂伦理关系中体现出来,也折射出学校、社区和民族等文化系统的更大价值系统——孕育了个体价值观。

批判性反思学习具有矫正学习和价值观的功能。布隆科菲尔德(Brookfield S.D.)[①] 提出批判性反思的两个基本维度。一是"阐明权力"的批判性反思,即权力如何渗入教育过程以加强、塑造或扭曲教育;二是"霸权假设"的批判反思,即对教学中的假设及其实践的质疑批判,它们貌似有利于教学的开展,但其实质恰恰与教育的长

---

① 〔美〕Stephen D. Brookfield:《批判反思型教师 ABC》,张伟译,中国轻工业出版社,2002,第 10 页。

远利益背道而驰。

首先，批判性反思学习是问题的开启，基于问题的行动是首要对象。杜威曾指出"反思学习是一个积极、持续且经历思考的行动过程"①。批判性反思学习不是最后一步，而是对前面情境学习、实践学习、对话学习问题的理解，在理解的基础上同时开展进一步行动，实现反思学习的螺旋式上升。批判性反思中的学习行动具有多样性：明智行动（informed action）——对于为什么运用某特定方式行事的意图特别清楚；承诺的行动（committed action）——在行动中对自己曾承诺了什么非常明确；意图的行动（intentional action）——行动目标突出；可持续行动（sustainable action）——如何使事情持续发展以达到目标；积极行动（positive action）——增强个体能力发展，以便服务于增强、建立适应力和增进人类繁荣②。

其次，批判性反思学习是前提批判。它通过对价值观形成之前的个体情感、认知因素：激情、熟练、优先考虑及其相关的生存环境、生活方式等方面考察可以发现，其中语言、行为表现是最直观的依据；也可以对孕育个体的集体无意识生存方式、文化传统等方面进行考察。对此，范梅南提出了等级分类③：①个体因素方面的批判性反思构成技术性反思学习内容，如"你对哪些内容比较感兴趣""喜好什么""你在哪项作业中有成就感""在哪个操作环节感受到了自我存在感""哪里能够掌控住或觉得能力增强了""什么是应该首先考虑的因素""如果按照重要性应该哪项优先排列"等。②在课堂学习

---

① Fiona S., "Poetic Transcription with a Twist: An Approach to Reflective Practice through Connection, Collaboration and Community", *Innovations in Education and Teaching International*, 2017（2）.
② Ghaye T., *Teaching and Learning Through Reflective Practice: Positive Action*, New York: Routledge, 2011, p.2.
③ 黄显华、霍秉坤、徐慧璇：《现代学习与教学论：性质、关系和研究》（第二卷），人民教育出版社，2014，第607页。

共同体中,可以通过语言协商和讨论实现的目标和操作(如上个体偏向、优先考虑)已经不是技术性反思学习问题,而是实践性反思学习。因为,学习者已经意识到意义并非绝对的而是多元的,这些决策的形成可以公开讨论和检验,并且通过语言形式和实践流程,同时实现检视学习目标、支持学习目标的假设和学习行动结果。③对于个人学习行为中的爱好、激情、熟练、优先排序等与同伴关系中的协调联系起来开展批判性反思学习,即伦理关系的体现,如是否尊重他人、公平、公正、侵犯权利等,是道德与伦理标准的批判反思学习,关系到社会组织、历史传统和政治文化等更大范围的批判性反思学习。

再次,批判性反思学习要考虑学校教育的历史、社会政治和道德脉络。学校是课堂教学变革的桥头堡,也是课堂文化形成的关键。课堂是否转向以反思学习为重点,学习能否实现反思学习,都局限于学校历史、文化和政治关系。反思学习走向批判性反思学习要对学校的管理文化、教育的目标追求、社会政治关系及其蕴含的道德伦理进行批判反思。

最后,批判性反思学习以问题为核心,实现转换式学习是其目的。价值观涉及"我应当做什么""我能够希望什么"等问题。这就要求批判性反思学习面向未来,指出转向和目的。不论个体的情感、意志的未来指向,还是学习共同体的愿景和伦理关怀,社会传统规范的合理化或改善等,它们都会影响教育目标和未来学校、社会、文化建设。

第二节 课堂反思学习内容的指导

情感、认知、行动和社会交往是人的发展和心理结构的主要因素。它们是任何课堂学习所涵摄的基本要素。依据对前述反思学习形式的解析，不同反思学习类型指向的是以内容为核心的四种学习取向：情感的反思学习、认知的反思学习、行动的反思学习和社会的反思学习①。所以，有必要进一步分解研究。

一 情感的反思学习

海德格尔有一段耐人寻味的话。

> 恰恰是在对"世界"的不恒定性的、随情绪闪烁的看中，上手事物才以其特有的世界性显现出来——世界之为世界没有一天是一成不变的。理论观望总已经把世界淡化到纯粹现成事物的齐一性中了。诚然，在现成东西的齐一性之内包括以纯粹规定即可加以揭示的东西的一种新财富。然而，即使最纯的理论也不曾脱离一切情绪（例如心平气和）。②

被传统认识论贬低，甚至否定的感觉、情绪和由之发展而来的情感，被海德格尔扶正：情绪是人的生存方式，情绪是"此在"现身的首要形式。情绪比领会、解释、语言等生存论的现身形式更加原始。情绪比对情绪的反思来的原始真切，是一种生存论状态。"现身远不是经由反省的，它恰恰在此在无所反省地委身任情于它所烦所忙的'世界'之际袭击此在。情绪袭来"。③ 说明情绪不是源于内在的灵魂，而是在"烦""畏"中侵袭着"此在"。

情绪指的是"情感及其独特的思想、心理和生理状态，以及一系列行动的倾向"，包括愤怒、悲伤、恐惧、喜悦、喜爱、惊讶、厌

---

① Ghaye T., *Teaching and Learning through Reflective Practice: Positive Action*, New York: Routledge, 2011, p.3.
② 陈嘉映:《海德格尔哲学概论》，商务印书馆，2017，第67页。
③ 陈嘉映:《海德格尔哲学概论》，商务印书馆，2017，第67页。

恶、羞耻等具体内容①。

卢梭最早提倡情感教育。情感教育就是自然教育，其存在就在于情绪的生存论依据。康德受到了卢梭的启发，所以提出情感沟通了纯粹理性与实践理性之间的认识论鸿沟。情感贯通于人的感性、知性到理性的全过程：感性阶段它是执行力，知性阶段它是推动力，理性阶段它是道德和信仰等规范力。情感始自感性，但要获得自身的普遍性，必须借助于理性规范自身。如此，在社会化生存之际，情感才会被理解。

人的情感便是对处于生存论状态的情绪的积淀和人化。从而生成了美感——马克思所谓的"内在自然的人化"，指感官的人化（感性的功利性消失与非功利性的呈现）和情欲的人化（情感变成社会的、超感性的具有功利性的理性）两方面②。

尼尔·诺丁斯认为建构主义的源头在康德，康德的理论催生了皮亚杰的发生认识论：人的内在积极建构知识优于被动地接受外在的客观世界，即意义是建构的③。所以，她提出"关心"是教育的另一范式，突出对情感的教育关注。继康德之后，杜威提出经验中的反思，布鲁纳依据皮亚杰的理论提出儿童行为认知的重要性。其中蕴含了实践如何塑造人的情感（内在自然的人化）的问题。

20世纪90年代，约翰·梅耶和彼得·萨洛维提出"情绪智力"（EI）概念，后被丹尼尔·戈尔曼发扬光大。发展至今，形成了三种主流模式：第一种模式以约翰·梅耶和彼得·萨洛维为代表，如智商研究一样设置精确的测量标准的量化研究。第二种模式以鲁文·巴昂为代表，主要以幸福研究为主。其中，尼尔·诺丁斯的《幸福与教

---

① 〔美〕丹尼尔·戈尔曼：《情商：为什么情商比智商更重要》，杨春晓译，中信出版集团，2018，第385~386页。
② 李泽厚：《美学三书·美学四讲》，安徽文艺出版社，1999，第512~517页。
③ Nash R. J., "A Personal Reflection on Educating for Meaning", *About Campus*, 2008 (2).

育》(Happiness and Education)、《和平教育：对战争之爱恨》(Peace Education: How We Come to Love and Hate War)是教育学内的代表作品。第三种模式以丹尼尔·戈尔曼为代表，主要侧重于工作和组织领导力表现的个体竞争力研究①。

约翰·梅耶和彼得·萨洛维将"情绪智力"划分为五个主要领域：了解自身情绪、管理情绪、自我激励、识别他人情绪、处理人际关系②。

戈尔曼认为情绪智力是一种能力，其能力结构包括五个方面：自我意识、自我调节、自我激励、同理心和社交能力（见表5-3）。

表 5-3 情绪智力框架

方面	成分	表现
个人能力	自我意识	情绪意识；准确的自我评估；自信心
	自我调节	自制力；诚信；责任心；适应力；创新力
	自我激励	成就驱动力；奉献精神；主动性；乐观精神
社交能力	同理心	善解人意；帮助他人进步；服务定位；利用多元化优势；政治敏感
	社交能力	感召力；交流能力；控制冲突能力；领导力；应变能力；凝聚力；协作能力；团队领导力

资料来源：〔美〕丹尼尔·戈尔曼：《情商3：影响你一生的工作情商》，葛文婷译，中信出版集团，2018，第33~35页。

戈尔曼后来修正了情绪智力③框架，与诺丁斯对于情绪智力的基本分析相比显示得更加全面：包括自我和社会两个方面，每一方面又

---

① 〔美〕丹尼尔·戈尔曼：《情商（实践版）新发现——从"情商更重要"到如何提高情商》，杨春晓译，中信出版集团，2018，第4页。
② 〔美〕丹尼尔·戈尔曼：《情商：为什么情商比智商更重要》，杨春晓译，中信出版集团，2018，第71~72页。
③ "情绪智力"后来被戈尔曼修正为"情绪竞争力"。前者是指一种潜能，后者则指此潜能在多大程度上转化为职业能力（参见〔美〕丹尼尔·戈尔曼《情商：为什么情商比智商更重要》，杨春晓译，中信出版集团，2018，第9页）。

分为意识和管理两个功能层,这就形成自我意识、自我管理(内含自我激励);社会意识、社会关系管理。

(一)情感反思与核心素养教育目标

情感教育对于21世纪的学生尤为迫切。首先,在城镇化和大家族亲属关系已经无法维系的现代社会,儿童失去了传统人际交往的生活世界。在经济发展和技术进步的同时,父母工作的时间加长,减少了与儿童在生活中的交际;城镇化改变了传统的生活方式,儿童被阻隔在孤立的家与学校之中,没有机会生活在村落式的交际空间中,无法在真实的日常生活交往中发展同龄人之间的情绪智力;流动性的城市生活方式切断了小家庭与传统大家庭的联系,随之而来的是高度组织化的交往活动,日常性情绪交往无法存在。其次,知识经济和多媒体时代的技术冲击了学生的生存方式。学生走进电视、网络等虚拟空间中,便无法实现与他者相处,也无法培育生活中的情绪智力,更无法实现自然发展的情感教育。所以,这样成长起来的人会出现许多情绪困扰:孤独、沮丧、愤怒、任性、焦虑、暴躁、紧张、易于冲动和富有攻击性等。可见,情感教育和情感反思学习对年轻人来说异常迫切,它们可以使情绪发展趋于平衡。情绪平衡能保证人的健康、幸福、美好人格和品德。

表5-4 《中国学生发展核心素养总体框架》的内容

方　面	成　分	表　现
文化基础	人文底蕴	人文积淀;人文情怀;审美情趣
	科学精神	理性思维;批判质疑;勇于探究
自主发展	学会学习	乐学善学;勤于反思;信息意识
	健康生活	珍爱生命;健全人格;自我管理
社会参与	责任担当	社会责任;国家认同;国际理解
	实践创新	劳动意识;问题解决;技术应用

资料来源:汪瑞林、杜悦:《凝练学生发展核心素养 培养全面发展的人——中国学生发展核心素养研究课题组负责人答记者问》,《中国教育报》2016年9月14日,第9版。

我国学生发展核心素养总体框架与戈尔曼情绪竞争力的对应关系非常明显。"文化基础"方面的"审美情趣"对应情绪竞争力中的"自我意识","勇于探究"对应"自我管理"中的"成就""积极人生观";"自主发展"方面的"乐学善学""珍爱生命""健全人格""自我管理"对应"自我管理"诸方面(情绪自我感知、情绪的自我控制、适应性、成就、积极的人生观);"社会参与"方面的"社会责任""国家认同""国际理解"对应的是情绪竞争力中的"社会意识"和"社会关系管理"。

(二)自我意识

自我意识从情绪的自我感知开始,是个体"同时意识到自身的情绪以及自身对该情绪的想法"[1],所以有时候被称为"元情绪"(meta-mood)。其实,它包含了两个层面:一是觉察到情绪,如感到不安;二是对情绪的审查,如感觉到不安之后对之进行分析。后者以前者为基础,已经属于情绪的反思。

首先是情绪意识:包括意识到情绪及其产生的影响。其次是精确的自我评价:清楚自己的优长或不足,如"乐学"。再次是自信心:肯定自我价值和区别于他人的特殊能力,如"善学"。

情感反思学习就是如何发现自身情绪并对情绪进行有意识的审视,发现自我。否则,就会成为激情的奴隶,无法超脱动物性本能冲动。

(三)自我管理

情绪的自我管理包括情绪的自我调节(自我控制和适应性)、自我激励(成就和积极的人生观)。

第一,自我调节。个体能够自我控制内在情绪,保持平衡的能力。主要表现在:①自制力。控制破坏性情绪的能力,如冲动、愤怒

---

[1] 〔美〕丹尼尔·戈尔曼:《情商:为什么情商比智商更重要》,杨春晓译,中信出版集团,2018,第78页。

等；冷静、积极、从容不迫；注意力集中，思路清晰。②诚信。诚实、正直和表里如一，无私、不虚伪。③责任心。对自己的言行负责，敢于担当；履行承诺，言而有信。④适应能力。不固执和守旧，能够与时俱进，灵活变通的能力；灵活处理事物；调节和转换反应与策略；做事果断，改变有顺序。⑤创新能力。善于想象；易于接受新思想，乐于采取新信息、新方法、新思路；抱有乐观进步的未来发展态度；敢于尝试和冒险。

第二，自我激励。动员自我积极情绪促进个体迈向发展目标的情绪能力。主要表现在：①成就驱动能力。目标明确，完成目标的意愿强烈；设定挑战性目标，敢于承担风险；探索不稳定因素，完善学习任务标准；自我完善，不断进步。②自我奉献能力。为了集体而乐于牺牲自己的私利；有目标意识；团体价值优先；积极投身于团队任务。③主动性。善于抓住机遇；努力成功完成任务；善于变通，勇于打破陈规陋习；努力开拓和奋斗，感染、调动他人积极学习。④乐观主义精神。不怕困难和挫折，坚持自己的目标；坚定信念，坚信成功；挫折只是过程，并非结果或个人过失。

（四）社会意识

社会意识指一个人意识到自我生存是脱离不开社会群体的社会关系意识以及意识到如何与他人相处的人际关系处理能力。主要包括同理心与组织意识两方面。

第一，同理心。个体能够站在他人立场思考，能够理解他人的情感、需要、关切点和情绪方式的觉察、感受能力。表现在：①善解人意。善于倾听和觉察；敏感把握细节；理解他人的需求、感觉，并施以援助。②帮助他人。善于鼓励他人；注视他人发展，按步骤反馈其信息；有理有节地指导和帮助他人。③理解多元。周全地思虑和照顾到他者差异性；尊重别人；形成宽容美德。④伦理敏感性。分辨基本的关系网络；预判事态发展；识别影响共同体学习力量和方向的主要人际关系。

第二，组织意识。指个体意识到在组织中及期待在组织中解决问题的亲和力、自信力。理解组织的基本现状，包括学习者结构、组织学习形式和伦理关系。

（五）社会关系管理

社会关系管理从儿童交朋友开始，发展到对话、交往中实现生活幸福和人类精神重建的理性阶段。1920年，爱德华·桑代克曾经提出教育如何培养"社交智慧"的目的，即社交如何得到情感滋养的品质①。首先，基于工具理性的唯科学主义造成的现代危机，不仅导致自然生态的危机，而且引发社会伦理危机和人性危机②。人类物化外界客观世界成为习惯，进一步在人际关系中，形成马丁·布伯所谓的"我与它"的伦理关系，甚至工业时代的一次性用品形成了人际交往的"一次性伦理"，"利用对象而不动情感的心安理得"成为自然。所以，人类精神重建是社会关系管理中情感教育的重任。其次，情感学习在社会关系管理中如何实现生活幸福，使人性保持健康发展是现代教育必须面对的课题③。

社会关系管理的个体情感反思学习内容具体表现为：①感召力。说服别人，得到支持；充满吸引力情绪表达方式；运用间接手段，制造舆论赢得支持；策划重点事件以突出要点。②交流能力。学会倾听和共享；与他人交换意见，懂得敏感觉察对方情感状态和尊重对方；公开交流和分享，尤其是分享不幸的能力。③控制冲突能力。学会谈

---

① 〔美〕丹尼尔·戈尔曼：《情商2：影响你一生的社交商》，魏平等译，中信出版集团，2018，第395页。
② 尤西林：《人文科学导论》，高等教育出版社，2002，第17~20页。
③ 〔美〕内尔·诺丁斯：《幸福与教育》，龙宝新译，教育科学出版社，2009，英文版序。

判和制造双赢的策略；觉察潜在冲突，防微杜渐；提出异议，公开讨论；善于应对突发局势。④领导力。善于鼓舞和激发热情；长于引导；责任感；以身作则。⑤应变能力。有挑战现状的勇气；引领变革；考虑他人期望。⑥协作能力。建立人脉；追求双赢；营造融洽关系；围绕共同目标，善于做配角；寻求志同道合者；荣誉感。

只有在这样的情感反思学习中情感才得以发展，从接受走向反应继之以价值和性格化，成就个性品质，从兴趣走向欣赏继之形成态度、价值并适应①。

二 认知的反思学习

认知是以思维为核心开展的，以组织、形成基本概念、原理、法则、程序等抽象知识形态为结果的识知行为。传统学习理论以认知学习为主流。认知反思学习主要涉及知识、认知方式和反思学习形式。

认知反思学习即元认知。元认知分为元认知知识和元认知行为，元认知行为包括元认知体验和元认知监控。

关于知识和认知方式，安德森将布卢姆的目标分类和加涅的学习结果分类进行了整合，加入"元认知知识"内容，形成了一个二维结构。在此结构中存在三个问题需要指出：一是"知识维度"的四种类型与"认知过程维度"的六种知识的匹配存在差异性，即有的知识间相匹配比较容易和有效，如"陈述性知识"与"记忆"，"概念性知识"与"运用"，"元认知知识"与"评价"等；有些知识间匹配就不易或效果不佳，如"陈述性知识"与"创造"，"概念性知识"与"评价"等。二是"知识维度"内的知识类型也存在相互匹

---

① 〔美〕D. R. 克拉斯沃尔、B. S. 布卢姆：《教育目标分类学·情感领域》，施良方等译，华东师范大学出版社，1989，第38页。

配性，如"陈述性知识"、"程序性知识"与"元认知知识"是可以匹配的。这两点已经有学者论述①。三是在"认知过程维度"中，"创造"凌驾于其他知识，对知识熟练掌握确实是创造性发生的基础，但也不是绝对的。因为从理解、运用开始已经拥有了创造的因素，更别说分析、评价等高级形式中。如在"理解"中，语言表达形式通过转化成为动作、图像形式便是创造；在"运用"中，将一个抽象原理转变为实践性事件叙述更是创造。

马扎诺（Marzano R. J.）提出"学习维度"（demensions of learning，1992），用来解释学习的过程。学习包含了五种类型的思维，即五个学习维度：态度和感受、习得和整合、拓展和凝练、有意义运用、思维习惯，并形成其基本的学习框架，其中"态度和感受""思维习惯"是其他学习维度的背景，是学习的基础，即情绪是认知的基础。"习得和整合""拓展和凝练""有意义运用"构成逐渐扩展和具有超越性的思维形式中使知识学习回归、发现、建构自我，产生意义的基础②。这是反思学习在"思维维度"上的考察。马扎诺认为"学习即反思"③，思维维度包括元认知，批判性、创造性思维，思维过程，核心思维技能，知识领域与思维的关系。

马扎诺在此基础上形成了自己的关于"人的行为模式"④：人的行为经历四个基本系统：自我系统、元认知系统、认知系统和知识系

---

① 第一点参见钟启泉《基于核心素养的课程发展：挑战与课题》，载钟启泉、崔允漷《核心素养研究》，华东师范大学出版社，2018，第11页。第二点参见董奇《论元认知》，《北京师范大学学报》（社会科学版）1989年第1期。

② Marzano R. J., Pickering D. J., etal., *Dimensions of Learning Teacher's Manual*（2nd Edition），Association for Supervision & Curriculum Development，1997，pp. 4-7.

③ Marzano R. J., Pickering D. J., etal., *Dimensions of Learning Teacher's Manual*（2nd Edition），Association for Supervision & Curriculum Development，1997，p. 5.

④ Kendall J. S. & Marzano R. J., *The New Taxonomy of Educational Objectives*，Corwin Press，2007，p. 11.

统。首先，来自外在的"新任务"先经自我系统的检验。自我系统通过充满目的、信念和价值观的系统来判断介入新任务的收益。所以，自我系统成为学习任务的动机源泉。当新任务引起动机、需要被自我系统允许时，则会导致学习行为发生；否则就会否弃和拒绝，不会产生继发性行为。其次，个体自我系统接纳了新任务后，便启动元认知系统。元认知系统率先提出完成任务的计划和目标，继之以完成任务的策略选择。再次，认知系统参与到任务结构中，处理信息，包括提取、理解、分析、运用等过程。最后，学习是否成功，基本取决于个体与该任务的相关知识储备量，这就需要联想、对比。

由此马扎诺将知识系统分为两个维度：知识加工过程和知识领域。知识加工过程包括提取、理解、分析、运用、元认知系统和自我系统。知识领域包括信息、心理程序和心理动作程序。

其中，在知识加工过程维度的认知系统（提取、理解、分析、运用）、元认知系统和自我系统中都有反思学习心理行为发生。认知系统中的提取包括执行、再现和再认；理解包含符号表征、整合；分析包含具体运用、概括、错误分析、分类、匹配；运用包含调研、实验探究、问题解决和决策。元认知系统中包括监控和明确目标，其中监控有监控准确性、监控明晰性、监控过程。自我系统包括检查总体动机、检查情绪反应、检查效能感、检查重要性[①]。

知识领域维度中的反思学习内容成分是不同的。反思学习信息包括有组织的观念（原理和概括）和细节（时间序列、事实和术语）；心理程序包括技能（方法、算法、单一规律）和过程（宏观程序）；心理动作程序包括技能（简单组合程序、身体基本动作技能）和过程（复杂组合程序）。

---

① Kendall J. S. & Marzano R. J., *The New Taxonomy of Educational Objectives*, Corwin Press, 2007, p. 62.

通过以上对认知反思学习的考察，反思学习可以发生在除习惯、感觉领域（Mezirow的"非反思行为"）外的认知的每一个环节中，但其反思的内容在不同的层次中又会不同。

三　行动的反思学习

学习的基本形式有学科学习和实践学习两类。前者以布鲁纳早期的学科结构为课程设计思想的代表，后者以杜威的实用主义经验课程设计为代表。学科学习包括学科知识学习和学科综合性实践学习；实践学习又分为学科综合性实践学习与生活综合性实践学习。课堂行动学习指学科综合性实践学习而言，是以课堂学科综合性实践学习作为桥梁，带动学科知识学习和生活综合性实践学习：由学科知识学习到学科综合性实践学习，再到生活综合性实践学习，表现为文本学习到实践学习的发展，其实正好解决了前述情境教学中提到的反思学习发生条件的不完善问题。其基本结构表现出渐进和学生如何由课堂走向生活世界的合理学习进路（见图5-6）。

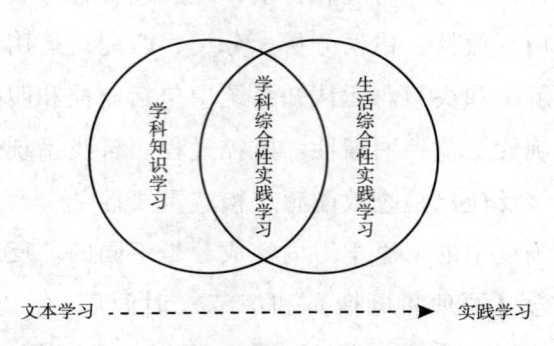

图5-6　文本学习走向实践学习的学习分类

行动的反思学习表现为学科综合性实践学习活动反思学习和生活综合性实践学习活动反思学习。课堂行动反思学习特指学科综合实践反思学习，包括行动中的反思学习和对行动的反思学习两个层面。

第一，行动中的反思学习指针对某一生活事件中需要解决的问题，个体运用已经掌握或学习过的学科知识解决问题的实践活动。其特点是具有目的性和实践性。目的性源于问题的发现和如何解决，通过对知识综合、灵活的运用发展学生能力并培养其基本学科素养。实践性重点强调知识或知识逻辑与问题的对应性和适切性，是行为逻辑而非知识逻辑，即不是知识在教材中的展现——知识形成的逻辑关系（如加法产生乘法，乘法又是幂次方的基础），并非追求知识建构的合理性。

行动中反思学习的基本过程是：情境展示和理解、发现问题及其逻辑、确定学习目标、寻求问题解决的知识框架、解决问题、验证和总结。

（1）情境展示和理解

情境一般源于生活片段，抑或源于对生活片段的重组或再加工，其目的在于能够集中表现某些问题，个体通过对所学知识的凝练、集中、综合运用就能够解决该问题。很多情境都是教师对应教材的知识形式而虚拟的叙事。虚拟有层次之高低，情境的综合性、多义性和真实（实践）性是学科综合实践学习的基础。如小学三年级"两位数乘法"的教学中，有一道题是"劳动节放假三天，小明和爸爸粉刷自家农村院墙。院子（用图展示：整个北面是二层楼）的墙高 2.5 米，东西长 28 米；南面墙长 23 米，他家大门宽 3 米。如果粉刷每平方米的墙需用大白粉 0.5 公斤，超市卖的大白粉一袋 25 公斤，那么小明得去超市买几袋大白粉才能粉刷完所有院墙？"学生面对这种具体情境就糊涂了：没能理解题旨，算出院子的地面面积；只算了一面侧墙；没有减去北面的墙面积；没有减去大门所占的面积；大部分只算了外墙面积，没有内墙面积……真是错误百出。学生的核心问题是没有理解"粉刷院墙"的生活含义。

（2）发现问题及其逻辑

在理解情境内涵的基础上，要找出需要解决的问题，并找出要解决最终问题需要事先准备解决哪些基础性前提问题，这就构成一条具有发展性脉络的问题解决链。这条解决链中充满着学生学习的策略意识——艺术化境脉中的思维：提问、设计、探寻和判断。如四年级上学期的数学题（见图5-7）：要求学生填空。此题虽然缺乏生活情境，但也是可以综合运用所学习过的大数、概率、统计和两位数除法等知识内容解决的题目。如果学生缺乏问题分析、有序的问题解析和解决脉络设计等思维，就不知道怎样做，茫然一团。

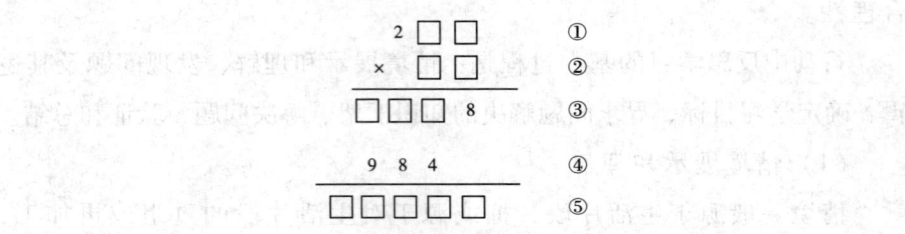

```
      2 □ □      ①
    ×   □ □      ②
    ─────────
      □ □ 8      ③
      9 8 4      ④
    ─────────
    □ □ □ □      ⑤
```

图5-7　四年级（上）数学综合题

（3）确定学习目标

通过前面的情境解读和问题分析，得到的结论便是要确定学习目标。目标与学科知识有关，但不一定是学科知识，它更偏向于个体的能力、素养，尤其是生活能力、交往能力、思维能力……所以，目标的确定与学生的实际相关，教师要与学生在讨论、协商中确定。最终的目标确定了之后，学生与教师需要将其分解为诸多次级目标。如在《牛津英语教程》初中第一册中有"专题：我们在岛上的生活"一例①。

  首先，"专题"开始是一段贺词情境："热烈祝贺！开发荒岛求生存。你被选为同年会学生组成的'荒岛生存小组'成员

---

① 江苏中外母语课程教材研究所：《当代外国语文课程教材评介》，江苏教育出版社，2004，第33~35页。

之一。你将和旅伴们在一个无人居住的荒岛上生活一个月，以显示年轻人多么机智、勇敢，多么能适应环境生活。你决定进行一次探险并描述在荒岛上遇到的各种情况。"其次，提出要求：①"你可以从下列三个岛屿中选定一个，作为你们小组要居住的地方。"②五个分题："仔细研究所有提供的信息；每个岛都有两个方面：一是有利条件，二是不利因素；根据这些条件和你们的条件来决定小组应该选哪一个岛；写一段简短文字，说明你组选择该岛的理由；想一想你选的岛上情形，画图说明其主要特点，使用已提供的信息，并加上你们自己的情况和其他详情。"再次，提供旅伴们、三个岛屿的信息及提供的生存装备。①旅伴们：提供五个（二男三女）年龄、性格特征和生活、身体情况的人名单，并且要求"除了上面提到的五个人外，你再另外选两名作为同去小岛的伙伴"：描述他们的长处和短处；描述为什么选择这两人的理由；自己简要概述——按照提供的五人的介绍方式，归纳自己的长处和不足。②三个岛屿的信息：勃林岛、克劳维斯岛和阿波埃岛的各自物候特征和自然物产等生存条件。③装备：允许选择"六种必需品和两种奢侈品。提供的物资足够每个成员用"；要求：说明六种必需品及其选择理由；选择的两种奢侈品及其理由；每个成员要记日记，记述自己的经历和感受。最后，准备去岛上、在岛上和从岛上回来的学习要求：①知道岛上的情况；写下日记始篇，准备去岛上的感受。②现在写一篇日记，描述岛上发生的情况，同时描写其他成员到岛上时的感受，尤其是当载你上岛的船只渐行渐远直至看不见时你的感受。③连环画：小组荒岛生活纪实。

这一综合实践学习中学习的目标是什么？可能是多维度的，需要针对不同的学生实际来确定。所以，学生自己的学习目标需要在与同伴、教师的讨论、会话和交往中才能不断修正和明确。这就是舍恩所提倡的"在实践中反映"，不同的是舍恩针对的是专业实践及其知识，我们注意的是基础知识、能力的学习实践。

（4）寻求问题解决的知识框架

综合性实践学习需要一系列学习目标，不同目标的实现需要相应的知识。在总目标和各次级目标确定之后，接着探寻的是解决问题的脉络和对应的知识支持，形成基本的知识框架。如前述四年级上学期数学综合学习中，概率、统计、除法、大数及其乘法，构成了解决此题基本的知识结构。它们是三年级到四年级的基本数学知识内容。首先，借助明确显示的数字，如④中的984，①中的2和③中的8，进行估计推算属于三年级学习过的概率，也涉及四年级学习的除法和大数的乘法，这是本题求解的关键。因此，第一步，根据④中的984，①中的2，则推测出②中的十位数不得超过4；第二步，②的十位数确定：在1~4间，如果1或2作为十位数时，与①中的2作为百位数的积达不到③中的9，即排除1和2；如果②的十位数是3，即使①的十位数是9，二者的积是27，则④984不能成立——因为2×3是6，6+3才能是9（④的百位数才成立），但7（积27中的个位数）即使后面进位数最大（如9）也无法达到④中8（984的十位数）的结果！所以，只能确定②的十位数是4。其次，涉及除法演算，第一步，得出①：既然得出②中十位数是4，则④除以4就可以得出①，即984÷4=246。第二步，确定②的个位数（又涉及大数的乘法和概率问题）：既然明确了③的末尾数是8，则推理出②中二位数乘数的个位数有3和8（3×6或8×6）两种可能；但从这个个位数与①的积是③（末尾数字为8）的四位数，确定结果②式中的二位数的个位数只能是8（3不可以），这样另一个乘数②就是48。最后，涉及大数的乘法（属于四年级内容）得出③和⑤：246×8=1968；246×48=11808。

（5）解决问题

在问题分析清楚和按照境脉分解问题，并准备相对应的知识资料，形成知识框架或"资料库"之后，就是着手解决问题的步骤。但思考和解析问题，形成知识框架和问题解决脉络并不等于解决问题本身。实际操作知识进行问题解决的过程是复杂的行为。上述数学题解的过程中，学生首先运用概率推理，一心扑在③中的8上，提出好多组合，最终将自己弄得疲惫不堪，也无法确定①②中的个位数是多少。这就是没有清楚地反思到确定性和知识的运用，基本的问题脉络没有确立。再如前述语文综合习题中，学生不知道如何做，教师也异常混乱。关键是解析问题和问题解决脉络不清楚，知识框架自然无法确立起来，就不能有序地学习。"岛上生活"可以是多种路径的学习：写作（传记、日记），图文（非连续性文本阅读与写作）转换学习，社会交往能力（选择伙伴、基本生存条件、言语训练、发现自我、管理、领导力）学习等。这只是可能的学习主题，但主题在根据学生的实际差异确定后，需要相应的目标达成进路设计和知识储备，最终在解决问题过程中提高学生能力：不只是掌握知识，更重要的是学习了这一实践解决问题的策略和培养了与他人在合作中实践的行动能力。

（6）验证和总结

可以从两个层面看待这一行动内容。一是及时性验证和总结；二是终结性验证和总结。后者是对行动的反思和评价；行动中反思学习关注前者。如在计算粉刷院墙用料的作业中，当学生很迅速地计算出了院子的面积后受到了同伴的质疑。院墙与天井（地平）就是需要区分的，并不是学生不会区分二者，只是没有反思将墙的东西长与南北宽相乘后的结果指什么。如果有了同伴的质疑后，他们就会明白，这种计算是有误的——不是墙的面积，而是院子天井的面积。学习活动就是在这样的及时性实践反思中推进的，它是及时验证和及时评价，是从学习主题确定，到问题发现和分解，再到目标确定和知识框架建构，一直到解决问题的过程，此验证、总结都在此过程中发生。也可以视为表现性评价形式。

第二，对行动的反思学习。对行动的反思学习指超越在行动之外对行动的合理性反观和评价。行动的合理性反观和评价包含了批判性。如一个问题情境可以挖掘出除了已经展示出来被确定为学习对象的内容之外，尚有哪些需要学习；除被确定为要学习的目标外，某一问题下还包含了哪种目标取向；对应的知识逻辑建构或许还有其他可能性和境脉；解决问题的方法和策略的多样性探寻……批判性反思的主旨是行为和活动的逻辑，解决问题的资料库建设的合理性等。

四 社会的反思学习

社会的反思学习保证人类的功能"既不是使人成为被环境力量所控制的对象角色，也不是使人成为能任其选择的自由动因"[1]。社会的反思学习的合理性论证可以从两个视角考察：一是基于工具论视野，大多数课堂学习把目标锁定在知识的习得、掌握上，这便视社会（包括同伴、小组、班级等不同规模的合作、探究）学习仅仅为形式，即从手段、工具的视角理解；二是基于目的论立场，如果把社会的反思学习作为在交往中习得诸多社会规范（法律、制度、交往伦理等）、参与社会文化（包括民主、正义、价值和信仰等）的手段，从而培养学生的社会心理、行为习惯，甚至把参与活动本身视为人的生存方式，那么必须从目的角度审视社会的反思学习。前者是"知"的学习形式，后者是"行"的学习形式。

因此，社会的反思学习具有两种反思学习对象。一是反思学习社会关系及社会规范的合理性；二是反思学习方法，即如何学会学习。

第一，社会规范的合理性作为反思学习对象。反思学习社会规范

---

[1] 〔美〕阿尔伯特·班杜拉：《社会学习理论》，陈欣银、李伯泰译，中国人民大学出版社，2015，原著者序第 2 页。

与信息化时代的教育现状这一宏大背景有关。首先，生活方式的变化，导致社会化生活的底蕴断裂。不论是传统的家族间交往方式，还是村落交往方式都被流动的、家庭式孤立生存方式取代；随着20世纪末期的技术发展，电信（电视、电话）、雷达声呐技术（如电磁、超声波和核磁共振等）、计算机技术等，也使青少年走进虚拟世界而不再关心、参与社会共同体的生活形式，这就导致教育成为私人的行为，如何与人交往，在交往中应当遵循、追求的基本规范和信仰成为教育中缺失的内容。其次，经济和市场主宰的极端功利化文化形式在无形中塑造了竞争型、个体私人化的教育形式，使原本作为社会公益的教育陷入了私利的处境。教学法便走向了"标准化实践方法和技巧的单纯应用"，能让这些原则运行起来的公共空间正在被压缩，从而使教育忽视了其规范性（社会规范，还是伦理规范、政治规范[①]）。再次，社会的快速发展（压缩式现代性）和不稳定给教育的挑战是，教育培养的人才与未来社会提供的职业无法被预判，需要批判性思维能力，发展学生潜能[②]，对以往和现存规范合理性进行批判学习。

　　社会学习的本质在于个体的社会化发展，即外在规范本体的个体化和规范的个体理解的本体化。这是在与社会的相互作用中，学习主体对符号普遍性的汲取，同时借助个性化的、不断增长的、相对于社会的独立性使个体自身发展。它是阶段性又连续性的学习机制。劳温格尔（Loevinger J.）将其分为八个阶段进行诠释（见表5-5）。个体在社会交往中从前社会阶段逐渐发展到尊奉阶段、诚意阶段，再到自主阶段——对传统的、外在的先验规范产生自我理解，最后达到一体化阶段，是自我感受、认知与行动共同参与和创生的结果。它是在课堂中通过小组、组织学习的人际交往中逐渐形成的。其中充满了行动

---

① 〔美〕亨利·A.吉鲁：《教育与公共价值的危机》，吴万伟译，中国人民大学出版社，2016，第23、81页。
② 钟启泉：《批判性思维：概念界定与教学方略》，《全球教育展望》2020年第1期。

表 5-5　劳温格尔的个体社会化学习中自我发展阶段*

阶段	控制并决定发展特征的推动力	人际关系类型	有意识专注的事物
前社会阶段		自我中心的	与非自身相对的自身
共生阶段		共生的	肉体感觉，尤其是性及其侵犯性
受冲动支配的阶段	受冲动的支配 惧怕报复	自私式利用的 依赖性的	
机会阶段	权宜手段，惧怕被控制	自私式利用的，操作性的，一方得益而引起另一方损失	优势，控制
尊奉阶段	遵从外在的规范 羞耻感	相互的 表面性的	事物 外表 名誉
诚意阶段	内在化了的规则 内疚感	强化的 责任性的	被分化了的内在感觉 成就 品质
自主阶段	内在冲突的模写 对差别的宽容	强化的 关注于自主性的	（同上）角色概念化发展 自我实现
一体化阶段	内在冲突的和解 对无法实现之物的否认	执着于个性的	（同上） 同一性

资料来源：劳温格尔《自我发展的意义及尺度》，《美国心理学家》1966 年第 21 期，第 198 页。

* 转引自 [德] 哈贝马斯《交往与社会进化》，张博树译，重庆出版社，1989，第 79 页。

反思学习的成分。它不同于知识化的学习——如目前用思政课教授的形式，其实质是一种体制化接受、适应而缺乏反思。

表 5-6 埃里克森和弗洛伊德的社会性与人格发展
（6 岁至成年早期）阶段的比较

年龄（岁）	心理社会危机（阶段）	有重要影响的人	对应的性欲阶段
6~12	勤奋对自卑	邻里、教师、学校同伴	潜伏期
青少年期 12~17	统一性对角色混乱	同伴群体、理想"英雄"	生殖早期
成年早期	亲密对孤独	朋友、异性伙伴	

资料来源：张文新《儿童社会性发展》，北京师范大学出版社，1999，第 4~5 页。

哈贝马斯将这种自我在社会交往中的认知前提的发展过程归因于"道德意识"成长，并用科尔伯格的道德发展阶段对应着来解说[1]。其中固然有道德的发展问题，但应该有区分。林崇德指出"品德、个性（或人格）和社会性是密切相关的三个不同概念"[2]。首先，道德有私德与公德之不同。私德是个体人格成分，包括品质、性格、素养等。公德是伦理关系，与自然、社会和他人的交往规范。其次，个体与社会的交往，在学习机制下不仅是道德意识的问题，还有更宽泛的人文课题。如民主、自由、平等、公正、法律等普适性规范意识。再次，囿于文化传统的课堂文化，在课堂社会学习中关系到如何与人交往的诸多社会交往规范，如礼仪、表达规则、合理问询和回答技法等。这些都是在社会学习中需要关注的内容。但这些内容，如果缺少反思学习，只是以知识的形式传授给学生，就无法真实地渗入其生活而使之形成习惯，也不会在真实的行为中得到贯彻，这也是当下社会中一些人"为什么有知识而无美好人格"的一个重要原因。新生代暴力、急躁、孤独、沮丧、愤怒、任性、焦虑、紧张、易于冲动和富

---

[1] 〔德〕哈贝马斯：《交往与社会进化》，张博树译，重庆出版社，1989，第 78 页。
[2] 张文新：《儿童社会性发展》，北京师范大学出版社，1999，序第 1 页。

有攻击性；甚至连研究者或教师都缺乏责任伦理，缺乏知识分子应该有的品格，对于公义（民主、法制、道义和公正等）之不顾等；更不用说其他领域充斥的各种纷繁芜杂的不合规范事件。

在社会学习中不同文化塑造不同的人格，形成相应的性格、气质——社会性格，不同于民族性格和众数（modal）性格。大卫·理斯曼对此进行了专题研究，他指出"青少年时期的同侪群体与学校对于性格形成"具有重要作用，性格的形成从传统导向到内在导向，再到他人导向具有历史发展特点和心理顺承性①。顺承性包括顺承、调整、偏离、颓废等，是高度分化的社会性问题的反映。在社会学习中形成的他人导向的性格具有的良好品质，如替他人着想、敏感和宽容、视而不见等，人的心理和社会的前景会变得无限远大。传统导向性格趋于保守和因循守旧，内在导向性格囿于家庭或团体（包括学校、社区或国家体制）的价值观而具有个体自信和明智，但内在导向性格与自主性有区别，不能混淆：自主性是个体通过自我经验和榜样塑造积极的性格。正如此，个体可以通过社会反思学习形成超越内在导向的性格，超脱家庭和团体价值观，脱离环境的地方性观念影响，看到自己的未来发展方向。

社会学习中相关的规范、道德和社会"公义"的学习，避免不了反思学习的环节。关于这一主题在精神分析学、社会反思学习理论和认知发展理论都有所研究。精神分析学的前期代表弗洛伊德认为成年期的人格特点在其人生的前五年就已经决定了，他把儿童的情绪和动机的发展分为五个阶段：口唇期、肛门期、性器期、潜伏期、生殖早期。每一个阶段都存在着满足个体需要和服从社会需要的冲突。成人后往往遗留着儿童时期这种冲突的行为表现。这构成了个体社会反思

---

① 〔美〕大卫·理斯曼：《孤独的人群》，王崑、朱虹译，南京大学出版社，2002，序言第4页。

学习的特点。精神分析学的另一代表人物是埃里克森（E. H. Erikson），在继承了弗洛伊德的人格结构的基础上，提出个体发展是生物成熟和适应社会的学习双重作用，即人的发展是个体与环境互动整合的过程。埃里克森将这一整合过程分为八个阶段：基本的信任对不信任，自主对羞怯、疑惑，主动性对内疚，勤奋对自卑，统一性对角色混乱，亲密对孤独，生殖对停滞，自我整合对绝望。

　　社会学习理论的代表是阿尔伯特·班杜拉（Albert Banura），他认为个体行为的变化是个体的内在因素与环境相互作用的结果，社会学习的起源是观察学习，由直接学习和模仿组成。儿童通过直接观察某一行为产生的结果，产生"哪种行为在何种情形下适宜"的假设，这些假设遂成为指导其后续行为的强化因素。模仿学习是儿童习得许多行为的观察学习方式，有现实和象征性榜样模仿两种情形。模仿的复杂机制，由四个过程组成：注意过程、保持过程、运动再现过程、动机过程[①]。注意过程中，影响观察学习主体的因素主要是示范刺激对象的特征（显著性、情感诱发力、复杂性、流行性、功能价值）和观察学习主体特征（感觉能力、情绪触发水平、知觉定势和以往的强化物影响）。在这一过程中联想和对比是重要的心理特征，故其反思学习趋向反映性。反映的速度、宽度和效率影响主体学习的速度和效果。保持过程是记忆中用符号、语言和行为等表征反应的活动。这种转译具有抽象性，是用外显符号系统外化表征内在的表象系统，是具有反身性的反思学习。运动再现过程是将心理过程的观念转化为活动的过程，如练习、训练等操作行为和实践，在操作过程中不断修正和调节，使有出入的问题不断调整为正确的。此时反思学习比较频繁，是一种在实践中反思学习，要不断地与情境对话，达到技能的提升。动机过

---

① 〔美〕阿尔伯特·班杜拉：《社会学习理论》，陈欣银、李伯黍译，中国人民大学出版社，2015，第18~23页。

程是自我开始明显突出的阶段，因为不是所有的观察对象都会成为主体学习的对象，也不一定都会成为反思学习的对象。只有那些具有奖赏性质的和感觉快乐的观察对象才成为学习的对象。所以，厌恶的、感觉不愉快的对象就会被遗忘，不会成为反思学习对象。这时自我效能感便凸显，影响动机方向和水平。自我效能感反身成为反思学习中实现自我调节的高成就因素，如明确具体的学习目标、使用更多的策略、学习过程中高自我监控、调整高投入学习精力等①。

认知发展理论的代表主要是皮亚杰和科尔伯格。皮亚杰通过研究提出儿童与生俱来的积极动因，超越了行为主义的理论——认知和发展单纯依赖于外在刺激。儿童的认知源于其积极主动地在环境中寻找、选择适合自身的刺激，在与环境的交互关系中发展自身。其认知发展与社会性发展关系密切，二者相互依存。所以，认知发展是道德发展的必要条件；道德发展是一个连续的过程；儿童社会发展中道德判断的他律特征、自律特征分别与认知发展中的前运算阶段、形式运算阶段的思维发展水平相对应，形成阶段性；自我—他人关系方面的发展也和其认知发展水平相平行②。这一理论为科尔伯格道德判断研究奠定了基础，他提出了儿童道德发展的三个水平六个阶段。

科尔伯格认为这些发展阶段和顺序无法被超越，只能循序渐进地发展。在"习俗水平"阶段，儿童才进入符号世界，同一性从行为者的肉体外象中被剥离出来。在"后习俗水平"阶段，个体在了解规范间区别的同时，也获得了"根据规则进行判断的能力"，超越了具体的角色和特殊的规则系统，同一性实现了独立③。

---

① 〔美〕Barry J. Zimmerman, Sebastian Bonner, Robert Korach：《自我调节学习：实现自我效能的超越》，姚梅林、徐守森译，中国轻工业出版社，2001，导言第3~4页。
② 张文新：《儿童社会性发展》，北京师范大学出版社，1999，第13、286页。
③ 〔德〕哈贝马斯：《交往与社会进化》，张博树译，重庆出版社，1989，第88页。

哈贝马斯据此提出了社会交往行为的一般结构（见表5-7）和个体社会角色行为的限定（见表5-8）[①]。在前操作性思维阶段，行为者处于自然和社会未分化的阶段，行为的结果决定行为动机，此时是不完整的相互作用，一般很少形成反思学习的活动；在具体操作思维阶段，行为者处于角色规范系统中，开始被文化化了，所以是完整的相互作用，开始在交往中反思学习角色规范，形成角色同一性；在规范操作思维阶段，借助符号性系统规则、原则，行为者开展交际、论辩，实现自我同一性，这时反思学习使社会规范超越具体性而走向一般化。

表5-7 社会交往行为的一般结构

认知性前提条件	相互作用水平	行为水平	行为动机	行为者
1. 前操作性思维	不完整的相互作用	具体行为和行为的具体结果	一般化了的愉快或痛苦	自然统一性
2. 具体操作思维	完整的相互作用	角色规范系统	文化化了的需要	角色同一性
3. 规范操作思维	交际行为与论辩	原则	需要的竞争性转译	自我同一性

表5-8 个体社会角色行为的限定

认知性前提条件	对规范的感知	对动机的感知	对行为者的感知
1. 前操作性思维	理解并遵循行为期望	表达并满足行为意向（希望）	可感知的具体的行为和行为者
2. 具体操作思维	理解并遵循反思性行为期望（规范）	"应该"与"想要"之间的区别（责任或偏好）	行为与规范的区别：个体主体与角色承担者的区别
3. 规范操作思维	理解并运用反思性规范（原则）	自律与他律的区别	特殊规范与一般规范间的区别：个性与一般性自我间的区别

---

① 〔德〕哈贝马斯：《交往与社会进化》，张博树译，重庆出版社，1989，第86页。

在如此的社会交往过程中，学习主体对规范的感知、对动机的感知、对行为者的感知都从一种无法分离的混沌体，开始走向感知与认知、应该与期望、个体自我与角色、特殊与一般、自律与他律的剥离和区别，这是通过反思学习行为实现的。而且在这种反思学习中通过社会规范和道德意识的塑造，行与知在"我与你"的关系中同时凝成"原则"和"信仰"，实现自我同一性。

社会反思学习始于交往的社会学习，是活动中的反思学习。在课堂情境中开展社会反思学习首先从沟通能力的培养开始：①沟通能力的基础是语言学要求，通过语言达到认同。其要求是领会性、真实性、真诚性和正确性（哈贝马斯）。②倾听和观察。③同理心、深度理解和有效表达①。最终走向道德责任的形成。杜威就曾说过："我认为社会对于教育的责任便是它的至高无上的道德责任。"② 反思社会学习的终点是学生不以知识形式理解社会交往的法则，而是在理解基础上的人格化与信奉、践行。

第二，反思学习方法作为社会反思学习的对象。此处的方法所包含的内容是广义的，指学习、感知、认知、判断、推理、表达和思维等全方位的诸形式，如手段（工具）、策略、程序、结构和模型等。

首先，社会反思学习的方式要立足于学习主体的行为动机、期望和相应的意向性行为。①学习热情是社会反思学习的前提。学习者的"热情是学校教育最具有价值的成果之一"，它"能被感染，能被教授，能被塑造，也能被习得"③。学习热情的基本因素包括对

---

① 康翠萍等：《沟通素养：21世纪核心素养5C模型之四》，《华东师范大学学报》（教育科学版）2020年第2期。
② 〔美〕杜威：《我的教育信条》，罗德红、杨小微译，华东师范大学出版社，2015，第102页。
③ 〔新西兰〕约翰·哈蒂：《可见的学习：对800多项关于学业成就的元分析的综合报告》，彭正梅等译，教育科学出版社，2015，第29页。

知识的热爱和渴望，对学习过程的专注，参与学习的感觉、兴奋，对于学习内容的理解和自主训练的意愿等。这些因素在社会环境中更易于产生、感染、习得和发展。②在学习热情的渲染、支持下，课堂中的交往和经验能够促成学习的期望，基于原先知识和经验的反思和回顾，期望进一步发展为自信心，其行动便富有了意向性。③了解、善于形成自我评估，包括学习的知识、学习方式、社会学习中的行为和各种规范等内容。约翰·哈蒂历经15年，在5万多份研究文献的元分析的基础上得出结论：影响学生学业成就的因素是六个：教师（d=0.49）、课程（d=0.45）、教学（d=0.42）、学生（d=0.4）、家庭（d=0.31）和学校（d=0.23）[1]。在"学生"中对学业成就影响最大的因素是"自我评估"（d=1.44）。自我评估是一种反思学习行为。④自我意识的确立。自我意识建构自我图式——组织自己所处世界的心理模式，构成自我概念，帮助社会学习中的主体进行分类和提取经验。自我以自我感觉为始端，但自我感觉往往制造错觉——把自己视为中心，高估他人对自己的关注度，自我意识越强，越信奉这种错觉；自我与不同的文化相关，形成不同的自尊类型（个人主义文化中个体自尊倾向于个人而不是关系，集体主义文化反之）[2]，进一步推动不同的人格特质的形成。

其次，社会反思学习规范学习者自身的社会角色和群体活动规则。迈尔斯认为，高自尊的人具有适应性，易产生积极思维；班杜拉认为拥有积极思维的人自我效能感较高，也更健康。自我效能感通过

---

[1] 〔新西兰〕约翰·哈蒂：《可见的学习：对800多项关于学业成就的元分析的综合报告》，彭正梅等译，教育科学出版社，2015，第23页。后文关于学习的效应量表述，若无特殊说明均源自本书。

[2] 〔美〕戴维·迈尔斯：《社会心理学纲要》，侯玉波、廖江群等译，人民邮电出版社，2014，第22~26页。

说服（社会说服和个人说服）、榜样、对成功的体验等形式可以提升①，自我效能感的评价不仅"使学生获得有关信息，它还能产生自我调节的反应"②。①社会学习中说服和榜样给学生的首先是一种情感体验形式，然后是对同伴或模仿对象的反思学习。这种社会交往过程给予的实质是一些行动规范。②不论合作学习还是探究学习，每个人在每次学习项目中的角色虽然不同（组长、记录员、汇报员……），但在一个班级形式的学习共同体中，学生对于自己的角色基本是通过和其他人的交往、学习实践而趋于固定，包括知识水平、能力和人际关系等都在实践反思学习和比较反思学习中基本定格下来了。其实这有助于自我的认知和发展，也会推动其遵循社会学习的规则。这是课堂凝聚力（d=0.53）的基础。

再次，情境要素。社会反思学习中关于情境的反思学习通常表现为行为指向、问题意识、转换思维、具有包容性地协商互动和达成共识。

最后，社会反思学习最终使学习主体成为主动交往的行为者。课堂学习影响学生学业成就的基本因素是：课堂行为（d=0.80），同伴影响（d=0.53），课堂凝聚力（d=0.53），课堂管理（d=0.52），减少干扰行为（d=0.34）③。可知在课堂反思学习中注重行动反思学习和社会反思学习是关键。

第三节 课堂反思学习领域的指导

反思学习与其学习对象的多样化多层次相关，其反思学习内容、

---

① 〔美〕戴维·迈尔斯：《社会心理学纲要》，侯玉波、廖江群等译，人民邮电出版社，2014，第50页。
② 〔美〕Barry J. Zimmerman. Sebastian Bonner. Robert Korach：《自我调节学习：实现自我效能的超越》，姚梅林、徐守森等译，中国轻工业出版社，2001，第41页。
③ 〔新西兰〕约翰·哈蒂：《可见的学习：对800多项关于学业成就的元分析的综合报告》，彭正梅等译，教育科学出版社，2015，第86页。

过程涉及多样性。课堂反思学习可以从时间和空间两个维度进行考察，确定其基本领域。

一 历时性反思学习的领域

学习以基于经验的活动为开端，通过协调与知觉，形成表象、符号化，最终构成概念，这是一个过程。在这一过程中，学习并不是连贯地完成，任何一个阶段学生由于遇到困难或产生问题都可以停顿，然后反映、回顾和思考之，继而或继续前行，或选择、改变路向，甚至停顿不前。这里就包含了自传性（回忆式叙述自我）与自反性（批判性考察自我）两个反思学习的条件。此外，即使在学习之初与得出最后概念时学生也是可以反思的：在活动之前，学习处于准备状态，对于其根源和初始动机状态，如希望学到的内容、与这一主题的相关信息以及知识前提、心理预备机制等存在联想和想象、规划；概念形成之后，学习也是未完结的，仍然会产生偶发的或有意为之的反刍。这种在学习过程中对于学习本身的前预期、反观或再发现，便是反思学习。

按照学习的历史进程，反思学习包含三个基本维度：学习前（reflection for）、学习中（reflection in）和学习后（reflection on）[1]。这种反思学习的历时性特征被 Barbala Sen 和 Nigel Ford 称为"反映动

---

[1] 舍恩将行动中反思学习和行动后反思学习加以区分，为 in action 与 on action。（参见 McIntosh P., *Action Research and Reflective Practice*, *Creative and Visual Methods to Facilitate Reflection and Learning* Routledge, 2010, p. 57）。Wilson 在舍恩的两种反思形态区分基础上提出"对未来的反思"（reflecting on future），其立意在于开发学生学习的潜力。Ertmer 和 Newby 这样表述："对于将行动中（in）和对（on）行动反思获得的知识转化为可用于（for）行动的知识至关重要。"［参见 Barbala Sen, Nigel Ford, "Developing Reflective Practice in LIS Education: The SEA-change Model of Reflection", *Education for Information*, 2009（27）］。

态性"（reflective dynamic）①。

　　从时间性质考察，经验中的反思学习有三种形态。第一，回顾性反思。它是对经验的总结和评价，把经验作为对象的元分析，其实质是解释性的体验分析，探寻其因果，获得洞见。第二，前瞻性反思。它是一种猜想或假设，基于经验中的问题、教训对未来的可能性想象，开拓出未来的规划。第三，行动中反思。它是对行动的即时监控、即时发现问题、即时调整，可以依托两种方式开展：首先，学习个体具有高度的自律和警觉；其次，通过他者的观察和建议，获得即时觉悟，开展反思学习。

二　共时性反思学习的领域

　　学习的内容关系到具体经验的感知、主动实践的外在行动转换、反思观察中的转换与抽象概念化的领悟和掌握等维度。库伯基于皮亚杰、杜威和勒温的理论提出其学习模型，展现了知识的四种基本形式，用同化型、聚合型、顺应型、分散型分别命名②。

　　可知，知识的形成方式，需要经验中感知形成、在行动中转化和实践形成、通过内在的反思领悟形成等多种渠道。这就构成了反思学习对其对象的反思维度。

　　反思学习的对象包括学习的内容、学习的动机、学习的互动、学习的方式等，它们构成学习整体。"知识和技能曾经是被作为一个关键点来加以强调的，但是今天，要学习的东西已经不仅是与它们有关的了，同样也与态度、理解、洞察力、一般文化导向、方法论和诸如独立、责任感、合作和灵活性等个性特征相关，在能力的现代概念之

---

① Barbala Sen, Nigel Ford, "Developing Reflective Practice in LIS Education: The SEA-Change Model of Reflection", *Education for Information*, 2009（27）.
② 〔美〕库伯：《体验学习：让体验成为学习和发展的源泉》，王灿明、朱水萍等译，华东师范大学出版社，2008，第37页。

下集中了所有这一切"。① 首先，智力及其运用，如知识、理解、技能。其次，情绪动机及其发展为情感的状态，如动机、情绪、意志等。无论出于喜好还是某处的厌倦、排斥，或者为某一目标的意志或信奉等。"当需要最为强烈时，学习才最为必要"。② 对自我及自我意识的发现，得出自己长于或不适合做什么等身份认同问题，如提出"我是怎样的人""到哪里去""什么更适合于我"等自反性问题。再次，学习的互动因素，如活动、对话、合作。最后，学习的方式，如累积式的、同化式的、顺应式的、转化式的学习③。

第一，就获取的知识类型及其方式的反思而言，有是经验中的还是行动中的，是内在反思的还是抽象化领悟的；是分散还是有逻辑的顺应的，是聚类的还是同化的等区分。同样知识概念的形成，如果它不成为标签化④而具有创新的生命力，便蕴含三个向度的思考：一是对概念所指含义构成的客观逻辑进行反思，包括概念从活动到表象再到符号概念的整个过程的任何一个环节的逻辑；二是对客观概念的

---

① 〔丹〕克努兹·伊列雷斯：《我们如何学习：全视角学习理论》，孙玫璐译，教育科学出版社，2014，第 262~263 页。
② 〔美〕克里斯·阿吉里斯、唐纳德·A. 舍恩：《实践理论：提高专业效能》，邢清清、赵宁宁译，教育科学出版社，2008，第 12 页。
③ 克努兹·伊列雷斯根据行为主义和信息加工理论得出累积学习（机械学习），根据认知和建构主义理论分析出同化学习（附加学习）、顺应学习（超越学习），根据人本主义和组织学习理论分析得出转换学习（扩展、过度学习），是比较合于心理学依据的。"通过累积过程，新的结构和模式得以建构，而通过同化过程，新的要素被添加到业已存在的结构和模式中去。通过顺应过程，业已存在的结构和模式分离和重组，从而新的同化构建能够发生。通过转换过程，同时发生了很多贯穿学习维度的结构和模式的重构。"（参见〔丹〕克努兹·伊列雷斯《我们如何学习：全视角学习理论》，孙玫璐译，教育科学出版社，2014，第 40~50、274 页）
④ 标签化包括注意中的标签化、感觉中的标签化、学习中的标签化、思想中的标签化与语言名称的标题化等多种形式（参见〔美〕马斯洛《动机与人格》，徐金生等译，华夏出版社，1987，第 241~272 页）。

他者意识理解进行反思,在学习共同体中反思其他人是如何形成逻辑关系及其形成过程;三是对自我关于概念的逻辑的反思:理解的起源、发展和如何炼制属于自己的概念表征和预期等意识、观念的反思①。

第二,情绪动机及其发展为情感的状态,是需要学习的。加涅说:"'学习'一词在最为综合的意义上来看,动机和态度当然必须被认为是要学习的。……它们导向了人类行为的提升,在个体的职业或专业追求中起着根本性的作用。"皮亚杰和弗洛伊德的理论中都有"学习过程的出现源自动机和情绪领域"这一自发因素存在。② 梅耶尔和戈尔曼提出"情绪智商"概念,并对情商在一般意义上和生涯发展层面上的重要性进行了研究;加德纳提出多元智能理论,将之拓展得更加广阔。英国心理学家约翰·赫仑在马斯洛、罗杰斯的人本主义心理学,福西特、海德的精神哲学及心理学,以及格罗夫、威尔伯的超越个体的心理学的基础上,建立了宽泛意义上的人的理论,并阐明了学习的课题。提出四种心智导向模式:第一层为感情的,情绪—感受型;第二层为想象的,意象—直觉型;第三层为概念的,辨别—反思型;第四层为实践的,行动—意图型。形成相应的四种知识:经验知识、表征知识、命题知识和实践知识。重要的是,人和学习(或各知识类型间)是整体的、动态的,在经验、情绪、理智和实践有持续的互动,共同创造学习与个体发展中的平衡。③

反思学习的情绪维度基本包括动力、情感、意志三个方面。学习动力源于内驱力或内在需求,还是外在的诱因或压力?是否存在所经

---

① 张生虎、张立昌:《论课程知识属性及其实现》,《中国教育科学》2019年第4期。
② 〔丹〕克努兹·伊列雷斯:《我们如何学习:全视角学习理论》,孙玫璐译,教育科学出版社,2014,第76~79页。
③ 〔丹〕克努兹·伊列雷斯:《我们如何学习:全视角学习理论》,孙玫璐译,教育科学出版社,2014,第85~87页。

历事物与学习者观念相冲突，或与其社会关系、社会理解相矛盾，即"认知不协调"？这些都需要辨明，因为它制约着学习情绪，如快乐、恐惧或憎恶等，会影响学习效果。意志（包括态度）与学习内容和情境相关，更在于学习者的内在精神与品格，也与学习的目的相关。如成功欲求强烈、自信力强，则意志力更强大。

第三，反思学习互动包括活动中学习、对话中学习与诸合作学习形态。任何概念、原理性知识都可以转化为一系列活动形态，让学习者在活动中实现对知识的亲近、理解和掌握，并且一种知识可以转化为多种活动形态。且每位学习者会寻找到最适合于自身的活动形态。在活动中，知识即成为交际的对象，不再是学习的对象。这种不同形态的活动（包括感知、传递、经验、模仿、活动、参与、询问、解释等广泛学习形式）赋予学习者差异性的感受、认识、行动方式，会产生不同的学习结果的偏误，或者感受、认知的偏误，就需要在对话中辨析和理顺自我和他人的逻辑过程，自然产生"社会化"的交往冲动和需求，即在对话中学习。对话的学习形式是多样的，可以是语言的交流，可以是活动式的分项共同完成某一任务，也可以是分段式完成某一连续性任务。

第四，反思学习的方式，包括自己的学习是积累学习（机械学习）、同化学习（附加学习）、顺应学习（超越学习）还是转化学习（扩展、过渡性学习）的辨析，与哪些内容适合上述某一学习方式的辨明。最终深刻领会，一种知识的学习与自我理解反思只有成为转化学习才实现了真正理解的学习。

综合上述反思学习事实与理论，反思学习的基本维度包括：历时性反思学习过程维度与共时性反思学习过程维度。反思学习过程维度有学习前、学习中和学习后；反思学习对象有反思学习内容、反思学习情绪、反思学习互动和反思学习方式。运用问题形式综合表述，如表 5-9 所示。

表 5-9　课堂反思学习维度与领域

视角	过程	学习前(reflection for)	学习中(reflection in)	学习后(reflection on)
反思学习内容	知识	学习目标、任务,通过本课题我将学习什么;重点信息、基本概念、专业问题,哪些应该识记等预测和跟以前学习做辨别	接下来相关主题的内容如何展示;分别是哪些内容;其展示程序、逻辑是什么	用简约的示意图展示知识结构;确定哪些信息重要需要识记,并比较与学习前自己的预测,形成相关主题的基本知识谱系;评估
	理解	通过主题我能够想(曾经验)到什么,已经知道哪些相关信息	我能够依据逐步展示出的内容,提出说明问题;哪些是重要的;复述	如何改述和总结;如何用图表或其他直观形式简约表达;评价理解的层次和优劣
	技能	主题哪些内容与我的生活密切相关,指导我日常实践或学习实践	联系日常经验和以往学习经验我能够自己掌握的内容;记笔记	整理笔记,使之简约直观;使所学知识如何与我已知的知识结合
反思学习情绪	动力	学习本课题对我的意义和影响,有无必要学习该课题;你想要知道、希望学到些什么;是否存在"认知不协调"问题	学习导向区分:考试内容、生活内容、认知能力或博得他人/自己认识自我能力的内容、(人文)修养内容	自己在学习时是否全力以赴;确定学习的意义在于考试还是指导生活和自我发展;你所想知道、希望学习到的是否得到落实
	情感	我是否喜好/厌恶该课题,这种情绪是否同自己与该主题的理解程度,或者环境、外来意志压迫、其他先在关联事件有关	情绪是否随着学习的过程发生变化;哪些内容发生变化;为什么？哪些内容学习时情绪始终没有发生变化	可以用示意图标识出情绪变化曲线;与相关内容关联起来;进一步发现自己的情绪与相关项关联;明确"我是/能成为谁"(认识自我)
	意志	依据对主题的理解程度,试想自己在学习时付出的基本时间、精力及取得预期结果	哪些内容学习时自己容易思想抛锚,哪些内容自己易于专注;哪种形式易于吸引自己主动或全身心投入学习,哪些不能	记录自己的意志变化与学习内容、学习形式的相关性;分析、确定自己的优长与不足;认识自我(能干何种事,不胜任干哪类事)"我能做什么"

续表

视角\过程		学习前(reflection for)	学习中(reflection in)	学习后(reflection on)
反思学习互动	活动	这主题转化为活动的内容在哪,基本形式如何?列举几种基本活动形式可供选择	哪些实际内容可以对应着和你提前列举的形式结合学习;实际学习中能用到吗	设计可以在活动中掌握,但课堂并没有实施的活动学习及其基本程序
	对话	与文本、自我、他人(同学、教师)和其他环境对话的可能性预设和基本形式预测	明确实际学习中哪些自己不明白,提出相应的问题;写出你是怎样思考的方向,或根本没有方向	我所信奉的与实际获得的知识间是否一致;别人有哪些不同的观点,与我的认知差别
	合作	本主题在同伴中谁具有优势;哪种环境影响较大;哪种形式会有助于自己的学习效果;说明自己的观点,求助教师的意见	解决什么问题;需要什么帮助;需要谁的帮助;可以设想帮助或合作解决的基本途径、方向,或茫然无知	课堂学习中哪个人的帮助、哪种帮助对自己有效果,哪种无效;哪个问题通过合作得到了解决;帮助解决问题的观点与自己的解决方向区别在哪
反思学习方式	累积	联想到哪些相关主题或者概念、信息等,写出来	哪些基本学习内容与自己在学习前联想到的相关,相关的内容与自己的想法有何关系,产生什么新的意义;与此主题的关键连接点在哪	检查记忆的与遗忘的概念、信息;应该记忆的内容本身存在怎样的内在联系或形成怎样的结构;为什么有些易于记忆,而有些相反
	同化	这一主题与已经学习过的哪些主题有关系;二者关系是怎样的(蕴含、平行、因果)	后续实际学习内容与以前的主题的关系:关联性与区别;为什么;其本质上能否统一起来,或隐含的逻辑	学习内容能否简约地表达?如通过图示、思维结构展示、缩略词等。日常经验与学习的内容能否贯通融合

续表

视角 \ 过程		学习前(reflection for)	学习中(reflection in)	学习后(reflection on)
反思学习方式	顺应	确定主题曾否经验过;如经验过,指出关键内容或提出自己的预测指向与存在的基本问题;如没有经验过,如何在知识参照系中定位/或建立新概念	课题内容未曾经验过的是哪些或其中哪些内容与之前学习有矛盾和冲突	未经验的内容可以在哪里进一步查找,并检查如何使之熟练掌握,采用什么方式学习;产生矛盾和冲突的经验、认识的核心在哪;采取攻克(超越)还是对抗的策略
	转化	主题展示在形式上的不同;内在结构、概念的不同表现形式或媒介	采用不同的形式重新展示所学内容;发现转化的困难,记下来	用语言描述、图像、符号、动作等形式重述、总结学习内容,反复练习使之尽量清晰展现

第六章　课堂反思学习指导的原则与模式

不是太初有言……而是太初有为。

——歌　德

心之官则思，思则得之，不思则不得也。

——孟　轲

如果没有反馈，要知道如何调整一个人的实践以得到提高是非常困难的！

——桑代克

学习以及教学的重大胜利之中，有一种就是让事物在你的脑子里可以组织起来，使你能够知道的比你原来"应该"知道的还多。这就需要有时间反思，在你所知的境界里慢慢清扫。而反思的大敌就是那种凡事都用微秒来计算的快捷方式……

——布鲁纳

第一节　实践中解析课堂反思学习指导原则

一　课堂反思学习指导的个案比较

（一）脱离境脉的知识学习指导描述

在学习整数的幂运算 $3^{3x-5}=81$ 的过程中，七年级的女学生 S 静静地坐着。教师在黑板上演示了一遍运算过程，最终得出结果：X=3。指导者T问S同学："可以重复演算一遍吗？"S摇头。T请旁边的男同学G帮助她。G很快重演了教师的演算过程，得出相同的结果。T问S："你理解了没？可以演算一遍吗？"S仍然不会，低着羞红的脸摇头，不敢直视T。

T开始和S在谈话中开展学习。

第一步，寻找困惑的所在。

T：谈谈你的看法，不理解的困惑是什么？

S（很胆怯，声音低微地）：3加3，再加3，不是9吗？

可以说，这打开了谈话的主题，是个好的开端。T也发现S的学习困难不在目前的学习知识目标（幂运算）上，而是以前的基础知识（加法与乘法的概念理解）空缺。

第二步，T接着解答幂的含义是乘法，不是加法。T拿一个生活经验给S。

T：你家在哪里，离学校多远？

S家在离学校3公里的一个村庄。

T：假如你早晨来学校是3公里，那么晚上回去又是3公里。这没错吧？

S：没错啊！

T拿笔在纸上画了一幅从家到学校，又从学校返回家的示意图。

T：那么，这应该是怎么表示呢？你可以写出一个公式吗？试一试好吧！

S很快地写出：3+3=6。T迅速鼓励S，S是正确的。

T：这如果用乘法表示如何计算？

S不假思索，立即写出"3×3"之后，又迅速地拿笔在之上画了个圈，同时羞涩地说：不对！

T发现S的基本问题在这里！

T：没关系，你已经发现了怎样写成乘法算式了，很好的。慢慢重新写出来，不要害怕！

S坐在那里，不敢再写。

T（指着被S涂成圈的"3×3"）：这代表几个3相加呢？与3+3有区别吗？

S（不假思索）：有。

T：3×3代表几个3相加？

S不说话了。T只能退回来，回到3+3的问题上。

T：3+3可以说成是几个三？

S：两个！

T：写出乘法算式，可以吗？

S写出来：3×2=6。接着又回到"3×3"。

T：假如你第一天从家里到学校，又返回家里。这便是3×2，一天走了6公里。假如你第二天，又从家到学校。这时，你总共走了多少公里路程呢？

S（略加思索后）：9！

T：你能写出它的计算公式么？

S写出了6+3=9。

T：6是怎么来的？

S（很不屑）：就是第一天得走6公里啊！

T：你写一下它的算式，可以吧？

S有些不耐烦，但还是写了出来，仍然是"3+3"。

T：很好！你把它放在这个（指着6+3=9算式）算式里吧？

S不情愿地写出3+3+3=9。T在纸上的算式3+3=6前面画上①，在算式3+3+3=9前面画上②。然后，提出要求。

T：①和②都是加法算式，请你把它们转换成乘法算式。

S做出一个明显的动作，左手搭在额头，似乎在表达"有些困难"的意思，但还是在纸上试图写出来。

T（立刻先阻止S）：等等，小朋友！我重新组织一下，咱再继续……

T微笑着看着S，并拿过S的笔来（这样可以让S轻松一点儿）。T在一张新的空白纸上画出一条竖线，分成左右两栏：左栏横排两行对齐写上：①3+3=6；②3+3+3=9。

T（把笔还给她，指着纸上的位置）：好了！现在你在右边（右栏空白处）对应地写出它们的乘法算式，可以吗？

S一边思索，一边写出对应的乘法算式：3×2=6；3×3=9。后一算式写得很犹豫。

T（鼓励）：很好的！大胆一点，你没错。

同时，T分别在两个算式前画上序号标识，成了：③3×2=6；④3×3=9。

加法与乘法的区别对S而言并不是大问题，只是S不太自信。所以，T进一步巩固其认识自信。就设置问题：

T：这里的2（3×2里的）是啥意思，你能解释一下吗？

S：两个3。

T（指着3×3）：这3呢，又表示什么？

S：3公里……

T（又指着另一个3）：那么，这个3呢，指什么？

S（好像在询问）：三个3……

T：没错！它代表你在家与学校间走了3趟。

第三步，幂的理解困难在于它的空间性，帮助S理解和运算，是最困难的。T在前面的经验基础上逆向推导问题，推动S的理解发展。

T：如果你走够81公里，需要在家与学校间走几趟（几个来回）？可以试着计算一下吗？

S（毫不犹豫）：九九八十一。

T不禁笑了，S羞得捂住了脸，满脸通红。

T（激励）：没错的，知道这是回答刚才的问题的前提。你再分解一下它们：你看，两个9（相乘）就是81……对吧？

同时，形成9×9=81，T写出来，问S，S点头。

T：一个9可以写成3×3……然后这一算式（指着9×9=81）便成了几个3的乘法算式……你写出来？

S犹豫着，慢慢地写出来：3×3·3×3=81（间隔号代表空白）。

T（指着空白的位置）：这里是啥关系？不然就是33了……

S不说话，主动地又写了符号"×"。这样就形成了算式3×3×3×3=81。T在其前面加上序号标识⑤。

T：这是几个3相乘？

S：4个！

T吸取前面的教训，默默地在另一张空白纸设计：仍然分成左右两栏。左栏两行：④3×3=9；⑤3×3×3×3=81。右栏在对应左栏算式的位置写出⑥⑦。

T（指着⑥⑦空白）：你能用幂的形式表达这两个（④⑤）算式吗？大胆试一试！

S盯着这张纸，不说话，一直看着，T看不到S的内心活动。T想，可能S没懂"幂"这个概念，也可能S根本不理解T要求她做什么……T明白S卡在哪里了：一切要回到认知的原点，即数学运算的概念问题。T得开始转化策略。

T（试着问）：3×3=9是两个3相乘的"积"，这你是理解的吧？

S点头。

T：如果把3与两次，即2的关系表示出来，用数学运算公式表示，应该是怎样的……它们不是"积"的关系，应该是什么关系呢？你试着写一下可以不？

S仍然不作声，盯着那张纸。T又一次转换策略，在纸上写

出 3^2。

T：这个（3^2）你会算出来吗？

S（看了T一眼）：9。

T：你怎么算出来的？

S（好像明白了，眼睛里有一股兴奋的光，破口而出）：三乘以三啊！

T：你试着写一下它俩的等式来？

S 慢慢地尝试着写，T 不停地期盼和鼓励。

T：不用怕，写错了没关系的……咱可以再修改……

没想到，S 居然写出来了：$3×3=9=3^2$。从这一书写顺序上，可以看到她的思维在后者，即9可以组织为3^2，也证实了她的理解的重点在3^2这一"幂方"概念上。

T（一边说着一边进一步修饰成 $3×3=3^2=9$）：这样会好一些！

T：请你把这一算式写到右栏⑥的后面，可以吗？

S 原模原样地在⑥后面抄写了 $3×3=3^2=9$。T 在左栏最顶端写上"积"，右栏的最顶端写上"幂"的字样。

T：把这个（$3×3=3^2=9$）改成符合"幂"的算式，没问题吧？

S 显得很小心，但是还是重抄了一遍 $3×3=3^2=9$。T 把这一混合等式分开，写成两个等式：$3×3=9$；$3^2=9$。

T：哪一个应该放到⑥的后面？

S 做得到，在⑥后面写了 $3^2=9$。然后，他们共同学习"幂"。

T：如果是 3 个 3，应该如何表达？

S 写出 3^3 的形式，并且计算出结果 27。算式即为 $3^3=27$。

T：那么，4 个 3 和 5 个 3……呢？

S 同样能够写出来：$3^4=81$；$3^5=243$……S 明白了"幂"与"积"的关系。形成⑦：$3^4=81$。

表 6-1　第一张反思学习指导用纸模型

和	积
①3+3=6	③2×3=6
②3+3+3=9	④3×3=9

表 6-2　第二张反思学习指导用纸模型

积	幂
④3×3=9	⑥$3^2$=9
⑤3×3×3×3=81	⑦$3^4$=81

第四步，要让 S 明白：幂运算的难点，关键是乘法原则，不能理解成加法。如 $3^5=3^{(4+1)}=3^4×3^1=81×3=243$；$3^5=3^{(3+2)}=3^3×3^2=27×9=243$。学生往往误解为：$3^5=3^{(4+1)}$ 等于 3^4+3^1；$3^5=3^{(3+2)}$ 等于 3^3+3^2……T 让 S 计算两个算式的答案，S 计算了一遍：$3^4+3^1=81+3=84$；$3^3+3^2=27+9=36$。S 理解了"等号前后的幂的底数首先要相同，然后再寻求幂相同。"在此基础上，T 继续发问。

T：要解答 $3^{3x-5}=81$，第一步要做什么呢？

S 在思索，但表达不清楚。

T（提示）：应该变哪个数？

S：81。

T：幂应该是几？

S：4。

T：可以参照算式⑦$3^4=81$。

S 迅速写出 $3^{3x-5}=3^4$。

第五步，不用 T 去引导，S 得出 3X−5=4 是这道题的关键。但问题在于，在这里 S 又被卡住了。这使 T 明白：她的问题不在目前的知识点上，即"幂运算原理"这一障碍上。"一元一次方程"构成了 S 解答上述算式实质的障碍。

他们用了中午将近一个小时时间，终于解出了 X 的值。并且，在解出答案后，T 问 S："你从家到学校一个月或一学期要走多少路程，能否用幂运算吗？" S 笑着，并没有回答。因为这是有难度的问题，已经超出了她的生活经验范畴。

通过这次谈话和指导教学，指导者发现自己的一个先验目标设定是错误的：在发现 S 不会运算时，T 主观地认为，其难点在于把 81 转换成 3^4 上（这是教材设定的课程目标）。在课堂上，教师也在强调这点，等到把 $81=3^4$ 引出后，后面的运算便没有多耽搁时间，直接演示着写在黑板上，直到得出答案。

学习目标和问题是在学习情境中通过对话过程逐渐呈现的。指导者 T 通过和 S 的共同学习，发现 S 的问题在于两点：一是对于幂的概念不理解，尤其是积与幂的关系不能区分；二是一元一次方程不会解。这是 S 为什么一开始就坐在那里沉默的原因。

问题解决和学习目标的达成也是在与情境对话中发展性地实现。它不仅仅是认知，还包括不断在练习实践中反复思索、积累，有时豁然开朗，呈现为顿悟式转化——从经验跃迁到普遍原理，从原子式认知静观跃迁到结构化感悟。一个包含复杂性的经验结构，不能依靠单纯的认知一览无余，而依靠感情的瞬间顿悟。顿悟可以把杂乱的事态呈结构性地组织起来。所以，勒温等人的学习"认知—场"论是合理的："顿悟，简要地说，即人对事物之间的关系的基本认识或感受……对情境的领会却往往比言语更加深入"，"顿悟的实质是人对一个生活情境中的模式的感觉（sense）或感情（feeling）。顿悟的发展就是对情境进行感受、领会、理解或洞察。……一个人的所有

表 6-3　去境脉反思学习指导案例的情境概述

基本问题	指导形式	学生情感	学生认知	学生行为	模式立意
1. 发现学习困难；2. 提出实例以检验困难的准确性	对话和计算行为	惧怕，不敢和不愿表达；羞涩、自卑	将乘法误认为加法	低头，沉默，后低声地说话	对话时借助经验和预设的知识储备，与当下情境展开对比、联想等活动，收集当前情境中的信息以建设资料库；存在问题，基本概念，指向、预设、发现真实学习目标
1. 了解学生生活，家庭状况和学习动机；2. 列举生活经验，实现加法与乘法的转换，使之理解乘法；3. 数字语言的表达困难	描述生活经验；从经验中寻找数学加法和乘法的问题计算；从经验描述转化到数学符号、学理表达	加法对她比较简单，较轻慢；做题时不屑。转换到乘法时，比较谨慎；写出两个对应的加法、乘法算式时，犹豫，不自信	能认识加法和乘法的关系，但如果用算式准确对应表达还不熟练	对加法运算的轻慢和不屑表现在其神情和不愿合作计算的犹豫中。对应的加法、乘法算式书写困难时，把手搭在额头上，盯着纸面凝视	确立学习目标，指导基本概念的理解；反思经验，提供学生可理解的学习支架，实现从具体到抽象的概括转换
1. 积与幂的关系；2. 对应的积与幂的关系算式表达；3. 幂运算原理：等号前后的底数相同，幂方相等	提供有规律性的积、幂运算的具体算式；归纳运算；积与幂的关系和算式归类；提供支架，认识幂运算原理；遇到困难较多，不停转化策略	茫然，不自信，惧怕出错；指导者反问时，害羞，脸红	加法原则总在干扰算式书写的幂运算原理。实质在于平面与立体的思维	沉默，脸红，捂脸，凝视算式	学生自我调整；学生得出正确结论时，进一步确认并提问，敦促学生透彻理解，迁移练习，掌握一般原理

续表

基本问题	指导形式	学生情感	学生认知	学生行为	模式立意
1.幂的规律认知；2.顿悟幂的立体型；3.幂运算的原理训练	提供和、积、幂一贯的练习题；知道组织三者对应的算式；解释、指导	努力，顿悟后的兴奋	线、面与体的关系；发展到推理思维	眼睛明亮，笑，直视指导者，主动书写，急于表达自己	得出正确结论时，进一步确认并提问，敦促学生透彻理解，迁移练习，掌握一般原理
一元一次方程	回到加法和乘法原理，等号两边的加减、乘除关系理解	复归到沉默、不自信	等号两边的同加减乘除，混于左右移动，思维转换困难	困惑，挠指头，手搭在额头，低头	原理反哺到经验中，发掘学习经验中的其他问题，发现新目标

顿悟共同构成了他生活空间的认知结构。……认知结构指的是个人对本人的、物质的和社会的境界的心理方面的知觉。这种境界包括一个人及其全部事实、观念、信仰、记忆痕迹和期望。"①

（二）情境中的课堂反思学习指导

此案例中的学生 S 不是个特例，在 25 个学生的教室里，还有多个学生不会解答这一练习题。他们的困难也不在教师设定的学习目标，即"幂运算原理"上。每一学习个体都具有自己学习具体情境中的目标（如 S 的目标应该是和、积和幂的关系理解与一元一次方程的解法），基本在三个方面：和、积与幂的概念关系理解（9人）；一元一次方程的解法（11人）；幂运算原理（4人）：第一，使幂底数相同；第二，使幂一致。而作为教师先验地，按照学科原理和坚硬的科学知识形态逻辑设定客观学习目标（本案即幂运算原理），往往脱离学生实际。

---

① 〔美〕莫里斯·L. 比格：《学习的基本理论与教学实践》，张敷荣、张粹然、王道宗等译，文化教育出版社，1983，第 249、250 页。

表 6-4　学习目标及其达成率统计

单位：人，%

教学目标类型及表现	教师设定目标	学生实际目标		
	幂运算原理	和、积与幂的概念关系理解	一元一次方程的解法	无目标
人数	4	9	11	1
目标达成率	16	36	44	

注：无目标者指本班一位男生，一直被视为有精神障碍者。上课一般在静坐，不在上课状态。据笔者观察、访谈，发现事实并非其教师表述的情况。他有自己的思维方式，所以也将其列入统计范畴。一般因为教师偏见、学生嘲笑，使之处于静默状态。平时只会抄别人的作业，上学多迟到。

发现了这一教学现象之后，课堂反思学习指导者 T 运用情境教学法，在放学后自习课时对 15 名寄宿生（其中和、积与幂的概念关系不理解的 6 人均来自同一所村校，距离学校三四公里，与 S 在同一所小学）重新设计进行教学。

设计的情境是：S 同学的家距离学校 4 公里。如果 S 不住宿，那么她一天从家到学校走 4 趟：早晨上学、中午从学校回家吃午饭、午饭后再返回学校、下午放学回家。请问，S 一天总共在家与学校之间行走多少公里？一星期按照 5 天计算，那么她一周在家与学校之间共走了多少公里？如果一学期按照 20 周计算，那么 S 应该在家与学校之间行走了多少公里？初中 3 年 S 将会行走多少行程？S 同村的 4 个人在 4 天总共行程是多少？

学习方式：小组合作学习，学生以 3 人为一小组进行学习。

学生刚开始都习惯用加法、乘法混合运算（四五年级的知识目标），也能够计算出来；后来 T 提出要求"试用幂方计算，并写出其等式"后，学生便不理解和不会计算。

所以，首先得让学生懂得分析和建立基本的知识储备——如该情境中的问题解决需要哪些先在的工具。其次，通过讨论分析学生弄清楚基本的运算顺序，包括思维过程（先计算一天的行程，后计算一周的行程，之后计算 20 周的行程，最后计算 3 年的行程）。而同村 4 人在 4 天内的总共行程必须用幂来运算，是 $4×4×4×4 = 4^4$……最后，达到了教学效果：乘法是基于加法的原理——4 个 4 相加，则是 4×4；4 个 4 相乘，则是 4^4。

从学生最后学习的效果来看，不仅过程中比较投入——不断地互相观察、询问和反复尝试各种运算形式，也在自我表达和试错中产生了学习的热情（也可能是 T 不是他们的任课教师而无所顾忌形成的自由心态）——而且也有了很理想的学习结果，即真实明白了幂概念及其与乘法的关系。

通过如上两次不同学习指导及其效果的观察分析，可以验证乔纳森的结论："所有学习都是基于境脉的，但不是所有的境脉都同样支持知识的应用。"[①] 脱离境脉所获得的知识，是不具备实践意义的，也缺乏学生的学习动机。

由此得出基本的行动中反思学习的特征：第一，内在性。反思学习即"作为'我是谁'的部分内容"，意味着反思是参与者内在因素，借助于积极的情绪、态度和相应的意志而发生。第二，整体性。反思学习不仅是学习者认知参与，而且更重要的是包含情感、意志、思维和行为的整体活动。第三，社会性。反思学习不仅是自我的"孤独之旅"——发生在脑际的个体沉思，而且关系到社会关系和权力关系，即交往中自我调节和人际间协调。第四，情境性。反思学习必须在具体情境中展开。情境学习体验支持反思和教学变革的最重要方式之一，是让学习者接触到解决学习中遇到的困境的潜在"解决路径"。解决路径不需要提供完整的行动方案，相反，可以简单地建

---

① 〔美〕戴维·H. 乔纳森、苏珊·M. 兰德：《学习环境的理论基础》（第二版），徐世猛、李洁、周小勇译，华东师范大学出版社，2015，第 10 页。

议潜在的行动方案,学习者可以在制定满足其需求的解决方案时考虑这些方案。第五,动态性。浸润式学习还可以为学习者提供通过反思和实验来测试和内化潜在的学习变化的机会。所以,指导者设计的"脚手架"的连续性引导学习者前行、发展,尤其是协调发展。

二 课堂反思学习指导个案的理论解析

(一)行动中反思学习指导的基本境脉

这种集内在性、整体性、过程性、动态性、情境性和社会性于一体的课堂反思学习,构成了自身的复杂性。它又规定了反思学习指导的基本境脉有以下几点。

第一,学习者接受表层知识,然后在知识内化(个体化)的同时展开批判反思,展开深层的识知活动,在具体的情境中实践并体会到内隐认知,展开鉴赏活动。

第二,个体的这一活动,从初始的无法表达,只在内省、思索;之后随着知识本体的个体化深入,尝试着用符号表达出来,这是进入社会性的交流与对话。最后,通过社会性的对话,更加清晰呈现出自我及自我认知,这时就可以用文字书写出来。

第三,此过程中,不仅知识本身(本体)在发生变化,而且个体也得到了发展。知识的发展经历了三个阶段,从明确的公共性涵义(meaning),转化为深层的意义(significance)——包括可理解的他性意义与包含内隐认知在内的诠释的自性意义。个人的发展也经历了三重境界,对客观外在知识涵义的接受或识记,到对这种知识的科学涵义的质疑批判检讨,再到对这种知识涵义的个人解释与情境转化。

(二)课堂反思学习指导的内在要求

课堂反思学习是在行动中反思学习发生,对其指导要遵循学生的思考逻辑,基本要求如下。

第一,要尊重学生学习实际,根据学情协调制定学习目的。目的不是预先设定的，它随着学习实践过程逐渐显露出来并得以确定；同时，不同的学习者的目的会出现差异，目的不是整齐划一的。

第二，这种学习目的需要在教师与学生的反思对话中达成。行动中反思学习是必要的。

第三，学科教学内容必须从"坚实的高地"转向"沼泽低地"，即从硬性的普遍原理性知识到情境中个体理解的实践知识转化，即知识"本体"个体化。

第四，经验的反思与超越经验的反思是两种思维形式，教学中要实现二者间的转换与超越经验的思维，必须借助于反思学习指导。反思学习指导过程中会发生诸多偶然的、不确定事件，这些未料到的事件需要如禅宗所谓的"棒喝"，才能起到顿悟的作用。如在案例中问道："3^2 你会算出来吗？"指导者设想还需要其余策略的转换支持，但令人惊奇的是 S 会漫不经心地说出 "9"。此时指导者便引导其解释。但就是这种"质疑—追问—解释"，使学生突然恍然大悟，产生兴奋的情感悸动。有了这样一个"顿悟"时刻，后面的学习困难就不再是障碍。因为，她发现的是普遍的原理，而不再停留在个别计算的经验认知上。

第五，顿悟需要学习者多重活动因素参与。不只是认知，还有感情（feeling）、情感（emotion）、行为和意志力参与。这种整体性必须是情境性的学习，是结构化的知识呈现，不是原子式的知识。目前教学注重原子式知识，所以形成传输式教学，积累和记忆信息、概念、原理为最主要的学习方式。如果是一种结构化（过程性的或体系形态的复杂性）知识，则无法记忆，只能通过顿悟、实践的方式实现。

第六，传统认为反思作为学习的副产品的观念必须发生逆转，恰恰相反，学习是反思的副产品。缺乏反思的识记、记忆等阻碍了学生的学习智慧，也阻碍了学习情意因素渗透到学习对象中，进而影响学习情感因素，如动机、态度、需要、希望等。也影响学习效果。

第七，学生个体诠释、理解知识本体，需要对话，其中蕴含了伦理和社会权力关系。尤其教师只应处在"指导者"的位置，反思学习作为学习者内在的行动过程而无法"教"，所以重要指向是"学"。指导的方式是多样的，如问题、示范书写和演示，重申和指导复述，指导学习者进行自我认知和自我调整、辩论等，要注意关心学习者的情感因素，转变其积极态度和自己发问的探索性自觉意识。

三 课堂反思学习指导的原则

在前述的案例中，指导者运用了一个基本的行动中指导反思学习的模型。

第一，对话时借助经验和预设的知识储备，与当下情境展开对比、联想等活动，收集当前情境中的信息以建设资料库：存在问题，基本概念，指向、发现真实学习目的。

第二，确立学习目标，指导基本概念的理解：学习是目标导向的。反思自身经验与知识储备，提供给学生可理解的学习支架，实现从具体到抽象的概括转换。

第三，发现问题，调整策略，提供支架，指导学生自我调整。

第四，学生得出正确结论时，进一步确认并提问，敦促学生透彻理解，迁移练习，掌握一般原理。

第五，原理反哺到经验中，发掘学习经验中的其他问题，发现新目标。

每一阶段，反思都是发生的，它指向学生的情感、认知和意志等因素，发展、形成元经验。元经验是对经验的反思形态，反思使学习者从价值观到认知、情感、实践本身和学习方法等诸多方面产生转化。

这种反思学习指导的基本原则可以归纳为如下几点。

第一，转换性。经验中的反思学习与超越经验的反思学习需要发现一个关键拐点，这个关键拐点需要在教师与学生的共同对话中协商发现。协商过程对于反思学习的意义在于，在协商时学生在实现着自我调节。

第二，动态性。反思学习指导必须是在动态实践过程中发生的。

第三，整体性。反思学习指导是与情境对话的过程，它是整体的，即反思学习与指导是统一体，教学统一的活动。对话过程主要发现学生的思维品质、情感取向、认知前提及其特征等因素，并确立学习目的和与之相合的基本指导支架，支架构成学习境脉指导学习者在行动中进一步发展。

第四，情境性。教师在指导学生反思学习中只起催化剂的作用，主要是设计情境和指导学生发现自己的目的和指导学生沿着目的前行。指导包括认知逻辑、感受和思维方法。

第五，目的性。反思学习指导难点在指导学习者发现问题、确定目的和设计学习支架。行动反思学习与经验反思学习具有本质区别，经验反思学习是无目的的体验性，而行动反思学习目的明确。反思学习指导排斥的是设定外来目标。

第六，社会性。反思学习指导形成的关系是以情境为中介的社会交往关系。情境包括知识、问题、经验和观念等被设计者提前植入而需要学习者发现的东西，但学习者发现的已经不一定是设计者的原初植入对象，而是它们的关系。所以，产生多维度的世界。这就需要学习者与指导者之间的协商，形成交往关系。

第二节 课堂反思学习指导模式的探索

课堂反思学习的提出是基于不同于过去或目前正在实施的课堂教学的新形式。其突出表现在：从重视"教"转向重视"学"，从积累型的"知识传递"转向"知识建构",从掌握知识转向人性培养,从个体沉思走向共同体实践反思学习。

传统的反思学习是在事件之后对事件反观的理性行为,其实质是回忆性评价,且此评价是指向过去的和点状分散的(其中充满着价值观、目前的实用性需求和个人风格及喜好等诸主观方面的选择性制约),尤其集中在学习结果上,故非连续性是其特征。基于"核心素养""关键能力"等人性、能力培育目标的新型反思学习——实践反思学习是在情境中和行动中,基于经验、在经验中、为着经验的指向未来的与情境对话(自依从情境到再造情境)的形式。所以,反思学习渗透在课堂教学的全过程,突出动态性和过程性的"行动—反映—评价—矫正"即时一体型,包括学习前的"预设"和学习后的"反省",是连续的和循环超越的形态。

一 不同的课堂模型及其反思学习的基本指导点探寻

佐藤学把课程分为"登山型"和"阶梯型"两类[①]。"阶梯型"课程是从泰勒原理而来的,主要表现为"目标—达成—评价"模式。"登山型"课程,是以"主题—探求—表达"为基本模式:课堂通过三重对话(与对象世界的对话、与同学和教师的对话、与新的自我的对话)从而实现实践性创造的学习,被称为"学习的三位一体论",其中"活动的、合作的、反思的学习"贯穿于课程的单元组织中[②]。

基于这种区分,钟启泉将课堂教学设计模式区分为"计划—达

[①] 〔日〕佐藤学:《学习的快乐:走向对话》,钟启泉译,教育科学出版社,2004,第118页。

[②] 〔日〕佐藤学:《静悄悄的革命:课堂改变,学校就会改变》,李季湄译,教育科学出版社,2014,第85~86页。

成—评价"型与"设计—实施—反思"型两类①。钟先生的设计目的侧重于后者,立意在于让课堂转向"学"和反思学习。

实践反思学习是与情境对话的行动中的反思学习。趋向学习和实践反思学习的重点在于关注学生探究、识知的过程性。笔者在教学实践中运用此模式时发现,学生通过对话确定的主题是多元的,需要教师指导将之纳入单元课程中。之后,关于探究过程,如建构支架、协作探究、表达展示、评价反思、拓展迁移等过程都需要在教师指导下,并且在不同学生间、不同时刻重复循环发生,只有这样才能实现"螺旋式"上升,以促进学生发展。因此,将之确立为"主题—探究—表现—反思"模式会更加精确。

（一）课堂教学模型转换

1. "计划—达成—评价"设计模型

工业化时代的课堂教学遵循产业革命的物质性特征,依赖以物理学为核心的科学知识范型,而追求"什么知识最有价值"的教育理想。所以课堂教学设计也是商品生产的模型,是一维或线性的。遂生成了赫尔巴特的四步骤教学法。赫尔巴特的教学法的最大贡献是把教学程序与学生心理结合了起来。但被其弟子莱因、戚勒误解,发展为注重程序的"五步教学法",走向教学工艺化。20世纪以来,行为主义和信息加工认知心理学进一步发展了赫氏的教学法。斯金纳依"刺激—反应"的行为主义心理学,提出程序教学法；布卢姆根据工业管理模式创设的泰勒原理,提出掌握学习等。从此,课堂教学设计走向了"计划—达成—评价"的代表性模式,即操作性控制教学模型。

课堂教学的"计划—达成—评价"设计模型源于工业化生产的流水线作业形式,是线性的过程设计,其重点是教学目标为知识设置的"计划",及教学目标是否达成的依据——课堂最后的测量"评

---

① 钟启泉：《课堂研究》，华东师范大学出版社，2016，第147页。

价"。教师和教材是课堂的中心。首先，教师的"教"即方法，是为"知识"传递是否确定、明晰、有条理等要求而服务的。其次，教材是目标确定的基础。教材是否遵循知识逻辑、充分展示学科结构是主要的。所以，教学计划包含所教学科知识的合宜与否，表现在：一是上一课时与下一课时的知识目标的关联性；二是同一堂课内的知识逻辑的关联性；三是教授知识与教的方法的适切性。再次，这种模型的实质是知识传递，如记忆、练习和训练等操作形式成为主要的教学方式。最后，知识是可以客观展示的，目标是否达成的评价一般是客观外显的测量，评价也是在最后才能实现。

在此课堂教学模型下，所谓的有效教学、高效课堂的"效"即"效率"，而效率的质量以记忆的知识多寡为标准。而关乎人性形成的兴趣、动机、德行、意志和价值观等情意因素，因无法测评被排除在外。

2. "主题—探究—表现—反思"设计模型

随着人本主义心理学和建构主义心理学的相继兴起，教育目的从知识掌握转向了人的培育。课堂教学的模式发生了转变，以生物学为核心的教学建构范型得以确立。人性的发展、形成是其重点，尤其是人的社会建构得到强调，"谁的知识最有价值"，即突出其社会性。这一思想体现在课堂教学，即"主题—探究—表现—反思"模型。

课堂教学的"主题—探究—表现—反思"设计模型源于知识经济和文化资本的知识建构与人性发展的双螺旋结构，基于生物学的演化进路（见图6-1）。首先，该模型设计是非线性或多维的。课堂教学是对课堂文化情境的设计，文化情境具有多维度。其次，学生是课堂教学的中心。课堂教学是为了学生的发展。"学习"是促进学生发展的主要课堂行为。再次，学生发展依托学习知识和学习成人，而知识获得和人格形成赖于合宜的学习内容和方法。其中知识包括学科知识与实践知识，人格素养提升兼顾个体学习和社会互动学习。最后，反思是贯穿整个学习过程的即时性行为,也是全面的反思:包括知识和技能、社会交往能力、思维力、判断力、创造力等多种能力,学习的策略方法,情感态度价值观等情意因素。反思即表现性评价。

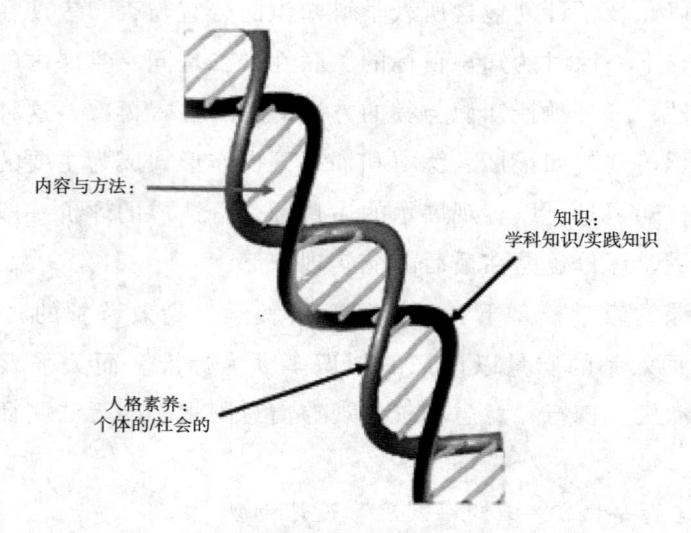

内容与方法:

知识:
学科知识/实践知识

人格素养:
个体的/社会的

图 6-1　基于生物学的教学双螺旋结构

这种课堂教学模型下,有效教学基于主题综合型单元设计,而不是基于孤立的学科知识逻辑。课堂教学的有效或高效,指的是学生成长。知识传递、掌握恰恰是低效的;要实现教学有效,必须形成对话的情境及其对话机制:在反思学习中自我对话、与知识对话以实现对知识的理解和产生意义、与他者(教师、同伴)对话形成社会化学习共同体;教师要转换身份成为反思学习的指导者和促进者,不再是知识的权威和给予者[①]。

(二)课程转型后的课堂反思学习指导点

从课程开发到课程理解的视界转换,导致了课堂反思学习的形式

---

① 钟启泉:《课堂研究》,华东师范大学出版社,2016,第 152~154 页。

不同，反思视点也因此不同。课程开发阶段人们将课程与教学分割，课程指"教学什么"，教学指"如何教学"。所以对课程的教学在评价阶段才开始理性反思，最后评价阶段即反思学习指导视点。在课程理解时期，课程即教学，教学即课程。课堂既是课程资源开发的场所，也是课程理解和实施的过程。此文化视域中，反思学习指导的多个视点散布在整个教学过程中，并形成实践性反思。

建构主义教学设计是着眼于学生的学习设计。罗杰斯说："学习是自我主导的，学习的本质是意义建构。"① 课堂教学设计的"主题—探究—表现—反思"模型以单元设计为背景。单元设计引导课时教学，成为课程理解的基础单位。单元设计包括：情境、协同、支架、任务、展示、反思②。课堂教学设计主要包括：主题情境、认知冲突和问题、协商和讨论、反思与拓展。无论单元设计还是课堂教学设计都是在动态中的，反思学习及其指导是可循环往复，而非线性的。

1. 主题情境

从以教师、教材为中心的"传授知识"课堂转移到以学生为中心的"素养培育"的学习课堂，要求关注学生的经验和生活世界。集中体现这种转化的教育思想的分别是：斯宾塞当初基于"生命有限，知识无穷"的现实矛盾，提出"什么知识最有价值"，指向的是课堂学习知识为了未来走向社会生活的"教育准备说"；杜威提出"教育即生活""教育即生长""学校即社会"，认为课堂学习本身就是生活。生活世界是非主题性的，是直观的、主观的和奠基性自然态度中的世界③。所以在课程及其标准确定的前提下，单元主题（学习领域）及其情境的设计是依托学生主体性而形成的，教师只是合法

---

① 转引自钟启泉《读懂课堂》，华东师范大学出版社，2015，第50页。
② 钟启泉：《课堂研究》，华东师范大学出版社，2016，第117~120页。
③ 倪梁康：《现象学及其效应》，生活·读书·新知三联书店，1994，第132页。

的边缘参与者——指导者。学习什么的目标定向和怎样来达成目标的策略、方法的选择都由学生依据自己的前经验、理解和"最近发展区"而设定,同时要在同伴、教师的协调参与中实现。在此,就有反复的判断、试错、评价与纠正、重构等自我调节性反思行为参与其中。语文名师魏书生的"六步教学法"中第一步便是"定向",即面对一篇选文要学习什么,学习要求和重难点等的确定,都是学生参与讨论共同设定的①。教材中的(尤其是"定篇"类)选文,如叶圣陶所言"一篇文章可以从种种角度来看,也可应用在种种的目标上",使选文从多个角度排成一个系统,"既要适合又要有变化,这是难得讨好的事"②。综合性主题情境下的学习及其目标确定、方法选取与一篇选文的情形是相似的。基础知识、价值取向、思考方式等各异的学生,其学习定向各异奇趣,所以需要协商、调节和反思学习。

主题情境中开展反思学习,要求教师扎实备好"学案"以指导学生是关键。学生学习"脱轨"和无目的的情形司空见惯。学案应该多元设想和设计,放手于控制,实现引导和促进的功能,不能线性一维控制,否则就成了教学大纲或"教案"。学案的预设要基本围绕四点:目标、话题、活动行为(探究、表现)和反思。

2. 建设支架

支架即"脚手架"(scaffolding),指能够帮助学生获得能力的种种方法③。课堂学习前后应该是有落差的,从学习前到学习后是学生发展的过程。根据维果茨基的"最近发展区"理论,学生的既有知识与发展目标之间应该有合适的支架,以支持、帮助学生学习和

---

① 魏书生:《魏书生文选》(第一卷),漓江出版社,1995,第2~5页。
② 夏丏尊、叶圣陶:《关于〈国文百八课〉》,载《叶圣陶语文教育论集》(上),人民教育出版社,1980,第178页。
③ 〔美〕Bruce Joyce, Marsha Weil, Emily Calhoun:《教学模式》,荆建华、宋富钢、花清亮译,中国轻工业出版社,2009,第9页。

发展。

如果学生的学习指向某一目标和话题，就形成了某些限定而成为主题化反思学习。首先，经验是构成支架的基础。围绕目标、话题约束和情境的启示，学生便会形成某一境脉并循此产生回忆、联想、比较和判断，对以往经验进行复现、精简或丰富化等再加工，其实质是理解、创造。其次，学会倾听。倾听他人在围绕话题所思考的路向，使用的概念及其关联性、思考方式，并参照自己的基本框架产生问题或疑难，探寻合理进路。再次，积极分享。感受、意识和觉察产生内在语言（乔姆斯基、维果茨基），思考这些语言如何转译为有声、可表征的外显语言；使学生的分散观念聚焦并形成合理化的轨迹或结构，达到矫正思维的效果；产生几个可以深入探索的问题，几条合理性组织的表述逻辑，或产生几个分题、项目并进行小组式的共同作业等。最后，综合。对自己经验的跨时空综合，有助于顿悟之产生；对各成员概念、思维和认知方法、成果等的汇聚、分类甚至整合；生成共同话语，进而推动深层理解；达成共识的知识性汇总，突出尚存在分歧或未知的主题、领域。

3. 协作探究

学习是参与、对话的文化实践活动。佐藤学认为"对话中心教学"模式是对传统"传递中心教学"模式的超越，其实质是"师生共同探究"①。课堂开展师生对话教学的前提，一是教师身份的变革，从过去的权威转向学习者和学习的促进者；二是学习形式转变为合作学习而非竞争学习；三是并非划一的同步教学，而是基于单元的主题式学习；探究式学习居多②。就课堂文化生活和社会伦理关系而言，佐藤学称这种课堂为"创建润泽的教室"——"不受'主体性'神

---

① 钟启泉：《论"教学的创造"》，《教育发展研究》2002 年第 7~8 期。
② 钟启泉：《课堂改革：学校改革的中心》，《全球教育展望》2004 年第3 期。

话的束缚，大家安心地、轻松自如地构筑着人与人之间的关系，构筑着一种基本的信赖关系……它是表示了那种安心的、无拘无束的、轻柔滋润肌肤的感觉……教室里的每个人的呼吸及其节律都是那么柔和"。① 其实质在于每个人平等对话和浸入学习的畅态中，这是自由与解放。

课堂学习中对话的实质在于协同合作中求同存异，发现问题与不同，实现反思学习。协作的基本形式有三种：2人协作，也可以是一个人活动、展示，另一个人观察的形式；小组协作，一般是4~6人在具体分工明确的前提下的合作学习；班级整体与教师共同协作学习。每一种形式中的协作学习都有具体的严格的设计要求，否则学习只会流于表面。第一，学生在没有具体的分工和主题指引下很茫然，仅停留于表面的知识学习或脱离主题信马由缰；第二，缺乏责任意识和目的指向，学生混迹于小组中，缺乏思考和参与，达不到学习、探究之效果。

协作探究学习中，反思学习的不仅是知识和技能，更重要的是社会化交往能力、逻辑思维能力、转化默会知识为言语表达的能力，以及生成问题和对他者提问做出反应的敏感性等智慧的学习。

4. 表达展示

哈贝马斯的交往理性基于语言。乔姆斯基和维果茨基都提出内在语法与外在语法、生活语言与科学语言的不同。课堂学习模式转换到对话中心模式需要通过语言的沟通才能实现交往。语言不是单一的，基本存在形式有语词语言、数学语言和艺术语言。语言作为表达和展示内在意识、情感、思维的媒介，在课堂社会化交往中必不可少。从其内在语法生成转换的角度思考，已经超越了通常人们以为的媒介和

---

① 〔日〕佐藤学：《静悄悄的革命：课堂改变，学校就会改变》，李季湄译，教育科学出版社，2014，第20页。

工具性，而成为构成课堂学习生活的基础，在此基础上"语言是存在的寓所"才成立。

根据乔姆斯基的转换生成语法的原理：人使用语言的能力受到内在心理、社会文化、特定环境、特定的语用意图的制约。从语言表达层面看，课堂反思学习在个体和群体两个层面发生，推动学生的发展。首先，个体对生活的观察、体验、认知是通过诸感官而形成观念的。多种感官在对待外部世界的同时性和立体型结构所形成的观念是顿悟形态的。它不同于借助文字的阅读和听取别人言说的语词输入而具有时间上的秩序和逻辑性。所以，在学生的脑际生成的最初观念是混沌的无秩序的"明白"，这依赖"内在语言""内在语法"或用以思考的语言。这种语言只有在经过不断地思索训练和不断地外显符号表征训练后方能够有组织地实现符合外显语法的规范表达，他人也才能够直观、理解。不然，它只能停留在感受阶段或处于混沌状态，给自己"已然理解了"的假象，实质上却是无法传递、交流的。在课堂教学中，有许多情形是学生在举手示意自己理解了并愿意回答某问题。当请他用言语表述时，却哑口无言，最终得到教师或同伴的否定性评价[1]。其实，不是学生不理解，而是他无法组织语词或用其他语言（如图像、符号或行为动作）表述出来，因为混沌无序的内在"明白"仅仅停留在"默会"状态。它需要被不停地思索和多次的尝试性表达训练，才会变得清楚和真正有序，借助于语言符号形式表达

---

[1] 笔者在参与观察或者非参与课堂观察课堂教学中，多次出现此类情境：学生举手示意理解和愿意作答或示范。当被请出来完成任务时，则涨红了脸，低头无所作为，最终被师生否定其理解。尤其被同伴嘲弄后，他们更不愿意参与课堂讨论。但通过笔者课外追踪，了解到这些学生还是有自己的认识观念的，主要不知道如何有序表达。正如泰勒·特罗举手被莎莉老师点名回答时"脸涨红了，使劲地盯着黑板"的情形一样。莎莉老师批评说："泰勒·特罗！不知道答案就别举手。"（参见〔美〕Thomas L. Good，Jere E. Brophy《透视课堂》，陶志琼、王凤、邓晓芳等译，中国轻工业出版社，2002，第7页）。

出来，被他者直观、理解。这一不断条理化过程即反思学习的过程，这不仅仅是符号或语言使用的问题，而且是思维本身的修炼。其次，这种"书不尽言，言不尽意"的表现在文字、图画、数字等符号表达中同样存在，更需要不断地符号展示练习和思维表达的修炼。为了达到考试目的，碎片化知识学习的一个危害在于学生思维的碎片化。再次，不论言语对人的内在观念的表现，还是文字对于思维、情感、认识的准确表现，都是个体反复思索和训练的反思学习的结果，而且更多的反思学习是在对话型课堂生活中实现的，如在与同伴的对话互动中学习，反映和判断他者思维和表达、反思自身表达的问题和改进，共同发现、调节和改善等。更重要的是，反思学习对自身"理解"的价值观的问题批判，以实现其转换、矫正，或充实、光大。最后，表达或展示是一种设想的表征，是一种反映形式，在反映过程中一些不合理的问题竞相显现出来被个体自己或被同伴觉察，在讨论中确认并进一步及时调整，这就是舍恩提倡的"在行动中反映"，构成与情境对话的反思形式。

5. 评价反思

课堂之复杂多变是每个人都认可的。艾斯纳（E. W. Eisner）明确提出教学是艺术[①]，以及教学是"表现性目标"的展现过程。表现性目标指学习目标是随着教学进程被唤起和生成的，而不是预先规定的；具有"际遇"的偶然性。因此，对这种目标的评价是一种过程性评价。

评价是为了更好地指导学习，而不是得出优劣之判别。评价是为了探寻每一个学生寻求最高境界的卓越性，创造自己的最佳学习状态[②]。

[①] 〔美〕埃利奥特·W·艾斯纳：《教育想象：学校课程设计与评价》，李雁冰译，教育科学出版社，2008，第163页。

[②] 〔日〕佐藤学：《教师的挑战：宁静的课堂革命》，钟启泉、陈静静译，华东师范大学出版社，2012，第138页。

在这样的意义上的评价即反思。不仅包含对过去和现在学习的反思，且基于此指向对未来学习的反思——如何、在哪里可以做到卓越。这种评价与学习的关系被 Herman 分为三个层次："关于学习的评价"（assessment of learning）、"为了学习的评价"（assessment for learning）和"作为学习的评价"（assessment as learning）[①]。关于学习的评价是总结性评价，所关注的是：学生学习了什么，学生应该达到什么等级，学生是否达到了预设目标，学生是否应该被选入特殊课程、学校和大学等。为了学习的评价也被称为形成性评价（formative assessmemt），所关注的是：学生的学习目标与当前的学习状态的关系在哪里，是什么阻碍了学生实现目标，学生的进步是否如其所预期的那样，学生的思想是否如原计划的那样进步了，由此证明了什么误解或学习障碍，怎样才能帮助学生缩小其目前状况和预期达到状况之间的差距，基于这些数据，下一步如何教学，什么样的教学活动最能满足学生的学习需求。以上两种评价侧重于教，指导者从教的视角思考学生已经学到的并指导如何学的各种状况。由于对学习的评价多集中于对学生学习的评价，其关注点是：学生作为独立的学习者的发展程度，自我意识到自己学习什么和如何学习，监控自己的学习进程，并积极主动地克服障碍和误解；课堂作为学习的场域，在学习过程中起中介作用，师生在此过程中一起合作和互相支持；自我和教师的评估，即学生自己是数据的主要评估者和使用者，教师仅仅是指导者。

推动学习的评价反思的主体可以是教师、学生同伴和学生自己本人。包含了过去、当下和未来的三个时间向度上的反思学习主题。

6. 拓展迁移

迁移是一个心理学概念，它指在学习了某种知识概念或原理，掌

[①] Herman J. L.，"Assessment and The Improvement of Learning"，载杨向东、崔允漷《课堂评价：促进学生的学习和发展》，华东师范大学出版社，2012，第 169~179 页。

握了一种技能或方法策略，甚至一种思维形式等内容后，学习者将之运用到另一个全新领域中的认知过程。迁移既包含练习、认知的类化和升华，也包括了检验、调整和评价，构成学习的一部分。将某种知识技能和思维等迁移到新的复杂情境中时，必须对之进行合理调适和修正，即运用智慧做出反思调整、补充，此迁移过程具有创造性化用知识的功能，这过程本身即反思学习。可以说，课堂学习通过反思学习使一种内容被学习者熟练掌握，然后内化为个体的性格也是成立的。所以，反思学习是逐层深入的人性教育或素养培育。反思学习中人格自我的整体形式包含了外在的确定的知识技能，以及判断力、思维力、表达力、行动力等能力因素，并渗透了价值观核心层的统一的整体（见图 6-2）。

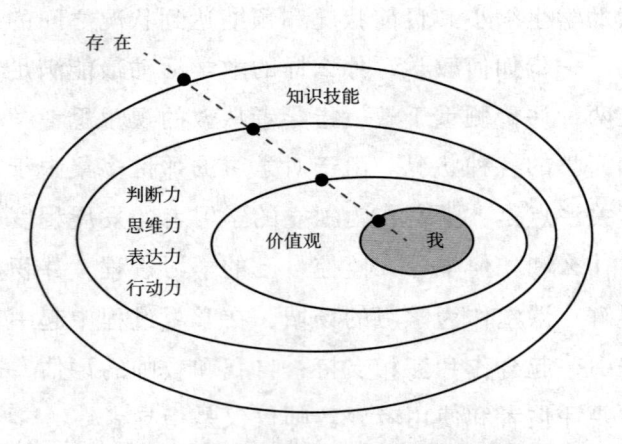

图 6-2 反思学习中人格自我整体形式

反思学习过程中学生首先看到的是现象或事实等客观实在的对象，并且掌握其总体的轮廓，这是符合认知的格式塔心理学原理的。但这种认知过程并不是如康德所谓的先验综合判断指引的言传自明性进路，即从细节开始开展单向意会整合；而是博兰尼认为的一种细节意会与综合理解二者互动出现的双向整合，即"意会整体与辅助性细节"共存地对认知对象的"综合理解"①，即学生学习某一对象时认知对象的整体与细节同时被学习，只不过细节是附带的。所以，日常教学中对于三维目标的分割式理解的课堂备课是不合理的。而反思学习是通过同时实现三维目标来铸就人格素养的②。

传统迁移理论侧重于不同情境下的练习，多以家庭作业形式促使学生迁移发生③。而大部分家庭作业和课堂学习的情境是一致的，这便属于记忆的重复操演。所以，即使是家庭作业，也要具有新情境的重设和复杂性因素的参与。更有益于学习发生迁移的学习应该在课堂中，在教师指导的反思性学习中。首先，迁移应该重视情境的分析和学习者的动机。其次，教师的指导不可少，如给予明确的反馈和策略的价值，把认知策略指导与学生动机因素结合起来以提高学生解决问题的能力是关键。再次，指导学生明确建立强动机的学习目标，这些目标若适合学生自身的学习方式会产生更丰富的思想和动力机制。最后，教师通过示范策略鼓励学生探寻有益于迁移的策略和路径。

（三）行动中反思学习指导的案例诠释

1. 背景

小学四年级数学课堂。在学习了概率和除数为两位数的除法之后，学生在课堂情境中学习和运用知识解决问题。

2. 要求

①学生2人一组，拿出22根牙签进行游戏；继而4人一组，进

---

① 张一兵：《综合实在：意会整体与辅助性细节》，《华东师范大学学报》（哲学社会科学版）2020年第1期。

② 张生虎、张立昌：《核心素养的价值、问题与实践向度》，《中国教育科学》2017年第4期。

③ 〔美〕戴尔·申克：《学习理论》，何一希等译，江苏教育出版社，2012，第313页。

行讨论,深化认知和数学原理;最后全班分享和展示,总结经验和归纳迁移。②游戏规则:22根牙签,两人轮流取,每人每次取2根或3根,不能不取,最后取牙签者算赢。应该讲求怎样的策略?

3. 过程简述

第一,感知。学生们玩得不亦乐乎,但谁都总结不出其中的关键原理,所以输赢没法把握。教师观察一圈教室的游戏热闹情境,了解具体的学习问题。

第二,示范。教师到中间一组(一个男生Z与一个女生组成),也参与进去。教师为一方,两个学生为一方,开始取牙签。教师先取了2根牙签。然后学生也取了2根,教师取了3根。学生取了3根,教师取了2根……最后教师收底,取了2根签,胜利。

第三,讨论。Z不认输,提出自己先取签。和教师重新开始一轮。学生先取了2根签,教师取2根。学生取3根,教师仍取2根……最后教师收取1根签,取胜。

第四,协作学习。教师让学生讨论,抽签练习。

第五,深化认知。学生4人为一组,2人为一方,再开始一次游戏。这次游戏,明显的变化是学生在慎重地取签,并进行计算。教室没有了前面游戏时的吵闹声。教师观察其他组成员取签的活动。原先和教师共同游戏的Z在举手叫教师,在纸上画了两组取签数字的组合,密密麻麻的线条(表明他在思考)。教师走过去,Z表示可以和教师再来一次比赛!这一次取签,Z先取了2根签,教师也取了2根;Z取了3根,教师仍取2根……Z一直取3根,最后收底,取得了胜利。Z得意地笑了!老师问他,你是怎么做到的。他拿出画得看不清楚的图纸开始讲解:左栏一边都是3根签,其中最开头3根被划去了1根,右栏都是2根签。

第六,展示。教师让Z做汇报,说明如何能赢。Z说只要自己先取签,就取3根,这样就会赢对方。另一组的男生D说愿意和Z比试一下！两人比赛中，当 Z 取 3 根签时 D 也取了 3 根。这样最后 D 取了最后 1 根，胜利。

第七，升华。大家重新开始讨论，并重新尝试取签。经过一段讨论，Z 又重新画了一张图，举手发言，说自己明白了。首先，教师请 Z 展示：第一次仍然和 D 一起合作展示。这次 Z 先取 2 根签，如果 D 取 3 根签，则 Z 取 2 根；D 取 2 根，则 Z 取 3 根……最后 Z 收底，取 2 根签，得到胜利。其次，Z 向另一位女生 W 展示，W 先取了 3 根签，Z 取了 2 根；后来如果 W 取 2 根，Z 就取 2 根；如果 W 取 3 根，Z 就取 3 根。最后，Z 收底，胜利。

第八，归纳。Z 做总结汇报，揭示这一游戏的数学原理：$22-2=20$；$2+3=5$；$20÷5=4$。

第九，巩固。学生再次以 2 人为一组进行游戏，学生几乎都会控制：先取签者必然得胜。

第十，内化和拓展。教师抛出问题：如果牙签总数变成 20 根，应该每次抽取几根牙签？还能否提出同样性质的题目呢？每位学生尝试出题。学生们通过讨论、思考得出结论：如果是 20 根签，则每次取 1~2 根，则算式应该是：$20-2=18$；$18÷3=6$。还出现了如总数为 33 根，每次抽取 2~3 根，算式则为 $33-3=30$；$30÷5=6$。或者总数为 32 根，每次抽取 2~3 根（或者 1~2 根）；总数为 45 根，每次抽取 3~4 根；总数为 43 根，每次取 2~3 根签；总数为 42 根，每次取 2~3 根（或者 1~2 根）签……说明学生彻底理解了此类除法和概率混合的运算策略。

二　课堂反思学习指导模式

（一）取向程序的模式

模式是对于一种现实的内在运行机制的模拟和简约表征。模式一般是结构化展示的，包括基本因素，组织起来的基本结构，以及运行阶段。模式处于理论与实践之间①。学习模式揭示学习现实的内在运行结构，有助于教学遵循。因此，学习模式就是教学模式②，若二者不一致，则会影响教学效果。

学习模式是多样的。根据学习目的、内容、情境及任务不同而有不一样的模式，二者对应起来才有意义；不同学生的个体差异也要求有不同的模式，二者相结合也会产生不同学习效果。所以，没有包打天下的学习模式，选择怎样的模式去学习需要鉴别；根据学习内容，有些学习模式经过修改也适用于某些相关内容的学习。如果有一种模式适用于多种学习类型，那这种模型就趋向高度的理论境地，其指导性薄弱；如果多种模式都适用于一种学习形式，那就是极其复杂的选择问题。

反思学习模式揭示其内在运行机制，然后将之简约地展示出来以助于教学指导，使学生在具体的学习任务中易于开展反思学习，最终实现学习的自主性、深度性和终身性。由于模式处于理论与实践之间，具有中介性，就会出现两种游移偏差——偏向于理论的高度概括化、偏向于实践操作程序——其度是难以标准化的。因此，课堂反思学习模式中为了区分，将趋向前者的称为"框架研究"，趋向后者的称为"模式研究"。本研究取向后者。

（二）课堂反思学习指导模式的运行机制探索

通过对诸多反思学习模式的考察，可以看到课堂反思学习基于不同视点会产生不同的模式。课堂反思学习是按照时间进程产生问题并不断解决的按逻辑行动的过程；课堂反思学习是在思维的内化与外化互动中推动学生整体（认知、情感、行动）发展的过程；课堂反思学习是在学习过程中展开评价推动探究的过程；课堂反思学习是解释

---

① 张守群、李彦军：《多元化教学模式》，山东教育出版社，2008，第3页。
② 〔美〕Bruce Joyce，Marsha Weil，Emily Calhoun：《教学模式》，荆建华、宋富钢、花清亮译，中国轻工业出版社，2009，第5页。

不同学习方式及其结果的过程；课堂反思学习是在学习情境中社会交际不断推进反思能力提升的过程。

课堂反思学习本身具有矛盾统一的特征。既包含了时间历程，也具有逻辑关联；既是个体的全身心参与，又是社会化互动；既是情感、思维的内隐性省思，也是行动本身的外在感知性反映；既有学习的经验实践的过程连续性，也有即时性评价的中断与矫正；既包含了重复循环中的提升，也包含了转换性超越；有情感认知，有价值性批判；有知识性推延与扩展，有实践中的想象与诠释；等等。

课堂反思学习既有不同的发展层次，又内孕着在经验反思过程中由学习而生成的境界。从镜像式映射到理解、解释，再到反身性观照，以至省思与批判性分析，这些反思学习形式都在明显外观或直观的层次。这就给课堂反思学习提出了一个严肃而必须面对的问题，即无法教授但要有意引导和指导学生学会。除了一个明示性的结构化模式还能有什么路径可以达成此目的呢？它绝对不是从教师口袋里拿出来传递给学生的一粒豆子，同样可以搬运到学生的口袋里；一如可以从教师脑子里存在而用语言呈示给学生，之后由学生植入自己的脑子里——如模仿、背诵概念知识——绝非如此！课堂反思学习需经历真实的课堂活动情境中的行动和教师指导，并在自身的反思参与行动中才能逐渐提升，从不会走向熟练。学会反思学习的前提是遵循其内在机制：经验学习受到元经验的监控，形成反思学习基本结构；经验层面包含个体与社会情境两重逻辑形成互动学习关系；经验走向元经验依托教材知识和实践知识双螺旋结构的牵引与推动。

首先，依据反思能力的心理结构和社会反思机制，课堂反思学习过程中并非如库伯所说的仅在一个点上发生，且反思也不仅在经验的循环中发生，而是如阿吉里斯声称的会发生转换学习。因此，就形成元经验对经验的时刻监控，同时还会发生转换。其次，课堂情境中的经验世界不是纯粹的，它不仅包含了知识，而且有实践知识或内隐知识，二者互动运行，螺旋式发展形成双螺旋结构（见图6-1）。再次，在经验层易于发生反思学习的指导点中，情境设计和"脚手架"设计是一体的，协作探究和表达展示是一体的，这样就形成了四个基本的经验学习及其指导程序：建设资料库、确立主题和目标、自我调整和原理个体化、拓展迁移。最后，在上述每个程序内都会发生具体的教学互动活动（后文解释）。在此基础上展示出具体的"经验—元经验双螺旋结构"的反思学习指导模式（立体示意如图6-3所示，平面示意如图6-4所示）。

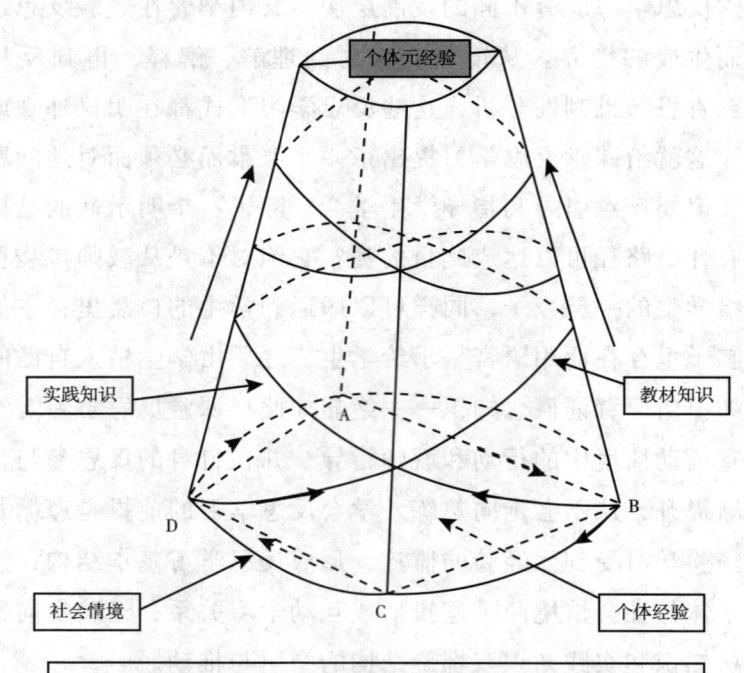

A. 建设资料库：经验–联想–对比；B.确立主题和目标：表层–深层–内隐；
C.自我调整和原理个体化：接受–批判–鉴赏；D.拓展迁移：思–说–写

图6-3 课堂反思学习"经验—元经验双螺旋结构"模式立体示意

```
                    社会化互动与监控
           教材知识    实践活动
                建设资料库
    经验                            经验
              经验 联想 对比
                    ↕
拓展迁移  思 说 写   个体元经验   表层 深层 内隐  确立主题和目标
                    ↕
              接受 批判 鉴赏
    经验                            经验
              自我调整和
              原理个体化
                  社会化互动与监控
```

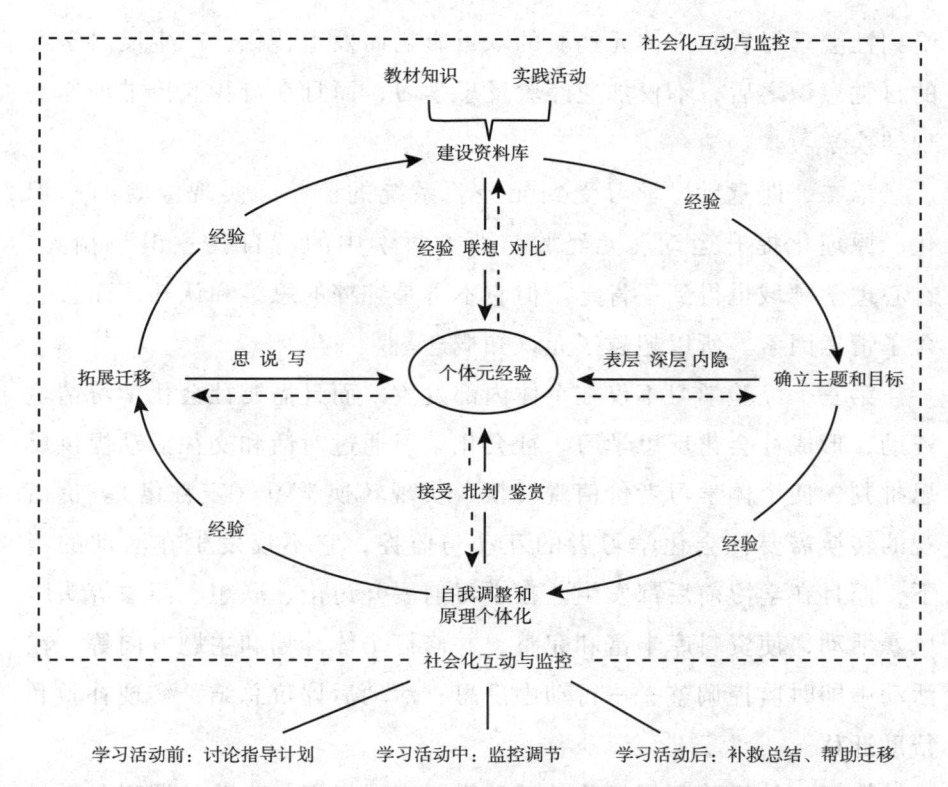

学习活动前：讨论指导计划　　学习活动中：监控调节　　学习活动后：补救总结、帮助迁移

图 6-4　课堂反思学习"经验—元经验双螺旋结构"模式平面示意

第一，课堂反思学习的前提是个体经验。反思学习无法脱离生活实践基础，在课堂中又通过课程知识的协助和引导，需要对经验进行概念化提升。经验学习由四个环节构成，开展循环运动：建设资料库、确立主题和目标、自我调整和原理个体化、拓展迁移。这与库伯的学习圈相似①，但不同的是，经验学习的这四个基本环节的循环会

---

① 库伯根据杜威、勒温、皮亚杰的学习模式，结合埃里克森、罗杰斯、皮尔士、马斯洛、荣格、弗莱雷的学习心理学及社会批判分析提出"体验学习"，其基本阶段是具体体验、反思观察、抽象概括和行动应用（参见〔美〕库伯《体验学习：让体验成为学习和发展的源泉》，王灿明、朱水萍等译，华东师范大学出版社，2008，第 1~60 页）。

受到社会学习者和个体元经验的双重影响而发生转化，产生反思学习的自觉意识之后，不仅加速经验反思学习，而且在自我监控中加速实现转换学习。

第二，课堂反思学习受到元经验系统的监控，实现经验的知识化、原理化提升运动。元经验与西方哲学中的"自我意识"相关，在心理学领域也得到了肯定。但它不再是纯粹的思维和认知，而且包含了情意因素。所以超越了元认知概念。

第三，经验学习不仅在个体内部发生，而且需要社会化学习情境资助，形成社会化反思学习。社会化学习通过对话和交往活动提供反思批判，使个体学习者价值观转换，实现转换学习（麦兹偌）。价值观的转换需要社会化学习者的互动与监控，它不仅发生在活动的当下，而且在学习前后都发生。在学习前展开讨论、联想、想象等头脑风暴活动，使资料库丰富和完整，并修订个体计划和主题方向等；在活动中即时监控调整——行动中反思；活动后评价总结，实现补救和帮助迁移。

第四，从经验到元经验的运动需要实践知识与先验的课程、教材知识的双螺旋引导和辅助，更依赖于教师设计学习情境、问题等指导。

第五，经验学习中的基本阶段在两种知识的螺旋提升中都发生由浅层到深层的个体化整体结构超越。建设资料库阶段主要是经验、联想（想象）和对比分析的提纯和一般化；确立主题和目标阶段主要是表层、深层到内隐的内化和主体适应性发展；自我调整和原理个体化阶段主要是接受、批判和鉴赏的功利性认知到审美化趋势；拓展迁移阶段主要是从内在的思维到外在符号化的说、写等外化活动。

第六，经验反思学习（个体经验学习和社会化学习）到元经验的转换学习不是单向的，元经验对于经验的监控也会反哺经验学习。所以，在这样的双向交流中学习者便会脱离，开始从经验走向元经验的单维度经验自然主义学习之路,相反,它会在元经验的监控观照中产生加速度的人性成长功能。学习者通过这样的学习训练形成经验反思与元经验反思的共在状态,就是脱离开动物式,或经验之后开展反思的生活形态,成为即行动即反思的智慧状态。

课堂反思学习最终追求的是人性生成教育。以往的教育是知识教育或人文教育。即使是人文教育也侧重于运用社会文化,尤其是运用一系列精神文化(如制度规范、民主自由法制等形式、社会交往礼仪,甚至器物)符号展开对人性自外而内的熏陶或强制。二者的实质是涵义的驯化和控制。人性教育基于反思学习使人在兴趣、好奇等情意因素中生成属人的文化心理结构,并由内在生成走向外在规范的意义探寻。

三 课堂反思学习指导的基本程序及其策略

教学总是具有解释性——已经知道的内容渗入其中(Resnick,1989)[①]。程序是模式实现具体操作顺序序列的解释。反思学习指导的基本程序包括:建设资料库、确立主题和目标、自我调整和原理个体化、拓展迁移。每个程序内部又包含了作为手段的策略。策略是达到某一目的的艺术性手段。一般在隐喻性设计中完成任务、训练或活动,而不是直接地呈现知识和记录。影响教学策略选择的因素主要有教师、学生、教学内容、学习任务和背景等。

理想的策略运用还应该考虑知识类型与知识学习的要求。如布卢姆目标分类学中的知道、理解、运用、分析、综合、评价或创造等认知层次;安德森提出的陈述性知识、概念性知识、程序性知识、元认知知识等类型与布氏认知层次结合;马扎诺的二维结构中的认知系

---

① 〔美〕考奇克:《学习与教学策略》,伍新春等译,北京师范大学出版社,2007,第9页。

统、元认知系统和自我系统知识与信息、心理程序、心理动作等。首先这些要求都要在辨明的基础上确立反思学习指导策略才会有效。布鲁纳在阐明知识与学习策略的关系中指出，"技术知识"通过模仿学习获得；命题知识通过直接教训获得；思想需通过社会交互学习；成为有知识者必须坚持对知识的个体"自我经营"（离开对社会化交互协商的过分依赖，区分"我知道的"与"普遍的"知识）[①]。

在经验推动的学习过程中，元经验作为监控系统构成反思学习的阶段，在不同的阶段所采取的策略基本取向是不同的。建设资料库阶段总体取向"集思广益"的开放型，确立主题和目标阶段基本取向"归纳型"和分析型，自我调整和原理个体化阶段取向适切个体经验和特征的多样"演绎型"，拓展迁移阶段基础取向是遵循逻辑性的精加工、组织、转换策略。

（一）建设资料库

教学是回应性行为。教师须以学生的实际学习现状确定教学目标，即因材施教、以学定教是回应式教学。虽然学习是按照教材规定的大致方向开展的，但教师对教材的教学化转换是必需的：第一，教材的教学化以学生实际为基础；第二，教学化即要让教材的学科原理知识情境化，成为练习、任务或活动等可感知形态。所以，在确定学习目标前对学生应作预评估。预评估不是单纯由教师决定，而是需教师指导学生在自我反思学习中开展预评估。

资料库是指从学生的课堂情境中学习经验，从知识储备中回忆、抽取出备用的资料，作为进一步开展学习的支架性知识储备，包括概念、公式、程序、方法策略和可供参考的典型案例等。

课堂反思学习及其指导的互动在第一阶段是建设资料库。这一阶

---

① 〔美〕杰罗姆·布鲁纳：《布鲁纳教育文化观》，宋文里、黄小鹏译，首都师范大学出版社，2011，第169~179页。这种知识意义的建构必须依托个体经营的思想与野中郁次郎和竹内宏高的思想是一致的。

段，教师依据学生学情收集后续教学指导的基本信息资料。学生经验学习是前提。学生在根据设计的情境中学习时，指导者观察和经验学生学习的情境，同时联想自身的教学经验（包括知识的关系、以往学生的学习境况），形成多方面的比较，形成判断和预设。考察当前学情与联想、比较以往学情和知识特征是该阶段的主要活动。其策略主要有以下几个。

复述法。对于情境、问题或一篇阅读文章等学习对象的复述，其实质是对学习对象的解释。复述中首先展示的是学生的爱好、兴趣和观念，其次展示的是知识储备和方法，最后才是因果性解释。课堂复述可以在小组、班组中开展，起到展示、相互监视和交互学习的效果。在复述、讨论的过程中，教师探察学生的基础和问题，与学生共同总结、概括形成接下来学习的方向，设计基本的学习目标。

叙事法。叙事是一种不自觉的诠释方法，尤其是对比较抽象的（如科学）、隐晦的（如文学、哲理）学习内容进行平易化、生活化演绎。叙事中渗透了学生的情意、认知因素，实质是理解和运用；叙事中学生将片段知识、思维、感受等组织联结起来，反映其思想和命意；叙事是将感知、认知和信念等内容整体性呈现的反映性智慧行动，它需要以语言为媒介的转化策略、行为参与。叙事具有"默识的预设"（tacit presupposition）[①]功能——引导交互主体性行为，以区别于理论化表达——做明确描述和计算；它同样将思考从"心灵状态"转变为外在的"过程"，给"思想"某种形式，可观、可知、可听……可指涉、他者可参与和协议。教师根据学生的叙述视角、论述、脉络可以判断并预设学习方向、目标。

问题法。一个学习情境如果没有分解出各种分支，学生对其理解

---

① 〔美〕杰罗姆·布鲁纳：《布鲁纳教育文化观》，宋文里、黄小鹏译，首都师范大学出版社，2011，第235页。

和叙述就容易走上歧路，进而会导致协议的混乱，不利于课堂学习和学生思维发展。如《美国课程与教学案例透析：贾斯珀系列》中的"邦尼牧场的救援"中最后的问题"把鹰救到坎布兰市，①最快的方式是什么？②用多长时间？"① 要回答这两个问题，首先得对故事情境进行分解，提出一些帮助学生合理思考的问题：营救受伤的鹰有几种途径（直升机、汽车），营救鹰的交通工具的制约因素有哪些（燃料、重量、速度、路况或机场条件），计算时间需要知道哪些条件（速度、距离）等。这些问题可以成为学生思考解决问题的路标，是帮助其进步的支架。

问题可以是如上认知条件性、线索性的，也可以是领悟性、感情性的。如四年级数学课堂，在准备学习加减乘除综合运算的时候，教师开展了一个"热身"（建立资料库）活动："传说中，九头鸟有9头1尾，九尾鸟有1头9尾。现在头580个，尾900条，九头鸟和九尾鸟各有几只？"开始，学生摸不着头脑，课堂讨论乱成一片！继而，老师设置问题：这两种鸟共有几只？1只鸟的头尾是多少？鸟的总数与总头（尾）数的差，应该代表什么意义？课堂的讨论就有了改变。42个学生中有4个小学生开始举手表示他会计算了。老师让他们给每个组讲讲，每人分配进两组指导，花了10分钟。教师巡视观察，或参与到个别小组中了解学习情况，收集信息。之后，老师请一位学生上讲台讲解（运用了正面计算法）。老师最后演示另一种方法——假设法推理后，重新设计问全班："如果有19个头，11个尾巴，那么九头鸟、九尾鸟各几只？""2只九头鸟，1只九尾鸟！"大家几乎都能回答正确。在这个基础上"鸡兔同笼"的新内容学习开展便有了目标——如何在假设中推理计算。

---

① 〔美〕因特贝尔特大学认知与技术小组：《美国课程与教学案例透析：贾斯珀系列》，王文静、乔连全等译，华东师范大学出版社，2002，第151页。

问题也可以是自我认知、发展性的（好奇、兴趣、自信等的确定）。可以询问：你在此次学习中感觉熟练、有把握的内容是什么，哪些存在困难，哪些是感觉快乐的，哪些还觉得需要练习，希望继续学习，你觉得自己的学习倾向和爱好是什么等问题，如在七年级课堂，阅读一篇《岩石》文章前，教师提问：当你看到"岩石"这个词时，会想到哪些词语，生活中的岩石是什么模样，描述一下，你喜欢那种岩石，如果"岩石"是一篇文章的标题，你希望从《岩石》的文章学到什么信息，如果你阅读《岩石》，阅读目的是什么，如果你以《岩石》为题，写一篇介绍的文章，具体应该写哪些内容（试画出文章结构图）等问题。

问题法不仅可以指导学生有方向性地联想、在对比中学习，而且使学生发现自己的思维形式以及推理、判断和解决问题的差异，还有认识自己的情绪、动机、思维和着力的路向，以及使之关注到意志和专注力等容易被忽视的非智力因素的发展。

（二）确立主题和目标

通过资料库建设阶段的预习和预评估，教师基本可以从学生的实际困难、优长等出发组织一个支撑后续学习的知识技能框架。对比、联系课程、教材的学习内容，制定基本的学习目标[①]，确定学习范围和主题，进而确定学习基本步骤，设计"脚手架"。反思学习不是一项技能，它是一个过程和整体，需建立在整个学习发展的流水线上，同时学生要亲自在操作中学会反思学习。这种主题、目标的确立表现出由外显表象到深层抽象再到内隐超越的上升过程。所以，是一种学生在表达与纠错中不断反思、探寻，并实现指导行为为了适切学生实际学情而不断完善的过程。

---

① 学习目标与成绩目标是有区别的。成绩目标指为了参加考试的知识点掌握目标。学习目标超越了知识点考查考试，是以人的发展为目标的：既包括结构化知识学习目标，也在于人性发展目标。

在该阶段学习基本运用的是归纳性策略,反思学习大多是解释性的。

在错误中学习。布鲁纳认为不要把成功和失败当成奖赏或惩罚来体验,而是当成信息来经历①。从积极的立场看待错误,可以培养学生成长型思维②和开展反思学习。教育上对于学生犯错权利的剥夺(防微杜渐)往往使学生处于不自知状态,从而妨碍其发展。错误、失败成为学习的起点,就构成反思学习最有力的激励机制。

错误首先聚焦"学什么"的任务目标。其次,塑造学生积极的内在情感,使其勇于面对困难。最后,在努力的基础上克服困难,获得进步,改变学习态度和发展其毅力。最终错误、失败成了激励和奖赏。同时,使学生心智成熟,明白自己的发展必须面对困境,认识到成功建立在失败的基础上,形成坚毅的人格品质(甚至屡败屡战,越挫越勇)。

在错误中学习,教师切记不能基于固定性思维观念给学生贴标签——某人智商高或聪明,而要采用成长型思维观念,明确学习主题目标,提供"脚手架":诱导(不是直接告知)学生归因、转换视角或思维、提供有效方法等激励学生重新评估、发现、厘清思路后行动。

有声思维。有声思维是指将内在的思考和思维活动用可视的语言符号表征出来,以便于自己、他人进行检讨。基本形式有自我解释或记录与同侪互助监控两种。

第一,自我解释或记录。对于学习对象的感受、认知理解和判断、评价等内在心理活动,学生假借外显的诸多形式表达出来,形成

---

① 〔美〕玛丽·凯·里琪:《可见的学习与思维教学》,林文静译,中国青年出版社,2017,第89页。
② 〔英〕麦克·格尔森:《如何在课堂培养成长型思维》,白洁译,中国青年出版社,2019,第98页。

可以直观的形象，以便于自己和他人鉴别、重新加工组织或改造修正等，从而促进自身思维、观念的发展。首先，可以记课堂笔记，这是最普遍的反思学习形式。课堂笔记为学生开辟工作记忆空间。"为了使个体的工作记忆容量主要用于高级的思考和解决问题等决策过程，就必须节约工作记忆空间"①。工作记忆的容量比较小（基本在七个信息单元），所以容易遗忘，不利于反思学习。课堂笔记是通过文字、图像、符号等多种形式记录随着外在课程、学习行为、时间进程而发生在脑际、心灵的内在反应行为，不仅为学生提供了基本记忆线索，而且真实记录了学生的内在体验和思索，而转换成符号形式本身又是内在精神活动可视化的即时反映（一种反思学习活动），这有助于随后的元认知、元经验反思。其次，课堂错误日志。课堂笔记不可能做到无遗漏地镜像式反映，它是有侧重地记录以便于监视学习进程的反思学习形式。其中，比较突出的记录节点是对于自己疑难、所犯错误的记录，是为"课堂错误日志"。这些疑难、错误记录有助于学生确定自己的学习目标和与他人讨论学习的方向。尤其是青少年、儿童对于应该记录什么还是模糊、不明确的——课堂的学习重点、自己不理解的地方等，在课堂记录后可以和教师、学生交流，会发现自己理解得不全面、错误及遗漏因素（上课没有一个人是全程全神贯注的，遗漏会时常发生）。

第二，同侪互助监控。包括两人对话、活动学习，小组合作学习与班级组织中讨论等形式。首先，开展（画房子、人生饼图、涂色等）"共同任务"，即在合作中进行反思学习的形式。在共同任务中借助同侪行为、思维和感受等形式与自己比较，通过发现其问题、优长等展开反思学习，敦促自身发展。其次，教室文化建设——挑战

---

① 〔美〕考奇克：《学习与教学策略》，伍春新等译，北京师范大学出版社，2007，第49页。

墙。自新课程改革以来，包括落后的西部农村学校，教室内外增加了黑板，这是学校基本文化建设的表现。但许多学校一周变化一次校园内的、楼道里的黑板内容，而且是由专人办理的，缺乏学生自由书写的自留地，所以除了宣传和展示的功能，没有真实的自主学习功能。教室内、楼道里的黑板可以留出来一块作为"挑战墙"：允许学生每日书写展示、解答自己在学习中遇到的感觉有趣的或认为不会解答的难题，甚至于书写遇到的生活难题；也可以是教师提出一些适于学生挑战的问题。挑战墙可以把课内外的学习结合起来，让学生学会日常反思学习，促进学生互相交流和问难，产生学习的自觉和学习兴趣等。这些都有助于反思学习目标、主题的形成。此外，特别学习领域的开辟，如学习园地、手抄报（可以是周报，学生分组轮流）或在教师指导下的研究园地（可以分科，也可以综合起来）张挂研究课题或研究报告、图像资料，这些都可以形成学生反思学习的生活世界和学科学习内容，聚焦于某些学习主题。

辩论。在存在差异性的学生个体间出现学习目的、主题的适切性分歧是合理的现象。所以，指导者要发现学生学习的分歧点，运用合理的辩论是理解学习的前提。同时，学生开展辩论本身是反思学习形式，更能澄清自己的认识和观点，或者发现自己的不足、错误等。这样使所学习的目的、主题呈现出大致的几个方向，有益于后续学习进程。

（三）自我调整和原理个体化

虽然，在前一阶段确立了一个或者几个学习目标、主题，但是在没有对主题理解前，学习者内部还会存在分歧与差异性。所以，如何彻底理解这些主题、目的是必要的。这就是如何展开理解的学习指导问题。基本存在这样的一般过程，首先是接受某一观念，学习理解；其次，在理解的基础上展开批判分析；最后，形成确认的理解，此为欣赏阶段。它遵循从描述性反思（反映）学习，到比较性反思学习，再到批判性反思学习的大致进路，最后发现的是自我观念和价值观问题。

确立主题和目标后的反思学习依托于学生的参与、行动实现理解和内化。教师指导学生反思学习强调参与性，主要在三个方面：学习生态中个体与资源间的动力机制、学生执行者身份与文化实践。知识与策略有着必然的关系，知识选取相应的策略是教师指导应当分辨和关注的。尤其是在反思中学习、在学习中学会反思，在反映与反思间协作等需要区分。具体的指导策略有以下几点。

设计"脚手架"。塑造环境以支持、促进学生建构知识。有效的"脚手架"提供提示、线索，帮助学生自己解决问题，不是教师告诉学生如何去做或替学生做而学生静观。如传统的写作教学注重模仿，教师提供一篇文章或一段文字，让学生阅读，继之以模仿书写。中国百年来的教科书编写继承这一模式（以读促写），指引教师教学形式亦然。如果设计一种活动形式，让学生参与其中——如学习"描写"，则学生会更积极主动反思学习。

德国北威州中学《现代德语》第7册"说写综合训练"的"描写"是这样的[①]：

1. 人物描写游戏。全班准备四个分别标有名字、职业、形容词、动词的箱子。学生各自将自己想到的名字、职业、形容词和动词分别写在纸上，投进相应的箱子；然后，学生在集中了纸片的四个箱子里任意抽取一张纸片，根据四个数据构想出一个人物并发挥想象描述这个人物。

2. 触摸游戏。让3~5个学生组成小组，各人将自己的笔、

[①] 转引自王荣生《语文科课程论基础》，上海教育出版社，2003，第295~296页。

尺等学习用品保密地放进一个书包；然后，让一个学生蒙着眼在集中了学习用品的包里摸一物件，向本组描述。

3. 摄影游戏。两个同学一组，其中一个扮演"镜头"，另一个为拍摄的"快门"；先让"镜头"关闭（合上眼睛），"快门"说"开始"，"镜头"立刻睁眼，在一秒内，扫描一事物或情景，然后闭上眼睛描述自己的所见。

这些"脚手架"帮助学生在情境中反思学习，具有适应型专长学习的特征，获得适应型专业知识。适应型区别于常规型，是建构知识而非接受知识，是理论建构和试验的探究而非按照程式寻求结论，是设计环境以追求创新和高效而非在自然的环境中习惯顺应；故其突出特征是创新性、高效率性和元认知性[1]。

协作反思学习。协作是社会生态的学习情境，其中包括描述性反思学习、对比性反思学习和批判性反思学习（前揭）。

练习。练习本身是不断进步、深化的理解过程。但在以考试为目标的教学体制下发生变异，即成了机械的操作和训练。有位中学校长夸张地说："考试训练和反复做题，要让学生一拿起试题就要有本能的反应，具有机器一样的应试能力！"这是对练习的误解，是非人性的。练习所具有的价值是内在的体验，每次相遇要实现自我调整和超越，便具有比前一次更新的、更深层和更多样的理解。

案例解析与比较。教师提供典型案例，带领学生反思学习。解析案例的过程就成为具体样本，学生可直观地学习方法和程序性知识。随后，让学生讨论发现新的起点、途径，依照相类似的方式、程序再解析，实现个体化理解。

---

[1] 〔美〕索耶：《剑桥学习科学手册》，徐晓东等译，教育科学出版社，2010，第31~33页。

(四)拓展迁移

拓展迁移是学习者对自己学习和理解的证实和评价,其评价方式是将自己的理解置于另一情境中运用、实践,并形成反馈和印证(反思),不同于学习过程中随时发生的表现性评价(反映)。如果评价自我理解是合适的、正确的,那么自己便确定了一种知识,如概念、原理、原则或规范;否则,形成问题,问题推动更新学习。故此学习阶段并不是完结,而是周而复始的循环递升运动过程的一个节点。每一次该阶段的反思学习既源于暗示,也源于显著的成果;既是知识性的认知,也是情感性的感悟,是二者的结合统一体。反思学习使知识由外在向内在转化,达成理解与诠释;知识实现了情感化,情感也实现了知识化;知识情感在交际中从"所有"向"所是"转化①,最终形成整体的"存在"自我。

拓展迁移阶段的核心是思——某种已经理解的具体情境中的知识或技能,观念或原理,如何在不同的情境中以另类形式展现,其实是一种转译的学习形式。在以思为核心的转译完成后,可能学习者要依据自己的擅长形式表达和外显,这就是说和写(其实是多元智能的表现,在这种不同的表现形式中学习者便会发现自己的善长之处,同时发现应该发展的不足之处)。理解了、意识清楚了并不一定表达得尽善尽美,即"胸中之竹"不是"眼中之竹","眼中之竹"也不是"手中之竹"。具体的策略有以下几点。

情感梳理。教师指导学生提问,发现自我。如自己热衷什么;将自己的情感表达出来与同伴分享,但不是此刻的激情而是恒定的热爱、倾向和兴趣等;哪些是可取和继续发展的,而哪些是需要克服的;情感如何转变为切实的行动,学生可以讨论和展示;展示自己独具的情感优势和骄傲;让学生们知道,激情——尤其是当它可能会影

---

① 刘次林:《幸福教育论》,南京师范大学出版社,1999,第 136~137 页。

响另一个人的生活时——是学习成功或失败不可避免的副产品，试问自己："冒此风险是否值得？"①

询问思维。关于知识教学带来的学生思维发展危机，很多人对此表达了关切。古德兰德批评说，现代教学对于低级的智力活动的关注——仅仅提供现成的材料和单纯地占有知识——已经侵害了学习者社会科学和自然科学的学习：如何转移到理解知识的内在涵义和应用知识或探索其应用的可能水平，以便吸引学生的好奇心、促使学生寻求一些不是来自教师或书本的问题解决方法，②已经成为教学刻不容缓的课题。

第一，思维教学使学生在反思学习中的课堂知识成为结构化的知识。结构化知识需要学习者的德行参与，而不仅是理性的，更不是知识点的堆积。理性的知识结构包含"是什么""为什么"等客观性形式，可以通过思维导图、知识图谱、概念图等形式讨论展示。梅耶尔认为在绘制概念图的过程中，会界定几个关键的概念，然后将它们组成一种图式；概念图可以将实践性知识结构化，呈现内隐的观念；也提供深度反思的机会。德行参与的知识结构则需要学生自身的诠释和意义，该过程渗透了情感与体验，是"如何"的问题。在理性结构建构熟练的基础上可以思考与自我的关系。如"怎样组织更合理""你认为这一知识在哪种情境中更易于理解和运用""这一知识对自己有什么价值"，"你对哪一部分投入的时间（情感）最多""对哪些更感兴趣（好奇）"③等。

---

① Nash R. J.，"A Personal Reflection on Educating for Meaning"，*About Campus*，2008（2）.
② 〔美〕考奇克：《学习与教学策略》，伍春新等译，北京师范大学出版社，2007，第50页。
③ 魏戈、陈向明：《教师实践性知识在荷兰：与波琳·梅耶尔教授对话》，《全球教育展望》2015年第3期。梅耶尔注重的是教师借助概念图，如何反思实践知识和结构化的问题。

第二，思维教学产生多元性和批判性是必然。首先，批判性思维以多元性为前提，产生多样的思考方式需要多元的价值观。所以，教学必须是合作的，而不是竞争的。在合作中倾听、观察和比较反思学习，理解他者才能更深刻地理解自我。其次，批判性是一种态度、倾向。只有积极的学习和反思学习态度才能激发好奇与思考动机。教师如果旨在宣传和传授，学生自然会失去好奇与反思批判动机。再次，批判性思维是以宽容和尊重他人观点、情感、认知、方法等为前提，教师指导须先要自己尊重学生。如何做到尊重，还得教师指引学生辨别不同的价值观、文化范式和理解视角等，允许模糊领域存在。

塑造自我。自我是一种整体的"存在"，不能局限于某一侧面，包括知识技能、能力结构、价值体系和情感意志等（前揭）。自我关乎人性。人性不但具有理性和知性成分，也有无法理解的实践理性。在每一次拓展迁移阶段都可以进行反思学习、自我追问，每一次都可以发现某一角落的自我凸显或发展。这种发现会使自我从隐形状态不断壮大、不断完善，最终走向自觉。年幼的儿童可以依托感觉（不明原因），走向坚定认知和信仰的青年才好实现自我和人生追求。所以，自我从懵懂时代就存在，只是教学荒废它太久，导致迟迟不能登场，以至于走向社会的成人在经历人生许久才开始回顾探寻。而它确是教学的责任，自我探寻本身会推动教学的自觉和有效！

如上的每个阶段都会出现合宜的反思学习指导策略，仅做列举并不全面。但也存在普适的反思学习策略。如项目学习、问题学习、转换学习、案例学习等都有学者专门研究，适合于上述每个反思学习阶段的策略，兹不赘述。

四　课堂反思学习指导模式的初步应用

上文提出的反思学习模式是在基础教育实践中建构的，历时两年半。选择案例研究和人文诠释学方法。

（一）课堂反思学习指导模式的应用概况

1. 应用对象

所选取的组织个案：第一，实践焦点组。以一所浅山地区寄宿制学校（Z）的七年级班（G）为考察核心对象。该班级包括 25 名来自周边农村的学生，其中一名男生一学期后转学。剩余 24 名学生男女生数相等（12 人）。一学期后，又转进一名外区籍男生，总数复为 25 人。所以，前后测数值为 24 人，与对比组的平行测数值为 24 人。第二，对比组。农村半寄宿制校的七年级 X 班。该校条件略优于前述所研究个案：地处川水地区，学校规模较大——寄宿人数比例较少但基数较大，班容量 40 人以上（有同级平行班，学业平均成绩较 Z 校好），其中随意抽取 X 班 24 人形成对比组。对 X 班进行同类型观察研究，但保持其自然发展，没有课堂教学干预，以便后期与主要的研究个案 Z 校 G 班进行平行测量和比较。第三，参照组。选取镇义务教育寄宿制学校与城市中心区初级中学的七年级各一个班，人数分别是 43 人、45 人。对之仅做观察和后期问卷、测量等工作，不做教学干预。

所选取的学生焦点个案：小学二年级男生一名，直至四年级；小学四年级女生一名，直至六年级。

2. 应用过程

实践研究基本包括四个阶段。第一阶段为期一学期（2017 年 9 月至 2018 年 1 月），是各学校调查现状阶段。进一步细分为两个阶段：进行前期收集数据、形成问题判断与基本理论假设、选择典型的个案。选择 G 班为典型个案，X 班为参照组，并对这两个班进行前测；培训 G 班任课教师。第二阶段为期一年半（2018 年 3 月至 2019 年 7 月），形成基本理论和模式，并开展课堂实践与教学指导等活动，深入访谈学生及教师、进行课堂观察等活动。第三阶段为期半年（2019 年 9 月至 2020 年 1 月），分为两个进程：首先，进行后测和追踪观察、访谈，开展校际对比；其次，对基本理论和模式进行微调，补充相关数据；最后，确定模式和结构。

3. 涉及课程

小学主要以学校科目语文（阅读、写作）、数学为主，附加了书法（男、女）、舞蹈（女）、围棋（男）等课外兴趣课程。中学以语文、数学为主，科学、社会、体育和美术为参照也有课堂观察。

4. 工具

第一，基本知识技能的反思学习数据收集采用问卷测试的形式。测试包括实践组（G）与对比组（X）的平行测，实践组（G）前后测两种形式。对数据运用 SPSS Statistics V 17.0 进行分析。第二，基本能力、情感意志和价值观的反思学习数据收集采用课堂问卷调查、观察（即时笔录和录像摄影记录）、生活观察及访谈、作业测试等形式；对数据采用解释性分析和反思性分析方式。

（二）课堂反思学习指导模式应用的结果与分析

1. 知识技能的反思学习指导结果测评

（1）实践组 G 的前后测

在持续三学期课堂干预后，对 G 组知识技能进行测量，结果显示，后测的总成绩均值为 8.67，高于前测的总成绩均值 4.54。由于前测数据不符合正态分布（见图 6-5），所以进一步采用 2 个相关样本的非参数检验方法（Mann-Whitney U），$Z = -3.884$，$P = 0.000 < 0.01$，说明后测成绩显著高于前测成绩。这也说明了反思学习指导的有效性。

（2）实践组 G 与对比组 X 的平行测

①实践组 G 和对比组 X 在反思学习指导教学之前，运用非参数检验方法（Mann-Whitney U）分析 G 组和 X 组学生是否存在差异。结果（见表 6-5）显示：两组学生的语文、数学、英语和总分的差异不显著。

②为探讨知识技能反思学习后的总分在不同班级（运用反思学

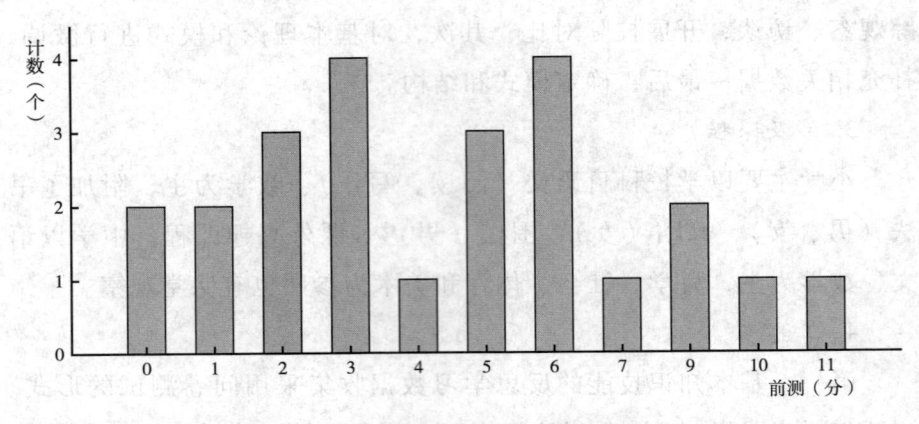

图 6-5 G 组知识技能反思学习前测的非正态分布

习模式教学干预的 G 组与未进行干预的 X 组）之间是否存在差异，对两组后测的总成绩进行独立样本 t 检验。其结果（见表 6-6）显示，G 组的总成绩均值（8.520）显著高于 X 组的总成绩均值（3.280），$t=8.333$，$p=0.000<0.01$。

总之，G 组学生与 X 组学生在前测中不存在显著差异。然而，在后测中，G 组的成绩显著高于 X 组的学生。这个结果也说明了反思指导学习的有效性。

表 6-5 G 组和 X 组平行测前测

课程	学习组	个案数	平均值	标准差	Mann-Whitney U	Z	P
语文	G	24	68.667	23.277	296.500	0.175	0.861
	X	24	74.292	12.970			
数学	G	24	34.417	18.316	302.500	0.299	0.765
	X	24	36.808	20.497			
英语	G	24	41.292	15.818	307.000	0.392	0.695
	X	24	43.292	15.971			
总分	G	24	144.375	49.114	313.000	0.516	0.606
	X	24	154.392	40.953			

表 6-6　知识技能反思学习的平行测后测

学习组	个案数	平均值	标准差	方差齐性检验		均值差异的 t 检验		
				F	Sig.	t	df	Sig.（双侧）
G	24	8.520	1.960	0.894	0.349	8.333	48.000	0.000
X	24	3.280	2.458			8.333	45.735	0.000

2. 基本能力的反思学习指导结果解析

课堂反思学习的"经验—元经验"模式对于学生思维力、判断力、表达力、批判力和行动力等能力的推动也显示出有效性。

第一，思维力是能力核心，学生思维能力在课堂反思学习实践培育后呈现出结构化发展的结果。首先，在反思学习模式实践培育前学生有一个阅读文章《岩石》[①] 的测量，具体操作过程分为三个步骤：第一个步骤，学生阅读前测试，实现学习前反思学习预测和推理。第二个步骤，阅读文章《岩石》。第三个步骤，阅读后反思学习评估测试。在实践反思学习模式之后对学生同样进行阅读同类文章（如《故宫博物院》），其步骤也一致。结果显示：学生阅读前反思学习将问题合理化推理组织，其组织是用拼图式的游戏一样或概念图式连接在一起；阅读中实施的方法是图示化的，不再是原先非联系性的知识点式；在阅读后有自己的解释和意义，并能够明确哪些是可以进一步扩展书写（发现问题），明确哪些是记忆点等。其次，在数学测试题中的逻辑推理内容从经验式的逐个数计到寻求关系原理或探寻公式计算。

第二，判断力和想象力发展。通过边阅读边讨论推理的训练，

---

① 〔美〕亚当·罗宾逊：《如何学习》，林悦译，中国青年出版社，2016，第 41 页。为了科学和合理，援引罗宾逊的资料与问题，主要依据其理论构想展开测试。也可以在实际结果与罗宾逊的理论之间形成批判性对比。

教师在后续测评中给出一个主题，让学生预判应该包含哪些内容并如何安排内容次序，学生展示的鱼骨图、维恩图等结构安排展示图谱中便比初次测评中显示出丰富、有序，作文也有话说。首先，重要的是一些选取节点上表现出合理和有重点。其次，通过实训达到客观说明与主观意见或情感、评价等有区分。这一点，在同时进行的高中生、大学生的反思日志测试中都无法达到。如运用左右栏，左栏描写客观事实，右栏评论、抒情。高中生、大学生提交的反思日志往往左栏混淆了事实与主观意见，右栏极其简单，仅写揭示其本质的一两个词。再次，将事实与虚构区别开来，发展了想象基于现实的认知规律。想象是可以通过教学实现的。这给了学生自信，也收敛了过去笼统的、大而无当的心理，有助于反思学习自我，发展脚踏实地的学习品格。

第三，表达能力的提高。首先，从跳跃性、简单表达走向合理地"连续性"表达。在初次阅读测试中学生是跳跃性表达的，导致表达极其简单和无序。如问及"当你看到'岩石'这个词时，会想到哪些词语？"学生直接写了"坚强""坚贞"（较普遍，占比为41%，最普遍是"石头"，占比为50%）。这种脱离生活实际，直接展示其精神底蕴的表达方式，往往损害学生表达的连续性、合理性。所以，在作文练习中学生常常无法实现有序地表达。在经历了反思学习实训后，学生写作或回答问题可以基于事实、现象，然后引申、联想、抽象到相关对象、概念、观念或情感、精神等，具有连续性、关联性。其次，表达工具的单一化走向多样化。前期测试当中学生一捉笔就开始书写文字，甚至于当面对"如果你用《岩石》为题，写一篇介绍的文章，那么具体写哪些内容（试画出文章结构示意图）？"这样的问题时，学生很困惑，问其原因时，则说是"时间、地点、人物、事情、原因、经过、结果"（记叙文的要素）不知道怎样画出来。在经过反思学习模式实践训练后：将原题拿给小学四年级的学生（以前未接触过该问卷）做同样的预测，则会画出基本结构：先介绍岩石，然后介绍其类型，不同类型岩石的名称、特点、样子、用途和形成过程；而已经是九年级的学生则能画出未读《故宫博物院》之前的基本介绍结构图。再次，学生表达力的提高表现在先说、画后写的有序性。实训中多开展"以学定教"和小组合作学习，形成了表达上的先说、画、听、查资料、对照标准、讨论等协议，然后再去独自写、画、制作表格等形式，学生养成了有序的表达习惯。

第四，行动力的提高。首先，缺课、抄作业现象减少。G班学生在刚开始一学期的课堂学习中，每天都会有一两个学生缺课的现象；并且照抄作业的情况非常突出，尤其在中午教室内大肆抄作业，即使笔者拍照时也是气定神闲地照抄不误。但是，八年级下学期开始学生旷课情况几乎不存在，抄作业现象虽减少但还是存在的。其次，行动力提高还表现在课堂上学生的参与意识和参与度明显提高。包括倾听、提问、讨论、回答问题和课堂演示等行为。尤其在集体性活动（如体育、美术和音乐课堂的竞赛活动）中表现出的集体意识和责任感突出，积极参与性更高。再次，行动力表现在对于教室环境和设备的爱护、创造等方面。记得有学生在笔者初始调研阶段，储物柜里放了一大包零食，中午吃瓜子将其皮扔了一地而漠不关心。一年后这一高个子男生特意从家里带来工具，帮助班级修理教室门把手；还在课间主动打扫教室卫生和擦黑板。

3. 情感态度价值观的反思学习指导结果解释

对于学生情感态度观念的变化，教师开始运用阶段问卷测验，最终实施访谈提问（转变语言形式，但内容实质相同），中间阶段经过逐个深度访谈追踪的形式。发现随着实训，学生的基本态度和观念在发生变化（见表6-7）。

表 6-7　学生实训前后态度观念变化

单位：%

对学习及其条件或自我的态度、观念问题	初次确认	最后确认
1. 你并不擅长学习,或说你对学习并不感兴趣,你需要老师来告诉你要学什么及怎么学	63	13
2. 老师告诉你什么等同于他向你传授相关知识,你能够重复老师所说的话,你就已经理解了相关内容	46	25
3. 你能够背的内容越多,说明你理解的内容也越多	54	38
4. 你需要掌握的重要知识都会在考试中体现。某些内容没出现在考试中,就说明那些内容是不重要的	17	33
5. 考试分数能够真实反映你对该课程内容的了解程度,成绩能够很好地反映你的学习水平及聪明才智	67	42
6. 你学得越快,说明你越聪明	46	71
7. 当回答一个比较难的问题时,你会倾向于自己去找解决方式,而不是通过查资料或向他人求教的方式	50	38
8. 大部分问题或难题都有"正确"的答案及解决方式	50	50
9. 学习的过程中,每当你回答了一个问题或解决了一个难题之后,常常会花一些时间,看看自己能不能想出其他答案或解决方式	83	88
10. 学校的存在,是为了最大限度地发掘学生的潜力	67	75
11. 学习通常是沉闷无聊的	75	25

注：设计的问题基本源于罗宾逊的设计维度（pp.30-33）。为了避免被学生察觉，导致重复带来的厌倦，前后测验中语句、修辞等表达上有改变和不同，但核心意思是一致的。

第一，学生对学习的兴趣有所提高。在第一次测验结束后的逐个访谈中学生直言对学习不感兴趣的比例较高，主要原因来源于对教师、学校的不满。首先是教师的责备和体罚，尤其对班主任的意见最多；其次是学校及其校长拘束他们而不自由；再次对学校有阅览室但不让开放阅览，其中有同学说如果他是校长则首先给学生每人一本书（访谈中有"如果你是校长会首先解决什么问题？"）。这些结论也可以从测试题的客观分析中证实：对于同时测验题，学生无法说明他怎样得出结果的（即使结果是错误的），便承认都是抄别人的或瞎编的，高达67%的比重。但在实训之后，学生获得了学习的快乐，尤其他们在说和同学们课堂上共同讨论，明白了解题思路（"取得胜利"）后，他们真实地感觉到了快乐。

第二，对于学校、考试和学习有了自己的真实认识。对于学校来说，很多学生抱着极高的希望（虽然对自己的学校有意见，有的学生说在家里比较安静、在学校想家），认为在学校比家里会获得知识。对考试的测试功能，刚开始很多学生深信不疑——考试能够评价出自己的能力，但经过实训后他们认为并非如此。学习的最初定义大部分学生认为就是背诵，有63%的学生选择喜欢语文或英语、历史，其原因是"对背诵有信心"。但实训后更多的学生倾向于喜爱数学（占比为54%）、体育（占比为25%）和地理（占比为17%），认为在数学中能够感受到通过花时间解决问题的快乐，体育课上可以自由、学生共同努力取得胜利（各种分组比赛）是快乐的，认为学习不是那么无聊和痛苦。

第三，自我的确立，个体理想从不知道到萌生。在最初的访谈中，只有一个学生回答对未来的规划、预期（想学医，源于其爷爷的病逝），其余学生都没有回答未来憧憬。在实训之后，50%的学生谈到未来希望做什么（虽然不是很明确和坚定），如经商、种中药材、发展数学天分、热爱地理等。

（三）课堂反思学习指导模式应用中问题反思

1. 选取的个案问题

选择G组为焦点个案的初衷是该班基础薄弱、班容量小，具有个案选择的典型性。同时，可以在短期培训后见成效，易于出成果。但是实际并非如此，基础薄弱不仅是学生的问题，更多在于学校、校长、教师等方面（包括观念、管理体制、教学方法、态度等），反而制约了实训的有序开展：首先是其校长、教师的阻碍。转换其语文、数学教师的观念和教师教学行为的培训工作异常艰难，笔者亲自在课前设计教学资料和情境、课堂中实践上课、课后讨论修改。反复经历一学期，学校校长、教师都有抵触情绪，从学校体制、管理和教学都具有很强的保守情绪。其次，是学生本身的不配合。好多测试、访谈都是在中午、下午放学后和晚自习抽空进行的，所以学生往往逃避；学生在问卷、测试中害怕自己的班主任、任课教师发现，刚开始不信任测试者，往往说假话，经过多次生活交往后，在不经意的访谈中才说真心话；在教室里访谈时，有些学生成绩差，往往受到同学的一个眼神或动作的影响就会说违心的话或不再往下说，需要跟踪几周才会在单独相处时吐露心声。再次，个案的基础薄弱会影响问题真实性。每一次问题、测试题都会在G组和小学个案学生中同样进行，但并不存在突出的差异性，有些（如语文阅读中的学前反思学习、数学中的多向度思维和一题多解）小学四年级（男生）、五年级（女生）学生表现出比八九年级的G组学生更强的反思意识。这是令人困惑的。最后，学习薄弱的被试对象往往依赖记忆：后测中显著性水平高，与前测的不自觉记忆也许有关：有过前测的经验，学生可能就会不自觉地警示自己关注。如前测有题，"山上有26只羊，其中10只是山羊。问放羊人的年龄多大？"当时仅有两名学生注意到题目有问题，余者都是有答案的。后测有对应的同类型题，"把一块木板锯成两块：第二块的长度是整块的2/3，但比第一块短4寸。问：木板锯开前的长度是多少？"学生就注意到这一题目是有问题的，受到前测的思维型记忆影响的可能性较大。

2. 课堂反思学习主体的可验证性条件制约

反思学习本身是内在的心理思维过程，具有内隐性和个体差异性。要让唯有自知的精神态外向表现、体现出来，本身需要中介。不论是怎样的中介符号，首先需要理解运用中介的技术性要求和解释能力。实践反思学习的个案中不乏聪明的、善于反思学习的个体，但受制于自身工具使用的能力，这些个体有时表现得言不尽意。在对他们进行知识技能测量时，他们表现不佳，但在课外交流时则表达的朴素而深刻，也有思想。这需要花费更多的时间与他们交流和跟踪访谈。

对反思学习的制约条件，是遗传还是生活环境、教育三者合力造就的，需要对个体进行跟踪研究，仅对学校和课堂进行研究有些孤立。

3. 知识技能不等于行动智慧

国内传统教学受制于苏联的认知教育学影响，形成的教学认知论普遍制约着教学观念、行为，对于知识技能的反思学习目前课堂教学仍是重点。但从认知到行动智慧不只是理解的问题，它们之间有很大距离，至少包含两个层面的转换：一是从行动中领悟、抽象出认知的理解；二是行动中不自觉地运用着知识，只有反思学习才能达到自觉状态。其实二者是一体两面的关系，其核心是如何开展具有智慧的行动教学。对此，杜威的理论是很富有意义的，但许多理论者批判杜威使精神走向操作主义，其实是误解或混淆了行为主义与实用主义。如小学四年级上册《数学》专门以知识形态传授统筹工作分配内容，学生很容易理解和掌握：烧水的同时在扫地、拖地；烙饼时可以同时进行其他工作；蒸米的同时在摘菜、洗菜、烧菜等。但是，学生们在实际行动中却不是如此智慧的：小学生在煮饺子时一直等在烧水的锅边，等水开了，放进饺子，又在一直等……只有提示他（她），你这个时候应该去准备书包或穿衣服，等书包、衣服收拾好了，回来水开了，捞饺子开吃。反复多次，他们才会达到自觉自知。

在对科任教师的培训中，这一现象同样出现。教师首先接受以学定教、先学后教等理念比较容易，在此基础上解释课堂反思学习理论也是有同感的。但是，一旦到真实设计具体的课堂学习指导过程和课堂施教时，又回到了教师展示学生静观的（最多象征性地提问几个学生，反馈理解状态）教学形式。反复地案例式教研讨论，笔者亲自示范设计教学和课堂实施，勉强开展先学后教和课堂反思学习。任课教师要实现这种转变的难点：一是知识如何情境化设计、如何设计合理的支持学习的"脚手架"有困难；二是了解学生的差异性学习状况（也存在懒惰和没时间的①）困难；三是评价笼统、方式单一，与学生个体不对应，不能从发展的角度开展表现性评价。

4. 社会反思学习的伦理问题没有讨论

课堂反思学习实现转换学习、问题学习需要在合作协议中展开。合作学习关涉学习伦理，这也是一个丰富和大幅的研究课题。

---

① 首先，涉及的任课教师的教学激情、兴趣等非智力因素不足，其价值观多停留在：教学就是教知识的应试教育思考上；学生的智力是恒定的，不用智力发展观对待学生——提到某学生时就会贴上一个优良与否的标签。其次，现代生活方式、交通设施等的变化，提供了便利，任课教师大多一放学就开车返回距离学校十几公里的城市家庭，只留下值班教师两人，这也在体制上阻碍学生学习。笔者在晚自习期间观察：在没有教师监管的情形下，学生都不在学习，教室里一片混乱。一旦管理的教师转悠过来，学生假装学习，安静片刻。再次，在校的教师都在忙碌，但繁忙的大多是一些教育行政部门下发的检查任务。填写各种表格和匆忙奔跑于乡村、附近兄弟校，如填写控辍保学报表、每个教学覆盖村的扶贫对象统计表和到每个村委会走访盖章、统一规定的备课表填写、教师基本信息统计表、各种网络学习信息填报及其学校业绩（国学经典学习、校本课程开发、校际教研活动、骨干教师等）统计表，总之，安心思考教材、教学设计和了解学生学情的教师几乎没有。

总　结

一　内容概述：从双螺旋结构的行动教育到课堂反思学习指导的双螺旋模式

"太初有为"而非"太初有道""太初有言"。因此，学习是从实践而非从知识符号开始的，课堂反思学习便是在实践中反思学习。教育教学的现代性危机是追求主题化的知识传承和课堂教学授受科学知识（"言"），而丧失了实践的智慧（"为"）。以自由为开端的实践理性，由于缺乏确定性而被排除在课堂教学甚至教育之外；教学固执于确定性的科学知识传授，其根蒂在于人类"偶像崇拜"的心理习惯导致的理性建构主义观念。理性建构主义是先验知识论者的灵魂。他们在此基础上所提出的理性反思是对已经主题化的科学知识的反省，其实质是对前人思维逻辑的沿袭和崇拜。先验论者坚持教学的知识优先性，形成的教学形式是传授知识，所谓反思学习便是反省知识的形成逻辑。长此以往，现代教学形式便会造成现代人缺乏创造性的结果。这种源于对认知理性（知性及其因果律）的崇拜，让课堂教学处在有知识而无智慧的技术性操作状态，最终损害的是人的生命、生活和自由。所以，教学应该遵循人类原初的智慧生存方式，即实践的存在方式。个体生命的自觉和智慧源于实践，实践必然是反思的（首先是形象反映，其次是抽象反思）。实践中反思学习是课堂反思学习的基本形式。实践中反思学习的本质是与情境对话——所有（自然、社会、他人、自我、语言或知识）成为学习者的（纳入学习者有意识观照的）对象构成其学习情境，都有可能与反思学习者对话，协助其反思学习。即反思学习需要指导①，并不是自足的。

课堂的实践不同于生活实践和被外在"暴力"控制着的缺乏自由的实践。生活实践是自由的，却缺乏目的，处于平庸的经验状态；被控制的、缺乏自由的实践便是奴役。所以，课堂实践既是有充分自由的又是有目的的积极性实践，故被称为行动。行动重视内在体验，是对经验的感知、反思和理解。如此，课堂反思学习便是行动中的反思学习。如果使课堂反思学习成为行动中反思学习，就得让学习者处于积极的情绪状态和有目的的理想追求状态。一方面，情感是课堂反思学习（行动中反思学习）的基础，情感可以产生学习的兴趣、动机、好奇、期望等推动力。这就是教育教学的情本体。另一方面，目的、理想成为地平线远景，形成学习的牵引力。目的性是理性的，但它不同于先验理性。相反，它是通过情感、经验积淀、发展、凝结而成的经验理性，即情理结构的理性形式。上述二者构成两个基本层面（经验层面、理性层面），形成反思学习的发展张力（推动力、牵引力）。

第一，情本体与遵循因果律以追求知性的纯粹理性本体不同。理性本体追求一元性和规律性，其遵循的是先验客观知识逻辑和表明其发展变化的科学抽象逻辑，形成矢量的时间性。情本体尊重差异性和偶然性，是艺术化联想、想象逻辑下的多样性和诠释性，形成双螺旋结构（个人与社会、组织秩序或科学知识与自生自发秩序或实践知

---

① 其实对于反思学习者而言，如果有他者对其学习目标、内容、方法、情感及人格等提供某些（如质疑、激发或提出另类的学习境脉和学习指向等）方式而促使学习者反思学习实际发生，产生学习效果，那么这类他者也是反思学习指导者。课堂反思学习指导者不限于教师，但教师必然是课堂反思学习指导者。

识）的时间性。多样性便会产生创造性和社会化对话的可能性；诠释性属于个体内在理解，在情感积淀为理性的学习过程中，尊重人性差异，突出比较合作反思的可能性。因此，情本体形成使人发展的推动力。在此前提下，行动中反思学习也才是可能的。

第二，目的性产生的牵引力，走进教学要从两方面看待。首先，目的设定遵从外来先验理性逻辑往往构成"暴力"，人为的秩序设定会产生效率主义追求，使教学走向形式主义假象。这种外在的设定实质上会产生阻碍。其次，内在遵从情感的想象和意志，是真实的自由，由它所内生的目的或建构的秩序才是合于学习者本性的理想。依从情感的发展而来、从情感的不断理性化中形成的经验理性设定的理想，便是自由的表现。这理想产生实在的力量——牵引力，行动中反思学习借此发生。譬如，学习目标的设定、学习对象的确定、学习方式的选择等内容必须在课堂反思学习中实现，学生通过自我或者反思学习指导去发现。

在情本体和目的性的双重规约下，课堂反思学习（行动中反思）发生并产生张力关系，进而形成个体"经验—元经验"结构。经验是情感体验性的，目的是经验理性的[①]。所以，学习者个体情感、思维参与建构知识（自我对话）是基础。反思学习首先是在情感与理性的统一性发展中开始。其实，在学生进入学校课堂学习之前已经开始了情感与理性的辩证运动，即开展了情感积淀、凝聚为理性，同时理性又反哺到情感和经验中而改变情感和经验的统一过程。儿童生活中的实践反思学习是课堂反思学习的先锋和准备。元

---

① 此处的经验理性是相对于先验理性而言，其实就是实践理性或者经验的合理性。先验理性实际就是纯粹理性，具体指外来的他者规定性命令，不属于主体经验中积淀而成的理性。如学习中教师、课程等不适合学生实际学情的目标内容等设定。

经验是由感性积淀而成的经验理性，也是一种可以对经验监控的理性①。

这种在生活中以感性积淀为理性的自然发生过程，走进课堂如何实施可操作性的指导，形成教学的反思学习指导形式，便是"经验—元经验双螺旋结构反思学习模式"的两根螺旋辐条。

个体经验的有限性制约个体理性的成长，发展个体理性须基于经验而进行间接经验。这就是在特定课堂情境中的社会学习。课堂反思学习也是在社会关系中发生，即课堂反思学习指导。

课堂反思学习指导是协商的，无论是其学习目标、方法、对象、评价还是拓展迁移的路径等，概莫能外。而协商的发生前提必须是先有学生的行动，才有指导的发生，即先学后教。没有学生学习的教学是盲目的知识先验独断，而先学后教的行动中反思学习指导则是经验建构。

虽然先学后教的建构主义比先教后学的独断论具有优先性，但先学后教有一个前提问题需要解决——先学什么？这是依托于先验知识②才能实现的，因此，适合于特定阶段学生学习的普遍课程知识系统建设不可少。课程知识系统只有在与"先学"后的学生需要学习的具体知识（学情）这二者共舞中，才能准确开展课堂反思学习指导活动。此二者便是"教材知识与实践知识"，成为反思学习双螺旋结构的一翼。

教材知识形态以"言"的形式存在，走进课堂必须转化为实践

---

① 其中包含了体验理解和情境化、情绪化理解，所以区别于元认知，具有更丰富和属己的意味。因此，由它设定的理想目标有时被称为愿景，为了突出情感及与之匹配的经验理性的相关统一性。

② 此先验知识可能是通过经验情境积淀形成的，也可能是学习情境中先验的可接受性知识与经验情境的理解共同作用而被理解生成的。这些先有的知识、经验具有同化顺应新知识和组织新知识经验的功能，也充当概念参照物以便形成合理解释、比较、批判反思学习的作用。

形式，即设置为情境化的（可以是活动、任务或练习）形态呈现在学生面前，知识的情境化设计是教师的责任。只有这样，课堂学习才能被称为行动——具有实践性质，其实质是情境教学设计或抛锚式教学，它区别于真实生活世界，可以说是对生活世界的剪辑。情境教学区别于生活实践和科学知识学习，处于二者之间。这样的实践反思学习既区别于杜威的（生活）实践反思学习，也区别于舍恩的（专业知识）实践反思学习。

课堂情境教学中的实践反思学习通过个体在社会关系中开展，与指导者对话和同侪对话、与教材及其代表的课程知识对话、与自然世界对话、与自我对话……这是"个体与社会"的关系，构成文中课堂反思学习双螺旋结构之另一翼。

对于课堂反思学习中知识建构的动力学而言，上面两根辐条的螺旋上升，循环不息。个体经验与元经验形成两端，在牵引、推动其发生立体螺旋上升。这就构成课堂反思学习的"经验—元经验双螺旋结构反思学习模式"，也构成了课堂反思学习无限发展的境界，实现学无止境的理想。

在"经验—元经验"层面上需要说明两点：一是经验学习发生的内在机制解释；二是经验学习走向元经验学习的机制。

经验学习发生的内在机制表现在学习的基本环节的连贯性过程：具体经验、反思观察、抽象化概括、主动实验。在这一过程中，经验反思发生，它对经验和直观的现象开展抽象、概括，寻求普遍的知识和原理。经验学习中包括两种学习主体：个体和群体。不同主体参与的反思学习形式是不同的：描述性反思学习形式是基础的，会发生在任何主体的反思学习中；比较性反思学习只有在群体反思学习时才会发生。

经验学习走向元经验学习需要一个拐点，这一拐点是受思维监控的高度自觉意识，它是对经验价值观前提的批判反思学习。批判反思学习在同质性学习社会群体中不会发生，只有在辩证思维阶段个体、异质性社会群体中才会发生。

在课堂开展反思学习指导遵循上述两个基本的学习层面及其转化机制。结合课堂情境中的实践特点，课堂经验层反思学习的指导有基本反思学习视点：主题情境、建设支架、协作探究、表达展示、评价反思、拓展迁移。其中前二者、第三、第四视点是一体发生的，于是元经验监控中易于实现批判反思指导的地方就成为四个：建设资料库、确立主题和目标、自我调整和原理个体化、拓展迁移。在这四个关键处两根辐条（个体与社会、组织秩序或科学知识与自生自发秩序或实践知识）螺旋上升，开展反思学习指导比较容易。但不是必然发生批判性反思学习，正如拉图尔所说："如果我们跟随着螺旋线，要素就会显得遥不可及；而如果我们在不同的线圈之间进行比较，要素却又显得近在咫尺。"

二　时代镜像：学习的变迁与课堂反思学习指导

学习什么决定怎么学习。学习内容的变迁基本可以概括为三个阶段：知识技能、社会规范或人文修养、人性。第一，计算机学习。在20世纪初，学习的重点是文化技能（读写算等），所以学习方式是获得范式。尤其是行为主义的"刺激—反应"模式强化了认知的程序和知识逻辑，是科学的学习范式——重视客观知识、技能逻辑，忽视人的差异性和人文性。所以，程序教学催生了计算机设计教学。第二，人文主义学习。学习关涉外在的信息和内在的人的心灵，20世纪60年代遂产生两种有偏向的学习心理学探究。首先，认知心理学强调人的内在心理加工，突出学习的个体心理机制的重要性和差异性，所以学习突出人文主义特征和个体特征。这就重视文化熏陶和塑造的功能，这些外在符号输入个体后是如何运转变化及产出的探究及其结论，就构成了信息加工的学习理论。其次，与之并行且强调外在社会及其文化如何自外而内的影响的文化历史学派，突出学习的社会、文化等特征。总之，不论二者的出发点如何不同，都集中在认知或知识领域对学习进行研究、解释，至于知识他者则不做说明。这样就使学习局限于文化知识和技能的自外而内的塑造功能。第三，人性学习。20世纪80年代，人们开始对学习只重于认知领域的探索进行批判，所以提出深度学习问题——具有确定性的知识的学习是浅层次的学习，而更重要的、深度的学习对象应该是情感、动机、思维本身，甚至是意志（这是21世纪的正念学习话题）的学习。所以，情商概念自20世纪90年代以来风靡一时。其实，人性的发端正在于情感动机。学习的根本始端也在于此，它突出体现在内在的情感体验和反思。不论如阿尔弗雷德·艾德勒所说的自卑感或自卑意识作为人格形成的前提①，还是马丁·布伯所谓的"我—你"关系，以及中国传统教育教学中的"以友辅仁""独学而无友，则孤陋而寡闻""因空见色，由色生情，传情入色，自色入空"等思想都包含的是社会意识和社会情感。所以个人的解放便是社会意识的培养，这不是让人接受同一的模式（上述人文主义学习的强制性影响），而是在社会交往、经验和实践中协商、反思批判，以至在解决问题的过程中建构新的话语或知识。

可见，前两种学习内容重于既成事实的知识，而最后一种则是面向未来的建构和批判性改造。因此，形成的学习方式是不同的：前者是获得范式，后者则是参与范式。

由于这两种学习范式的不同，则规定了反思学习内容、方式不同。一是反思学习知识，另一是反思学习整体（包括知识与知识他者）；一是个体意识对知识对象的反思，即认知反思（冷思），另一

---

① 〔奥〕阿尔弗雷德·阿德勒：《儿童的人格形成及其培养》，韦启昌译，北京大学出版社，2014，第5页。

是对行动的反思，即活动、实践中整体（包括认知、情感、意志和方式等经验全体）的反思（热思）。首先，二者反思学习的对象不同。在科学时代，弗莱威尔（J. H. Flavell）提出"元认知"概念，反思学习对应的便是"对认知的认知"，包括对认知、情感、监控等的"认知"。而科学危机的新时代，Smagorinsky 提出"元经验"（meta-experience）概念①以完善反思学习的整体性。元经验既包含了元认知，又包含了对认知的感受、评价、欣赏，认知他者的再感受、再评价、再欣赏等。其次，反思学习的形式不同。认知反思学习关注个体，即个体意识对所学习对象的元认知，它是单向度的和主客体二分的科学认知形式，是在认知发生之后的回顾；行动反思关注社会和共同体活动，即在行动中个体间的比较、判断、鉴赏甚至批判性反思，它是多向度的主体间互动协商，在认知与认知他者未发生、正在发生、已然发生及其结束之后都可以开展的反思学习形式。

因此，行动中反思学习指导重视的是学习情境的设计，让学习者参与其中，共同实践并完善学习体验结构，是过程性的和整体性的当下反思学习。不同于个体反思学习和认知反思学习的知识逻辑设计、学习活动的同一化步骤设计。在这种课程、教学设计统一起来的设计形式中，学生个体的多样性（经验、智力能倾、动机情感和意志力趋向等）会导致学习目标取向的不同，教师要遵从学生的需求和生成的意义向度，便成为指导者而非决策者。反思学习指导者的责任是设计学习情境和在学习过程中契合学生的解决问题方式、路径而做出合理指导，首要的是尊重学习者的经验（尤其是内在体验）、情感动机和不同智力倾向。这样，反思学习指导的基本路径便是从以学习个体内在的情感动机为始端，走向认知和思想观念，最终达到信奉、信

---

① Smagorinsky, "Vygotsky's Stage Theory: The Psychology of Art and The Actor Under the Direction of Perezhivanie", *Mind, Culture, and Activity*, 2011 (4).

仰的高度，直至学习者的人格、人性的形成。

　　课堂教学中的情境设计需要对真实生活实践进行重组、突出境脉以提升学习者的动机、凸显知识结构和有待形成发展的有序性的活动序列。已经开拓出基本形式的有基于问题的学习、抛锚式学习、认知学徒制、基于项目的参与学习等。

三　科学与艺术：课堂反思学习指导的抽象模型与原理

　　人类的知识和制度文明是需要历史积累而逐渐形成的，而个体的德行和人格、人性的发展需要每一生命诞生后在实践中完善，至老死便终结。所以，前者可以在历史长河中积累传承，而后者只能在每一个体的短暂一生中发生。前者是科学所关怀的，后者则是艺术实践。课堂教学不仅在于对科学知识和文明的传承，而且关心对知识他者的培育。

　　同时，课堂教学行为本身也是科学与艺术的二重性变奏运行。授受知识是绝对科学的活动，不论是讲解、演示、训练和探究，甚至其中的反思行为，因为知识本身具有自身的逻辑，这也规定教学行为本身也是有规律可循的；个体人性发展也是有一般性和共同性，包括身体、心理、情感、德行和行为，乃至认知结构的形成与发展，等等。但就人的经验作为理解知识和个体本身发展的基础而言，没有一个人的经验是一律的，个体学习知识及其人格发展也是偶然性事件。

　　知识及社会规范、制度的学习不仅是掌握知识本身的符号记忆，这种学习过程又在无声地塑造、改变着学习个体人性发展，包括认知思维、心理和行为。它不只是如怀特海所说的完全无法运用的惰性知识，它改造着人性。

　　但如果让知识掌握更加有效、有针对性和创造性，就得在具体的实践情境中运用并探索。这是毋庸置疑的。但这种学习方式除了古老的学徒制，在现代学校班级制度的课堂中如何可能？或在非专业化

（基础教育阶段）教学的班级制度课堂中如何可能？基础教育教学探寻的是共性的概念、原理，所以一些公共的知识是其前提，将这些公共性知识运用到实际情境中必然会发生变化，即意义的生成不可避免。实际学习是从经验开始的，由经验的情境反思到公共的知识是其合理的学习路径，而这种反思逆推又不一定呈现唯一的结果。因此，基本的原理（先验知识范畴）只是一个向导，而不是决定者；真正的动力来源于经验和个体心理结构。

目前的课堂教学形式规定的两种反思学习形式分别是这样的：一是提供先验的（历史文化所提供的基本概念、原理）知识，当学习中相遇特殊情境，便反思分析这特殊，将特殊纳入先验知识中；二是先提供特殊的情境，对特殊情境分析或结合经验与先在的知识比较、顿悟，建立基本标准，然后理解特殊，建构新知识。在后一种反思中学习真实发生，其中学习者的全体（不仅是认知，还有认知他者；不仅是认知概念，还有认知的多种层次）参与。其中包含的是科学和艺术的统一。

因此，反思学习的科学与艺术性如何在超越性层次上更具有指导规范性，就是一个科学指导话语的探索问题。这就是既具有可操作性，又具有创造性的指导框架探寻。它就是模式。模式是科学教学的工具，有一定的程序或过程序列，但也有创生性和灵活性；有迹可循，又不拘泥于线性运动，是开放的，故也是艺术的。

四　课堂反思学习指导研究的表达逻辑：于张力中寻求平衡

本书围绕三个矛盾展开相关反思学习指导的行文逻辑：外在知识与内在信仰，时代变迁与学校守旧，控制规训与自由生成。

对客观科学知识的探寻源于人类寻求确定性的普遍心理和精神（偶像崇拜），到近代科学的兴起进一步助推了其发展。第一，客观的知识确实给人类带来了进步，它并非可有可无，作为人类进步的阶梯必须掌握。掌握知识必须通过教学活动实现。第二，教学的教育性实现，即人凭借知识是否必然得到全面发展、如何发展，则是有必要研究的课题。知识是外在的，它是由外而内对人进行塑造；真实的教育应该是具有主动性的由内而外的发展。此即西方文化中存在的核心矛盾问题——恩典与自由，要实现二者的统一，其始源必须是"文化心理结构"，而非知识①。心理结构的成长必须基于实践和行动，行即知。

时代在发展，每一代人的心理结构会因受到时代文化环境制约而不同。但是，学校作为教育阵地以知识化形态存在——朝令夕改往往无益于教育实施；同时，用不变的知识去规范不同时代的学生②恪守传承的恒定教育形式内容甚至教学形式内容，就有刻舟求剑的危险。

对客观知识的学习注定使教育教学发展成控制性规训的形式——有先天性权威就有拯救之心和控制之手，人的发展尤其是心理结构的

---

① 教学理论的发展以外在知识塑造学生的心理，首先是科学计算性的，其次是人文性的。这二者关注的是科学涵义的知识掌握，而不是人自身的内在成长问题。只有到了第三阶段，才关注到"人性"，人性是关乎信仰的情感、德行等内在文化心理结构问题。情感、德行、信仰是由内在滋生的意义问题。但文化心理结构教育和建构需要关注两个问题，一是以外在的工具为核心的工艺社会结构，二是以内在情感为核心的个体文化心理结构。二者如何统一起来是教学的分歧点，皮亚杰和维果茨基各代表一方。反思学习也存在个体反思学习和社会反思学习的分歧。

② 笔者调查的十几所学校从课程设计、课堂教学、作业形式、学生管理、校舍文化设计以及教师管理体制等，在实质上几乎没有超越三十年前的基本格局。最大的变化是在物质和教学形式上，包括教学楼、办公室、住宿楼变得豪华、整洁、明亮，校园和教学楼、教室内增加了储物柜、书橱、黑板和多媒体设备等。但在办学、教育教学理念上基本未脱离20世纪80年代的客观知识的学习观、学生智力先天型的孤立观、教师教材核心观、作业练习作为教后的训练—评价依据观（有的地方教育局统一编订"导学案"，教师操作时将之作为课后练习册批阅）、先教后学教学观等。

成熟是自由的，在自由的文化心理结构中成长的人们建构知识、开发智慧和发展成长型智力必须依据实践，而实践中的教学必须进行反思学习。

矛盾或认知二元论的产生是由研究、认知的需要产生的，是人为的。而教育教学活动是实践的。这些矛盾在走进实践和真实行动中才得以消弭。马克思、杜威等先贤开出的药方是正确的。

在实践中便会产生"生活世界"和"复杂性"问题。生活世界和复杂性理论视野下的教学活动需要教学"主体性"，教师、学生要有高度的反思意识，开展建构行为。如此，对于学生便是反思学习，对于教师便是反思学习指导。

学生反思学习指导关系到为什么要反思学习？课堂需要怎样的反思学习？课堂反思学习指导需要什么条件支持？课堂反思学习指导什么？课堂反思学习如何指导？第一个问题需要哲学、社会学、心理学、教育学理论基础及其课程与教学论、学习论阐释。第二个问题指向反思学习形式。知识的学习是文化传承和理性的反思学习；建构人性需要在知识形成之前开展实践反思学习。第三个问题指向反思学习内容，包括知识技能、能力基础和情感态度价值观等，它们构成整体的发展自我个体和文化生存者整体规范系统。第四个问题包括以脑为核心的生物性遗传基础、知识及其观念、课程与教学形式、学习情境、对象（内容）以及现代技术手段，环境、学习者和教师是核心。最后一个问题关系到学习模式、策略和方法工具等，需要指导的操作性和学习实践行为。

可以肯定的基本结论是：反思学习可以推动学生有效学习和发展；反思学习在实践活动和社会化学习中开展效果更明显，所以需要指导；实践反思学习是结构性的，可以有效链接情感、认知、思想和行为；反思学习不仅是回顾性的，而且是当下性、前瞻性的，具有过程性；反思学习是整体性的，不仅是对情感知识行动等固定的对象性反思学习，而且是对情境的反思学习——情境是变化的，这有助于最终发现学习者个体自我人格和人性，提高道德修养。因此，反思学习是一种境界。

最后，课堂反思学习及其指导的效果在应用中以个案形式显示。知识技能的反思学习指导效果可以通过测验显示，能力和情感态度价值观以及自我整体人格的反思学习指导之效果则需要观察、测试、解释和典型案例分析共同呈现。书中虽有如上的实践应用，但还存在诸多不足，希望未来继续努力并完善！

参考文献

一 中文参考文献

(一) 著作类

[1]〔法〕埃德加·莫兰:《复杂性理论与教育问题》,陈一壮译,北京大学出版社,2004。

[2]〔美〕艾尔·巴比:《社会研究方法》(第十版),邱泽奇译,华夏出版社,2005。

[3]〔法〕爱弥尔·涂尔干:《哲学讲稿》,渠敬东、杜月译,商务印书馆,2012。

[4]〔法〕安德烈·焦尔当:《学习的本质》,杭零译,华东师范大学出版社,2015。

[5]〔美〕彼得·圣吉:《第五项修炼》,张成林译,中信出版社,2009。

[6]〔美〕比格:《学习的基本理论与教学实践》,张敷荣译,文化教育出版社,1983。

[7] 蔡清田:《教育行动研究》,南京师范大学出版社,2005。

[8] 陈桂生:《课程引论》,华东师范大学出版社,2019。

[9] 陈亚军:《超越经验主义与理性主义:实用主义叙事的当代转换及效应》,江苏人民出版社,2014。

[10]〔美〕Chris Frith:《心智的建构:脑如何创造我们的精神世

界》，杨南昌等译，华东师范大学出版社，2012。

[11] 〔美〕戴尔·H. 申克：《学习理论》，何一希等译，江苏教育出版社，2012。

[12] 〔美〕戴维·H. 乔纳森、苏珊·M. 兰德：《学习环境的理论基础》，徐世猛、李洁、周小勇译，华东师范大学出版社，2002。

[13] 〔美〕戴维·H. 乔纳森、苏珊·M. 兰德：《学习环境的理论基础》（第二版），徐世猛、李洁、周小勇译，华东师范大学出版社，2015。

[14] 〔美〕丹尼尔·戈尔曼：《情商：为什么情商比智商更重要》，杨春晓译，中信出版集团，2018。

[15] 〔美〕杜威：《我们怎样思维·经验与教育》，姜文闵译，人民教育出版社，2005。

[16] 〔美〕古德、布罗菲：《透视课堂》，陶志琼等译，中国轻工业出版社，2002。

[17] 〔美〕海伦·朗基诺：《知识的命运》，成素梅、王不凡译，上海译文出版社，2016。

[18] 〔德〕汉娜·阿伦特：《人的境况》，王寅丽译，上海人民出版社，2009。

[19] 郝文武：《教育哲学研究》，教育科学出版社，2009。

[20] 〔英〕黑恩、杰塞尔、格里菲斯：《学会教学：教师专业发展导论》，丰继平译，华东师范大学出版社，2009。

[21] 〔美〕亨利·A. 吉鲁：《教育与公共价值的危机》，吴万伟译，中国人民大学出版社，2016。

[22] 〔美〕亨利·A. 吉鲁：《教育中的理论与抵制》，张斌等译，教育科学出版社，2016。

[23] 黄显华、霍秉坤、徐慧璇：《现代学习与教学论：性质、关系和研究》（三卷本），人民教育出版社，2014。

[24] 〔美〕杰罗姆·布鲁纳：《教育过程》，邵瑞珍译，文化教育出版社，1982。

[25] 〔美〕杰罗姆·布鲁纳：《布鲁纳教育文化观》，宋文里、黄小鹏译，首都师范大学出版社，2011。

[26] 〔美〕凯瑟琳·舒尔茨：《课堂参与：沉默与喧哗》，丁道勇译，华东师范大学出版社，2019。

[27] 〔德〕康德：《论教育学》，赵鹏、何兆武译，上海人民出版社，2005。

[28] 〔美〕考奇克：《学习与教学策略》，伍春新等译，北京师范大学出版社，2007。

[29] 〔美〕克里斯·阿吉里斯：《组织学习》，张莉、李萍译，中国人民大学出版社，2004。

[30] 〔丹〕克努兹·伊列雷斯：《我们如何学习：全视角学习理论》，孙玫璐译，教育科学出版社，2014。

[31] 〔美〕库伯：《体验学习：让体验成为学习和发展的源泉》，王灿明、朱水萍等译，华东师范大学出版社，2008。

[32] 〔法〕拉图尔：《我们从未现代过》，刘鹏等译，苏州大学出版社，2010。

[33] 〔美〕莱斯利·P. 斯特弗、杰里·盖尔：《教育中的建构主义》，高文、徐斌艳、程可拉等译，华东师范大学出版社，2002。

[34] 联合国教科文组织国际教育发展委员会：《教育：财富蕴藏其中》，教育科学出版社，1996。

[35] 联合国教科文组织国际教育发展委员会：《学会生存：教育世界的今天和明天》，上海译文出版社，1979。

[36] 联合国教科文组织：《反思教育：向"全球共同利益"的理念转变》，教育科学出版社，2017。

[37] 李吉林：《儿童情境学习范式建构的历程》，教育科学出版社，2018。

[38] 李文萱：《聚焦学科核心素养的课堂教学》，华东师范大学出版社，2018。

[39] 李泽厚：《人类学历史本体论》，青岛出版社，2016。

[40] 林崇德：《21世纪学生发展核心素养研究》，北京师范大学出版社，2016。

[41] 林崇德：《学习与发展：中小学生心理能力发展与培养》，北京师范大学出版社，2017。

[42] 刘森林：《实践的逻辑》，社会科学文献出版社，2009。

[43] 〔美〕罗伯特·K.殷：《案例研究方法的应用》，周海涛、夏欢欢译，重庆大学出版社，2014。

[44] 〔美〕罗伯特·K.殷：《案例研究：设计与方法》，周海涛、史少杰译，重庆大学出版社，2017。

[45] 〔加〕马克斯·范梅南：《生活体验研究》，宋广文译，教育科学出版社，2003。

[46] 〔德〕马克斯·韦伯：《社会科学方法论》，韩水法译，中央编译出版社，1999。

[47] 〔芬〕马库·维莱纽斯：《第六次浪潮》，刘怡、李飞译，清华大学出版社，2018。

[48] 〔美〕玛丽·凯·里琪：《可见的学习与思维教学》，林文静译，中国青年出版社，2017。

[49] 〔英〕麦克·格尔森：《如何在课堂培养成长型思维》，白洁译，中国青年出版社，2019。

[50] 〔德〕诺伯特·M.西尔、〔荷〕山尼·戴克斯特拉：《教学设计中课程、规划和进程的国际观》，任友群等译，教育科学出版社，2009。

[51]〔美〕派纳:《理解课程》,张华等译,教育科学出版社,2003。

[52]〔美〕派纳:《课程:走向新的身份》,陈时见等译,教育科学出版社,2008。

[53]潘洪建:《教学知识论》,甘肃教育出版社,2004。

[54]庞维国:《自主学习:学与教的原理和策略》,华东师范大学出版社,2003。

[55]〔瑞士〕皮亚杰:《发生认识论原理》,王宪钿等译,商务印书馆,1981。

[56]〔法〕乔治·巴塔耶:《内在经验》,程小牧译,生活·读书·新知三联书店,2017。

[57]瞿葆奎:《教育学文集·教学》(上、中),人民教育出版社,1988。

[58]瞿葆奎:《教育学文集·课程与教材》(上),人民教育出版社,1988。

[59]石中英:《知识转型与教育改革》,教育科学出版社,2001。

[60]〔美〕舒尔兹:《成长心理学》,李文湉译,生活·读书·新知三联书店,1988。

[61]〔美〕Stephenson F. J.:《非常教师:优质教学的精髓》,周渝毅、李云译,中国轻工业出版社,2002。

[62]〔美〕Sternberg R. J. & Spear-Swerling L.:《思维教学:培养聪明的学习者》,赵海燕译,中国轻工业出版社,2001。

[63]〔美〕索耶:《剑桥学习科学手册》,徐晓东等译,教育科学出版社,2010。

[64]〔美〕唐纳德·A. 舍恩:《反映的实践者:专业工作者如何在行动中思考》,夏林清译,教育科学出版社,2007。

[65]〔美〕唐纳德·A. 舍恩:《培养反映的实践者:专业领域中关于教与学的一项全新设计》,郝彩虹等译,教育科学出版

社，2008。

［66］〔美〕特伦斯·谢诺夫斯基：《深度学习》，姜悦兵译，中信出版集团，2019。

［67］王策三：《教学论稿》，人民教育出版社，1985。

［68］王策三：《教学认识论》，北京师范大学出版社，2002。

［69］王鉴：《课堂研究概论》，人民教育出版社，2007。

［70］〔德〕沃尔夫冈·布列钦卡：《教育科学的基本概念：分析、批判和建议》，胡劲松译，华东师范大学出版社，2001。

［71］吴康宁：《课堂教学社会学》，南京师范大学出版社，1999。

［72］熊川武：《反思性教学》，华东师范大学出版社，1999。

［73］学习基础素养项目组：《素养何以在课堂中生长》，华东师范大学出版社，2017。

［74］〔美〕亚当·罗宾逊：《如何学习》，林悦译，中国青年出版社，2016。

［75］叶澜：《回归突破："生命实践"教育学论纲》，华东师范大学出版社，2015。

［76］〔瑞士〕英海尔德、辛克莱、博维尔：《学习与认知发展》，李其维译，华东师范大学出版社，2001。

［77］因特贝尔特大学认知与技术小组：《美国课程与教学案例透析：贾斯珀系列》，王文静、乔连全等译，华东师范大学出版社，2002。

［78］尤西林：《人文科学导论》，高等教育出版社，2002。

［79］〔美〕约翰·D. 布兰思福特等：《人是如何学习的：大脑、心理、经验及学校》，程可拉等译，华东师范大学出版社，2013。

［80］〔新西兰〕约翰·哈蒂：《可见的学习：对800多项关于学业成就的元分析的综合报告》，彭正梅等译，教育科学出版社，2015。

[81]〔美〕詹姆斯·M.朗：《如何设计教学细节：好课堂是设计出来的》，黄程雅淑译，中国青年出版社，2018。

[82]郑召利：《哈贝马斯的交往行为理论：兼论与马克思学说的相互关联》，复旦大学出版社，2002。

[83]中共中央办公厅：《关于培育和践行社会主义核心价值观的意见》，人民出版社，2013。

[84]钟启泉、崔允漷、张华：《为了中华民族的复兴，为了每位学生的发展：基础教育课程改革纲要（试行）解读》，华东师范大学出版社，2001。

[85]钟启泉：《课堂革命》，江苏人民出版社，2017。

[86]〔美〕Zimmerman Barry J.：《自我调节学习：实现自我效能的超越》，姚梅林等译，中国轻工业出版社，2001。

[87]〔日〕佐藤学：《静悄悄的革命：课堂改变，学校就会改变》，李季湄译，教育科学出版社，2014。

[88]〔日〕佐藤学：《学习的快乐：走向对话》，钟启泉译，教育科学出版社，2004。

（二）论文类

[89]蔡宝来等：《慕课与翻转课堂：概念、基本特征及设计策略》，《教育研究》2015年第11期。

[90]陈丽、逯行、郑勤华：《"互联网+教育"的知识观：知识回归与知识进化》，《中国远程教育》2019年第7期。

[91]陈亮、朱德全：《学习体验的发生结构与教学策略》，《高等教育研究》2007年第11期。

[92]陈佑清、余潇：《学习中心教学论》，《课程·教材·教法》2019年第11期。

[93]陈佑清：《反思学习：涵义、功能与过程》，《教育学术月刊》2010年第5期。

[94] 董奇：《论元认知》，《北京师范大学学报》（社会科学版）1989年第1期。

[95] 郭元祥：《新课程背景下课程知识观的转向》，《全球教育展望》2005年第4期。

[96] 核心素养研究课题组：《中国学生发展核心素养》，《中国教育学刊》2016年第10期。

[97] 胡卫平：《提高整体素质培养创新人才：谈谈"学思维"活动课程的设计与教学》，《中小学校长》2008年第9期。

[98] 〔美〕杰罗姆·布鲁纳：《教育过程再探》，邵瑞珍译，《教育研究》1979年第1期。

[99] 〔美〕吉鲁：《后结构主义者的论争及其对于教育学的几种影响：转向理论》，谭晓玉等译，《华东师范大学学报》（教育科学版）1995年第1期。

[100] 《坚持把立德树人作为根本任务：二论学习贯彻习近平总书记全国教育大会重要讲话精神》，《中国教育报》2018年9月14日。

[101] 《教育部关于全面深化课程改革 落实立德树人根本任务的意见》，2014年3月发布，http://www.moe.gov.cn/srcsite/A26/s7054/201404/t20140408_167226.html，2017年5月1日9时。

[102] 教育部：《基础教育课程改革纲要（试行）》，《人民教育》2001年第9期。

[103] 孔崇旭等：《反思学习策略之学习成效研究》，《全球华人计算机教育应用大会》（GCCCE2013）2013年5月27日（会议时间）5月28日（网络发布）。

[104] 李如密、孙龙存：《元学习能力培养：促使学生学会学习的关键——基于现代教学论视角的思考》，《课程．教材．教法》

2007 年第 6 期。

［105］李召存：《走向意义关照的课程知识观》，《全球教育展望》2005 年第 5 期。

［106］廖哲勋：《构建新的知识观，深化课程改革》，《课程·教材·教法》2016 年第 6 期。

［107］林崇德、申继亮、辛涛：《教师素质的构成及其培养途径》，《中国教育学刊》1996 年第 6 期。

［108］林崇德、罗良：《情景教学的心理学阐释：评李吉林教育思想》，《教育研究》2007 年第 2 期。

［109］林崇德、胡卫平：《思维型课堂教学的理论与实践》，《北京师范大学学报》（社会科学版）2010 年第 1 期。

［110］卢春红：《情感何以与理性相关联？》，《哲学动态》2020 年第 6 期。

［111］申继亮、辛涛：《论教师教学的监控能力》，《北京师范大学学报》（社会科学版）1995 年第 1 期。

［112］申继亮、辛涛：《论教师教学的监控能力提高的方法和途径》，《北京师范大学学报》（社会科学版）1998 年第 1 期。

［113］辛涛、申继亮、林崇德：《认知的自我指导技术对教师教学监控能力的影响》，《心理科学》1999 年第 1 期。

［114］辛涛、申继亮、林崇德：《任务指向型干预手段对教师教学监控能力的影响》，《心理发展与教育》1997 年第 2 期。

［115］辛涛、林崇德：《教师教学监控能力发展：质与量的分析》，《中国教育学刊》1999 年第 3 期。

［116］辛涛、林崇德、申继亮：《教师教学监控能力与其教育观念的关系研究》，《心理科学》1999 年第 1 期。

［117］王洪才：《教育学：人文科学抑或社会科学？》，《教育研究》2012 年第 4 期。

[118] 魏戈、陈向明：《教师实践性知识在荷兰：与波琳·梅耶尔教授对话》，《全球教育展望》2015年第3期。

[119] 燕良轼：《传统知识观解构与生命知识观建构》，《高等教育研究》2005年第7期。

[120] 叶澜：《当代中国教育变革的主体及其相互关系》，《教育研究》2006年第8期。

[121] 尤西林：《"本体"主体化与"主体"本体化》，《南国学术》2014年第4期。

[122] 尤西林：《现代性与时间》，《学术月刊》2003年第8期。

[123] 尤西林：《有别于涵义（meaning）的意义（significance）》，《学术月刊》1996年第10期。

[124] 张楚廷：《教育学属于人文科学》，《教育研究》2011年第8期。

[125] 张华：《体现新时代的价值观》，《中国教育报》2001年9月19日。

[126] 张华：《论学科核心素养：兼论信息时代的学科教育》，《华东师范大学学报》（教育科学版）2019年第1期。

[127] 张立昌：《"走出个案"：含义、逻辑和策略》，《教育研究》2015年第12期。

[128] 张生虎：《翻转课堂实践忧思：偏误与矫正》，《教育理论与实践》2016年第4期。

[129] 张生虎、张立昌：《反思学习研究及其面临的时代课题》，《中国教育科学》2020年第1期。

[130] 张生虎、张立昌：《核心素养的价值、问题与实践向度》，《中国教育科学》2017年第4期。

[131] 张生虎、张立昌：《论课程知识属性及其实现》，《中国教育科学》2019年第4期。

［132］张生虎、张立昌：《生成、建构到行动：教育的时间性考察》，《南京社会科学》2017 年第 2 期。

［133］张一兵：《意会认知的接合构境：作为当代认识论研究新方向的意会认知理论》，《探索与争鸣》2020 年第 11 期。

［134］张一兵：《综合实在：意会整体与辅助性细节》，《华东师范大学学报》（哲学社会科学版）2020 年第 1 期。

［135］中共中央、国务院：《国家中长期教育改革和发展规划纲要（2010～2020 年）》，《人民教育》2010 年第 17 期。

［136］钟启泉：《课堂改革：学校改革的中心》，《全球教育展望》2004 年第 3 期。

［137］朱德全：《课堂教学情境下学科高阶思维的结构与发展规律》，《电化教育研究》2020 年第 6 期。

二　英文参考文献

（一）著作类

［138］Anne B., *Facilitating Reflective Learning through Mentoring and Coaching*, London: Kogan Page, 2006.

［139］Benner P., *From Novice to Expert*, New York, NY: Addison-Wesley, 1984.

［140］Boud D., Keogh R. & Walker D. (ed.), *Reflection: Turning Experience into Learning*, New York, NY: Kogan Page, 1985.

［141］Brockbank A., McGill. & Beech N., *Reflective Learning in Practice*, Gower Aldershot, 2002.

［142］Burr V., *An Introduction to Social Constructionism*, London: Routledge, 1995.

［143］Dewey J., *How We Think*, Lexington, Massachusetts, D.C.:

Heath & Company, 1933.

[144] Donna M. S., Taylor S. V., *Culturally Responsive Pedagogy: Teaching Like Our Students' Lives Matter*, Washington D. C.: Emerald Group Publishing, 2011.

[145] Farrell Thomas S. C., *Reflective Practice: Reawakening Your Passion for Taeching*, 外语教学与研究出版社, 2013。

[146] Geisler M. D., *A Typology of Reflective Learning*, New York: Bell & Howell Information and Learning Company, 2000.

[147] Ghaye T., *Teaching and Learning Through Reflective Practice: Positive Action*, New York: Routledge, 2011.

[148] Ladson-Billings G., *The Dreamkeepers: Successful Teachers of African American Children*, San Francisco: Jossey-Bass, 2009.

[149] Lave J. & Wenger E., *Situated Learning: Legitimate Peripheral Participation*, New York: Cambridge University Press, 1991.

[150] Lawton D., *Social Class, Language and Education*, London: Routledge, 2003.

[151] Marton F. & Säljö R., "Approaches to Learning", in Marton F., Hounsell D. & Entwistle N. (Eds.), *The Experience of Learning*, Edinburgh: Scottish Academic Press, 1984.

[152] McIntosh P., *Action Research and Reflective Practice: Creative and Visual Methods to Facilitate Reflection and Learning*, London: Routledge, 2010.

[153] McNiff J., *Action Research: Principles and Practice*, London: Routledge, 1995.

[154] Moon J. A., *A Handbook of Reflective and Experiential Learning: Theory and Practice*, New York: Routledge Falmer, 2004.

[155] Polanyi M., *The Tacit Dimension*, Chicago: University Of

Chicago Press, 2009.

[156] Rechardson V. (ed.), *Constructivist teacher Education: Building a World of New Understandings*, London: Falmer Press, 1997.

[157] Weimer M., *Learner-Centered Teaching: Five Key Changes to Practice*, San Francisco: Jossey-Bass, 2002.

[158] Wenger E., McDermott R. & Snyder W. M., *Cultivating Communities of Practice*, Boston: Harvard Business Press, 2002.

[159] Woods D., *Problem-based Learning: How to Gain The Most from PBL*, Hamilton, Ontario: McMaster University Press, 1994.

[160] Young R., *Critical Theory and Classroom Talk*, Clevedon: Multilingual Matters, 1992.

（二）论文类

[161] Abigail Lewis, Catherine Moore, Charn Nang, "Using Video of Student-client Interactions to Engage Students in Reflection and Peer Review", *Journal of University Teaching & Learning Practice*, 2015 (12).

[162] Bard R., "Focus on Learning: Reflective Learners & Feedback", *TESL-EJ*, 2015 (18).

[163] Boud D., "Experiential Techniques in Higher Education: A Report of a Workshop Held at the University of Surrey", *Human Potential Reaserch* 1973 (report)。

[164] Boyd E. M. & Fales A. W., "Reflection Learning: Key to Learning from Experience", *Journal of Humanistic Psychology*, 1983 (2).

[165] Brookfield S. D., "Tales from the Dark Side: a Phenomenography of Adult Critical Reflection", *International Journal of Lifelong Education*, 2006 (13).

[166] Clarà M., "What is Reflection? Looking for Clarity in an Ambiguous

notion", *Journal of Teacher Education*, 2015 (3).

[167] Clifford E. Knapp., "The 2009 Kurt Hahn Address: Seeking Deeper Understandings from Experience", *Journal of Experiential Education*, 2010 (3).

[168] Colb D. A., "Management and the Learning Process", *California Management Review*, 1976 (3).

[169] Cornu L. A., "Meaning, Internalization, and Externalization: Toward a Fuller Understanding of the Process of Reflection and Its Role in the Construction of the Self", *Adult Education Quarterly*, 2009 (4).

[170] Davys A. & Beddoe M. L., "The Reflective Learning Model: Supervision of Social Work Students", *Social Work Education*, 2009 (8).

[171] Driessen E., "Do Portfolios have a Future?", *Advances in Health Sciences Education*, 2016 (1).

[172] Engin M. & Priest B., "Observing Teaching: A Lens for Self-reflection", *Journal of Perspectives in Applied Academic Practice*, 2014 (2).

[173] Fink D. L., "The Tower of Course Design to Increase Students Engagement and Learning", *Peer Review*, 2007 (Winter).

[174] Fufy D., "Promoting Student Teachers' Reflective Thinking through a Philosophical Community of Enquiry Approach", *Australian Journal of Teacher Education*, 2015 (12).

[175] Grundy S., "Three Modes of Action Research", *Curriculum Perspective*, 1982 (3).

[176] Hanson D. & Troy W., "Process Workshops: A New Model for Instruction", *Journal of Chemical Education*, 2000 (1).

[177] Herman J. L., "Assessment and the Improvement of Learning",

载杨向东、崔允漷《课堂评价：促进学生的学习与发展》，华东师范大学出版社，2012。

[178] Joseph A. Raelin, "Public Reflection as the Basis of Learning", *Management Learning*, 2001 (1).

[179] Larrivee B., "Development of a Tool to Access Teachers' Level of Reflective Practice", *Reflective Practice*, 2008 (3).

[180] Li Li, Wegerif R., "What does It Mean to Teach Thinking in China? Challenging and Developing Notions of 'Confucian Education'", *Thinking Skill and Creativity*, 2014 (11).

[181] Lockyer J., Gondocz S. T. & Thivierge R. L., "Knowledge Translation: The Role and Place of Practice Reflection", *Journal of Continuing Education in the Health Professions*, 2010 (1).

[182] Marshall J. C., Horton B. & Smart J., "4E × 2 Instructional model: Uniting Three Learning Constructs to Improve Praxis in Science and Mathematics Classrooms", *Journal of Science Teacher Education*, 2009 (6).

[183] Mezirow J., "A Critical Theory of Adult Learning and Education", *Adult Education*, 1981 (1).

[184] Peltier J. W., Hay A. & Drago W., "The Reflective Learning Continuum: Reflecting on Reflection", *Journal of Marketing Education*, 2005 (3).

[185] Poole G., Jones L. & Whitfield M., "Helping Students Reflect: Lessons from Cognitive Psychology", *Advances in Health Sciences Education*, 2013 (4).

[186] Raelin J. A., "Public Reflection as the Basis of Learning", *Management Learning*, 2001 (1).

[187] Redmond P., "Reflection as an Indicator of Cognitive Presence",

E-Learning and Digital Media, 2014 (1).

[188] Roland K. Yeo & M. J. Marquardt, "(Re) Interpreting Action, Learning, and Experience: Integration Action and Experiential Learning for HRD", *Human Resource Development Quarterly*, 2015 (1).

[189] Schlumpf K. S., "Learning Partnership: Students and Faculty Learning Together to Facilitate Reflection and Higher Order Thinking in a Blended Course", *Online Learning*, 2015 (18).

[190] Seaman J. & Rheingold A., "Circle Talks as Situated Experiential Learning: Context, Identity, and Knowledgeability in 'Learning from Reflection'", *Journal of Experiential Education*, 2013 (2).

[191] Sen B. & Ford N., "Developing Reflective Practice in LIS Education: The SEA-change Model of Reflection", *Education for Information*, 2011 (4).

[192] Silcock P., "The Process of Reflective Teaching", *British Journal of Educational Studies*, 1994 (3).

[193] Smagorinsky, "Vygotsky's Stage Theory: The Psychology of Art and the Actor under the Direction of Perezhivanie", *Mind, Culture, and Activity*, 2011 (4).

[194] Smart F., "Poetic Transcription with a Twist: An Approach to Reflective Practice through Connection, Collaboration and Community", *Innovations in Education and Teaching International*, 2017 (2).

[195] Swan K., Vahey P., Mark V. H. et al., "Problem-based Learning across the Curriculum: Exploring the Efficacy of a Cross-curricular Application of Preparation for Future Learning", *Interdisciplinary Journal of Problem-based Learning*, 2013 (1).

[196] Tawfik A. A. & Kolodner J. L., "Systematizing Scaffolding for

Problem-based Learning: A View from Case-based Reasoning", *Interdisciplinary Journal of Problem-based Learning*, 2016 (1).

[197] Velzen V. & Joke H., "Are Students Intentionally Using Self-reflection to Improve How They Learn? Conceptualising Self-induced Self-reflective Thinking", *Reflective Practice*, 2015 (4).

[198] Wang M., Yuan B., Kirschner P. A., et al., "Reflective Learning with Complex Problems in a Visualization-based Learning Environment with Expert Support", *Computers in Human Behavior*, 2018 (Feb).

[199] Wu-Yuin Hwang, Hong-Ren Chen, Nian-Shing Chen, Li-Kai Lin & Jin-Wen Chen, "Learning Behavior Analysis of a Ubiquitous Situated Reflective Learning System with Application to Life Science and Technology Teaching", *Education Technology & Society*, 2018 (2).

[200] Zimmerman B. J., "Models of Self-Regulated and Academic Achievement", in Charles J. Brainerd (Ed.), *Adult Cognition: An Experimental Psychology of Human Aging*, Springer-Verlag, 1989.

[201] Zimmermann A. C. & Morgan W. J., "A Time for Silence? Its Possibilities for Dialogue and for Reflective Learning", *Studies in Philosophy and Education*, 2016 (4).

附 录

Ⅰ.教师访谈提纲

访谈人：　　　　地点：　　　　时间：

阶 段	内　容
对　象	姓名：　　　　性别：　　　　年龄： 教龄：　　　　学历：　　　　职称： 是否骨干教师：　　　所教学科：
认知基础	课堂教学应该重视接受还是反思？ 您对反思学习如何理解的？理解多少？可以谈谈。 反思学习有不同的形态么？您了解（或觉得）有哪些？ 您认为反思学习什么内容比较适宜？ 课堂如果可以反思学习的话，对学生有哪些要求？ 请您谈谈自己对"素养"这个概念的理解。
课堂应用	您能够说说课堂上，您是如何让学生反思的吗？可以举例。 开展课堂反思学习，您觉得学习者个体心智、情境设计、学科内容等，哪一个更加重要？ 您在课堂鼓励学生独立学习，还是共同学习？ 您的课堂教学中最成功的方法或策略是哪些？描述个例子吧！
反思或感悟	您对课堂反思学习有什么建议或意见？ 您对目前核心素养和知识教学有啥意见或建议？ 您认为学生的知识和素养的关系如何？

Ⅱ.学生左右栏叙事与反思训练表

班级：　　　　　　　　姓名：

序号	叙　事	写感受	概括评价
1			
2			
3			

Ⅲ.学生访谈提纲

访谈人：　　　　　　地点：　　　　　　时间：

阶　段	内　容		
对　象	姓名	性别	年级
认　知	老师告诉你什么等同于他向你传授相关知识,你能够重复老师所说的话,你就已经理解了相关内容。		
	你能够背的内容越多,说明你理解的内容也越多。		
	你学得越快,说明你越聪明。		
	学校的存在,是为了最大限度地发掘学生的潜力。		
	考试分数能够真实反映你对该课程内容的了解程度,成绩能够很好地反映你的学习水平及聪明才智。		
情　感	你并不擅长学习,或说你对学习并不感兴趣,你需要老师来告诉你要学什么及怎么学。		
	学习通常是沉闷无聊的。		
	大部分问题或难题都有"正确"的答案及解决方式。		
方　法	当回答一个比较难的问题时,你会倾向于自己去找解决方式,而不是通过查资料或向他人求教的方式。		
	在解答一个问题前,是否对之有某种预期？		
	解决一个问题时,觉得最可靠的是感觉、经验、课本知识,还是别人（同学或者教师）的结论？		
	完成作业后尤其作业中错了,是否再去重新做一遍？		

方 法	你需要掌握的重要知识都会在考试中体现。某些内容没出现在考试中,就说明那些内容是不重要的。	
	你的作业通常是和别人一起完成,还是独自完成?你觉得哪种方式让你感到更加快乐?	
行 为	学习的过程中,每当你回答了一个问题或解决了一个难题之后,常常会花一些时间,看看自己能不能想出其他答案或解决方式。	
	是否遇到过这样的情形:一个问题总是不会解决,突然由于某种情境启发而想到解决的办法?	

Ⅳ. 学生调查(数学)问卷比较

学校:　　　　　年级:

干预前问卷	干预后问卷
山上有 26 只羊,其中 10 只是山羊。问放羊人的年龄多大?	把一块木板锯成两块:第二块的长度是整块的 2/3,但比第一块短 4 寸。问:木板锯开前的长度是多少?
口袋里有 10 颗红珠子和 10 颗黑珠子,现在从口袋里至少摸出几颗珠子,才能保证有 2 颗珠子颜色相同。	一瓶油连瓶子称是 600 克,吃了一半的油后再称是 450 克,瓶里原来有多少油?
如图 2-1,问号的数字是几? 	4				 	6	2			 	9	3	1		 	19	10	7	?		如图 2-1,问号的数字是几? 2 7 4 / 6 ● 9 / 1 4 15 ⇒ 4 / 6 ● 15 / ? 6
如果 2×3 = 36,3×4 = 144,那么 4×5 = ?问号的数字是几?	有两个空水壶,容积分别是 6 升、5 升。如何用这两个水壶从池塘取出 3 升的水?

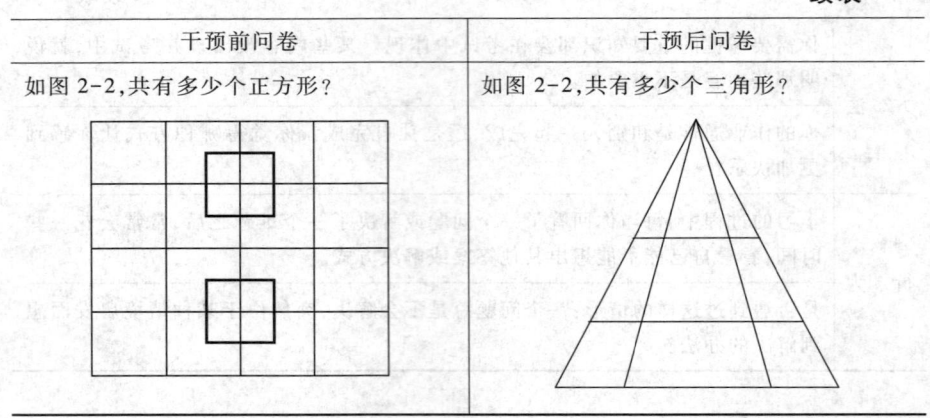

续表

干预前问卷	干预后问卷
如图 2-2,共有多少个正方形?	如图 2-2,共有多少个三角形?

V. 课堂反思学习指导观察表

授课教师: 学科: 年级: 班级: 时间:

	反思课题	课堂反思学习指导活动记录				
		师—生	生—生	师—文本(资源)	生—文本(资源)	其他
教学活动时间						
百分比(%)						

观察者:

VI. 课堂反思学习指导统计分析表

教学活动时间	总课时	教学活动形式					学科主题
		生—资料	生—生	师—生	师—资料	其他	
	55′09″	11′36″	07′32″	33′06″	00′40″		1. 语文:孔子游春
	49′04″	08′42″	02′06″	26′44″	11′31″		2. 语文:黔之驴
	44′29″	07′43″		23′01″	13′45″		3. 语文:记念刘和珍君

续表

	总课时	教学活动形式					学科主题
		生—资料	生—生	师—生	师—资料	其他	
教学活动时间	40'39"	08'52"	06'12"	19'18"	06'17"		4. 语文:鲁迅
	42'50"	06'26"	04'42"	20'56"	10'46"		5. 语文:边城
	43'05"	04'07"	09'54"	25'32"	03'32"		6. 语文:诗歌鉴赏
	43'53"	26'59"	01'49"	07'13"	07'52"		7. 语文:张衡传
	39'00"	11'01"	02'04"	13'29"	12'36"		8. 语文:送元二使安西
	47'59"	10'52"	05'58"	24'43"	06'24"		9. 数学:移动点间距离
	39'41"	13'26"	10'36"	10'05"	05'34"		10. 数学:多边形
	44'13"	09'46"		15'13"	19'14"		11. 数学:两条直线关系
	39'19"	12'47"	02'32"	21'35"	02'25"		12. 英语:should not
	47'27"	13'40"	07'57"	13'22"	12'28"		13. 英语:Does He
	43'23"	06'21"	11'42"	18'06"	07'14"		14. 英语:虚拟语气
	37'50"	04'10"	06'40"	15'44"	11'16"		15. 社会:网络交往安全
	45'54"	03'02"	16'36"	16'48"	09'28"		16. 社会:成熟的消费者
	38'25"	10'34"	01'20"	08'47"	17'44"		17. 物理:光的全反射
	47'40"	00'24"	11'27"	24'20"	11'59"		18. 物理:气体的压强
	44'33"	10'00"		16'12"	13'10"	05'11"	19. 生物:实验设计
	49'42"	03'55"	14'31"	18'27"	10'29"	02'02"	20. 生物:合理膳食
	46'53"	02'31"	00'30"	24'02"	19'50"		21. 地理:长江流域
	46'41"		26'39"	04'24"	15'38"		22. 体育:耐久跑
	40'38"	15'41"	09'20"	11'18"	04'19"		23. 美术:花的变化
均值	44'17"	09'27"	06'58"	17'56"	10'11"		
占比(%)	100	21	16	40	23		

图书在版编目(CIP)数据

走向反思学习：课堂学习的现代建构／张生虎著
．--北京：社会科学文献出版社，2023.8
（创新教育文库）
ISBN 978-7-5228-2005-7

Ⅰ.①走… Ⅱ.①张… Ⅲ.①基础教育-课堂教学-教学研究 Ⅳ.①G632.421

中国国家版本馆 CIP 数据核字（2023）第 113002 号

创新教育文库

走向反思学习：课堂学习的现代建构

著　者／张生虎

出 版 人／冀祥德
组稿编辑／王玉霞
责任编辑／徐崇阳
责任印制／王京美

出　　版／社会科学文献出版社·城市和绿色发展分社（010）59367143
　　　　　地址：北京市北三环中路甲 29 号院华龙大厦　邮编：100029
　　　　　网址：www.ssap.com.cn
发　　行／社会科学文献出版社（010）59367028
印　　装／三河市尚艺印装有限公司

规　　格／开　本：787mm×1092mm　1/16
　　　　　印　张：29.5　字　数：395 千字
版　　次／2023 年 8 月第 1 版　2023 年 8 月第 1 次印刷
书　　号／ISBN 978-7-5228-2005-7
定　　价／98.00 元

读者服务电话：4008918866

版权所有 翻印必究